한나 아렌트와 차 한잔

그의 사상과 만나다

A Cup of Coffee with Hannah Arendt: Encountering her Thoughts

By Kim Seon-Wook

Published by Hangilsa Publishing Co. Ltd., Korea, 2021

한나 아렌트와 차 한잔

그의 사상과 만나다

김선욱 지음

한길사

한나 아렌트와 차 한잔

서문

1.

이 책은 학술적 저서가 아니라 대중들이 아렌트에게 다가갈 수 있는 안내서로 기획되었다. 독자들이 아렌트의 저술들을 직접 읽는 것이 부담스러울 수 있다. 그래서 많은 독자는 아렌트의 원저술보다는 안내서를 보며 아렌트를 접하려고 한다. 그러다보면 그런 안내서를 쓴 저자의 생각이 아렌트의 생각이라고 착각할 수 있다. 이 책은 아렌트에 관심을 가진 이들이 아렌트의 목소리에 한 걸음 더 다가갈 수 있도록 기획되었다. 그저 독서를 통해 길을 찾으려는 독자로서 아렌트와 차 한잔을 나누며 대화할 수 있도록 안내하려는 마음으로 썼다.

아렌트를 이해하려고 할 때 놓치지 말아야 할 것은 아렌트를 정치적 사유의 깊이로 끌어들인 근본 경험들이다. 이 경험들은 아렌트의 젊은 시절의 삶과 생각을 들여다보지 않으면 알 수 없으며, 이러한 지식 없이는 아렌트 정치사상의 깊은 곳에 흐르는 방향성을 놓치는 위험에 빠질 수 있다. 이 경험이란 아렌트가 박사학위논문을 완성한 이후 1933년에 독일에서 도망쳐 나가야 했던 일부터 시작하여 이후 시온주의에 대해 고민하고 유대인 문제를 사유의 중심

소재로 삼게 된 경험이다. 아렌트의 주저인『인간의 조건』에서 구체적인 모습으로 만날 수 있는 그의 정치사상은 그런 경험의 산물이다.

2.

아렌트의 정치사상은 크게 세 시기로 나누어볼 수 있다. 첫 번째 시기는 아렌트 개인의 삶의 과정과 더불어 정치의식이 형성되어『인간의 조건』을 통해 정치된 형태의 정치사상을 제시하기까지의 시기다. 연대로 따지면 1930년에서 1958년까지라고 할 수 있겠다. 1930년은 아렌트가 박사학위논문을 써서 출간한 그다음 해다. 1958년은『인간의 조건』이 출간된 해다.

아렌트의 박사학위논문인『사랑 개념과 성 아우구스티누스』에는 아렌트의 정치사상에서 중요하게 여겨지는 개념들이 등장하기는 하지만 아렌트의 정치의식을 찾을 수 있는 저술은 아니다. 이 책은 아렌트가 정치의식을 형성하기 이전의 저술로 그 이후 저술과 분리해 다루어야 한다. 아렌트가 점차 정치적 사태에 눈을 뜨게 되는 것은 자신이 살았던 독일의 정치적 환경 때문이었다. 그리고 유대인이고 여성이라는 자각은 아렌트를 라헬 파른하겐이라는 인물에 관한 연구를 결심하게 한다.『라헬 파른하겐: 한 유대인 여성의 삶』에서 비로소 우리는 아렌트에게서 싹트는 정치의식을 만날수 있다. 또 이후 정치사상과 연관되는 여러 개념과 사상도 만나게된다.

아렌트는 1930년대에서 1950년대 초반까지 유대인 문제와 관련된 많은 글과 사상적 단편들을 남긴다. 유대인 문제 관련 핵심 내용은 대체로『전체주의의 기원』에 수렴되며, 사상적 단편들은 아렌트의 제자 제롬 콘이 편집한『이해의 에세이 1930~1954』와『난간 없는 사유: 이해의 에세이 1953~1975』에서 주로 만날 수 있다. 특히 유대인에 관한 글들은 제롬 콘과 론 펠드먼이 함께 편집한『유대인에 관한 저술』에 체계적으로 정리되어 있다.

『인간의 조건』에서 우리는 아렌트의 정치사상을 잘 정리된 형태로 만날 수 있다.『전체주의의 기원』에는 단지 실마리만 보이고 또 잘 정의되지 않은 개념들이 사용되었는데,『인간의 조건』에서는 그런 개념들이 설명되고 잘 갖춘 틀에서 정합적으로 활용된다. 이 개념들은 아렌트가 현실을 이해하기 위해 찾고 만든 것들이다.『전체주의의 기원』과『인간의 조건』출간 사이의 연구는 아렌트 사후에 그의 제자 제롬 콘이『정치의 약속』이라는 제목으로 편집해 책으로 엮어냈다.『전체주의의 기원』에서 제시된 "정치란 무엇인가"라는 문제에 대해 그가 고민한 흔적을 이 책에 포함된 여러 글에서 읽을 수 있다.

두 번째 시기는『인간의 조건』의 여러 주제를 개념적으로 발전시키거나 구체적인 역사적 사건들과 연관하여 자신의 정치사상을 심화한 시기다. 이는『혁명론』『과거와 미래 사이』『공화국의 위기』등의 저술 작업으로 이루어졌다. 연도로 본다면『인간의 조건』이 출간된 1958년에서『공화국의 위기』가 출간된 1970년 사이의 기간이라고 할 수 있다.

세 번째 시기는 두 번째 시기와 겹쳐 있다. 이 시기는 아르헨티나에서 체포되어 이스라엘로 압송된 전범 아돌프 아이히만의 재판을 참관한 1961년부터『정신의 삶』이라는 제목이 붙은 저술을 마무리

하지 못하고 죽은 1975년까지의 기간이다. 1961년부터 있었던 아이히만 재판에 참여한 뒤 아렌트는 정치적 책임의 문제를 철학적 사유와의 관계에서 풀어내야 한다고 느끼게 된다. 이런 문제의식은 아렌트가 행위자 중심의 정치사상에서 관찰자 중심의 정치사상으로 관점을 전환하게 하는 계기를 만들어준다. 이는 아렌트로 하여금 다시 철학에 관심을 가지며 인간의 정신에 대한 연구로 나아가게 한다. 아렌트가 젊은 시절에 철학과 신학에 관심이 많았고 정치에는 별 관심이 없다가 시대의 질곡에 따라 정치 문제에 관심을 갖게 된 것은 주지의 사실이다. 1950년대의 글을 보면 아렌트가 정치와 철학이 마치 상극인 것처럼 서술하는 부분을 만나게 된다. 하지만 아이히만 재판을 참관하면서 생각의 전환이 일어난다. 이런 생각의 흐름은 『예루살렘의 아이히만』에서 시작하여 『책임과 판단』, 미완으로 끝난 『정신의 삶』과 유고집 『칸트 정치철학 강의』에서 드러난다.

두 번째와 세 번째 시기로 구분한 것은 1958년 이후 아렌트 사상이 발전하는 두 흐름이라고 표현하는 것이 더 나을 수도 있다. 두 번째 시기라고 설명한 방식으로 아렌트의 정치사상이 펼쳐지는 동시에 세 번째 시기라고 설명한 방식의 철학적 사상이 시기적으로 겹쳐서 진행되기 때문이다. 이 두 흐름이 융합해야 했던 것이 『정신의 삶』이며, 특히 그 3부인 『판단』에서 두 물줄기가 만나야 했다. 아렌트의 죽음은 이 3부를 공백으로 만들어놓았다. 아렌트의 조교였던 로널드 베이너가 강의록 등을 참조하여 만들어낸 유고집 『칸트 정치철학 강의』에서 우리는 『판단』의 얼개를 그려볼 수 있을 뿐이다.

3.

이 책의 순서는 아렌트 사상의 형성과 발전의 흐름을 따르지는 않는다. 보통 우리가 아렌트에 주목하게 된 계기는 그의 정치사상의 중요성 때문이므로, 이 책에서는 아렌트의 정치사상을 이해하도록 안내하는 부분을 맨 앞에 배치했다.

1장은 아렌트의 정치 개념을 이해하는 내용으로 채워져 있다. 거기서 한 걸음 더 나아가 2장은 정치의 특성을 이해할 수 있도록 구성했다. 3장에서는 아렌트 정치사상의 핵심인 정치적 자유 개념과 그와 연관된 주제들을 다루었다. 여기서는 법, 혁명, 시민불복종 등의 주제가 중심이 된다. 4장에서는 아렌트의 주제를 바탕으로 오늘의 한국 사회에서 고민하게 되는 주제 몇 가지를 다룬다. 행복, 혁명, 팩트, 프라이버시, 용서 등이 여기서 다루게 되는 주제들인데, 이 글들은 최근 몇 년간 필자가 아렌트적 관점에서 한국 사회를 생각하며 쓴 것이기도 하다. 5장에서는 아렌트 정치사상의 정점이라고 할 수 있는 판단 문제를 다룬다. 이는 앞서 말한 둘째 시기와 셋째 시기를 모두 지나면서 원숙한 아렌트의 사상으로 등장했어야 할 주제다.

6장부터는 유대인 아렌트가 고민한 내용을 담았다. 우선 6장에서는 반셈주의(반유대주의)의 등장과 그에 대응하는 시온주의에 관한 아렌트의 생각을 만날 수 있다. 7장에서는 아렌트가 유대인이 어떤 모습으로 과거를 지내왔어야 했고 또 앞으로 어떻게 지내야 하는지를 생각하고 주장한 내용을 다루었다. 8장에서는 전체주의로 나아가는 토대를 만들어준 반셈주의와 전체주의에 대한 아렌트의 논의 중에서 각별히 주목을 받은 몇 주제를 골라 안내했다. 9장에서는 아렌트가 설명하는 나치 전체주의의 여러 특징과 요소들을 가급적 아렌트 원전을 중심으로 안내했다. 10장에서는 아이히만 재판과 관련하여 살펴볼 부분들과 악의 평범성 개념의 의의를 짚어보았다.

11장에는 뉴스쿨에서 지금도 강의하고 있는 리처드 J. 번스타인, 아렌트의 마지막 조교이자 아렌트 유고 출판을 주도해온 제롬 콘과 인터뷰한 내용을 담았다. 이 두 분은 2010년 연구년을 뉴욕에 있는 뉴스쿨에서 보내면서 알게 되어 지금껏 관계를 유지해왔다. 그러다가 2017년 전후로 몇 차례 뉴욕을 오가면서 두 분의 양해하에 대화를 녹음·정리해서 여기에 소개했다. 독자에게 아렌트를 좀더 가깝게 느끼게 해주는 내용이라고 생각된다.

부록에는 아렌트가 박사학위논문을 발전시켜 출간하려고 했지만 미완으로 남은 것을 후대의 편집자가 정리해 출간한 『사랑 개념과 성 아우구스티누스』를 정리했다. 원래 이 부분은 본문에 포함시키려고 했으나 결국 부록으로 두기로 했다. 이 책의 내용이 아렌트의 정치사상과는 상당히 거리가 있기 때문이다.

4.

이 책은 여러 장과 절로 쪼개져 있어 차를 마시면서 조금씩 혹은 한꺼번에 많이 읽을 수 있다. 각 절은 여러 부분으로 다시 쪼개져 있는데, 긴 호흡으로 읽을 필요가 없도록 했다. 절을 다시 나눈 부분에는 제목을 붙이지 않았다. 독자들이 생각하며 읽을 여지를 남겨두기 위해서다. 아렌트와 대화하듯 생각하며 읽어보길 권한다. 처음부터 쭉 읽어도 좋고, 소제목을 보면서 마음이 가는 부분을 먼저 읽어도 좋다. 부록부터 읽는 것도 좋은 생각일 수 있다.

이 책을 집필하기 위해 전에 쓴 논문들을 많이 활용했지만 새로운 글도 적지 않게 추가했다. 내 주장을 담기보다는 아렌트를 더 가까이 안내하려고 노력했지만, 안내자인 내 목소리가 너무 큰 부분도 많다. 이 책이 결국 해석일 수밖에 없다고 해도 틀린 말은 아닐 것이다. 이 책이 독자들에게 아렌트의 원저술로 나아가는 하나의 사다리가 되기를 바란다.

이 책은 나를 한나 아렌트에게 안내해주신 스승 조가경 교수님과 나의 동반자로 늘 옆에서 힘이 되어주는 박신순 박사에게 바친다.

제1장 정치란 무엇인가

1. 정치 개념

1.

　정치는 인간적 현상이다. 인간이 함께 모여 공동생활을 영위할 때 정치는 발생한다. 공동생활을 한다고 해서 반드시 정치가 생기지는 않는다. 그러나 정치는 인간이 모여 공동생활을 할 때 생긴다.

　동물들은 함께 모여 살기는 해도 서로의 욕구로 생겨나는 갈등을 물리적 힘을 바탕으로 해결한다. 따라서 동물들의 세계에는 정치가 존재하지 않는다. 힘으로 싸워서 죽이거나 제압함으로써 자신의 욕구를 실현해가는 행태를 정치라고 하지는 않는다. 사람들도 동물들처럼 물리적 힘으로 갈등을 해소한다면, 그런 행동은 정치적 행위라고 하지 않는다.

　전지전능한 유일신이 존재한다면 이 신에게 정치는 존재할 필요가 없다. 정치는 다수의 존재 사이에서 발생하는 것인데, 만일 혼자 모든 것을 해결하는 존재라면 그에게 정치란 무의미한 것이다.

　신이 다수 존재하는 곳을 그려본다면 거기에는 정치가 존재할 수 있을까? 이 신들 사이에 정치가 존재하려면 이 신들에게 서로 다름이 있어야 한다. 신들이 있으나 서로 다르지 않다면 그들 사이에는 갈등도 또 갈등에 대한 정치적 해결도 있을 필요가 없다. 사실, 다름이 없다면 '신들'이라는 표현도 의미가 없다. 그냥 하나의 신이 범신론적 존재로 있을 뿐일 터다. 따라서 "신이 다수 존재하는 곳을 그려본다면 거기에는 정치가 존재할 수 있을까?"가 질문으로 성립하려면 서로 다른 신들이 존재하는 곳을 상상해야 한다. 절대적 신이라면 '전지, 전능, 무소부재'라는 속성이 있다고 생각된다. 신이 절대적 존재라는 말은 신은 모든 것을 알고(전지), 모든 것을 다 할 수 있으며(전능), 존재하지 않는 곳이 없다(무소부재)는 것이다.

그런데 이런 신이라면 복수로 존재할 수 없으며, 복수로 존재할 필요도 없다. 그러므로 신이 다수 존재한다고 생각할 수 있다면, 그런 신들은 인간보다는 더 많은 것을 알고 더 강력한 힘을 발휘할 수 있다고 해도 절대적 존재일 수는 없다. 그렇다면 이런 존재들이 서로의 다름 때문에 발생하는 문제들을 어떻게 해결하려고 하느냐에 따라 정치의 존재 여부가 결정될 것이다. 동물처럼 힘으로 해결하려 한다면 정치적 행위는 없을 테고, 사전에 형성된 철저한 위계질서가 작동한다면 거기에서도 정치가 존재하기 어려울 것이다. 신들이 어떤 방식으로 서로를 대하고 어떤 정치가 작용할 수 있는지는 그 신들의 이야기가 어떠하냐에 달려 있다. 이런 신들의 이야기는 결국 인간을 투사하여 만들어낸 것일 테고, 우리는 이런 이야기를 신화라는 이름으로 접하게 된다. 이런 생각으로도 결국 정치는 인간적 현상이라는 아렌트의 명제는 여전히 타당하다.

모든 종교를 인간이 만들지는 않았을 것이다. 계시종교를 믿는 이들은 그들 종교의 토대가 되는 경전이 인간의 작품이 아니라 신의 계시, 즉 신이 인간에게 스스로 열어 보여준 것이라고 믿는다. 계시된 말씀을 믿는 대표적 종교가 기독교와 이슬람교 그리고 유대교다. 이슬람교가 신봉하는 알라와 유대교의 야훼는 절대적인 유일신이다. 기독교인은 기독교에서 신봉하는 신이 유대교의 신과 같다고 믿으며, 이 신이 절대적인 유일신이라고 주장한다. 그런데 기독교의 신은 위격을 세 개 갖는 존재로 설명된다. '삼위일체'(trinity, trinitas)라는 말이 이러한 신관을 표현하는 용어인데, 이것이 정확히 무엇을 의미하는지 지성적으로는 완전히 설명되지 않는다. 그래서 기독교에서는 이를 신비라고 한다. 그러면 삼위일체로 설명되는 신의 세 위격인 아버지 야훼, 아들 예수 그리고 성령 사이에는 정치가 존재할까? 이 세 위격 사이에는 다름이 없지는 않으나 근본적으로 이 셋은 동일하다는 것이 삼위일체의 의미이므로, 기독교에서는 다름과 차이로 갈등이 발생하고 이를 조정하려는 행위가 이들 사이에 존재한다고 주장하지 않는다. 그렇다면 삼위일체의 신 관념에는 정치가 끼어들 자리가 없다.[1)]

미로슬라브 볼프(Miroslav Volf)라는 신학자는 자신의 저서 『알라』[2)]에서 이슬람교 신관과 기독교 신관의 결정적 차이는 사랑의 근거를 제시할 수 있느냐에 있다고 한다. 기독교의 신은 비록 유일신이라도 삼위의 다름 때문에 그 사이에 사랑의 관계가 형성되며, 따라서 기독교의 신은 사랑의 신이고 기독교는 사랑의 종교가 된다.

그런데 이슬람의 유일신관에서는 이러한 사랑이 나올 수 없다. 기독교 신학자인 볼프의 주장은 이슬람 신학자들과 대화를 나눌 때 나왔다. 볼프는 이런 주장이 자신이 처음 하는 것이 아니라 이미 중세기에 존재했던 것이며, 종교개혁을 이끈 마르틴 루터(Martin Luther, 1483~1546)도 주장했던 것이라고 밝힌다. 이 주장에서 흥미로운 부분은 삼위일체의 신에게 사랑의 관계는 가능한데, 이들이 왜 정치적일 수는 없을까 하는 점이었다. 그리고 이런 기독교적 사랑은 정치와 어떤 관계인지도 의문이었다. 이 질문에 아렌트가 직접 대답은 하지 않지만, 사랑의 관계와 정치적 관계는 전혀 다른 것이라고 본다. 사랑의 관계를 이루는 사람들 사이에는 거리가 소멸되지만, 정치적 관계를 이루는 사람들 사이에는 반드시 거리가 존재해야 한다.[3] 이 거리가 정치적 공간을 형성한다.

아렌트는 정치가 인간적 현상이라고 주장한다. 이는 정치가 인간적이어야 한다는 주장이 아니라, 정치는 인간만이 만들어내는 현상이라고 서술하는 것이다. 아렌트의 정치사상은 현상에 주목하고 그 현상에서 본질적 규정들을 포착한다. 그래서 아렌트의 정치사상은 현상학적 정치철학이라고 한다.

2.

사람들이 정치라고 부른다고 해서 그것이 모두 실제로 정치적인 것은 아니다. 동물들이 힘으로 문제를 해결하는 방법을 인간이 사용할 때, 예컨대 폭력으로 상대를 제압하거나 전쟁을 하는 것은 정치의 범주에서 벗어나는 일이다. 전쟁이라는 행위 전후에 정치 행위가 있기는 해도, 정치와 연결되는 모든 폭력적 행위가 다 정치는 아니다. 물론 사람들이 전쟁도 정치 행위 가운데 하나인 것처럼 말하지만 말이다. 인간의 행위 가운데 정치적이라고 말할 수 있는 행위에는 특징이 있다. 모든 정치 행위는 다름과 차이에서 오는 갈등을 전제로 하지만, 갈등 때문에 발생하는 상황이 다 정치는 아니다.

인간적 현상으로서 정치는 동물의 경우와 마찬가지로 갈등을 전제하지만, 인간이 만들어내는 갈등은 동물의 경우처럼 단순히 '동물적'이지만은 않다. 동물은 먹이 또는 먹이를 확보하기 위한 영역, 짝짓기 등과 연관해 갈등이 있지만, 인간에게는 이익 문제만이 아니라 자존심과 명예, 우월감과 열등감, 정의, 평등, 체면 등과 같은 것도 갈등을 일으키는 원인이 된다. 동물의 갈등은 이해관계로 환원되지만, 인간의 갈등은 인간 개개인이 서로 모두 다르며 이 다른 모습이 존중받기를 바라는 데 근거하는 경우가 많다. 인간은 아무리 배가 고파도 기분이 나쁘거나 밥보다 더 중요한 상황이 있을 때 상을 뒤엎을 수 있다. 이처럼 다양한 인간이 존재한다는 사실을 가리키는 아렌트의 표현이 인간의 복수성(human plurality)이다.[4]

동물에게도 욕구는 다양하겠지만 그것이 인간의 경우처럼 복수성에 근거하지는 않는다. 인간의 복수성은 인간 개체의 다양성을 말한다. 각각의 인간은 모두 나름대로 개성을 갖고 있을 뿐 아니라 드러내고 싶어 하는데, 이를 무시당하면 견디지 못한다. 인간이 자신의 개성을 드러내 알리려는 것은 아주 자연스러운 행동이다. 이처럼 자기를 드러내는 행동 사이에 갈등이 발생할 때 정치가 필요해진다.

3.

인간의 개성은 두 차원에서 개개인의 차이가 결합하여 형성된다. 사람의 자질에는 서로 비교 가능한 부분이 있다. 어떤 사람은 노래를 잘 부르지만 어떤 사람은 그렇지 못하다. 어떤 사람은 손재주가 좋지만 어떤 사람은 말재주가 좋다. 이런 자질은 누구는 가지고 있고 누구는 그렇지 않다는 식으로, 혹은 더 잘한다거나 더 못한다거나 하는 비교 가능한 부분들이다. 비교 가능한 자질, 재능, 장점, 단점은 어떤 사람의 특성을 말할 때 사용된다. 이는 어느 정도 객관적 측정이 가능하고 나아가 평가 대상이 되기도 한다. 예컨대 대학이나 직장의 면접시험에서 혹은 예술계 실기시험이나 경연대회에서도 이러한 자질을 검사하고 평가한다. 이런 자질에 대해 아렌트는 인간의 무엇됨(what-ness)이라는 요소라고 말한다.

그런데 측정 가능한 이런 자질들을 모아놓는다고 해서 한 사람의 모든 면모를 다 설명하는 것은 아니다. 피아노 경연대회의 결승전에서는 단지 기술의 우열만 다루는 것은 아니다. 기술을 넘어 그 연주자만의 특별한 개성이 잘 드러나는지도 다루게 된다. 이처럼 어떤 사람의 다른 면모, 고유한 모습은 우열을 가려 비교할 것이 아니라 다름과 차이 자체로 인정해야 한다. 이러한 차이의 요소는 어떤 사람에 대해 그가 누구인지 묻는 것에 대답하는 부분에 있다. 그 대답은 그의 고유한 이름을 지칭하는 것으로, 아렌트는 이를 인간의 누구됨(who-ness)이라는 요소라고 말한다. 이 누구됨에 근거한 차이가 인간의 복수성을 이루는 가장 핵심 부분이다.

사람은 다 다르다. 우리는 인간을 몇 가지 유형으로 그 다양성을 설명할 수 있다. 그러나 이런 다양성은 아렌트가 말하는 인간의 복수성과는 다르다. 인간의 복수성은 모든 개개인이 다 다르다는 점을 표현하는 말이다. 인간들 사이에 존재하는 차이를 극단적으로 지칭하는 말이다. 또 유형화하는 다양성도 단지 숫자의 다수성을 말하는 것이 아니다. 인간의 복수성은 세상에 존재하는 모든 인간은 예외 없이 모두 다 다르다는 사실을 가리키는 말이다.

정치는 인간의 복수성에 주목하지만, 철학은 인간의 보편적 모습에 주목한다. 아렌트는 복수성을 가진 인간보다 보편적 존재로서만 인간을 생각하려는 철학의 태도를 비판하며 다음과 같이 말한다.

비록 철학자들이 인간사의 일상생활에서 어쩔 수 없이 소외되긴 했지만, 만일 진정한 정치철학에 도달하고자 한다면, 그들은─위대하기도 하고 비참하기도 한─인간사의 전 영역이 일어나는 근거인 인간의 복수성을 그들의 놀라움(경이)의 대상으로 만들어야 한다. 성서에 따라 말하면─철학자들이 우주의, 인간의, 존재의 기적을 말 없는 경이 속에서 받아들인 것처럼─신이 단수의 인간(Man)을 창조한 것이 아니라 "남자와 여자, 주님이 그들을 창조하셨다"(male and female created He them)라는 기적을 그들은 받아들여야 한다. 그들은 인간의 연약함을 체념하는 태도를 넘어 "사람이 혼자 있는 것은 좋지 않다"(It is not good for a man to be alone)라는 사실을 받아들여야 한다.[5]

4.

어떤 새로운 지역에 가서 그곳 사람들을 처음 대할 때 이 사람은 어떤 사람이고 저 사람은 어떤 사람이라고 알려주는 누군가의 충고를 가장 경계해야 한다는 말씀을 과거에 한 선생님에게서 들은 적이 있다. 나는 이 말씀을 오랫동안 기억해왔다. 이 말의 뜻은 만일 그와 같은 누군가의 충고를 귀담아들으면 그 충고자의 이해 범위 안에서만 사람을 이해하게 되어 결국 그의 참모습을 보지 못하게 된다는 것이다. 같은 사람도 보는 사람에 따라 달리 보이는 것은 보는 사람마다 모두 다 개성을 가지고 있기에 보는 시각도 다 다르기 때문이다.

아렌트의 다음과 같은 공간의 비유를 보자. 어떤 사물을 볼 때 아무도 같은 지점에서 그것을 볼 수는 없다. 완전히 같은 위치에 두 사람이 동시에 서 있을 수 없기 때문이다. 서 있는 지점이 모두 각각 다르다. 따라서 사람들은 같은 사물이라도 조금씩 다른 각도에서 볼 수밖에 없다. 자리를 바꾸어 같은 장소에서 본다고 하더라도 이미 그 순간 시간이 흘러 더는 같은 사물을 보는 것이 아니게 된다. 이 비유는 같은 사물도 그 현상을 사람마다 다르게 볼 수밖에 없다는 물리적 특성을 설명하는 것만이 아니다. 동일한 사물도 조금씩 다르게 바라볼 수밖에 없는 것처럼, 바라보는 사람들의 정신적 시야도 모두 다를 수밖에 없다는 것을 비유해서 말하려는 것이다. 심지어 똑같이 생기고 똑같이 생각할 것 같은 쌍둥이에게도 세상을 다르게 인식할 수밖에 없는 차이가 존재한다.

우리가 어떤 인간을 이해한다고 할 때는 그의 '무엇됨'과 '누구됨'이 종합되어 나타나는 개성을 중심으로 말하는 것이다. 개성은 '무엇됨'과 '누구됨'이 어우러짐으로써 형성되지만 그렇다고 저절로 형성되는 것은 아니다. 개성을 형성하는 과정에서 인간은 자기 삶을 스스로 돌아보며 삶의 의미를 중심으로 끊임없이 반추한 것을 반영한다. 이 반추 과정은 의식적이기도 하고 무의식적이기도 하다. 그렇지만 각자가 의식적으로 자기 삶을 어떤 특정한 방향으로 이끌어가려는 노력은 자신을 고유한 주체로 세워가는 데 중요한 역할을 한다.

이와 더불어 아렌트가 지적하는 흥미 있는 한 가지는, 사람이 자기 얼굴을 직접 볼 수 없듯이 자기 개성을 자기 스스로가 잘 이해하지 못한다는 점이다. 고대 그리스 사람은 모든 이에게는 각자 다이몬(daimōn)이 존재한다고 믿었다. 다이몬은 그 사람의 참된 모습을 나타내는 그만의 신이다. 모든 사람은 자기 다이몬을 어깨 뒤에 가지고 있다. 다른 이와 대화할 때 이 다이몬이 어깨 뒤에 나타나 다른 사람에게 모습을 보이는데, 정작 자기 자신은 다이몬을 보지 못한다. 그래서 만일 다른 사람에게 나 자신의 어떤 모습을 의도된 연출에 따라 나타내려고 해도 대부분 상대는 연출된 내 모습으로 나를 바라보는 것이 아니라 연출 의도까지 파악해버린다. 나는 나를 잘 모를 수 있고, 내 진면모는 다른 사람이 더 잘 알 수 있다.

5.

인간의 '무엇됨'의 요소는 서로 비교할 수 있고 객관적 평가가 가능하다. 그러나 인간의 '누구됨'은 객관적 평가 기준이 따로 존재하지 않는다. 우리는 어떤 경우에도 한 인간 자체를 두고 다른 인간보다 우월하다거나 열등하다고 평가할 수 없다. 누군가를 평가한다는 것은 그가 가진 무엇됨의 요소를 중심으로 기능적 평가를 할 뿐이다. 만일 어떤 이의 사람됨 자체를 두고 평가한다면, 그것은 그런 '누구됨'의 차이가 특정한 상황에서는 더 좋은 역할을 하느냐에 따라 할 수 있다. 이 또한 그의 사람됨 자체가 아니라 성격적 역할의 기능을 평가하는 것일 뿐이다. '누구됨' 자체는 그냥 다른 모습으로 존재하는 것이다.

만일 인간을 기능 중심으로만 본다면 그것은 '무엇됨'을 중심으로 인간을 평가하는 것으로, 이는 사람의 가장 고유한 부분을 무시하는 것이다. 그런데 인간의 다양한 활동 가운데 '누구됨'을 중심으로 하는 활동을 다루는 것이 정치다. 가장 낮은 단계의 정치는 더불어 살아가는 삶의 다양한 국면에서 다름과 차이가 드러나고 그것이 인정받기를 바라는 곳에서 작동한다. 이는 별로 정치적으로 보이지 않는 일상의 많은 곳에서 하는 공동생활 가운데 발견되는 정치다. 높은 단계의 정치는 계산하고 따질 수 있는 문제를 넘어서서 가치, 적절성 등을 중심으로 의견이 경합을 벌이는 곳에서 작동한다. 이것이 정치라는 이름으로 이루어지는 다툼의 영역에서 발견되는 정치다.

지금과 같은 관점에서 정치를 이해한다면, 정치라고 불리는 것들 가운데 많은 것은 사실상 정치가 아닌 것이 되고, 정치적이지 않은 것 같은 태도들이 진정으로 정치적임을 알게 된다. 인간의 복수성이 공적 영역에서 드러날 때, 서로 다른 의견이 표명되어 경쟁과 갈등 양상이 조장될 때가 바로 정치가 등장할 순간이다.

2. 정치와 언어

1.

우리가 하는 정치적 행위는 언어 없이 하는 정치적 행위와 말로 하는 정치적 행위로 구분할 수 있다. 언어 없이 하는 행위는 그 행위의 의미를 본인이나 타인이 설명해야 한다. 정치적 행위는 설명으로만 공동체 생활 속에서 작용도 하고 오해도 피할 수 있다. 물론 그 자체가 의도적 왜곡의 대상이 되기도 한다. 말없이 하는 행위의 의미가 언어로 확정되지 않으면 그 의도에 대해 수많은 논란이 생기거나 그저 무의미한 것으로 여겨질 수 있다. 그러므로 언어 없이 하는 행위는 언어에 의존해서만 정치적 의미를 갖는다. 이런 이유에서 언어, 즉 말이 정치적 행위의 핵심이다.

2.

정치적 영향력은 말로 형성된다. 말을 통한 정치적 영향력은 인간관계로 전파된다. 아렌트는 인간관계를 주관적 측면과 객관적 측면으로 구분한다. 인간관계의 객관적 측면이란 물건의 거래 관계처럼 물질적 관계를 중심으로 형성되는 측면이다. 일반적인 사회적 관계, 거래 관계는 이 객관적 관계를 중심으로 형성된다. 은행 창구에서 은행원과 형성되는 관계, 백화점에서 쇼핑할 때 점원과 맺는 관계 등은 물건을 매개로 하는 객관적 관계다. 이 관계에서 핵심이 되는 것은 합리적 거래라는 목적이고, 여기서 작용하는 말이나 관계나 상호 소통은 거래를 중심으로 하고 거래에 좌우된다.

인간관계의 주관적 측면은 객관적 측면처럼 눈에 명백하게 보이는 부분은 아니다. 돈이나 물건처럼 만질 수 없고 뚜렷이 드러나지도 않는다. 이는 사람들 간의 상호 교류 자체로 형성된다. 아렌트는 이를 가리켜 『인간의 조건』에서 '순전히 함께함'(sheer togetherness)의 차원이라고 말한다. 친구 관계, 친한 이웃 관계가 이러한 함께함의 관계를 가장 잘 드러낸다. 물론 객관적 관계가 가장 잘 드러나는 거래 관계에서도 이런 주관적 측면은 대체로 함께 존재한다. 자주 가는 가게 주인과 한두 마디 속 깊은 대화를 나눌 수 있는 것은 이 함께함의 관계를 바탕으로 한 것이다. 거래 관계에 인간적 관계가 개입할 수 있는 것도 이런 주관적 관계가 도탑게 형성되어 있기 때문이다.

모든 인간관계는 객관적 측면과 주관적 측면을 동시에 갖고 있다. 인간관계의 질은 보통 보이지 않는 주관적 측면의 두터움이 결정한다. 신뢰가 어느 정도 형성되어 있는지를 가늠하는 정도는 바로 주관적 관계에 달려 있기 때문이다. 전적으로 신뢰하는 친구로 두터움이 형성된 주관적 관계라면 아무리 포학한 전체주의 체제에서도 그들은 신뢰를 바탕으로 말과 행동을 나눌 수 있다. 하지만 거짓 없고 실패 없는 거래 관계를 지속적으로 형성해왔더라도 주관적 관계의 도타움이 없다면 정치적 신념을 나눌 수 없다. 더욱이 어떤 가게 주인이 비밀경찰이라고 확신하는 비밀 활동가라면, 그 가게 주인과 객관적 관계를 의도적으로 잘 유지하겠지만 그들 사이에 주관적 관계는 형성될 수 없다.

사람과의 모든 관계가 밀접한 우정 관계로 발전하지는 않는다. 그래도 통상적으로 우리는 의사소통이 가능한 관계를 만들며 살아간다. 주관적 관계로 형성되어 있는 관계의 망을 아렌트는 '인간관계의 그물망'이라고 표현한다. 사람들은 이 그물망 가운데 자신을 드러내고 말을 던지는데, 그 영향력은 관계의 망을 통해 일파만파로 퍼져 나간다. 영향력은 관계망을 통해 증폭되기도 하고 왜곡되기도 한다.[6]

3.

인간관계는 늘 순탄하거나 소통적이지는 않다. 인간관계는 종종 적대적이기도 하고 대립적이기도 하다. 정치적 견해로 인해 소통적 관계가 형성되지 않고 사사건건 대립각을 세우는 상황이 발생할 수 있다. 또 권위주의 시기와 같이 서로 믿을 수 없고 항상 경계해야만 하는 때도 있다. 의심과 상호 감시의 관계가 형성될 때, 순전한 주관적 인간관계는 위협을 받는다. 사회구조가 왜곡되거나 억압적이지 않다면 인간관계가 자연스럽게 형성되고 확장될 수 있지만, 감시와 고발이 난무하는 상황에서는 인간관계의 그물망이 위축되고 축소된다.

이럴 때 언어 행위는 자신의 개성과 의견을 드러내는 행위가 될 수 없다. 그저 생활에 필요한 도구 역할을 할 뿐인 '단순한 말'(mere talk)로 변한다. 이때 말은 소통의 매개체가 아니라 거래 도구 또는 단순한 정보 교환 도구일 뿐이다. 이런 언어 사용으로는 인간의 복수성이 드러나지 않는다. 이때 언어는 가장 비정치적인 상태에 머무른다.

4.

정치 행위는 곧 언어 행위다. 인간은 정치적 동물인 만큼 언어적 동물이다. 인간은 언어로 자신을 드러냄으로써 함께 살아가는 세상에 자기 자리를 만들어간다. 다양성 또는 복수성이 말로 드러남으로써 정치는 다른 사람들과 얽힘과 갈등을 시작한다. 문제 해결이 정치적으로 남아 있으려면 해결 방법은 언어에 머물러야 한다. 표현된 개성이 갈등을 일으켜 개인 또는 집단 간에 행위조정이 필요할 때, 언어로 공동의 삶을 조정하는 것이 문제를 정치적으로 해결하는 자세다. 말을 멈추고 폭력을 시작할 때 인간적 해결 방법인 정치를 멈추고 동물적 해결로 넘어가는 것이다.

아리스토텔레스(Aristoteles, 기원전 384~기원전 322)는 '인간은 정치적 동물'이라고 규정한 뒤 곧이어 '인간은 언어를 사용할 줄 아는 동물'이라고 규정했다. 인간은 언어로 개성을 표출하고 의견을 드러내며, 공적 사안에 대해 서로 다르거나 충돌하는 경우, 공적 공간에서 언어로 조정한다. 이런 모습을 보이는 인간이 정치적 동물로서 인간이다.[7]

5.

인간사의 영역, 즉 정치 영역은 항상 새로운 일로 가득 차 있다. 이는 인간이 항상 새로운 일을 일으킬 가능성이 있기 때문이다. 한 사건이 인간의 관계망을 통해 일파만파로 그 영향력을 더함으로써 인간사의 영역에는 항상 새로운 일이 생겨난다. 따라서 인간사의 영역은 불가예측성을 그 특징으로 할 수밖에 없다. 아울러 정치 영역에는 말잔치가 끊임없이 있게 된다. 말이 새로운 일을 불러일으키며 그 일을 잠재우기 위해 다른 말들이 난무한다. 말이 많다는 것은 소란스러움을 의미하지만, 정치를 말로 하는 한 이 소란 자체를 문제시해서는 안 된다. 소란의 중지는 곧 정치의 중지를 의미할 수 있다.

정치적 태도는 끊임없는 대화 과정에 자신을 내놓는 것이다. 정치는 지속되는 말에 존재한다. 말을 중지할 때 정치도 종료된다. 말이 끊임없이 지속되는 것은 인간사에 새로운 문제가 계속 등장하기 때문이다. 새로운 문제가 계속 등장하는 이유는 새로운 일들이 계속 발생하기 때문만은 아니다. 그 새로운 일을 다루는 사람들이 모두 다르기 때문이기도 하다. 그래서 정치 영역은 항상 말로 시끄러울 수밖에 없다.

3. 정치와 경제

1.

'인간은 정치적(political) 동물'이라는 말과 '인간은 사회적(social) 동물'이라는 말은 같은 의미가 아니다. '인간은 정치적 동물'이라는 말은 아리스토텔레스가 『정치학』에서 제시한 인간에 대한 정의다. '정치적 동물'을 의미하는 그리스어 '조온 폴리티콘'(zōon politikon)의 뜻은 그리스 도시국가를 가리키는 폴리스(polis)와 연관이 있다. 즉, 인간은 폴리스라는 정치적 공동체 안에서 그 구성원으로 살아갈 때 인간다운 특성을 유지하는 존재, 그렇지 않으면 동물에 머물러 있는 존재라는 말이다. 폴리스 안에서 노예로 살아가는 사람도 공간적으로는 폴리스 안에서 살아가지만, 그런 사람을 말하는 것이 아니다. 폴리스 안에서 하나의 주체로 살아가는 삶을 말한다.

폴리스는 지중해 연안의 고대 도시국가 형태를 갖춘 정치 공동체를 가리키며, 여기서는 직접 민주주의가 시행되었다. 이 폴리스는 '정치'를 의미하는 영어(politics)의 어원이 되었다. 아리스토텔레스의 '정치적 동물'이라는 말은 로마 시대에 라틴어로 번역되면서 'animal sociale'라는 표현이 사용되었다. 이것이 오늘날 '사회적 동물'이라고 번역되는 말의 어원이다. 고대 그리스의 폴리스(polis)와 로마 시대의 사회(societas)는 그 성격이 달랐다. 라틴어에서 사회는 특정한 목적을 이루려고 형성한 동맹이었다. 이것은 정치 공동체를 의미하지 않고 오히려 경제를 중심으로 조직되고 움직이는 공동체를 의미한다.

국가와 사회를 구분해서 말할 때 국가는 정치 공동체를, 사회는 경제를 중심으로 형성된 조직체를 의미하는 것으로 이해된다. 정치적(political)이라는 말과 사회적(social)이라는 말을 구분할 때 전자는 정치와 관련된 말로, 후자는 경제를 중심으로 한 조직체와 관련된 말로 이해된다. 정치철학과 사회철학은 서로 연관되지만 다른 것을 지칭한다. 흔히 마르크스의 철학은 사회철학이지 정치철학이 아니라고 한다. 과연 마르크스 사상에 정치철학이 존재하는가 하는 것이 학문적 논의의 주제가 되기도 한다.

아렌트는 '정치적'이라는 말과 '사회적'이라는 말을 엄격하게 구분한다. 아렌트는 이 개념들의 뿌리를 추적하는 가운데 경제에 몰입한 현대의 삶이 어떤 정치적 태도를 놓치는지를 발견한다. 그리고 경제에 몰두한 삶 속에서 정치를 회복함으로써 인간적 삶이 어떻게 회복될 수 있는지를 주장한다.[8]

2.

'정치적'인 것과 '사회적'인 것이라는 개념의 명확한 구분은 공적 영역과 사적 영역의 개념 구분으로 설명할 수 있다.

공적 영역과 사적 영역의 구분은 인간의 삶 가운데 공적인 시선을 받아야 할 것과 받지 않아야 할 것이 있기 때문에 존재한다. 공적 시선을 받지 말아야 할 것은 인간의 생명 유지에 필요한 것, 생리적 필요에 부합한 것 등이다. 밥하기, 밥 먹기, 성행위 등과 같은 동물로서 인간의 존재를 유지하는 활동은 공공의 시선 속에서 행해질 일들이 아니다. 이런 활동은 가정을 중심으로 이루어졌다. 전통적으로 가정은 사적 영역으로 존재했다. 가정은 생존에 가장 일차적으로 필요한 것, 사적 경제 차원에 해당하는 문제를 해결하는 장소였다.

가정을 의미하는 그리스어 오이코스(oikos)는 가정에서 하는 일차적인 것이 경제활동이라는 사실에서 경제(economy)라는 말의 어원이 된다. 그리고 가정은 사적 영역으로 여겨졌다. 경제도 사적 행위로 여겨졌다. 그러나 오늘날에는 '사적'이라는 말이 더는 이런 의미로 쓰이지 않는다. 지금은 경제 영역이 사적 영역에 해당한다고 여겨지지 않는다. 오히려 현대인에게 경제는 초미의 공적 관심사가 되고 있다. 이는 고대적인 사적 영역과 공적 영역의 구분이 현대에 와서 달라졌음을 의미한다.

공적 영역은 고대 폴리스에서 열린 토론의 장인 아고라처럼 정치 행위를 하는 장소를 말한다. 이는 개인의 차이, 인간의 복수성을 핵심으로 하는 행위가 이루어진 장소였다. 고대 그리스인들이 이런 공적 영역을 사적 영역과 개념적으로 또 실제 공간적으로 구분한 이유는, 공적 영역에서 하는 일을 간섭하는 힘이 사적 영역에서 하는 일들에 있기 때문이다. 사적인 것은 인간의 생명 유지에 직접 필요한 것과 관련되기 때문에 우리를 끌어당기는 특수한 '매력'이 있다. 이러한 '매력'을 가진 사적인 것이 공적 영역에 진입해서 공적 관심의 대상이 되면, 공적 영역은 그만 그 매력에 눌려 거의 완전히 위축될 수 있다. 이처럼 사적 영역에서 하는 인간의 활동에는 공적 공간을 파괴하는 힘이 있다. 이 '매력'은 공적 영역에서만 형성되는 자유를 억압하는 힘으로 나타난다.

3.

사적 영역인 가정에서 삶에 필요한 것과 욕구를 해결하려고 하는 모든 활동의 가치는 생명의 필연성이라는 기준에 따라 평가되고 인정된다. 필연적으로 해결해야 할 사적 문제를 공적 영역에서 다루면, 그 필연성에서 힘이 약하게 보이는 공적 문제들을 뒤로 물러나 앉게 한다. 자유의 문제보다 빵의 문제가 더 절실하게 느껴지는 것처럼 말이다.

함께 모여 공적인 문제를 의논하다가도 식사 시간이 되어 누가 "밥 먹고 합시다"라고 말하면 논의는 중지되고 '민생고'부터 해결하게 된다. 밥을 먹지 않고 회의만 할 수는 없으니까 말이다. 이런 자연스러운 상황은 사적 활동의 기초인 필요의 힘을 단적으로 보여준다. 경제가 이런 사적 활동의 대표적인 예다. 경제적 문제가 개입되면 공적인 것은 뒤로 물러난다.

아렌트가 보기에, 고대 그리스에서 법으로 가정과 폴리스를 구분한 것은 물론 공적 영역과 사적 영역을 구체화하고 공간화한 이유는 공적인 정치적 문제가 사적인 문제에 제약받지 않도록 하려는 의도에서였다. 경제 문제를 해결한 계층만이, 즉 노예를 부리며 긴급한 생의 문제를 해결한 자유인만이 공적 영역에 등장할 자격을 갖게 한 것은 사적인 문제에서 공적인 영역을 보호하려는 의도에서였다. 이런 보호가 필요한 이유는 정치가 아테네인들의 인간적 삶에 그만큼 중요하기 때문이라는 것이다. 그것은 시민의 좋은 삶은 공적 생활의 안정과 번영으로 가능해진다는 그들의 믿음에 기초한 질서였다.

고대 사회에서 노예를 부려야만 생의 긴급한 문제를 해결할 수 있었던 것처럼, 오늘날에도 자유로워지려면 경제적 문제에서 해방되어야 한다. 그래서 아렌트가 정치를 설명하면서 고대 아테네를 모델로 한 것이 시대착오적이었다고 비판하는 이들도 있다. 아렌트가 고대 아테네를 이상화했다면 그 비판이 옳겠지만, 아렌트의 초점은 공적인 것과 사적인 것을 명료하게 구분하는 개념적 작업에 집중되어 있다는 사실을 고려한다면, 그런 비판은 과도하다고 할 수 있다. 또한 오늘날의 경제적 측면을 무시하고 정치만 강조한 것처럼 아렌트를 이해해서도 안 된다.

4.

고대 그리스 사회에서는 공적 영역과 사적 영역을 엄격히 구분했지만, 중세에 와서 이 구분은 깨지기 시작한다. 이것을 보여주는 현상이 사회적인 것의 등장이다. 그리스어의 폴리스(polis)와 라틴어의 사회(societas)는 성격상 같은 것이 아니다. 고대 그리스 도시국가는 노예제를 바탕으로 해서 정치에 참여하는 시민이 구체적인 생산 활동과 거리를 둘 수 있었지만, 중세 봉건제 사회에서는 영지 내의 생산활동 구조가 정치 구조와 직결되었다. 다시 말해 고대 그리스에서는 사적인 것과 구별되는 공적 영역에서 민주적 토론에 따라 정치 영역이 형성되었으나, 중세 봉건적 사회구조에서는 왕을 정점으로 하는 수직적·경제적 생산 관계가 곧 정치 관계를 의미했다. 따라서 폴리스 개념은 이미 중세에는 존재하지 않으며 '정치적 동물'을 '사회적 동물'로 번역했을 때 그 의미도 달라져버렸다.

중세적 배경에서 볼 때 경제는 사회구조적으로 핵심적 지위를 갖는다. 이는 사적인 것에 속하는 경제가 공적 영역에서 중심 과제가 되었음을 의미한다. 이처럼 원래 사적 문제였던 것이 공적 영역에 들어와 공적 관심을 획득한 것을 '사회적인 것'(the social)이라고 한다. 이 사회적인 것이 등장하면서 공적 영역 내에서 다루어지는 문제들이 성격상 혼동을 일으키게 되었다. 사회적인 것은 중세에 처음 등장했지만, 근대 이후에는 주목할 만한 방식으로 그 영역이 확장되었다.

5.

경제는 개인 재산(property)의 형성과 더불어 시작된다. 재산은 원래 개인의 생물학적 생명을 유지할 목적으로 형성되었다. 폴리스에서 재산은 개인이 공적 영역에 들어가는 선결 조건으로 간주되었다. 재산이 증식되어 한 개인이 평생 다 사용할 수 없을 정도가 되었을 때 부(wealth)라고 불리게 된다. 부는 개인의 소유로 끝나지 않고 자손에게 물려줄 수 있는 가족 소유가 된다. 부는 개인의 생물학적 생명 유지에 필요한 소비 조건을 충족하려고 형성된 재산과는 성격이 다르게 되고, 재산보다 수명도 길어졌다. 그리고 이러한 부가 더욱 증가하면 부가 부를 재창출하는 자본(capital)이 된다.

중세를 지난 근대 초기에 자본을 형성한 자본가들은 자기 소유에 대한 보호를 공적 영역으로부터 보장받으려고 했다. 그래서 자본은 사적 특성이 있음에도 공적 관심의 대상이 되었다. 자본은 이제 더는 사적 영역에만 머물지 않게 되었다.

자본의 특성은 재산과 달리 소비되어 없어지지 않고 항구적으로 유지된다는 데 있다. 자본은 가만히 있지 않고 항상 움직이는 과정 (process)에 있다는 특성을 가진다. 계속 움직이지 않는 자본은 조금씩 소비되어 결국 없어질 것이다. 따라서 자본이 자본으로 유지되려면 사회적으로 끊임없이 움직이며 우리의 관심을 끌어야 한다. 공적인 관심이 자본의 유지와 존속에 지속해서 머무는 현상이 발생하는 것이다.[9]

그런데 사적인 것에는 매력이 있다. 그 매력 때문에 사람들은 사회적인 것, 즉 경제적인 것에 배타적으로 몰두하게 된다. 사적 사안이 공적 영역에 들어와도 그 본질이 공적으로 전환되지는 않는다. 사적 사안이 공적 영역에 들어오면 공적 영역 자체를 사적 사안을 위해 기능하도록 전환해버린다. 다른 말로 하면, 사적 사안의 공적 영역에서만 가능한, 인간의 복수성에 기초를 둔 정치 행위를 잠식하고 파괴해버린다는 것이다.

6.

한 공동체에서 구성원의 모든 관심이 경제에만 집중될 때 사회 구성원이 인간으로서 지닌 본래적 다양성, 즉 인간의 복수성은 무시된다. 삶의 다양한 모습이 그 자체로 의미를 갖고 존중되지 않으며, 모든 인간적인 일이 돈 앞에서 평균화된다. 이 평균화는 모든 가치가 가격의 크기로 환원되며 돈이라는 하나의 기준 앞에 한 줄 서기를 하는 방식으로 이루어진다. 이런 양상이 극단으로 나아가면 시장만능주의가 형성된다. 시장만능주의 사회에서는 돈으로 살 수 있는 것과 살 수 없는 것의 구분이 없어지며, 차이의 질적 차원은 소멸되고, 모든 가치는 돈이라는 단일 가치 앞에 오직 양적 차이만 있는 것으로 여겨진다.

돈이라는 단일 가치로 환원되는 평균화는 평등과는 다르다. 특히, 이런 평균화는 정치 영역에서 소중히 여기는 정치적 평등과는 완연히 다른 것이다. 경제적 이해 관심에서 자유롭게 공적 담론을 형성한 그리스의 폴리스에서는 개인의 차이와 복수성을 중심으로 서로의 가치와 차이점이 존중받는 식으로 복수성에 기초한 평등이 유지되었다. 그러나 가치가 평균화된 현대사회에서 인간의 복수성은 단지 기능에 따라 차별화될 뿐이다.

사회적 사안의 가장 중요한 특징은 복수성을 부정하고 하나의 기준 또는 척도(measure)를 항상 요구한다는 점이다. 차이, 개성, 다양성, 특수성 등을 있는 그대로 평가하려면 다양한 기준을 병렬적으로 동시에 인정해야 한다. 그런데 어떤 단일한 기준이나 척도에 따라 평가하고 측정하는 것이 사회적 사안의 특성이다. 예컨대 개성이 강조되는 예술 작품이나 문화재도 결국 가격으로 가치가 결정된다는 식으로 접근하게 되는 것이다.

7.

사회의 평균화는 공적 영역에서 형성될 수 있는 정치적인 것을 파괴한다. 정치는 인간의 복수성을 바탕으로 공적 영역에서 하는 인간적 활동이다.

정치는 복수성을 가진 인간의 공동생활이 존재하는 한 지속될 뿐 어떤 목적을 이루는 수단적 활동이 아니다. 사회에서는 경제와 같은 사회적 사안의 중요성을 강조한 나머지 정치를 문제 해결 수단으로만 이해할 수 있다. 이때 정치는 수단으로 이해된 것이다. 이처럼 정치를 문제 해결 수단으로 이해한다면, 문제 해결과 더불어 정치는 소멸한다. 어떤 철학적 이념을 실현하는 것이 정치의 목적이라고 할 때도 정치는 단지 주어진 이념 실현의 수단으로 활용된 뒤 소멸할 것이다. 아렌트는 공산주의 사회의 완성과 더불어 국가가 소멸할 것이라고 주장한 카를 마르크스(Karl Marx, 1818~83)가 정치의 본질을 제대로 이해하지 못하고 정치를 단지 수단으로만 생각했다고 비판한다. 정치가 목적을 달성하는 수단이라면 정치 행위는 특정 기준에 따라 평가될 테고, 결국 인간의 복수성도 침해될 것이다.

정치는 그 자체가 목적이 된다. 우리가 굳이 정치의 목적을 언급한다면, 정치를 존속하기 위해 공적 공간이 지속되도록 하는 것이 정치의 유일한 목적이라고 주장할 수 있다. 정치에서 특정한 목적이 배제될 때 정치는 다양성의 드러냄이라는 측면만 강조된다. 이때 '목적'은 목적론적으로 이해되는 것이 아니라 오히려 과정의 특성을 갖는 것으로 이해될 수 있다. 정치가 지속될 수 있는 원리인 경쟁적 동반 상태, 즉 정치 과정의 지속이 그 목적이기 때문이다. 이러한 정치 영역이 유지되는 한 전체주의와 같은 것은 정치적으로도, 문화적으로도 발생할 수 없다.

8.

우리는 고대 그리스 시대를 살고 있지 않다. 또 공적 영역과 사적 영역이 엄격하게 구분된 세계에서 살지도 않는다. 경제 문제는 이미 우리의 최대 공적 관심사가 되어 있다. 이런 시대에 정치적인 것과 사회적인 것을 구분하려는 의도가 있다. 정치적 사안이 엄연히 존재한다는 사실을 입증하고, 정치에 요구되는 사회적 사안의 부당한 영향력을 해명하여 정치의 본래적 자리를 확인하고 그 역할을 인식하려는 것이다.

사회적 사안은 기준과 척도가 요청되는 것이므로 이를 다루는 언어는 인간의 복수성을 드러내고 다루는 언어와는 다르다. 예컨대 실험실에서 사용되는 과학자들의 언어는 객관성이라는 기준의 지배를 절대적으로 받으므로 인간의 다양성을 드러내는 기능을 하지 않는다. 이런 언어는 인간을 정치적으로 만들어주지 않으며, 단지 정보를 정확히 교환하려는 것이다. 사회적 사안을 위한 언어는 논증으로 증명이나 입증을 하기 위해 사용된다. 올바른 척도를 제시하고 이를 논리적 논증(logical argumentation)을 동원해 증명하여 합리적 동의 혹은 정답에 대한 인정을 강요하는 것이 사회적 담론의 특성이다.

정치를 위한 언어는 복수로서 인간의 모습이 드러나는 언어다. 이런 언어는 설득을 목표로 한다. 설득은 나와 다른 타자와의 의견 일치와 합의를 목표로 한다. 복수의 인간이 정치적으로 된다는 것은, 말에서 드러나는 차이를 존중하는 가운데 다양한 기준과 준거에 입각하여 생각하고 판단하는 이들을 설득이라는 방식으로 넘어서서 그들의 동의를 얻어낸다는 것을 의미한다. 그런 동의가 불가능할 때는 서로 동의가 불가능하다는 점에 동의를 이룰 수 있고, 그런 부동의 상황에서 서로 의견 조율을 추구할 수 있다. 타인의 합의를 강압적으로 끌어내려는 모든 시도, 심지어 논리로 상대를 굴복시키려는 시도조차 정치의 붕괴로 이어질 수 있다.

사회적 사안은 전문가들이 다루어야 하는 것이지만 정치적 사안에는 전문가가 존재하지 않는다. 그런데 오늘날 우리가 다루는 많은 일은 이 두 측면과 모두 결부되어 있는 경우가 많다. 핵 정책을 예로 들어 설명해보자. 우리는 핵에 관한 객관적 지식 차원과 정치적 차원을 구별할 수 있다. 즉, 세계에 현존하는 핵무기가 지구를 몇 번 파괴할 정도의 분량이라든가, 어느 정도의 방사능 피폭이 암을 유발한다거나 기형아를 출산하게 한다는 등의 내용은 객관적 지식에 해당한다. 지상에 있는 모든 핵무기를 사용하는 전쟁이 일어난다면 이로써 지구의 파괴와 인류의 멸망을 초래하리라는 것도 객관적인 전문가적 예견에 해당한다. 이는 핵 문제가 사회적 사안임을 알려준다. 이러한 점들은 분명한 설명을 가능하게 하는 기준과 준거가 있기 때문이다. 그러나 핵발전소 존폐, 핵 폐기물 처리와 관련된 지역 주민의 합의, 핵확산 금지 등은 정치적 사안이며 가치에 근거하여 합의로 결정할 일들이다.

핵과 관련한 정책을 결정할 때 우리는 정치적 차원과 사회적 차원을 구별할 수 있다. 사회적 사안과 관련된 점은 전문가를 통해 정확한 정보를 가져야 하는 부분이며, 이는 정치적 판단에 기초가 될 수 있다. 한편, 핵의 정치적 차원의 문제는 공적 담론의 장에서 다루어야 한다. 이를 전문가의 기술적 관점에서만 결정해서는 안 된다. 오히려 모든 인간이 공유한 생명 존엄과 같은 가치의 관점에서 결정해야 한다.

또 다른 예를 들어 설명해보자. 어떤 마을 사람들이 그 마을에 다리를 놓는 문제를 놓고 토론하고 있다. 세금을 많이 내는 부자 동네에 다리를 건설할지, 가난한 이들이 사는 동네에 다리를 세워 경제를 살리고 빈부격차를 줄일지는 공적 토론의 대상이 되는 정치적 요소가 될 수 있다. 결국 그 결정에는 그 마을 공동체가 소중히 여기는 가치관이 반영될 것이다. 일단 결정된 후에는 어떤 공법에 따라 다리를 건설할지는 정치적 사안이 아니라 전문가에게 의견을 물어야 하는 사회적 사안이다.[10]

사회적 사안과 정치적 사안은 성격이 서로 다르지만 오늘날 공적 영역에서 다루어지는 문제에 뒤섞여 있을 수 있다. 양자의 특성이 다르므로 우리는 먼저 이들을 면밀하게 구별해야 한다. 그리고 사회적 사안은 전문가적 식견으로, 정치적 사안은 정치적 판단력으로 다루어야 한다. 사회적 사안을 정치적으로 다루면 문제가 제대로 해결되지 않으며, 정치적 사안을 전문가가 기술관료적 방식으로 다루면 그 공동체는 불행해진다.

9.

인간이 사회적 동물인지 정치적 동물인지 묻는 것이 중요한 이유는 정치적 관심이 사회적 관심에 압도되지 않아야 한다는 문제의식 때문이다. 인간은 가난하면서도 이웃의 고통에 관심을 가지고 호주머니의 돈을 털기도 하며, 궁핍 속에서도 학문과 예술에 관심을 가지기도 한다. 인간의 다양한 관심이 존중되고 이러한 다양성을 존중해야만 인간다운 삶이 가능하다. 이런 점은 정치적 관점에서 접근할 때 실현될 수 있는 것들이다.

현대에 우리가 위기에 빠진 것은 경제가 인간의 삶을 결정짓는 모든 것이라는 생각을 의심 없이 받아들였기 때문이다. 인간이 정치적 동물이라고 주장하는 것은 경제지상주의 시대, 시장만능주의 시대에 인간성 회복을 선언하는 일이다. 돈이라는 단일한 가치로 환원할 수 없는 것이 인간적 삶의 가치이기 때문이다.

4. 정치와 철학

1.

아렌트는 자신이 정치철학자가 아니라고 했다. 정치철학이라는 말 자체가 마치 '둥근 사각형'처럼 형용모순이라고 말하기도 했다. 정치의 토대가 인간의 복수성인 반면, 철학은 인간을 단수성에 입각해 다룬다고 보았기 때문이다. 이렇게 보면 아렌트는 서양의 정치철학 전통 자체를 거부하는 듯하다.

서양에서 정치철학의 원조는 플라톤(Platon, 기원전 428/427~기원전 348/347)이다. 플라톤은 정치철학을 체계적으로 저술했다. 그러나 정치철학이 체계적으로 기술되기 전부터 이미 정치적 경험은 존재했다. 아렌트는 플라톤 이전 시기의 정치적 경험에서 자유 개념 등의 뿌리를 찾았다. 그리고 플라톤의 정치철학은 그런 정치적 경험과 종종 충돌한다고 지적했다.

플라톤은 소크라테스(Socrates, 기원전 469?~기원전 399)의 제자다. 소크라테스는 자신의 무지를 고백했다. 그리고 다른 사람들도 자신의 무지를 알아야 한다는 취지에서 "너 자신을 알라"라는 말을 즐겨 사용했다. 소크라테스가 고백한 무지는 자신이 절대 진리를 알지 못한다는 의미에서의 무지다. 그렇다고 소크라테스가 소피스트처럼 모든 것은 상대적이라고 주장하지는 않았다. 이런 점에서 소크라테스는 철학자이기는 해도 진리를 주장하고 가르치려 한 철학자는 아니었다.

소크라테스와 달리 플라톤은 자신의 무지를 고백하는 것이 아니라 철학적 진리를 제시하며 처방을 내놓는다. 정치에 대해서도 마찬가지였다. 이렇게 해서 플라톤은 서양 최초의 정치철학자가 된다. 아렌트가 자신은 아니라고 했던 의미에서의 정치철학자 말이다.

2.

플라톤의 정치철학은 소크라테스의 부당한 죽음에 큰 영향을 받았다. 그 일로 아테네의 현실 정치를 혐오하게 된 플라톤은 아테네 민주정을 비판한다. 플라톤이 당시 폐단이라고 생각했던 것은 법률 제정 과정에서 개입되는 부정과 도덕적 퇴폐성이었다. 그리고 국가가 발전하려면 올바로 기능할 수 있는 바른 헌법을 수립하는 일이 가장 중요하며, 또한 국가체제에 새로운 바람을 불어넣을 수 있는 효율적인 조직체의 건설도 절실하다고 플라톤은 생각했다. 플라톤의 대안은 정치라기보다는 행정이었고, 진리를 바로 세움으로써 공동체와 개인 모두에게 무엇이 정의로운 것인지를 올바로 분별하게 해주려 했다. 그래서 그는 정치를 철학으로 다루려고 했다. 플라톤은 철학을 바르고 진실하게 추구하는 사람들이 권력을 장악하든지, 또는 국가 통치권을 장악한 자가 진정한 철학자가 되어야 한다고 주장했다.

정치는 플라톤에 의해 철학의 영역으로 들어왔다. 국가의 일이 철학적 사유의 대상이 되고 철학적 처방을 기다리게 된 것이다. 플라톤에게 국가는 사람들의 필요를 충족하려고 만들어진 것이다. 어떤 개인도 혼자서 자신의 필요를 모두 충족할 수 없기 때문이다. 여기서 필요란 생존을 위한 물질적 필요를 의미한다. 그러므로 국가에는 우선 생산자 계층이 존재하게 된다. 이들은 생산활동에 전념하여 모두의 필요를 충족해야 한다. 이들에게 필요한 덕은 근면과 성실이다. 또 이들이 생산한 것을 외부에 빼앗기지 않도록 보호하는 계급이 필요하다. 이들은 수호자, 즉 군인 계층으로서 용맹성을 길러야 한다. 그리고 국가가 안정적으로 운영되도록 전체적으로 조절하고 통제하는 사람이 필요하다. 이들에게는 통치자들로서 지혜가 필요하다.[11]

3.

플라톤의 정치철학에 따르면, 철인은 지혜로운 자이자 국가 운영에 대한 진리를 터득한 자로, 이 진리를 국가 안에 펼쳐 모든 백성에게 따르게 한다. 이와 같은 철인이 다스리는 국가에서는 정의가 넘치게 된다. 그런데 여기서 말하는 정의는 '각자가 맡은 임무를 충실히 하는 것'을 의미한다. 정의는 국가 안에 조화를 불러올 것이며, 소란을 그치게 하고 안정을 가져다줄 것이다.

국가 안에서 철학자 왕이 백성을 다스리는 방식은 정신이 다른 신체의 부분을 다스리는 것과 같다. 정신이 개인 생활에서 모든 갈등을 해소하는 데 절대적 권한을 가져야 하는 것과 마찬가지로, 철학자도 그러한 절대권을 국가 안에서 가져야 한다.

철학자가 국가 안에서 정치가로서 해야 할 책무는 인간사 영역에 기준을 도입하는 것이었다. 이러한 준거들은 절대적 진리에 기초해야 하는데, 일시적으로 선한 것이 아니라 영원한 진리여야 참과 거짓의 기준 역할을 할 수 있기 때문이다.

일시적으로 옳은 것들을 사람에게 옳다고 믿게 하려면 설득 과정이 필요하지만, 절대적이고 영원한 진리는 유한한 인간의 설명 능력이나 해명과 무관하게 온전히 받아들여야 한다. 이러한 진리 개념을 정치 영역으로 도입할 때 설득 과정은 불필요하다. 듣는 사람이 진리를 접하고 깨달음을 얻어 받아들이기만 하면 된다. 깨달음을 얻지 못하더라도 그냥 따라야 한다.

플라톤은 의견과 참된 인식을 차별적으로 다룬다. 플라톤에게 참된 인식, 즉 진리는 언어를 초월하여 존재한다. 아리스토텔레스는 진리를 탐구하는 철학이 무엇인가에 대해 '경이'(驚異), 즉 놀라움을 갖게 될 때 시작된다고 말한다. 즉 말을 잃어버릴 정도로 놀라움을 경험하는 것이 철학의 시작이라는 말이다. 물론 철학 활동을 언어로 할 수도 있지만, 진리를 발견한 순간 이 언어적 활동은 끝나버린다. 곧 철학은 언어 없이 하는 경이로운 경험으로 시작해 언어 활동으로 진행하다가 언어가 없는 상태에서 끝난다는 것이 플라톤이 생각하는 철학의 특징이다.

플라톤에게 의견은 다른 사람과 나눌 생각을 표현하기 위한 것일 뿐, 진리를 발견하기 위한 것이 아니다. 의견에는 단지 인간사에 대한 끊임없는 나눔과 교환이 있을 뿐이다. 그러므로 철학적 진리는 언어 사용을 불필요하게 만들지만, 의견은 언어의 계속적 사용을 요구한다고 할 수 있다.

플라톤은 철학적 진리와 의견의 차이점을 파악해 철학적 진리의 경험을 정치 영역으로 확대하려 했다. 즉 플라톤은 의견만을 가진 사람들이 독단에 빠지는 것을 막기 위해 의견을 비판하고, 진리 추구 정신을 정치 영역으로 도입한 것이다. 그래서 플라톤은 정치에서도 의견을 경계 대상으로 여기면서 참된 진리를 인식하는 과정만 존중했다.

4.

철학은 플라톤에 의해 확실한 진리의 기준을 가지고 정치 영역으로 들어오지만, 그 결과는 의견의 복수성과 인간 복수성의 파괴였다. '설득'의 역할을 부정하는 '절대적 준거'가 정치 영역에 도입되었기 때문이다. 나아가 인간의 행동은 이런 준거와 척도에 따라 일괄적으로 평가받게 될 테고, 인간의 복수성은 더는 존중되지 않게 된다. 정치 영역은 그러한 기준을 활용하려 해서는 안 되는 곳이다. 진리의 기준이 활용될 곳은 사회적 사안의 영역이다.

철학은 말을 잃어버릴 정도로 놀라움을 경험하는 데서 시작된다. 모든 언어 활동은 진리를 발견하는 과정에서는 중요하지만 진리를 발견함과 동시에 중지된다. 진리가 등장하는 곳에서 정치적 인간의 말은 더는 중요하지 않게 된다. 정치 영역은 진리의 영역이 아니다.

아렌트는 플라톤 정치철학의 전통이 마르크스에까지 이른다고 판단한다.[12] 서양의 정치철학에서는 정치를 항상 수단으로 여기는 것이 전통이다. 정치철학으로는 정치 영역에 진정으로 접근하지 못한 것이다.

정치가 진리의 영역이 아님을 우리가 확인함으로써 정치는 다시 인간의 복수성으로 향할 수 있게 된다. 진리 주장이 파괴한 다양성에 대한 존중을 정치의 이름으로 이뤄낸다. 정치 영역은 인간의 다양한 모습이 드러나는 곳인 동시에 다른 사람들과 함께 살아가는

데 필요한 영역이다. 정치가 세상 속에서 인간적 삶을 가능하게 하는 것이며, 정치 영역은 다양성의 각축이 설득으로 조정되는 영역이다.

제2장 정치와 정치 공간

1. 정치 공간과 시민

1.

인간이 살아가는 물리적 공간은 하나지만, 그 공간에서 살아가는 인간이 만들어내는 관계의 특성에 따라 비물리적 공간은 여럿 만들어질 수 있다. 프라이버시의 공간, 사적 공간, 공적 공간, 문화 공간, 사회적 공간, 정치 공간 등을 나열할 수 있는데, 이런 공간들을 세계(the world)라고 통칭하기도 한다. 마르틴 하이데거(Martin Heidegger, 1889~1976)는 인간을 '세계 내 존재'(Being-in-the-world)라고 정의했다. 이 말은 세계가 인간이 만들어서 그 안에 거주하는 공간이라는 것을 의미한다. 이 가운데 우리가 특히 '정치 공간'에 주목하는 것은 여기서 인간다운 삶에 필수적인 평등한 인간관계와 이를 바탕으로 한 자유 그리고 이 자유를 바탕으로 형성되어 서로를 자발적으로 제약하는 시민적 권력이 형성되기 때문이다.

인간이 스스로 만들어낸 정치 공간을 통해 개인은 사적 개인에 머무르지 않고 공적 개인이 되며 시민이 된다. 정치 공간은 정치적 관계를 형성하는 공간으로 공적 공간과 유사하지만 같은 것은 아니다. 우리가 직면한 많은 문제는 정치 공간을 제대로 만들어내지 못한 데서 발생했다고 볼 수 있다. 정치 공간은 평등한 의견 교환이 필요한 곳마다 형성될 수 있으므로, 이는 정치인들만의 문제가 아니라 시민들 모두의 문제다. 시민사회의 다양한 공동체에서 경험되는 정치 공간은 공동체들을 더 민주적으로 만들어내고, 궁극적으로 우리가 우리 삶의 주인이 되게 한다. 정치 공간은 시민이 만들지만 역으로 그것이 시민과 시민성을 형성한다. 하이데거가 말했듯 세계는 인간이 만들지만 그 세계 속에 거주하는 인간은 세계에 의해 형성되기 때문이다. 정치 공간이 형성되지 못했거나 잘못 기능할 때, 시민사회의 모습은 평등과 자유와 시민적 권력에서 멀리 있게 된다. 이를 극복하는 것은 정치 공간을 어떻게 일구어내느냐에 달렸다.

2.

아렌트에 따르면 고대 아테네 가정의 가장 지배는 독재적이고 폭압적인 힘의 지배와 같다. 설득하기보다는 명령하며, 폭력으로 강제하는 절대적 지배의 성격을 갖는다. 이에 반해 고대 아테네의 폴리스는 모든 사람이 보고 듣는 영역이며, 정치가 말로 이루어지는 영역이다. 여기서 이루어지는 일은 모두가 함께 보고 듣기에 적합한 일이다. 사적인 일은 모두의 관심사가 될 수 없는 일, 공적인 논의의 대상이 될 수 없는 일을 가리킨다. 아렌트가 보기에 고대 아테네 민주사회에서는 이처럼 가정과 정치 영역은 개념적으로는 물론 현실적으로도 분리되어 있었다.

정치적이라는 말의 뿌리는 그리스어에 있지만, 공적이라는 말의 뿌리는 라틴어에 있고 그 기원은 로마적이다. 공적(public)이라는 말은 인민을 의미하는 라틴어 populus의 파생어로 '사람에게 속한'을 뜻하는 publicus에서 유래했다. 따라서 공적인 것은 모든 사람과 연관된다는 의미에서 공(公) 또는 공공성(公共性)을 의미한다.[1]

3.

기독교가 지배한 서양 중세사회에서 사회가 성(聖)과 속(俗)의 관계로 재편된 가운데 공적 사안은 교회의 권력 아래로 들어갔다. 성스러운 일과 공적인 일 이외의 활동은 대부분 집안일처럼 여겨졌다. 사적 영역은 봉건제도의 확대로 크게 팽창했고, 이와 더불어 봉건 영주의 권력이 강화되면서 그는 자신의 영토 안에서 가장의 독재적 권력과 같은 힘을 행사하게 되었다. 통치는 사람에 따라 거칠 수도 있고 부드러울 수도 있지만, 정치 공간에서 형성되는 정의와 법의 작용과 같은 것은 존재하지 않았다. 여기서 이루어지는 인간관계는 가정에서의 인간관계와 유사했다. 동료라는 의미의 companis는 '같은 빵을 먹는 사람'이라는 뜻인데, 영어 단어 company가 여기서 비롯했다.

이런 관계에서 '공동선'(共同善, the common good) 개념이 활용되는데 이는 공공선(公共善)과는 무관한 개념이다. 이 공동선에는 정치적 의미가 없으며 단지 "사적 개인들이 영적이든 물질적이든 공통의 이익을 갖고 있다"라는 의미 그리고 "그 개인들 중 한 사람이 공통의 이익을 돌보는 한에서만 그들은 자신의 프라이버시를 가질 수 있고 자기 소유 사업에 전념할 수 있다"라는 의미를 갖는다.[2] 이 공통의 이익은 단지 사적 이익의 연장선에서 이해된 것일 뿐 사적

이익을 매개하는 공공성의 의미는 없었다.

4.

　중세기를 지나 근대에 부르주아 계급이 등장하면서 공적 영역은 부활했지만, 경제가 공적인 관심을 얻어 공적 영역의 중심 문제가 되었다. 근대에 들어와 어떤 재산은 사회적으로 부를 재창출하는 자본의 성격을 띠게 되었는데, 이러한 자본의 소유주들은 공적 영역을 통해 자신의 소유에 공적 보장을 받으려 했을 뿐 아니라 정치 영역을 활용해 자본을 증식하고자 했다. 그리하여 자본은 사회 전체의 관심사가 되었다. 자본은 지속적으로 움직이는 과정의 성격을 지니므로 시민들의 끊임없는 관심의 대상이 되며, 공적 관심을 지속적으로 요구하게 된다. 아울러 개인의 생물학적 삶을 자본이 만든 일자리를 바탕으로 꾸려갈 수밖에 없는 산업사회가 등장함에 따라 시민의 삶은 사회적인 것의 영향력에서 벗어날 수 없는 상황에 접어들었다. 노예가 더는 존재하지 않는 정치적 여건에서 대중의 삶이 오히려 노예노동에 얽매이는 상황이 발생한 것이다.

　경제가 공적 영역에 들어오면 그 강력한 힘 때문에 공적 관심을 모두 휩쓸어간다. 즉 정치적 사안에 기울여야 할 공적 관심이 사회적 사안에 쏠리면서 공적 공간에서 정치 공간이 차지하는 자리가 점차 줄어드는 문제가 발생하는 것이다. 공적 공간이 사회적인 것에 지배된 끝에 결국 정치 공간이 소멸하면서 국가가 거대한 가정처럼 변하는 현상이 나타났다. 하나의 공통 관심사가 지배하고 하나의 공통 의견만이 존재할 수 있는 곳. 이곳에서 국민은 한 가족의 구성원이 된다. 즉 국가에서는 하나의 공통 관심사인 경제가 지배력을 행사했고, 권력자는 이 힘에 기대서 통치를 했으며, 그 앞에서 국가의 모든 구성원은 하나의 숫자로 환원되었다. 경제가 일인 군주처럼 지배적 힘을 발휘한 것이다. 이는 사회적 균일화를 낳는데, 이 균일화가 평등으로 받아들여지는가 하면, 자유는 획득된 경제력을 향유하는 능력으로 이해된다. 문화적으로는 단일 가치관이 지배하면서 다양성이 사라져 문화적 한 줄 세우기가 이루어진다. 몸에 걸친 명품의 가격으로 개인의 품격이 결정되는 현상에서 보듯, 개성은 경제력의 차별성을 표현하는 방편으로 전락한다.[3]

이러한 사회에서는 성격이 다양한 사회 집단들이 하나의 사회로 흡수되는 대중사회로 변모한다. 아렌트는 이런 과정이 오랜 시간을 거쳐 공동체 구성원 대부분을 지배하는 데까지 이른 게 현대의 병폐라고 진단한다. 이는 사회적인 것이 공적 영역을 정복했다는 것을 의미한다. 이런 사회에서 차이는 소중하게 여겨지지 않고 단지 개인의 취향 차이로만 간주된다. 즉 사소하고 사적인 것으로 치부될 뿐이다. 공적 영역에서는 중요하게 여겨졌던 차이를 나타내는 행위가 사회적 영역에서는 불필요할뿐더러 자의적이고 제멋대로인 행위로만 여겨진다. 만일 어떤 구성원이 이런 행위를 하면 모두가 관심 두는 일에 몰두하는 '정상인'이 되라고 강요받게 된다. 이것은 정치 공간의 소멸이 불러온 현상이다.

5.

정치 공간에서는 공동선(共同善)과 구별되는 공공선(公共善)의 추구가 가능하다. 공동선은 공동체 구성원 모두에게 유익한 것을 말한다. 공공선은 공동체 구성원을 넘어 모두의 관점에서 동의할 수 있는 보편성을 기반으로 간주되는 좋음을 말한다. 이는 이익의 문제를 넘어서서 가치에 관한 관심을 불러일으킨다. 공공선은 유익한 것이라는 기준을 넘어선다. 예컨대 공동체 구성원 다수에게 이익이 된다고 해서 소수의 희생을 강요할 수는 없다는 태도를 보일 때 또는 공동체가 대의를 위해 불이익을 떠안는 선택을 내릴 때, 이는 공동선이 아닌 공공선을 추구한 것이다.

사적 문제는 각자 해결할 문제이며 공동체 전체가 관심을 두는 공적 사안은 오직 공적 영역에서 다루어지는데, 여기서 도출되는 것은 공공선이다. 공동선은 공공선 속에서 이미 해소되었다고 볼 수 있다. 중세기의 길드 집단에서 추구했던 공동선에는 공공선의 의미가 들어 있지 않다. 사적 집단인 길드에서는 자신들의 이익을 넘어서는 공공성은 고려 대상이 아니었다.

근대에 들어와 사회적인 것이 등장한 뒤에는 공동선과 공공선이 혼동되어버렸다. 사회적 재화를 놓고 발생하는 문제에서는 '최대 다수의 최대 행복'이라는 공리주의 원칙이 적용될 수 있다. 공리주의란 공리주의적 원칙 외에는 도덕성을 판별할 기준이 달리 존재하지 않는다는 하나의 윤리적 관점이다. 공리주의적 방식을 활용하여 얻는 것은 공동선이며, 이와 차별화되는 공공선은 무의미하다. 사회적 문제만을 해결하려면 공동선을 따르는 것이 최선일 수 있다. 여기에는 정치적 관점이 끼어들 여지가 없기 때문이다.

정치 공간이 사회적인 것의 침해에 대해 대립각을 세우면서 그의 지배를 받지 않으려 애쓴다면 공동선을 확보하려는 노력도 해야 한다. 함께 삶을 유지하는 공동의 삶에서 공리주의적 판단은 중요하기 때문이다. 또한 현대에 경제와 정치는 혼돈될 수 없지만, 또한 완전히 분리되지도 않는다. 경제는 이미 정치의 문제가 되었고, 정치 공간에서 다루어야 할 경제적 문제도 있기 때문이다. 기업과 정부는 그 역할이 다르지만 경제 구조의 문제, 기업이 사회에 져야 할 부담(법인세 등) 등에 대해서는 해당 공동체가 존중하는 가치관에 따라 다른 결정을 할 수 있다. 이때 원칙이 될 가치의 문제는 공공선에 기반을 두어야 하며, 이를 적용하고 시행할 때는 공동선의 기준을 활용해야 한다. 모든 일을 기업 처지에서만 결정한다면 보편적인 소통 가능성은 확보할 수 없겠지만, 관련 당사자의 이익을 모두 고려하되 궁극적으로는 가치에 따른 판단을 내리는 방식으로 한다면 공공성을 매개로 한 합의가 가능해질 것이다.

6.

정치 공간은 시민적 권력을 만들어낸다. 권력은 다수의 의견이 하나로 귀결되어 그 기초가 마련되고, 그 하나의 의견을 중심으로 사람들이 모여 공동행위(action-in-concert)를 하는 가운데 발생한다. 그런데 이런 모임이 사라지면 권력도 소멸한다. 따라서 모인 사람들이 약속을 하고 그 약속을 문자화함으로써 법이 형성된다. 권력은 법의 성문화로 제도화되고 항구성을 띠게 된다.

시민이 국가의 법을 준수하며 심지어 자신의 자의적 행동에 대한 법적 제약을 감내하는 것은 국가의 힘이 자기 힘보다 강해서 어쩔 수 없이 따르는 노예적 복종 행위와 다르다. 그것은 법이 자신들의 동의에 근거하기 때문에 벌어지는 적극적이고 자발적인 행위다. 많은 혁명과 체제의 변화는 이러한 시민적 권력에 의해 일어났다. 국가 권력은 법으로 구체화한 시민의 합의이고, 정치 기구들은 시민적 권력으로 구성되었으므로, 시민은 자신들을 규제하는 자들을 정치적 장치를 이용해 규제할 수 있다. 또한 권위는 법적 기반에 근거한 제도에서 나오는 힘이므로, 국가 권위가 갖는 강제력은 그것이 정치 영역에서 작동하는 것인 한 궁극적으로는 시민의 소통과 합의에 기초한 것이며, 다른 정당화 장치를 요구하지 않는 시민적 권력의 발현이다.[4]

이러한 시민적 권력은 토머스 홉스(Thomas Hobbes, 1588~1679)가 『리바이어던』에서 설명한 국가 권력과 성격이 다르다. 홉스는 인간을 폭력 행사를 할 권리를 가진 주체라고 보았다. 홉스에 따르면, 자연 상태의 인간은 '자기 보존'이라는 자연적 권리를 가진다. 또한 자기 생명을 보존하기 위해 다른 인간을 해칠 권리도 있고, 남의 것을 폭력적으로 탈취할 권리도 있다. 이러한 권리 주장은 결국 우리를 만인의 만인에 대한 투쟁 상태로 이끈다. 그런데 이성적으로 생각해보면, 사람들은 자기와 같은 권리 주장을 남도 할 수 있다고 생각할 수 있다. 그래서 사람들은 파멸을 피하려고 상호 협력을 모색한다. 그리하여 자신의 자연적 권리를 자신보다 강력한 존재인 국가에 양도하기에 이르러 결국 절대적 힘을 가진 국가가 탄생한다.

홉스에 따르면, 원시적 단계에서 폭력은 생명 보존이라는 자연적 목적에 따라 정당성을 갖지만, 전쟁이 종식되고 법을 갖춘 국가가 형성되면 개인의 폭력은 이제 더는 정당성을 가질 수 없다. 폭력은 그 법을 보존하기 위해 사용될 때만 정당성을 가진다. 이는 법이 폭력을 없애는 것이 아니라 오히려 법 일반과 내밀하게 연관되어 있음을 의미한다. 우선 법 형성 자체가 폭력에 따른 것이었으므로 폭력은 법의 원천이다. 또한 법적 계약 자체는 평화로운 것이라 하더라도 법 위반은 폭력을 초래한다. 계약은 폭력을 전제로 한다. 법적 기관도 폭력 행사의 잠재성을 갖지 않으면 아무런 힘을 발휘할 수 없다. 따라서 홉스적 사유에서 법과 국가는 이처럼 폭력과 근원적 결합 관계를 형성하고 있다.[5]

하지만 진정한 의미의 권력은 폭력과 모순관계를 이룬다. 아렌트에 따르면, 권력이 극대화된 경우 폭력은 최소화되며, 반대로 폭력이 극대화된 경우 권력은 최소화된다. 시민의 자발적 동의에 기반을 두고 성립된 정부의 요구에 대해 시민이 자신의 동의에 부합한다고 판단하고 자발적으로 따른다면, 정부에는 폭력이 필요하지 않다. 이때 국가 권력은 최대화된다. 그러나 시민이 어떤 범죄를 저질렀을 경우 국가는 법의 강제력을 동원하여 그가 원치 않는 처벌을 강압적으로 부과한다. 이것이 아렌트의 공화주의적 사유의 요체다.

7.

정치 공간에서 시민은 지배에서 벗어나 자기 삶의 주인이 되고 자치를 이룰 수 있다. 그러나 시민이 소통하거나 참여하지 않고 책무를 버릴 때 얻는 결과는 지배받는 삶이다.

자유를 오직 선택의 자유로만 이해할 때, 그래서 자유의지를 중심으로만 자유를 이해할 때, 선택의 폭을 제한함으로써 우리를 조정하려는 지배 세력의 힘에서 벗어나기 어렵다. 우리는 선택지 자체를 만들어내는 구조를 토론 대상으로 삼고, 결정 과정에 평등하고 자유로운 주체로 참여하여 우리가 살아가는 세상을 형성해나가야 진정 자유로울 수 있다. 자치(self-government)는 이때 비로소 가능하다. 정치 공간이 이를 가능하게 한다.

정치 공간에서 다루는 내용이 공동의 삶이고 공공선의 문제라면, 그곳에서는 당위와 가치를 다루지 않을 수 없다. 좋은 사회는 시민의 윤리적 사유를 자극할 수 있고, 자발적으로 도덕적 태도를 갖도록 영향을 줄 수 있다. 모든 시민이 자기 이익에만 몰두하고 오직 효율성과 이윤 추구에만 가치를 둔다면, 누가 제 이익을 포기하면서 전체 이익을 고려할 것이며, 스스로를 삼가야 하는 도덕성을 발휘하려 하겠는가. 자기 사회를 관통하고 지배하는 중심 가치를 스스로 세우고, 다 함께 좋은 삶을 살아보려는 고민과 노력을 나누는 사회라면, 그리하여 자기 자신이 삶의 주인이라는 인식을 시민들이 공유할 수 있다면, 그런 시민들은 좋은 가치를 공유하기 위해 노력하고, 자기 이익만 추구하는 태도를 삼가고 공공선을 위한 선택을 기꺼이 할 것이다. 사회에 도덕성이 소멸하고 거친 야만성이 넘쳐나는 것은 시민이 주인 되지 못한 데서 나타나는 증상이며, 도덕성을 소멸시키고 야만성을 드러내게 하는 원리가 사회의 지배적 가치가 되어 시민의 의식과 삶을 지배한 결과다.

8.

정치 공간이 파괴될 때 인간의 삶은 비참해진다. 정치 공간은 있다가도 파괴될 수 있고, 없다가도 생겨날 수 있다. 나치 독일의 현실은 비참한 삶의 전형을 보여준다. 아렌트는 그 당시 전체주의를 형성한 요소를 분석해 보임으로써 우리에게 정치 공간을 위협하는 전체주의적 요소가 무엇인지를 알아차릴 수 있게 해준다.

나치 독일의 전체주의 사회는 정치 공간이 조직적 힘에 의해 파괴된 대표적 예다. 나치의 전체주의는 하나의 특정한 사건이지만, 그 전체주의는 여러 요소로 구성되어 있다. 나치 독일의 전체주의는 반유대주의와 제국주의를 기반으로 삼았으며, 사이비 이론 형태로 만들어진 이데올로기와 제도화된 공포로 작동했다. 독일의 나치즘이 만든 죽음의 수용소나 소련의 스탈린주의가 만든 시베리아 수용소는 단지 우연한 현상이 아니다. 그것은 시민들에게 자기 삶 가운데서 근원적인 공포를 체험하도록 함으로써 전체주의가 기능하도록 만든 필수적 장치였다. 전체주의 정부가 형성하는 공포는 개인들 간의 자유로운 소통과 협력을 불가능하게 한다. 이 공포는 사람들 간에 형성될 수 있는 소통 공간을 철저히 파괴함으로써 정치 공간이 만들어질 수 없게 한다. 정치 공간을 통해 올바른 의견을 형성할 수 없게 된 군중은 국가가 제공하는 이데올로기를 자신의 신념과 행위의 내용으로 내면화하도록 강요받는다. 이러한 장치 때문에 인간은 자발적으로 활동하는 주체에서 주어진 자극에 반응하는 수동적 집단의 일원으로 변모한다.[6]

완전한 전체주의 정부하에서 인간은 개인의 고유한 모습, 즉 인간의 복수성을 잃고 모두가 오직 하나의 인간(one Man)으로 변한다. 전체주의에서는 다수가 일치된 행동이 중요한 역할을 한다. 그러나 이런 행위는 각자 개성을 지닌 정치 행위자들로 이루어진 행위가 아니다. 주체적 의지를 상실한 대중이 국가가 만든 이데올로기에 따라 움직이며 판단하고 행동하는 것이다. 따라서 대중은 사실상 정치적으로 전혀 중요하지 않으며, 통치는 소수 엘리트가 한다. 민주적 자유는 법 앞에서 모든 사람이 평등하다는 생각에 기초한 것이지만 전체주의는 사회정치적 조직체를 결성하여 개인을 그

조직의 수직적 위계질서 내의 한 지점에 놓고 통제를 일삼는 것이다.[7]

　정치 공간이 소멸된 궁극적 결과는 인간의 파괴다. 전체주의 사회에서는 공포가 사회를 지배하는 총체적 테러로 작용해 개인들이 비인간화되고, 개인들 간의 자유 공간이 파괴되며, 개인의 자발성이 압박받는다. 결국 총체적 테러는 인간의 복수성을 파괴하고, "개인들 간의 경계와 의사소통 채널을 철로 만든 하나의 끈으로 대체하여 그들을 너무나 단단하게 묶어버려, 마치 그들의 복수성이 소멸하고 거대한 차원의 한 사람이 된 것처럼 보일 정도가"[8] 되도록 만든다. 여기서 인간이 잉여적 존재로 여겨지는 사회가 형성된다. 잉여적 존재라는 느낌은 현대사회에서 대중의 개체들이 느끼는 외로움이라는 감정이다.

　잉여감을 느끼는 개체들이 전체주의를 만들고 또 전체주의가 이런 개체들을 만드는데, 만일 어느 현대사회에서 이런 느낌이 만연한다면 그 사회에는 전체주의가 등장할 가능성이 있다. 아렌트는 "전체주의 정권이 몰락한 이후에도 인간에게 가치 있는 방식으로 정치적·사회적·경제적 고통을 완화하는 일이 불가능해 보일 때면" 전체주의는 '강한 유혹물 형태로' 다시 살아나올 수 있다고 경고한다.[9] 물론 현대 자유주의 국가에서는 강제수용소의 공포와 이데올로기로 인간을 통제하지는 않는다.

　경제 지상주의 사회에서는 개인의 실존적 상황에서 그와 동일한 공포를 느끼게 하는 상황을 만들어낸다. 경제적 가치가 인간의 가치를 포함한 모든 것을 평가하는 잣대가 되고, 물질적 가치의 생산성이 모든 가치에 우선하는 경제 지상주의 사회에서 상대적 빈곤은 쉽게 자살을 부르며, 다양한 사회적 가치와 인간의 복수성은 억압된다. 이런 사회에서는 경제적 이익을 가져오는 정책이 어떤 가치 있는 정책보다 우선이 되며, 경제적 부를 약속하는 세력은 민주적 방식으로 지지를 얻고 결국 하나의 가치, 즉 경제적 가치가 사회와 인간을 지배하는 전체주의적 힘을 획득한다. 물질적 생산성과 효용성이 이데올로기 역할을 하며, 상대적 빈곤은 강제수용소가 불러일으켰던 것과 같은 공포의 대상이 된다. 광고와 홍보는 인간의 욕망을 자극하고, 가치 판단을 옆으로 제쳐둔 지식인과 정책 수립가들은 돈을 향해 국가의 기관차를 더욱 가속하는 가운데 자신을 잉여적 존재로 느끼는 개인은 날로 늘어난다.

경제 지상주의의 힘은 한국 사회에서 나타난 것처럼 무력한 개인을 인신매매, 권리 포기를 통한 노예적 삶, 자살 등의 방식으로 직접적인 죽음으로 몰아가기도 하고, 세월호 사건에서처럼 구조적인 방식으로 다수의 무고한 이들을 죽음으로 몰아넣기도 한다. 불법적인 선박 개조·운행, 비정규직 양산을 통한 직무 책임감 손상, 관(官)피아·해(海)피아로 불리는 민관 유착관계 등의 배후에는 인간의 가치보다 앞세운 경제적 요구가 있었다. 세월호 사건 직후 가난한 이들이어서 구조를 받지 못했다는 소문이 안산 지역에 떠돈 것은 잉여감이 표출된 것이라고 볼 수 있다. 더욱이 침몰 중인 배에서 떨고 있는 사람들의 구조라는 현실적 요구에 제대로 대응하지 못하고 오히려 대통령을 포함한 고위 공직자들의 지위나 말에 우선 반응했던 현장 상황은 어떠한 자율도, 자치도, 가치도 철저하게 부재했음을 보여주었다. 행정부 내에 진정한 주체가 없었던 것은 그 안에 적절히 기능해야 할 정치 공간이 없었다는 말이다. "우리의 정치가 현실에 제대로 응답하고 있는가?” 또는 “우리를 잉여적 존재로 만드는 경제 지상주의라는 전체주의적 테러에 제대로 저항하고 있는가?” 라는 질문에 답할 정치 공간 말이다.

9.

끝으로 정치 공간과 관련하여 간단하게나마 언급해야 할 문제는 그 공간에 들어오지 못하는 자, 그 공간 밖에 있는 자들에 관한 것이다. 시민권을 얻지 못한 외국인 노동자, 재일 조선인 같은 이들 말이다. 유럽 역사에서 국민국가가 형성되면서 주권을 가진 민족으로 인정받지 못한 채 이등 국민으로 살아가야 했던 유대인이 정치 공간을 창출해내지 못한 결과 홀로코스트의 비극을 맞게 된 것도 같은 예에 해당한다. 인간은 정치 공간에 참여함으로써 시민이 될 수 있는데, 정치 공간 밖에서는 시민이 될 권리, 즉 (시민적) 권리들을 가질 권리가 없다. 지구에 거주하는 인간들이 정의로운 평화를 누리기 위해서는 정치 공간 밖에 있는 이들이 정치 공간을 형성하도록 돕거나 그들을 우리의 정치 공간 안으로 초대할 수 있어야 한다.

2. 정치와 공공 리더십

1.

아렌트는 우리 삶의 공간 내부에 정치가 올바로 되게 하는 정치 공간이 형성되어야 하는 것의 중요함을 깨달았다. 그리고 공공성의 구현으로만 정치 공간이 올바로 작동한다는 것을 명료하게 이해했다. 공공성에 대한 아렌트의 이해는 공공 리더십의 핵심을 이해할 수 있게 했다.

전체주의 체제는 욕망 세력이 사회 전체에 공포가 지배하는 상황을 만들고 거짓 이데올로기를 활용해 대중을 선동하여 획일화된 힘을 만들어냄으로써 이루어진다. 전체주의는 사람들을 총력전 상황으로 몰아넣는데, 그 안에서 구성원들은 주체적 개인으로 존재할 수 없게 된다. 이런 전체주의 체제는 막강한 힘을 구축하고 효율적인 방식으로 일사불란하게 운영될 것 같지만, 종국에는 구성원의 참된 권력의 발현을 막아 수동성이 강화되고 비효율로 나아가게 된다는 것이 아렌트의 지적이다. 전체주의의 핵심은 그 내부에서 대화로 사안을 다루어가는 정치 공간을 소멸하는 것이다. 전체주의를 극복하는 것은 이 정치 공간이 제대로 형성되고 작동하게 하는 일이다.

인간은 욕망 없이는 살 수 없다. 인간은 몸을 가진 존재이며 생명을 유지하려면 순응해야 하는 자연의 질서가 있다. 그리고 생명 유지의 기본 동력이 바로 욕망이다. 우리 삶의 많은 부분은 욕망을 적절히 채울 수 있는 사회적 조건을 해결하는 데 쓰인다. 하지만 인간은 단순한 육체적 생존을 넘어 훌륭한 삶을 살아가기를 원하며, 그런 삶을 살아가려는 노력이 좋은 공동체를 형성하려는 노력으로 나아간다. 좋은 공동체는 욕망을 타인과 더불어 균형 있게 이뤄가도록 하며, 그 핵심 가치는 공공성이다.

2.

사적 조직이나 경제적 목적을 이루려는 기구들은 특정 목적을 성취하기 위해 노력하고 그 성과물로 평가를 받는다. 그런데 공공 조직은 일을 성공적으로 이루어내는 가치에 초점을 맞춘다. 사적 조직이 이루어내는 가치는 이익의 구현이거나 구성원들의 행복과 복지다. 그러나 공공 조직이 지향하는 가치는 공공성을 실현하는 것이다. 공공성을 실현할 때 공공 조직은 안정적으로 유지된다.

인간이 자기중심성과 이기심을 넘어 공공성을 이루는 것이 가능한가? 인간은 누구나 특정한 배경에서 성장하는 가운데 인격이 형성되며, 이 과정에서 삶의 목표도 추구한다. 하지만 인간에게는 자신이 속한 계급적 한계를 넘어 생각하는 능력이 있고, 자기 이익을 넘어서는 가치를 위해 실천하는 능력도 있다. 공공 조직의 리더는 이익을 넘어서는 대의를 보는 눈이 있어야 하며, 그 대의가 존중되는 조직문화를 만들어낼 수 있어야 한다.

3.

세상에는 참으로 다양한 사람이 존재하는 만큼 세대 차이는 극복하기 쉽지 않을 정도로 그 간극이 큰 문제가 되었다. 그래서 오래전부터 열린 사회에서는 차이와 다양성의 인정, 관용, 이해 등이 중요한 가치로 존중되었다. 이런 다양성을 두루 아우르는 가운데 공통적인 것을 발견하고 존중하고 실현하는 문화를 만들어내는 것이 공공 리더의 과제라고 한다면, 과연 그것은 어떻게 가능할까? 그 비밀은 대화에 있다.

사적 영역에서는 수직적 조직문화가 형성되기 쉽지만, 공공 영역에서는 평등의 가치가 중요하다. 공공성은 구성원의 평등성에 대한 존중을 기반으로 하며, 평등하게 말할 권리로 형성된다. 사실 사람들이 모두 평등하지는 않다. 흙수저냐 금수저냐는 물론이지만 신체적 능력이나 정신적 역량 또한 동등한 것은 결코 아니다. 하지만 공공성은 이런 모든 조건과 물질적 차이에도 서로 인간됨의 가치를 평등하게 인정하고 더불어 살아가는 목표를 공동체 안에서 함께 승인하고 추구할 때 요구되는 가치다. 공공성은 정글이 아니라 인간 사회에서 요구되는 것이다.

공공성의 토대인 평등에서 핵심은 말하기의 평등이다. 물질적 평균화를 요구하는 사회적 평등 또는 조건의 평등이 아니라 정치 공간을 자발적으로 형성하고 그 공간 안에서 한 약속으로 동일한 정치적 권리를 갖는 정치적 평등을 말한다. 평등을 말할 권리가 핵심이다. 이는 조직에 대해 개인적으로 책임감을 지니게 하고, 비록 자신이 동의하지 않은 결론이라 하더라도 결과를 인정하고 그것을 위해 함께 노력하는 자세를 갖게 한다. 대화가 차단되고 목표가 일방적으로 설정되어 수직적 복종이 요구되는 조직에서는 개개인의 자발성이 소멸된다. 전체주의 체제가 효율적인 것 같아도 결국 비효율로 빠질 수밖에 없는 것은 조직 구성원 개개인의 자발성이 보존되지 않기 때문이다.

리더는 종종 자신이 조직 가운데 가장 많은 것을 안다는 착각에 빠진다. 전문지식과 경험이 가장 많을 수는 있지만, 인간의 다양성과 현실의 복잡성을 고려한다면 조직원 전체의 지혜를 능가하는 지혜를 갖추기는 불가능하다. 독선에 빠진 리더는 대화를 무용하게 여기지만, 현명한 리더는 대화로 길을 만들어간다. 공공성을 찾아 그것을 구현하려는 조직문화는 대화 없이는 형성될 수 없다.

4.

인간과 문화의 다양성은 문제 해결을 어렵게 만든다. 경제적 이해관계라면 문제는 단선적으로 정리된다. 그러나 관점과 가치관이 차이 나면 문제를 해결할 접점을 찾기 어렵다. 그래서 다양성과 차이가 경합하는 공적 영역은 진리가 작동하는 공간이 아니라 개인의 다양한 의견이 경합하는 공간이라는 인식이 필요하다. 진리는 대화를 종료시키고 협의를 무의미하게 만들지만, 의견은 대화와 타협으로 길을 찾게 한다. 모두에게 공통된 사실(팩트)을 중심으로 다양한 관점이 반영된 의견을 매개로 삼아 대화해서 좋은 의견을 발견하는 것이 정치의 예술이다.

좋은 합의에 도달하는 첫 번째 토대는 사실을 정확히 인식하는 것이다. 따라서 사실의 왜곡이나 가짜 뉴스는 올바른 의견 형성에 가장 큰 적이다. 두 번째 토대는 대화 참여자들이 자신과 관련된 이익에서 초연해야 한다는 것이다. 사적 영역에서는 자기 이익을 만들어내고 지키는 것이 가장 큰 관심사이지만, 공공 영역에서는 이익 중심적 사고에서 벗어나는 것이 중요하다. 어떤 의견과 주장이 사적 이익에 연루되어 있다면 모두에게 수용될 가능성은 없다. 또한 사적 이익에 얽매어 불편부당성을 상실한 사람은 그 어떤 공정한 의견도 받아들이지 않으려 할 것이다.

상상력이 있어야 사적 이익을 넘어 생각하는 것이 가능해진다. 대화 가운데 다른 의견을 열린 자세로 만나면 우리 상상력은 활발히 작용하게 되고, 모두가 받아들일 수 있는 좋은 의견을 발견할 가능성도 열린다. 좋은 의견의 토대는 올바른 사실 판단과 자기 이익을 넘어선 관점이다.

5.

리더는 독단에 사로잡혀서는 안 된다. 독단에 사로잡힌 리더는 자기 조직을 관료주의에 물들게 만든다. 독단적 리더가 추구하는 대화는 일방적 지시일 뿐이며, 기껏해야 자기주장을 반복적으로 설명하는 친절일 뿐이다. 대화는 일방적이어서는 안 되며, 쌍방이 같이 해야 한다. 대화적 관계가 가르쳐주고 배우는 관계로 정립되어서는 안 된다. 대화의 결과는 서로 배우는 것이어야 한다.

자신이 독단에 빠졌는지는 자기 말에 유연성이 있는지를 확인하면 알 수 있다. 상대가 내 말을 잘 이해하지 못할 때 나는 같은 표현을 반복하지 않고 다르게 설명하는가? 내가 질문을 받았을 때 질문 내용에 들어 있는 단어와 표현을 사용해서 내 생각을 다시 표현할 수 있는가? 내가 같은 말을 반복만 한다면 내 생각은 경직되어 있고 독단에 빠졌을 가능성이 높다. 말이 경직되면 현실을 정확히 인지하기도 어렵게 된다. 우리가 현실을 새롭게 인식하면 우리 언어도 변한다. 우리 생각에 변화가 생기면 우리 언어도 변한다. 생각의 변화를 일부러 속이지 않는다면 말이다.

조직이 독단에 빠지면 관료주의가 나타난다. 아렌트는 가장 무서운 것은 관료주의가 지배하는 세상이라고 했다. 거기에는 책임을 지는 자가 아무도 없기 때문이다.[10] 관료주의는 조직 구성원이 자기가 하는 일이 옳은지 판단하지 않고 일하는 문화를 말한다. 주어진 임무에 생각 없이 충실한 사람은 자칫 성실한 악행자가 될 수 있다. 개인이 스스로 판단할 수 있으려면 개인이 사유할 수 있는 공간이 열려야 하고, 리더는 대화가 가능한 문화를 만들어 그 사유의 공간을 열어주어야 한다.

아렌트는 『인간의 조건』 「프롤로그」에서 우리 사회가 당면한 당혹스러운 문제들에 대한 답을 다음과 같이 말한다.

> 그런 답들은 매일매일 주어지는 것이며 다수가 동의해야 하는 실천적인 정치의 사안이다. 우리가 여기서 마치 오직 하나의 해법만이 가능한 문제를 다루는 것처럼, 그 답들이 이론적 고찰로 제공되거나 한 사람의 의견에 의존하는 것은 결코 아니다. …… 이는 명백히 사유의 문제인데, 무사유가 우리 시대의 가장 분명한 특징인 것 같다.[11]

6.

개인 간의 의견은 다를 수 있고 그 차이가 끝내 극복되지 않을 수도 있다. 이런 상황에서 민주주의적 해결책은 다수결밖에 없다. 현실에서 발생하는 많은 사안은 항상 갈등을 불러일으킨다. 갈등 사안들을 다수결로 해결하다 보면 자기 이익에 몰두한 개인들에 의해 왜곡될 수 있고, 공공선을 외면하는 힘센 다수에 의해 나쁜 결정이 내려질 수도 있다. 그러나 인간사는 항상 변하고 움직이는 가운데 있으며, 한 사람을 설득한 것이 결국 전체를 움직이는 결과로 나아갈 수 있다. 한 사람의 변화가 시민 전체의 관점을 바꿀 수도 있다.

민주사회에서 우리에게 남아 있는 것은 설득하는 방법뿐이다. 그래서 우리에게는 설득으로 다수를 움직이는 역동성을 믿고 활용하는 지혜가 필요하다. 민주주의가 문제가 많은 제도인 것 같아도, 공공의 사안을 실현하는 데는 설득 외에 다른 결정적 방법은 없다. 따라서 공공성을 구현하려는 리더는 민주주의의 역동성을 믿고 최대한 활용해야 한다.

3. 정치와 일상언어

1.

아렌트는『인간의 조건』「프롤로그」에서 과학자들의 정치적·실천적 판단을 불신할 것을 주장하며, 그 원인의 분석과 처방을 위해 일상적 언어의 정치적 중요성을 강조한다. 기술 관료시대로 규정되는 이 시대에 전문가를 중심으로 정치를 해야 한다는 생각에 대한 아렌트의 비판이 바로 여기에 깃들어 있다.

아렌트가『인간의 조건』을 출간한 1958년은 제2차 세계대전을 원자폭탄 투하로 끝낸 이후 원폭의 가공할 힘을 이미 경험한 때이자 러시아가 인공위성을 쏘아 올린 때다. 이 두 사건의 의미는 과학에는 인간 세계를 완전히 파괴할 힘이 있고 인간에게는 지구의 한계를 넘어서 우주를 향해 나아갈 능력이 있다는 것이다. 이 시기는 아직 유전자 조작과 인간 복제 가능성을 현실화하지는 못했으나 냉동 배아세포의 원형질 분해와 조작으로 초인적 존재의 탄생을 상상할 수 있을 때였다. 이러한 과학적 업적은 자연이 주는 생명의 한계를 인간이 과학으로 넘어서 인위적인 방식으로 자연적 한계를 극복하려는 시도로 이해할 수 있다. 오늘날 인간 배아복제와 관련된 문제들을 염두에 둔 것처럼 들리는 이러한 아렌트의 논의는 과학이 만들어놓은 상황을 과연 어떤 방식으로 해결할 것인가 하는 문제로 넘어간다. 아렌트는 "이 문제는 과학적 수단으로 결정될 수 없으며” “이 문제는 제1순위의 정치적 문제”[12]라고 규정했다.

아렌트가 과학 언어의 정치적 문제점을 분석하는 것은 바로 이런 맥락에서다. 과학이 오늘까지 이룩한 업적을 우리 삶과 문화에 적용하는 문제, 예컨대 인간 배아복제를 가능하게 하는 수준으로까지 발전한 현대과학을 실제로 우리 삶 가운데 이용할 것인가 하는 문제가 과학의 문제가 아니라 정치의 문제임을 규명하는 일은 과학적 언어의 본질을 설명함으로써만 가능하다고 아렌트는 생각했다.

과학과 기술의 발전을 위해 많은 과학적·수학적 기호가 만들어져 사용되었다. 그런 기호들을 사용하지 않고는 과학기술의 타당성이 논증될 수도, 현실적 결과물로 우리에게 나타날 수도 없다. 그런데 이러한 과학적 기호나 수학적 기호로 설명되는 내용을 다시 우리가 일상에서 사용하는 말로 설명하는 일은 불가능하다. 과학적 기호나 수학적 기호들은 인간의 정신의 산물이며 과학자들 사이에서 통용되고 소통될 수 있는 언어이기는 하지만 그 내용이 다시 우리 사유의 대상으로 완전히 환원되지 않으며 일상적인 말로 설명하고 표현할 수 없는 특성이 있다. 그래서 아렌트는 과학적 기호나 수학적 기호(symbols)를 사용하는 과학자들의 언어(language)를 일상에서 사용하는 말(speech)과 구별할 뿐 아니라 이들의 정치적 의미를 명료하게 구별한다.[13]

2.

일상어와 과학적 언어는 여러 점에서 다르다. 우선, 말의 내용은 생각 속에서 펼쳐지지만, 과학적 언어는 그렇지 않다. 말은 사유와 연관되며 “말로 언급될 수 있는 만큼 이해될 수 있다”[14]라고 아렌트는 말한다. 수학적 기호는 사유가 아니라 인지(cognition)와 관련된다. 인지는 논리로 사고를 진행해가는 기능이다. 수학은 논리적 사고를 바탕으로 전개되는 가운데 다양한 기호를 만든다. 과학은 논리적 사고를 바탕으로 대상적 세계(the objective world)와 관계를 맺으면서 과학적 진리들을 탄생시킨다. 과학적 기호나 수학적 기호로써 언어는 인지 기능과 관계되어 있다.

말의 정치적 의미는 말로 인간의 개성이 드러난다는 점과 그 개성의 다름으로 발생하는 분쟁을 조정하는 기능이 있다는 점이다. 그런데 과학의 언어는 이런 기능을 갖지 않는다. 수학적 기호나 과학적 기호는 모든 구체성과 차이를 배제하고 추상적으로 존재하는 세계를 다루기 때문이다. 그러므로 공동의 세계와 관련된 정치 문제를 과학의 언어로 생각하는 과학자들의 정치 판단은 공동세계에 대한 이해를 근원적으로 배제한다고 할 수 있다. 아렌트는 "과학자가 과학자로서 태도에 충실할 때(scientist qua scientist) 그의 정치적 판단을 믿지 않는 것이 지혜로운 일이다"[15]라고 말한다.

과학자들의 정치적 행위는 그들이 과학적으로 규정된 언어에 제한될 때 심각한 정치적 문제를 일으킬 수 있다. 예컨대 핵 원리를 발견하고 핵무기를 개발하는 것이 기술적으로 가능한지는 과학자들이 연구로 밝혀낼 문제였겠지만, 실제로 핵무기를 만들 것인가 하는 문제는 인간의 공동의 세계와 연관하여 정치적으로 숙고하고 판단할 문제다. 과학의 진보는 과학자들의 업무이지만 과학자들의 업적을 사회적으로 사용하는 것은 정치적 문제다.

과학적 언어에는 일상언어와는 다른 인간 개념이 전제되어 있다. 과학적 기호나 수학적 기호로서 언어는 추상화 작용으로 인간의 복수성의 차원이나 세계의 의미 연관성을 제거하면서 형성되었다. 따라서 이 언어에는 추상적 존재로서 인간, 즉 단수의 인간(Man)이 전제되어 있다. 단수의 인간은 모든 인간에게 보편적이고 공통적인 요소를 중심으로 이해된 개념이다.

3.

말의 가장 큰 특징은 세계 구성적 특성이다. 세계는 지구라는 물리적 공간에서 복수의 사람들이 함께 모여 살아가면서 형성하는 문화적이고 언어적인 성격의 공동체다. 정치는 이 세계와 관계된다. 언어는 사람들의 사유 속에서 작용하면서 각각의 개성을 표출하고 공동세계와 관련된 의미를 다양하게 묻고 설득하고 합의하는 가운데 거기에 참여한 사람들 사이에 세계를 형성하고 유지하는 기능을 담당한다. 따라서 아렌트는 "말과의 관련성이 위험에 처해 있는 곳이라면 그 어디에서나 문제들은 정의(定義)상 정치적으로 된다"[16]라고 말한다.

아렌트는 정치적 행위가 말로 표현되고 설명될 때 비로소 행위는 세계와 관련된 의미를 드러낸다고 했다. 말로 표현되지 않는 행위는 공동세계와 무관하게 남게 된다.[17] 일상언어를 통해 과학적 판단과 공동세계의 연관성이 밝혀지고, 정치가나 시민은 그 의미를 따라 정치적 판단을 내려야 한다. 그래야 우리가 내리는 판단이 무엇인지를 정확하게 이해하는 가운데 결정을 내리게 되기 때문이다.

4. 정치와 진리

1.

정치에 대한 소크라테스와 플라톤의 생각은 달랐다. 소크라테스는 책을 전혀 남기지 않았기 때문에 그의 말을 직접 들을 수는 없다. 그 대신 우리는 플라톤이 쓴 초기 저술에서 소크라테스 처지를 이해하게 된다. 거기에는 소크라테스에 대한 플라톤의 회고 수준의 내용이 있기 때문이다.

플라톤의 초기 대화편에 따르면 소크라테스는 사람들의 의견을 존중했다. 의견은 각 사람이 자기가 놓인 삶의 환경에서 자신의 고유한 처지에 따라 형성된 것이다. 소크라테스는 대화로 상대가 자기 의견에서 스스로 타당하게 여길 수 있는 진리를 낳도록 대화를 이끌어갔다. 이런 대화 방식으로 소크라테스는 '산파술', 즉 아이를 낳는 기술을 대화에 사용했다고 사람들은 말했다.[18]

소크라테스는 스스로 무지하다고 주장했다. 이 말의 의미는 자신은 모든 사람에게 적용될 절대적 진리를 알지 못한다는 것과 진리가 존재한다면 그것은 한 개인에게만 타당할 뿐이라는 것, 그리고 한 개인에게 진정으로 좋은 것은 자신의 의견을 검토하고 의문시함으로써만 찾아질 수 있다는 것이다. 자신이 아테네에서 가장 현명한 사람이라는 델포이 신탁의 진실을 확인해가는 과정에서 소크라테스가 깨달은 것은 절대 진리가 인간에게는 제한되어 있다는 것이다. 소크라테스에게 '의견'은 주관적 착각도 아니고 진리를 자의적으로 훼손한 것도 아니다.

소크라테스는 법정에 서서도 일대일 대화 방식으로 자기 의견을 설득하려 했다. 그 결과는 실패였는데, 이 실패 때문에 플라톤이 설득의 기능을 부정적으로 생각하게 되었다고 아렌트는 판단한다. 그래서 플라톤은 의견을 존중하고 설득을 이루기 위한 대화에 개입하는 소크라테스의 방법을 버리고, 옳고 그름을 식별할 절대적 기준을 철학에서 찾아 정치 영역으로 가져오는 길을 선택했다는 것이다.[19]

2.

플라톤이 소크라테스의 재판과 죽음을 보면서 생각한 것은 진리와 의견(또는 억견)의 대립, 철학과 정치의 대립, 영원(the eternal)하고 불변하는 것에 대한 관심과 불멸(the immortal)하는 명예에 관한 관심의 대립이었다. 이러한 대립을 염두에 두면서 플라톤은 영원한 진리의 인식을 정치적 구조의 최상부에 놓고, 마치 정신이 육체를 지배하듯 철학자가 철학자와는 다른 욕망을 지닌 사람들, 즉 생산자와 상인과 수호자들을 지배하는 통치 모형을 이상적인 국가 구조로 제안하게 된 것이다.[20]

플라톤의 이상적 국가 모델에서는 철인을 왕으로 삼았다. 철인이 왕이 되건, 왕이 철인이 되건 결국 진리와 통치가 일치할 때 국가는 이상적 모습을 이루게 된다. 이는 전문성을 갖추고 진리로 무장한 정치가 정치의 정점에서 지배자가 되어야 한다는 말이다. 오늘에 적용해본다면, 분야별 최고 전문가로 구성된 각료들과 전문적 의사결정력을 갖춘 지도자가 만든 기술관료적 통치체제의 구성이라고 할 수 있다.

이런 통치 방식이 문제를 해결하는 최적의 방법이라는 생각에는 철인 왕 콤플렉스라고 부르는 사고방식이 자리 잡고 있다고 보인다. 철인 왕 콤플렉스는 사회를 규율할 수 있는 절대적 원리를 발견하여 사회 내에서 지배적 위치를 꾀하려는 사람의 심리상태를 지칭한다. 많은 '폴리페서'(polifessor)가 이런 심리상태에 많이 빠져 있는 것으로 보인다. 정치철학을 공부하는 학생들이 학업에서 절대적 진리를 발견하여 이를 이 사회에 적용함으로써 세계의 모든 문제를 일거에 해결할 수 있다는 포부를 갖는 것도 철인 왕 콤플렉스의 발현이다.

3.

아렌트는 진리를 아는 진정한 철학자가 국가를 이끄는 것 자체가 심각한 문제를 불러일으킨다고 지적한다. 인간은 근본적으로 정치적 동물이며 각자는 정치적 행위, 즉 자신의 개성을 드러내고 자기 의견을 타인들 앞에서 보이고 들려주기를 바라며, 또한 이러한 행위들이 어울리고 진행되는 가운데 이루어지는 것이 정치라는 점이 근본적으로 무시되었기 때문이다. 플라톤의 구상에서는 이러한 정치가 실종되고 오직 진리의 실현으로서의 행정만이 존재하게 된다.

서구 정치철학의 전통 맨 첫머리에 놓인 플라톤의 이러한 선택은 정치를 살리지 않고 오히려 파괴한다. 플라톤의 길이 철학자에게는 폴리스에서 안전하게 살아가는 길 또는 폴리스의 번거로운 정치적 삶으로부터 자유롭게 철학적 삶을 추구하는 길일 수도 있다. 그러나 플라톤이 열어놓은 이상주의적 정치철학은 진리의 폭정(the tyranny of the truth)을 정치 영역에 도입한 것이며, 이와 동시에 철학자는 이로써 정치의 문제들을 다 해결했다는 환상을 갖게 된다.[21]

아렌트는 철학자가 국가를 다스린다면 그는 자신의 육체에 했던 것과 같은 것을 주민에게 수행할 것이라고 보았다. 이는 플라톤의 정치철학이 구현하려는 것이 폭력이라는 말이다. 철학자가 사유를 거쳐 발견한 정치 원리를 국가에 시행하려는 태도를 가질 때, 정치적 관계는 지배와 피지배 관계로 전환된다. 바람직한 정치 원리가 객관적이고 절대적인 진리처럼 존재하는데, 이를 '발견'하는 것은 정치철학자의 임무이고, 시민은 이들이 '발견'한 원리를 따르기만 하면 된다. 이때 정치적 행위자로서 시민의 자유와 자율은 훼손되고, 단순한 지시 이행자 역할만 남게 된다. 지배자와 피지배자의 관계로 말이다.

제3장 자유와 권력

1. 정치적 자유

1.

현실에서 자유 개념은 실로 다양하게 이해된다. 불간섭으로 이해되는 자유주의적 자유 개념은 근대 이후의 것이며, 선택의 자유라는 개념도 상대적으로 최근의 것이다. 행위자 개인 중심의 자유 개념도 근대 이후에 나온 것이다. 내면적 세계에서 발견하는 내적 자유라는 개념은 철학과 신학에서 나타났다. 아렌트는 자유를 정치현상으로 이해하려 한다. 다양한 자유 개념 가운데 아렌트는 정치적 자유 개념에 주목한다. 이는 자유를 개인의 선택 문제로 환원하거나 개인에 대한 불간섭 등으로 설명하는 방식과는 다르다.

정치적 자유의 가장 원형적 모습은 헤로도토스(Herodotos, 기원전 484?~기원전 425?)의 『역사』 제3권에 처음 나타난다. 여기에서는 페르시아 제국의 초기 역사가 다루어진다. 페르시아의 왕 캄뷔세스는 마고스 형제의 반란에 속아 죽는다. 마고스 형제의 속임수를 알아차린 오타네스와 다레이오스 등 7명은 거사를 일으켜 마고스 형제를 처단하고 새로운 국가를 구성하기 위해 의논한다.

어떤 나라를 만들지에 대해 의견이 서로 갈리는데, 크게 세 방향으로 나뉘었다. 거사 모의를 주도했던 오타네스는 독재정치를 비판하고 민중의 정치를 주장하며 '법 앞에 만인이 평등'한 나라를 만들기를 원했다. 메가뷔조스는 과두정치를 주장하며 '가장 훌륭한 자들이 모인 단체를 선발'하여 정권을 맡기자고 주장했다. 과단성을 발휘해 거사 성공에 가장 결정적인 역할을 했던 다레이오스는 과거에 퀴로스라는 한 사람이 페르시아인들을 해방시킨 것을 상기시키며, 한 사람을 세워 자유를 유지하는 군주제를 주장했다. 이 세 주장 가운데 다수가 다레이오스의 주장에 동의함에 따라 결국 군주제가 채택되었다.

군주제로 의견을 모은 그들은 누구를 왕으로 뽑을지 논의했다. 헤로도토스는 오타네스에 대해 "페르시아인들을 위해 법 앞에서의 평등(isonomiēn)을 확립하려던 자신의 제안이 관철되지 못하자" 왕을 뽑는 경선에 출마하지 않았고, 향후 그 가문에 대해서는 자발적 선택에 따라 왕과 국가에 충성하기로 하지 않는 한 자유 가문으로 내버려달라고 요청하여 모두의 승인을 받았다고 기록했다. 오타네스는 지배(archein)하기도 지배받기도 싫어했기 때문이라는 것이다.[1]

헤로도토스의 『역사』에서 아렌트는 그리스 도시국가 이전 시대에 존재했던 원형적 모습의 정치적 자유를 포착한다. 자유란 남을 지배하지도 않고 지배받지도 않는 것이며, 함께 정한 법의 영역 가운데서 서로 평등한 권리를 가지고 살아가는 것이다. 여기에는 지배가 존재하지 않으며, 통치자와 피치자의 구분이 없다. 이소노미아(isonomia)는 바로 이런 형태의 '정치 조직'을 가리킨다.

정치적 자유란 지배나 피지배가 없는 상태에서 사람들이 각자 동료들과 함께 움직이는 활동으로 이해된다. 나와 동등한 사람이 없다면 자유는 존재하지 않게 된다. 원래 이소노미아는 모든 인간이 법 앞에서 평등하다거나 법은 모두에게 동일하게 적용되어야 한다는 것을 의미하는 말이 아니었다. 이소노미아는 모든 사람이 동등하게 법적 활동을 할 수 있다는 것으로 '평등하게 말할 권리'를 의미하며, 이세고리아(isēgoria)라고도 불린다.

2.

비지배라는 말은 그리스어로 이소노미아(ἰσονομία)이며 '지배 또는 통치(rule)라는 관념이 전적으로 존재하지 않음'을 특징으로 하는 통치(government) 형태를 뜻한다. 아렌트에 따르면, 민주주의(democracy)라는 말은 정부 형태 가운데 이소노미아에 반대하는 사람들이 비지배적 정치형태에 붙여준 것이다. 이소노미아도 결국 지배의 한 형태로 여러 형태의 지배 가운데 최악인 '민중에 의한 지배'(rule by the demos)[2]에 해당한다는 것이다.

이소노미아(ἰσονομία)는 평등을 뜻하는 이소스(ἴσος)와 법을 뜻하는 노모스(νόμος)의 합성어다. 글자 그대로 번역하면 '법 앞의 평등'이 된다. 흔히 평등은 '조건에서의 평등', 즉 물질적 재화가 평등한 상태를 의미하는 말로 이해된다. 그러나 이소노미아는 '법의 영역 안에서의 평등', 즉 '동료 집단을 형성한 이들의 평등'을 의미한다. 이소노미아가 보장하는 평등은 '모두 평등하게 태어났기 때문에' 이루어져야만 한다는 근대적 의미로 뒷받침되는 평등이 아니라 오히려 '인간은 자연적으로는 불평등하게 태어났기 때문에' 인간이 인위적으로 만들어 생활하는 공동체 안에서 법을 세우고 그 법이 적용되는 한(법의 영역 안)에서 의도적으로 이루어내려는 평등이다.[3)]

이소노미아가 의미하는 평등은 개인의 속성 또는 개인이 요구하는 권리로서 평등이 아니라 공동체의 속성, 즉 그리스 도시국가의 틀에서 본다면 폴리스의 특성인 셈이다. 그러므로 평등이 이루어지려면 인간이 만든 법이 인위적으로 만들어낸 특별한 영역이 필요하다. 이러한 영역이 정치 영역이다. 정치 영역에서만 존재할 수 있는 평등이 정치적 평등이다. 이는 정치적 기회의 평등을 말한다. 또한 정치 영역에서 정치 행위로 자신을 드러낼 수 있고 자기 의견이 다른 사람들에게 들려지고 평가되도록 하는 평등성의 확보를 의미한다.

그리스 폴리스에서의 평등, 즉 이소노미아는 인간의 속성이 아니라 폴리스의 속성이며, 인간은 출생에 의해서가 아니라 시민권(citizenship)을 자신의 평등을 통해 얻었다. 평등이나 자유는 인간 본성에 내재된 특성으로 이해되지 않았으며, 그 둘은 모두 다 자연에 의해 주어져 스스로 성장한 자연적인 것(퓌세이, φύσει)인 것이 아니다. 그것은 노모스, 즉 관습적이고 인위적인 것이며, 인간의 노력의 산물이고, 인간이 만든 세계의 특성이다.[4)]

어떤 사람이 이러한 평등이 가능한 정치 공동체에서 태어난다면 그는 태어나면서 평등을 누릴 기회를 얻지만, 그렇다고 해서 이런 기회가 자연적으로 주어지는 것은 아니다. 그런 정치 공동체는 이전의 어떤 사람들이 인위적으로 만들어 유지해온 것이다. 그리고 그런 정치 공동체를 처음 시작해 존속할 수 있도록 한 것이 혁명과 같은 방식으로 작동한 정치적 자유다. 따라서 우리는 정치적 자유를 통해 정치적 평등이 가능하게 되었다고 말할 수 있다.

정치 공동체에서 사람들은 시민으로서 서로 만난다. 자유는 평등한 시민들 사이에서 작동한다. 만일 정치 공동체에 군주나 폭군, 즉 통치자(ruler)가 등장하면 시민들은 서로 평등한 관계로 존재할 수 없고 통치자와 피치자의 관계 또는 통치를 받는 피치자들 간의 관계로 만나게 된다. 이러한 정치 공동체에는 정치적 자유가 활동하는 공간, 즉 정치 영역이 존재하지 않게 된다. 정치적 자유는 "결코 인간의 모든 활동에서 나타나는 것이 아니라 인간의 특정한 활동에서 나타나는"[5] 것이다. 마찬가지로 정치 영역은 모든 정치 공동체에 존재하는 것이 아니라 특정한 정치 공동체에만 존재한다.

정치 영역이란 타인이 현존하는 공간이며, 다른 사람들이 보고, 판단하고, 기억할 수 있는 공간을 말한다. 이런 공간에서 시민들은 평등한 존재로서 정치적 자유를 누릴 수 있다. 이때 우리는 정치적 자유가 평등이 이루어진 사회에서 가능한 것으로 말할 수 있다. 따라서 정치적 자유와 평등의 관계를 정리하면, 혁명과 같은 모습으로 발현되는 정치적 자유로 정치 공간이 형성되고, 거기서 평등이 이루어지며, 이렇게 만들어진 정치적 영역에서 평등한 삶으로 정치적 자유는 계속 실현될 수 있다. 이처럼 정치적 자유는 새로운 정치 영역을 개시하는 순간에도 작용하지만, 정치 공동체 안에서 항상 유지되고 실현되어야 한다.

3.

아렌트가 말하는 정치적 행위의 핵심은 "어떤 위대한 일을 시작한다는 것" 그리고 "다른 사람과 함께 그 일의 결말을 본다는 것"에 있다.[6] 중요한 점은 "오직 인간의 행위만이 그 자체의 특별한 위대성을 갖고 있고, 또 그것을 명백히 나타낼 수 있다는 것"[7]이다.

고대 그리스에서 보여준 원초적인 정치적 행위의 경험은 로마의 전통 속에서 변형된다. 로마적 정치 경험은 그리스의 정치 경험과 달리 가정을 중심으로 이루어진다. 아렌트는 이러한 차이를 호메로스(Homeros, 기원전 800?~기원전 750)의 서사시와 『아이네이스』에서 발견한다.

그리스는 새로운 지역을 찾아 식민지를 건설했지만, 로마는 새로운 땅에서 건국을 경험했다. 로마는 식민지를 건설한 것이 아니라 정복지를 로마 확장지로 만들어갔다. 이로써 로마는 자신의 건국 경험을 고유한 경험으로 만들었다. 『아이네이스』에 따르면 그리스에 파괴된 트로이 사람들, 특히 아킬레우스와 싸우다 죽은 헥토르의 가족이 도망가서 로마를 시작한다. 아킬레우스는 자신의 불멸하는 영광을 위해 목숨을 걸고 싸웠지만, 헥토르는 '도시를 위한 희생, 화덕과 가정을 위한 희생'을 위해 싸우다 죽었다. 그래서 로마적 경험은 방랑의 결과가 "강하고 새로운 힘을 의미하는 새로운 가정의 건설"[8]로 나타난 것이다. 로마는 가정의 보존, 국가의 보존을 정치의 최우선 과제로 삼았다.

그리스 철학이 전통에 보인 태도와 로마의 정치사상이 전통에 대해 가진 태도는 서로 달랐다. 그리스 철학은 항상 전통에 비판적 태도를 보이며 발전해왔기에 전통을 비판하는 자세를 늘 유지한다.

철학은 "모든 문제를 이미 규정된 범주에 적용함으로써 담을 쌓는 것이 주된 기능인 전통"에 위협이 된다. 로마 건국에서는 "모든 미래 세대를 위한 결속력으로서 도시 건설을 신성시하는 신앙"을 중요시했고, "선조가 물려준 것이라면 무엇이든 보존하는 것을 신성한 의무로 여겼다." 그리고 "전통의 틀과 부합하지 않는 모든 정치적 경험을 전통 속에서 처음부터 격리"하거나 재해석하여 전통의 틀 안에 맞추어 넣었다. 또한 "종교는 인간들 사이에 신을 위한 거주지를 만들어 건국을 보장하려는 권력"으로 기능했다.[9] 그래서 로마에서는 전통과 그 전통이 전하는 권위 그리고 종교는 서로 불가분의 관계를 맺고 있었다.

4.

평등은 시민권으로 얻어진다고 했을 때 시민권은 시민의 자격이라는 의미의 citizenship을 번역한 말이다. 시민으로서 권리라고 풀어 쓸 수 있는 말이다. 그런데 시민적 권리를 의미하는 civil rights를 번역할 때도 '시민적 권리'라는 표현을 줄인 '시민권'이라는 말도 아울러 사용된다. 우리말 '시민권'은 이처럼 모호하게 활용될 수 있는 단어다. 이뿐 아니라 시민이라는 말도 그 어원이 되는 서양의 의미 기원에 따라 두 가지로 이해될 수 있다. 우선, 정치 공동체를 구성하는 일원이라는 포괄적 의미에서 시민이라는 말이 사용될 수 있으며, 다른 하나는 서양에서 중세를 거쳐 근대로 접어들면서 형성된 부르주아 계층을 지칭하여 발전된 의미에서의 시민이다.

이렇게 볼 때 '시민권'이라는 표현은 citizenship을 가진 사람들이 주장할 수 있는 권리 일반을 지칭해 사용할 수도 있으며, 부르주아 계층의 관심사에서 형성된 재산권 등과 연관된 사적 이익과 관련 있는 시민적 권리를 의미할 수도 있다. 우리말의 일반적 용법에서 시민권 또는 시민적 권리라는 말로 지칭되는 것이 이처럼 단일하지 않음으로써 발생하는 혼란을 피하기 위해서는 자신이 사용하는 개념에 엄밀할 필요가 있다. 아렌트는 필요한 경우에 이러한 개념들을 엄밀하게 사용하지만, 특정한 단어에 단일한 의미를 시종일관 부여하여 사용하지는 않는다.

시민은 공적 자유를 누릴 수 있지만, 자기 욕망을 추구하는 존재로 이해된 부르주아 계급으로서 시민의 권리를 표현해 시민적 권리(civil rights)라고 하면, 이는 크게 '생명, 자유(liberty), 재산'에 관한 권리를 의미한다. 아렌트는 이러한 권리가 혁명의 결과는 아니라고 한다. 혁명의 결과는 이런 권리가 인간이 양도할 수 없는 것이라고 인정받는 것, 즉 보편적 가치로 확대하는 것이었다고 아렌트는 말한다.

시민적 권리의 확보가 혁명의 결과는 아니라고 하면서 이를 정치적 자유와 차별화하는 아렌트의 논거는 다음과 같다. 첫째, 시민적 권리를 모든 사람에게 적용되도록 확대하려 자유의 행위를 했다고 하더라도, 그러한 자유는 여전히 부당한 제약으로부터의 자유, 즉 소극적 자유의 행사에 머무른다. 둘째, 좀더 적극적으로 해석한다고 하더라도 시민적 자유는 이동의 자유를 의미하는 데 그칠 뿐이다. 법적 절차에 따라 감금이나 구속을 당하지 않고 이동할 수 있는 권리를 확보하는 정도에 머문다. 셋째, 여기에는 집회의 자유가 포함되지만, 이 자유는 청원을 위한 집회의 자유에 머문다. 넷째, 가난과 공포로부터의 자유를 포함하지만 이 또한 소극적 자유를 의미한다. 끝으로, 시민적 권리가 혁명의 목표라고 한다면, 이는 권리를 침해하는 정부로부터 자유를 얻는 정도에 불과한 것이다. 이런 자유는 군주정 아래에서도 가능하다. 하지만 정치적 자유는 군주정과는 다른 형태의 정부, 즉 '공화정의 구성'(the constitution of a republic)을 요구한다.[10] 이렇게 볼 때, 혁명의 결과를 단지 시민적 권리의 확보, 시민적 자유를 추구한 행위로 이해할 수 없다는 것이 아렌트의 주장이다. 혁명은 사적인 성격의 시민적 자유를 넘어 정치적 자유의 발현이며, 정치적 자유를 목표로 한 것이다.

5.

산업혁명이 일어나자 봉건제도 아래에서 농노였던 사람들이 노동자로 유입된다. 이들은 노동자이면서도 의식에서는 농노와 같은 상태에 있었다. 그러나 자본가가 봉건 영주와 같은 보호 장치를 제공하지 않은 상태에서 자본가와 노동자 사이에 계약이 요청되는 시기로 진입했을 때 자본가와 노동자는 자유로이 계약할 수 있는 상황이 되지만, 이는 실질적으로는 자본가의 자의적 결정이 자유라는 이름으로 포장된 것이다. 이러한 시기에 형성된 고전적 자유주의에서는 간섭이나 제약의 부재가 곧 자유라고 해석했다. 이 경우 자유의 증진은 계약 상황에 더 많은 재량권을 부여하는 것이다. 기업가나 고용주가 노동자에게 내거는 조건, 사업자가 회사를 설립하는 데 필요한 조건, 광업 회사가 탄광을 운영하는 데 필요한 조건, 서비스 판매자가 서비스를 제공하기 위한 조건을 설정하는 데 백지수표와 같은 재량권을 부여해야 한다고 생각하는 것이다.

고전적 자유주의자들에게는 모든 제약을 제거하는 것이 자유의 이상이었다. 국가의 강압적·일방적 간섭을 최소화해야 한다고 요구했다. 경제적 자유와 사회를 위해 더 많은 탈규제 정책이 필요하다고 주장했다. 이런 고전적 자유주의 정신은 200년 이후 로널드 레이건(Ronald Reagan, 1911~2004)이 "정부는 문제 자체이지 해결책이 아니다"라고 한 말에서 그 현대적 모습이 발견된다.

이와 같은 자유 개념은 미국 혁명이 이룩했던 자유 그리고 프랑스 혁명의 정신이 되었던 자유의 이념과는 거리가 멀다. 영국이 프랑스 혁명의 영향을 받았음에도 영국인은 프랑스 혁명의 이념인 자유, 평등, 박애 등을 외국의 발명품으로 홀대했다. 사회적 불평등이 영국 사회의 토대를 이루었기 때문에 인권이 문제가 되었을 때 영국의 보수주의자들은 이를 불편하게 여겼다. 정치가 벤저민 디즈레일리(Benjamin Disraeli, 1804~81)는 영국인의 권리가 인간의 권리보다 더 낫다고 말했다.

6.

자유주의가 주장하는 자유는 자신의 목표를 스스로 정할 수 있는 자유다. 자유를 의지와 연결한 이마누엘 칸트(Immanuel Kant, 1724~1804)는 의지가 스스로 자신의 목표를 정하고 무엇을 할지를 스스로의 원리에 따라 결정할 수 있는 것이 자유라고 말했다. 자유주의는 의지 중심의 자유 개념에 중점을 둔다. 자유주의적 관점에서는 정치가 시민의 덕성이나 인성을 육성하거나 교화하려 들어서는 안 되며, 정부는 정책이나 법률로 '좋은 삶'에 대해 특정 개념을 규정해서는 안 된다. 다만 사람들이 그 안에서 자신의 가치관과 목표를 자유롭게 선택할 수 있는 중립적 권리 체계를 제공해야 한다.

이런 자유에 대한 관념이 미국 정치의 전통이자 유구한 특성처럼 보이지만 사실은 최근에야 대두되어 지난 반세기 정도에 집중적으로 발전했다.

자유 개념은 다양한 얼굴을 가지고 있다. 자유는 시장지상주의자들이나 자본가들의 전유물일 수 없다. 오히려 자유는 공화주의 사상의 중심에 있는데, 공화주의적 자유 개념은 자유주의적 자유 개념과 다를뿐더러 모순적이다. 자유 개념은 자유주의자의 전유물일 수 없다.

2. 혁명과 자유

1.

어떤 민족이 자신의 정치적 자율권을 획득하여 새로운 정치체를 형성하고 그에 걸맞은 새로운 정치질서를 만들려고 하는 시도를 혁명이라고 한다. 혁명과 전쟁은 폭력을 수반하는 행위라는 점에서 공통적이다. 그러나 혁명은 정치적 자유를 추구하고 이를 바탕으로 새로운 정치체를 만드는 것을 목적으로 한다. 반면, 전쟁은 침략자에 대한 저항과 봉기로 수행될 때만 자유와 연관된다는 점에서 혁명과 다르다.

전쟁이 인류의 역사만큼이나 오래되었듯이 전쟁을 정당한 전쟁과 부당한 전쟁으로 나누는 것 또한 역사가 오래되었다. 중국 당나라 시절에 최치원(崔致遠, 857~?)이 「토황소격문」을 써서 황소의 난을 격퇴했다거나, 고려시대에 서희(徐熙, 942~998)가 침입해온 거란을 담판으로 물러서게 했던 것은 바로 전쟁의 정당성과 관련된 것이었다. 전쟁에 정당성이 필요한 이유는 전쟁이 폭력을 수반하고, 폭력이 정당성을 요구하기 때문이다. 아렌트는 "정치적 관계가 정상적인 과정에서 진행되는 동안에는 폭력의 지배를 받지 않"[11]기 때문에 폭력을 주요 수단으로 사용하는 전쟁이 정당화를 요구받아야 한다는 생각에는 이 같은 정치의 본래적 속성이 전제되어 있다고 생각한다.

2.

전쟁은 폭력행위인 반면, 정치는 말로 설득하는 데 기반을 둔다. 정치와 정치가 아닌 것은 말을 중심으로 구분된다. 폭력에는 말의 능력이 없다. 폭력은 그 자체로 말 없음을 특징으로 한다. 따라서 전쟁과 같은 폭력행위가 정치의 연장인 것처럼 보여도 실상은 정치 영역의 주변적 현상일 뿐이다.

전쟁과 혁명이라는 주제를 다룰 때 가능한 논의는 폭력의 정당성뿐이다. 폭력은 말로 설명해야 하며, 폭력적 행위가 설득력이 있다는 것은 곧 폭력의 정당화가 가능하다는 말이 된다. 그러나 폭력이 정당화된다는 것과 폭력 자체가 정당하다는 것은 별개 문제다. 만일 폭력의 정당화 논의가 폭력 자체에 대한 미화 또는 정당화로 나아간다면 그것은 반정치적(antipolitical)인 것이 된다.

전쟁이나 혁명이 폭력을 주요 수단으로 사용하는 것처럼 보이기 때문에 현대에 와서 폭력의 정당화는 중요하다. 만일 어떤 전쟁이 정치적 자유를 목표로 한다면 그 전쟁은 혁명이라고 주장한다. 그러나 혁명은 비폭력적 행위다. 전쟁, 해방, 혁명 등은 서로 비슷한 모습을 보이지만, 아렌트는 폭력을 중심으로 이를 명료하게 구분한다. 즉, 해방 과정은 폭력적일 수 있지만 혁명 과정은 비폭력적이라는 것이다.

해방은 정치적 자유를 얻기 위해 투쟁하는 과정을 말한다. 이 투쟁이 끝나면 새로운 정치질서를 형성하는 과정에 돌입하게 된다. 새로운 정치질서의 수립은 정치적 자유를 제도적으로 구현하는 작업이며 이를 자유의 구성이라고 한다. 이렇게 해방 과정과 혁명 과정은 구분된다. 해방은 폭력적일 수 있으나 혁명은 비폭력의 과정이며 비폭력적이어야 한다.

3.

혁명과 같은 변혁이나 변동은 역사가 시작된 이후 오랫동안 존재해왔다. 하지만 혁명이라는 이름으로 특칭되려면 혁명에 어떤 새로운 요소를 포함해야 한다. 혁명이 지닌 새로운 요소란 새로운 정치질서다. 이런 점에서 그리스 도시국가에서 발생했던 내란이나 로마 역사에서 나타났던 정권 변동은 혁명으로 지칭할 수 없다. 변동 결과 어떠한 새로운 것도 등장하지 못했기 때문이다. 혁명으로 불릴 수 있게 하는 새로운 요소는 근대와 더불어 비로소 역사상에 나타난다. 미국 혁명과 프랑스 혁명에서 분명하게 드러난 사실은 '자유의 출현'이었다고 아렌트는 지적한다. 이것이 혁명정신이다.

성공적 폭동이나 쿠데타, 내란 등은 혁명과 구분된다. 여기에서는 새로움의 요소로 자유가 등장하지 않기 때문이다.

새로운 시작이라는 의미에서 변화가 발생하는 곳, 전적으로 다른 형태의 정부를 구성하기 위해, 즉 새로운 정치체를 형성하기 위해 폭력이 사용되는 곳, 억압으로부터 해방이 적어도 자유의 제도화(the constitution of freedom)를 목표로 하는 곳에서만, 우리는 비로소 혁명에 대해 언급할 수 있다.[12]

혁명은 그 과정에서 혁명정신을 실현할 평의회(council)를 형성한다. "평의회는 우리가 참여하기를 원한다. 우리가 토론하기를 원한다. 우리 목소리가 대중에게 들려지기를 원한다. 그리고 우리가 우리나라 정치과정을 결정할 책임을 원한다." 이는 아렌트가 보는 자발적 결사체의 핵심이다. 평의회는 여러 형태로 프랑스 혁명과 파리 코뮌, 러시아 혁명, 헝가리 혁명 등에서 나타나며 미국에서도 기초적 단계에서 성격이 같은 회의체들이 형성되었다. 평의회는 혁명의 정신을 실질적으로 담지한 기초적 조직이다.

4.

혁명에 해당하는 영어 단어 revolution은 1543년에 간행된 니콜라스 코페르니쿠스(Nicolaus Copernicus, 1473~1543)의 저서 『천체 궤도의 운행에 대하여』로 유명해진 천문학 용어로, 공전 주기를 따른 순환을 의미하는 말이었다. 여기에는 정해진 노선을 따라 반복적으로 순환한다는 반복성이 함축되어 있으며, 또한 미리 정해진 질서를 따른다는 점에서 확립된 지점으로 복귀하는 것이 함축되어 있다. 이 말이 처음 정치적으로 사용된 것은 17세기인데, 이때 이 말의 용법은 복고 또는 복구를 의미했다. 심지어 프랑스 혁명과 미국 혁명 당시에도 원래 질서의 복원 또는 고대적 자유의 회복이라는 의미에서 혁명이라는 말이 일부에서 사용될 정도로 혁명의 원래적 의미는 힘을 발휘했다. 하지만 이 시기, 즉 18세기에 진행된 미국 혁명 시절에 이미 혁명 과정이 새로운 시작을 의미하는 것일 수 있다고 자각하기 시작했다.[13]

한편 바스티유 감옥 문이 열리고 프랑스 혁명의 도화선이 불붙은 1789년 7월 14일에 있었던 루이 16세와 시종 사이의 대화에 나오는 '혁명'이라는 말의 의미는 다른 함의를 갖는다고 아렌트는 지적한다. 왕이 "이것은 반란이 아닌가"라고 외치자 시종은 "아닙니다. 폐하, 이것은 혁명입니다"라고 대답했다고 한다.

5.

근대의 혁명에서는 사회적 문제가 핵심 역할을 담당했다. 사회적 문제는 빈곤이 인간적 삶의 조건과 연관되어 발생하는 문제로 경제 문제, 부의 분배 문제, 빈부격차의 문제 등으로 표현될 수 있는 문제를 말한다. 사회적 문제가 등장한 것은 "상황이나 힘 혹은 기만을 통해 빈곤의 속박에서 해방되는 데 성공한 소수의 사람들과 노동하며 살아가는 빈곤에 찌든 다수를 구분하는 것이 불가피한 것이며 영원한 것"[14]이라는 점을 의심하게 된 근대에 들어와서였다. 물론 정치가 경제 문제와 연관되어 있다거나 개인·집단의 이해관계와 연관되어 있다는 통찰은 플라톤이나 아리스토텔레스에게서도 발견되지만, 근대에 와서 빈부와 신분의 문제가 자연적이고 불가피한 것으로 받아들여지지 않으면서 혁명으로 사회적 문제를 해결하려는 시도가 등장한 것이다. 사회적 문제의 해결이 근대 혁명의 한 가지 목표가 된 것이다.

사회적 문제가 혁명의 과제로 부각된 것은 미국의 존재 때문이었다고 아렌트는 설명한다. 근대의 급격한 기술 발전으로 궁핍 문제를 해결할 수 있다는 기대를 하기 이전에 이미 미국에는 유럽과 같은 궁핍이 존재하지 않는다는 사실이 잘 알려져 있었다. 이후 기술과 산업이 발전하면서 유럽에서도 빈부 차이가 자연스러운 것이라는 생각이 무너지게 되었다.

미국 혁명 과정에서는 사회적 문제가 아무런 역할도 하지 않았다. 미국에서는 새로운 정치체, 새로운 정부 형태의 수립이 혁명의 새로움의 요소로 등장했다. 미국 혁명에서 새로운 정치질서(novus ordo saeclorum)의 수립이 혁명의 새로운 요소로 등장한 것이다. 미국 혁명의 특성에도 불구하고 프랑스 혁명의 후기 단계에서 오늘날에 이르기까지 혁명가들은 "정치 영역의 구조(the structure of the political realm)를 바꾸는 것"보다 "혁명 이전의 미국에서 일어났던 사회 조직(the fabric of society)의 변화"[15]를 더 중요하게 생각했다. 물론 아렌트의 관점에서 미국 혁명은 미국 내의 사회 조직 변화가 중요한 것이 아니라 혁명이라고 할 수 있는 새로운 정치질서의 수립과 영구화에 핵심적인 중요성이 있다.

프랑스 혁명은 자유의 이념을 상실하고 사회적 문제에 매몰되어 결국 실패로 끝나고 만다. 프리드리히 헤겔(Friedrich Hegel, 1770~1831)이 말하는 자유와 필연의 변증법은 생의 필연성에 몰두하여 결국 자유의 상실로 이어진 프랑스 혁명을 반영한 것이었다. 이에 반해 미국 혁명은 자유를 체계화하여 혁명의 목표를 실현했다. 물론 미국 혁명도 온전한 성공을 거둔 것은 아니다. 혁명의 열정이 식고 새로운 체제가 형성되는 가운데에도 정치적 자유에 대한 열정이

숨 쉴 수 있는 공간을 제도적으로 구성했어야 하는데 미국 혁명은
이 점에서는 성공하지 못했다고 아렌트는 평가한다.

3. 자유의 구성

1.

정치적 자유가 새롭게 나타나고 시민이 자신의 시민적 자유뿐만
아니라 정치적 자유 또한 지속적으로 향유하려면 제도화라는 장치
가 필요하게 된다. 제도화는 법으로 이루어지고, 법은 정치 공동체
의 근본 틀을 구성하는 헌법에 명시된 원리에 따라 구체적으로 서
술된다. 이러한 과정을 표현하는 말이 '자유의 구성'이다. 구성(構
成, constitution)이라는 말은 골격을 만들어낸다는 뜻이며, 지금의
맥락에서는 기본 틀을 형성하거나 기본 원리를 구축한다는 의미가
된다. '구성'과 '헌법'(Constitution)이 근본적으로 동일한 단어라는
것을 유념하는 일은 영어를 모국어로 하지 않는 우리에게 도움이
된다.

정치적 자유가 모습을 드러내는 혁명이 발생한 이후 궁극적인 성
공으로 귀결되려면, 혁명의 열기가 지속적으로 재생산되어 새로운
무엇인가를 자꾸 만들어내는 모양새가 아니라 혁명의 열기가 식는
가운데 혁명 속에 담긴 새로운 무엇, 즉 정치적 자유가 사회에 새로
운 질서를 바탕으로 계속 유지되도록 해야 한다. 이것은 혁명에 참
여한 이들의 합의를 담은 헌법에 따라 그리고 그 헌법의 원리에 따
른 법률에 의해 형성되는 정치질서로 이루어질 것이다.

문제는 혁명이 헌법이라는 형식을 빌려 새로운 질서의 창출로 나아가는 것이 올바른 방향이라고 하더라도, 현존하는 헌법이 모두 혁명의 산물이거나 혁명의 정신을 담은 결과로 존재하게 된 것은 아니라는 점이다. 혁명은 헌법을 낳아야 하지만, 헌법이 모두 혁명의 아들인 것은 아니다. 아렌트는 실제로 서구의 역사 속에 존재해왔던 헌법들은 오히려 혁명 실패의 산물이거나 실효성 없는 정신노동의 산물로 등장했던 것을 기억한다. 한국의 경우, 해방과 더불어 헌법 제정과 관련된 많은 논의와 시도가 혼재하는 상황에서 발생해 지금까지 여러 차례 개정된 경험을 바탕으로 우리가 헌법에 대해 갖게 된 것과는 다른 정서를 아렌트는 역사를 보면서 가진 것이다. 예컨대 프랑스 혁명이 발발한 1789년에서 제3공화국 시대인 1875년 사이에 모두 14개 헌법이 존재했던 사실을 아렌트는 지적한다.[16]

아울러, 헌법은 인민이 정부를 구성하기 위해 만들 수 있지만, 반대로 정부가 만들어 인민들에게 부여하는 것으로 존재할 수도 있다. 후자의 경우, 시민의 권리를 보호하는 기본 합의로 권리장전이 만들어지고 이에 따라 정부가 시민들의 사적 복지와 시민적 자유를 보장할 수 있다. 하지만 그런 경우는 군주정에서도 군주의 권력을 법으로 제한하는 제한정부를 구성하는 방식으로도 가능하므로 이 상태에서도 여전히 시민의 정치적 자유가 보장되지 않을 수 있다.

2.

입헌정부는 정치적 자유를 담는 헌법을 만들어내는가 하는 질문이 입헌정부의 혁명성을 가늠하는 기준이 되고, 통치 또는 정부의 업무에서 시민의 몫[17]이 보장되지 않을 경우는 정치적 자유를 담아 내지 못했다고 평가하게 된다. 이런 경우에 헌법은 오히려 혁명의 물결을 저지하고 혁명의 충격을 흡수하는 역할을 한다. 물론 그렇다 하더라도 헌법은 현실적으로 정부 또는 통치권자의 권력을 제한하는 역할을 함으로써 인민을 보호하기는 한다. 이와 동시에 이 헌법이 인민의 권력도 제한하는 역할을 한다. 여하튼 서구의 경우에 헌법은 전통적으로 불신의 대상으로 간주되는 측면이 있었음을 아렌트는 간과하지 않는다. 이런 상황을 아렌트는 한마디로 "권력의 결여와 이에 수반하는 권위의 부족"[18]이라고 요약한다.

유럽에서 나온 제한정부의 필요성은 통치자의 권력을 제한함으로써 시민들의 권리를 보호하려는 목적에서 나왔다. 그런데 미국의 경우 아렌트는 혁명기 사람들이 권력 자체에 대한 불신을 드러낸 점에 주목한다. 기본적으로 기독교적 이해에서 나오는 인간의 본성이 악하다는 믿음 때문에 미국인들은 인간에게는 무제한적 권력을 추구하려는 충동이 있다고 생각했고, 따라서 충동에 대한 제약이 필요하다고 보았다. 이는 시민들이 추구하는 권리와 자유의 위험성에 대한 것이며, 사회 내부에서 발생하는 위험성을 말한다.[19] 제한정부와 관련하여 생각했던 바는 시민과 정부의 수직적 관계에서 서로 권력을 제한하는 제약적 관계였다. 그런데 미국의 경우에는 이것이 사회 내부에 존재하는 시민들 사이의 수평적 관계에서 발생할 수 있는 권력적 갈등에서 작용하는 제약관계였다.

사회 내에서는 이해관계를 중심으로 다수가 결합해 소수의 자유나 권리를 침해하는 일이 발생할 수 있는데, 이때 소수자들을 보호하는 것이 중요하다. 여기서 "공적인 정부의 권력 구성"[20]이 요구된다. 이는 시민의 자유와 권리를 정부나 통치자의 권력으로부터 보호하는 것과는 다른 것이며, 따라서 제한정부의 성격과는 다른 성격의 정부를 요구한다. 이것이 공화국의 중요한 요소라고 아렌트는 제임스 매디슨(James Madison, 1751~1836)의 말을 빌려 강조한다. 이제 이 문제는 '권력을 어떻게 확립할 것인가?' 그리고 '정부를 어떻게 수립할 것인가?' 하는 문제다. 이는 권리장전으로 해결될 문제가 아니다. 여기서는 시민적 권리의 보호가 핵심 사안이 아니라 권력의 구성이 핵심 사안이기 때문이다. 그리고 이는 정치적 자유의 구성 문제다.[21]

제한정부 개념에는 통치자의 권력이 법에 제한된다는 관념이 전제되어 있다. 그런데 통치자가 행사하는 권력은 시민의 정치적 자유를 기반으로 한 것이 아니므로 아렌트 관점에서는 권력이라는 이름에 합당하지 않다. 그리고 그러한 권력은 법의 이름으로 제한하려고 해도 충분히 제한될 수 있는 것이 아니다. 왜냐하면 통치자의 권력을 제한하기 위해 만들어진 입헌정부의 법이 타협이나 정신적 고안의 산물일 수는 있어도 그 자체가 시민들의 참여를 가능하게 하지는 않기 때문이다. "권력은 법으로 믿을 만큼 견제할 수는 없다." 법으로 제한되는 통치자의 권력은 사실상 '권력이 아니라 폭력'이다. 권력은 폭력에 의해 파괴될 수 있다. "권력은 권력에 의해 중단되거나 유지될 수 있다."[22] 권력이 권력에 의해 중단된다고 한다면, 권력은 하나가 아니라 여럿으로 분리 가능하다는 말이다. 이는 권력의 분립을 전제하거나 요구하는 말이다.

3.

우리는 권력 분립이라고 하면 대체로 3권분립을 떠올린다. 하지만 여기서 말하는 권력 분립은 13개 주로 구성된 공화국의 건립, 즉 인민들의 권력을 나누고 이를 연방 형태로 결합하는 분립이다. 여기서 의문이 생긴다. 권력은 분리되고 대립되었을 때 진정한 권력이 되지 못하는 것인가, 아니면 그런 방식으로 더 많은 권력이 창출되고 확대될 수 있는 것인가? 유럽에서는 '전반적으로 권력에 대한 불신, 특히 인민의 혁명적 권력에 대한 공포'가 헌법 형성에 영감을 주었다. 주권은 군주에게 있다는 의식에 고착된 유럽의 세력들은 주권 개념에 담긴 권력이 분리될 수 없고, 또 인민에게서 권력이 발생한다면 이는 권력이 진정한 권력이기를 포기한 거라고 간주되었을 것이다. 하지만 미국 헌법은 분리된 권력이 항구적 연합체를 형성할 만큼 강력한 권력을 창출하는 새로운 "권력의 원리"[23]를 발견했다는 확신에 차면서 형성되었다.

권력이 분리될 수 없다고 믿었다면 연맹은 주의 권력을 양도받는다는 관념에서 형성되었을 것이다. 이때 권력을 양도받은 연맹은 강해지고 주는 희생될 수밖에 없다. 하지만 연맹은 주의 권력에서 그 힘을 얻는 것이 아니다. 각 주가 자신에게 그대로 남아 있는 상당한 권력을 행사하는 데 대해 중앙 정부는 이를 관리하고 감독하는 방식으로 자신의 권력을 확대해가는 것이다. 따라서 매디슨의 말처럼 주 정부가 폐지되는 일이 일어나는 연방 정부에서는 이를 회복할 수도 있다.[24]

주권 국가들로 연합을 이룬 연맹국(Confederacy) 또는 동맹국은 자신의 주권을 나누어 중앙 정부와 지방 정부 사이에 권력이 분립되지 않기 때문에 상호 견제하는 정도가 아니라 제거하려는 성향을 보이게 되었다는 것이 경험으로 알게 된 문제였다. 여기서는 권력이 발생하지 않고 오히려 권력과 힘의 소멸 상태, 즉 무기력이 발생하며, 미국의 건국 선조들은 바로 이러한 점을 두려워했다고 아렌트는 지적한다. 샤를 몽테스키외(Charles Montesquieu, 1689~1755)의 "공화주의 정부는 상대적으로 좁은 영역에서만 효과적이다"라는 견해도 이러한 두려움을 증폭했다고 한다. 그런 가운데 건국의 선조들은 '공화주의 정부 형태의 생명력(viability)'에 주목했다. 그리고 몽테스키외의 다른 주장, 즉 "공화국들의 연맹은 대규모 국가가 지닌 문제들을 해결할 수 있는데, 이는 연맹의 구성체들 — 작은 연방국들 — 이 단순한 동맹에만 의존하는 것이 아니라 새로운 정치체, 즉 연맹 공화국을 구성할 수 있을 때 가능한 일이다"라는 주장에 관심을 가졌다. 그래서 미국 헌법의 목표는 "권력을 제한하는 것이 아니라 더 많은 권력을 창출하는 것, 전적으로 새로운 권력의 중심을 현실적으로 수립해 당당하게 구성하여, 팽창하는 광활한 영역을 권위를 행사할 수 있는 연맹 공화국을 만듦으로써 영국 왕권으로부터 식민지를 분리하면서 야기된 권력 상실을 상쇄하도록 하는 것"[25]이 되었다.

이처럼 미국 헌법은 정치적 자유를 발현한 혁명을 제도적으로 구성하기 위해 연맹 공화국, 즉 연방국을 형성하여 권력이 고갈되지 않고 오히려 지속적으로 산출되도록 하는 전에 없었던 정교한 방식으로 구성되었다. 혁명이 담지한 정치적 자유를 구성한 것이다.

4.

서양 중세에 왕은 교회로부터 권력을 인정받고 종교적 절대성의 축복 아래 절대 권력을 행사할 수 있었다. 근대 초기의 절대 군주제는 교회의 권위를 등에 업지 않고서 절대적 권력을 행사했다. 세속의 법은 왕의 인격과 의지에 근거하여 정당성을 얻었다. 이런 전통이 있는 유럽에서 혁명이 일어났을 때 왕을 대신해서 국민의 의지가 법의 근원이 되었다. 이 맥락에서 아렌트는 장 자크 루소(Jean Jacques Rousseau, 1712~78)의 일반의지 개념에 비판적인 해석을 가한다.

"국민이 마치 더 이상 다수로 구성되지 않고 실제로 한 인격체를 형성하는 것처럼 그 국민을 고무하고 인도했던 루소의 일반의지 개념은" "사실상 절대군주의 주권적 의지를 이론적으로 대체하는 것"[26]이었다는 것이다. 여기서 루소가 사용하는 의지라는 말에는 여러 가지가 함축되어 있다. 우선 의지는 의견 교환을 거부하고, 대화로 의견 불일치를 해결해 일치에 이르게 하는 과정을 거부한다는 함축이 있다. 왕의 관료들이 어떤 문제에 대해 의견을 나누다가 왕이 "이렇게 하는 것이 내 의지다"라고 말하면 관료들은 의견을 더는 제시하지 못하게 되고 대화는 종료된다. 둘째로, 의지들이 대립하면 중재가 불가능하게 된다. 서로 다른 의견이 제출되면 토론과 합의 또는 타협이 가능하지만, 서로 다른 의지가 나타나면 한편에서 의지가 관철될 때 다른 편에서는 의지가 좌절되며, 이는 결국 충돌과 투쟁을 낳을 수밖에 없다. 따라서 셋째로, 의지는 불가분리적인 하나라는 전체성을 전제로 한다. 그러므로 통치자의 의지가 여론의 지지를 요구할 때는 반드시 만장일치가 필요하게 된다.[27] 이런 함축을 내재한 일반의지를 혁명의 근거로 삼은 프랑스 혁명이 절대군주제를 대신할 수 있는 대체물을 찾으려 했을 때 국민 그리고 국민이 가지고 있는 일반의지가 그 자리를 차지했다는 것이 아렌트의 해석이다.

프랑스 혁명이 일어나는 과정에서 헌법과 법은 이런 의지에서 나오는 것으로 이해되었고, "의지 자체가 모든 정부와 법의 영역 밖에 그리고 그 위에 머물러 있었다."[28] 그런데 혁명 과정과 그 이후 프랑스에서 헌법은 지속적으로 새롭게 만들어졌고, 이런 사실은 일반의지가 발견되는 대신 현실적으로는 다수 의지가 작용할 수밖에 없고, 이런 다수 의지는 항상 변하기 때문에 헌법을 국민의 의지 위에 기초하려는 것은 사실상 헛된 생각이라는 것을 보여준다고 아렌트는 주장한다. 그뿐만 아니라 국민의 의지라는 것이 얼마나 쉽게 조작되고 강요될 수 있는지를 아렌트는 나폴레옹 보나파르트 (Napoléon Bonaparte, 1769~1821)의 예를 들어 설명한다. 이런 통찰을 바탕으로 아렌트는 "국민국가의 역사가 오래 계속되는 동안 국민국가에 안정성을 부여한 것은 의지가 아니라 이익(interest), 즉 계급사회의 확고한 구조였다"[29]라고 주장한다. 이런 상황은 다수가 지배하는 다수의 독재로 나아가기 쉽다. 그런데 여기서 우리 주의를 촉구하는 것은 다수의 지배와 다수결이 종종 동일시되고 혼용되기도 하지만 사실상 다르다는 점이다. '다수결은 기술적 장치'이며, "이는 전제정에서는 예외가 될 수도 있지만, 독재를 포함한 대부분 정부 형태에서 존재한다." 그런데 다수의 지지를 받은 사람들이 정치적 권력을 장악한 뒤에 반대파를 제거하고 숙청하게 될 때 "다수결이라는 기술적 장치는 다수의 지배로 전락하게 된다."[30] 즉 다수에 의한 독재의 도구가 되는 것이다.

권력은 인민에게서 나오지만 법은 헌법에 그 근원을 둔다. 헌법은 "기록된 문서, 지속적으로 존재할 수 있는 객관적 물체"이고, "지속성을 가진 유형적인 것으로 현세적 실체"이며, "그것이 탄생시킨 정치체에 대해 구속력을 가지는"[31] 것이다. 이런 헌법이 어떻게 유럽에서와 같이 절대성에 의존하지 않은 채 권위를 가질 것인가 하는 점과 선거라는 다수결 장치를 활용하더라도 어떻게 다수의 지배, 다수의 독재로 나가지 않도록 할지가 과제가 된다.

5.

실패로 끝난 프랑스 혁명에서 참가자들이 범한 치명적 실수는 "권력과 법이 동일한 근원에서 발생한다"[32]라는 신념을 거의 자동적·무비판적으로 갖고 있었던 것이라고 아렌트는 지적한다. 통치자의 권력과 법의 힘이 정당화되는 구조에 관심을 두고 절대자 또는 그에 준하는 장치로 권위 문제를 해결하려고 한 것이 그런 신념 때문이었다는 것이다.

미국의 경우, 권위는 하위 조직체에서 이루어진 권위를 보존함으로써 형성되었고, 아래로부터 형성된 권력이 최종적으로 연방헌법과 연방 정부가 갖게 될 권력과 권위의 기초가 되었다. 지역구, 카운티, 타운 등과 같은 하부 조직체들은 정당하게 인정받았고, 이런 조직들로부터 주 의회는 권위를 인정받았다. 연방 정부는 주의 권력을 제한하거나 폐지하지 않고 오히려 주를 기초로 하는 연방을 조직하고 구성함으로써 권위를 확보했다. 실제 역사를 보면, 13개 주에서 헌법이 제정된 것은 「독립선언서」가 작성되기 전인 경우도 있었고, 시기를 같이한 경우도 있었으며, 그 이후 이루어진 경우도 있었다. 이것은 주와 연방의 관계를 상징적으로 설명하는 사건이 된다. 이처럼 미국에서 형성된 연방 체계는 유럽의 "국민국가 원리에 대한 유일한 대안"[33]이었다고 아렌트는 평가한다.

이러한 것이 미국에서 가능했던 것은 미국 혁명의 경우 유럽과 달리 빈곤 문제가 없었다는 것이 중요하게 작용한 것도 사실이다. 하지만 혁명 과정과 또 혁명 이전에 청교도들의 이주 과정에서 경험했던 "새로운 미국적인 권력 개념"[34]이 중요했다고 아렌트는 생각한다. 미국에서 경험된 권력은 이를 보존하고자 했던 새로운 정치체를 실제로 구성할 수 있었기에 명백히 드러날 수 있었다. 혁명이 일어났고, 자치주를 형성할 수 있었으며, 전국적으로 단계가 낮은 자치적 조직들이 형성되었기에 권력이 존속할 수 있었다는 말이다.[35]

새로운 권력이 미국에서 등장한 시기는 혁명보다 앞서고 심지어 미대륙의 식민지보다 앞선다고 아렌트는 지적한다. 이 권력이 등장한 것은 메이플라워호 선상에서 청교도 102명이 「메이플라워 서약」(Mayflower Compact)을 작성하고 대륙에 상륙하는 즉시 서약했을 때였다고 한다. 이들은 신대륙에서 경험할 "자연 상태, 어떠한 경계로도 제한되지 않는 미답의 황무지뿐, 그리고 어떠한 법에 의해서도 구속받지 않는 인간들의 무제한적 주도권"[36]을 두려워했다. 이러한 공포는 홉스의 경우에는 인민들이 자신의 주권을 국가에 양도해 리바이어던과 같은 절대적 권력체를 형성하는 계기가 되었지만, 이 청교도들에게는 '시민적 정치체'를 형성하는 데로 나아가는 계기가 되었다. 이 시민적 정치체는 "'하나님의 현전(現前)과 서로가 모인 가운데' 했던 상호적 약속의 힘에 의해서만 결합된 것으로, 필요한 정부의 법과 도구를 모두 '시행하고, 구성하고, 기초할' 만큼 상당히 강력했다."[37] 이러한 합의와 서약과 서약서를 만드는 행위가 이후 일어날 일들에 '전례'가 되었다고 아렌트는 말한다.

청교도들이 만든 시민적 정치체와 연관된 권력 개념은 유럽에서 생각했던 권력 개념과는 다른 특징을 가지고 있었다. 우선, 청교도를 따라 미대륙으로 이민 온 영국인들이 형성한 시민적 정치체들은 "지배(rule)를 함의하지 않았으며, 주민을 지배자와 피지배자로 구분하지 않았다"라는 점에서 특이하다. 아렌트는 이러한 정치체들이 사실상 일종의 '정치적 사회들(또는 정치적 회집. 원문은 political societies)'이라고 말한다. 그런데 이것이 미래 사회에 대해 갖는 중요성은, 이러한 정치체가 '권력을 향유하는 정치 영역'이면서 동시에 "주권을 소유하거나 주장을 하지 않으면서 권리들을 요구할 자격을 갖추고 있는 정치 영역"[38]을 형성했다는 데 있다고 말한다. 다시 말해, 여기서 권력이 주권과 무관하게 이해되었다는 점에 독특성이 있다. 이러한 권력에 대한 경험, 이러한 정치 조직에 대한 경험이 미국에서 형성될 공화국의 성격에 영향을 주었다. 즉, 공화국이 형성되고 확장되는 데 그 원리가 '팽창'이나 '정복'이 아니라 '권력의 지속적 결합'으로 작용할 수 있게 했다.

이런 권력은 인간의 본성에서 발생하는 문제들을 해결할 가능성을 열어준다. 즉 권력으로 인간 본성을 통제할 가능성이 있다는 믿음이 새로운 권력 개념 속에 있었다는 것이다. 권력은 사람들이 함께 행위를 하는 가운데 생겨나고 흩어질 때 소멸하는 것이므로 권력의 존속은 약속과 서약으로 가능하게 된다. 이런 행위와 약속, 서약으로 사람들이 안정적으로 거주할 수 있는 공간을 열게 되는데, 이를 '세계'라고 부른다. 이런 안정적인 현실의 구조를 만들어내고 그 안에서 지속적으로 권력이 작용하도록 함으로써 개인의 어리석음과 나약함 또는 악한 본성을 제어할 수 있다. 이런 맥락에서 아렌트는 다음과 같은 '권력의 구문'(the syntax of power)에 대해 말한다. "권력은 정치 영역에 있어서 최상의 인간적 능력이라 할 수 있는 약속하기와 약속 지키기를 통하여 [공동체를] 구성하는 가운데 인간으로 하여금 서로 연결되며 결합하게 만드는 현세적 사이 공간(the worldly in-between space)에만 적용되는 유일한 인간적 속성이다."[39] 이를 풀어서 말하면 권력이란 인간의 속성으로 어떤 공적 사안에 대해 서로 연결되어 함께 행위를 하는 가운데 드러나며, 서로 약속하고 지키는 가운데 공동체를 구성하고 그 안에서 공동의 삶을 영위하게 하는 힘이다. 권력은 행위로 형성되고, 약속과 서약으로 존속된다.[40]

프랑스 혁명 참가자들은 권력이 인민에게서 나온다고 외쳤으나 이 인민은 정치 영역 밖에 있는 존재로 상정되었다. 따라서 그들이 행사한 힘은 정치에서 나온 진정한 의미에서의 권력이라기보다는 정치조직 밖에 있는 다수가 자신들의 물리력을 집단으로 행사한 것으로 이해할 수밖에 없다는 것이 아렌트의 권력 개념에서 바라본 해석이다. 아렌트는 이런 해석으로 신체적 물리력을 아무리 증가한다고 해도 그것이 권력을 낳지는 못한다는 교훈과 신체적 물리력과 폭력은 정치적으로 실패할 수밖에 없다는 교훈을 얻는다.[41]

미국 혁명에서 식민지인들이 약속과 서약으로 권력을 형성했을 때, 이들은 비록 영국과 갈등을 일으켜 영국인으로서 특권을 상실했을 때도 여전히 자신들이 형성한 결사체에서 쫓겨나는 것이 아니라 그 안에 머무르는 느낌을 더욱 강하게 가질 정도였다. 이 과정에서 미국인들이 갖게 된 권력에 대한 이해는 권력이 정치 이전의 자연적 권력과 대립한다는 점, 인민이 약속과 서약으로 함께 모이고 결속할 때 발생한다는 점, 호혜성과 상호성에 기반을 둘 때만 진정한 권력이 된다는 점이었다.[42]

미국의 이러한 권력 개념 그리고 이런 권력이 구성되는 계약과 공동체 건설에는 공화주의 원리가 포함되어 있다. 공화주의 원리(the republican principle)는 '권력은 인민에게'(postestas in populo)라는 정식으로 표현될 수 있는 것으로, 이런 권력 속에서 통치자(ruler)의 존재는 불합리한 것으로 된다.[43] 이 권력은 호혜성에서 산출되고, 구성원 간의 평등성을 전제로 하며, 약속으로 권력의 크기를 만들어내고, 서약으로 지배를 배제한 공동체로 나아감으로써 권력을 구성한다. 아렌트의 공화주의적 사유는 이런 권력 개념을 기초로 '세계에 대한 사랑'(amor mundi)에서 '공화국'(res publica) 구성으로 나아간다.

6.

참된 권력을 이해하고 그런 권력이 어떻게 형성되는지 경험했을 때, 이제 미국인에게는 그러한 권력에 어떻게 항구성을 부여하여 공적 업무와 제도에 안정성을 부여하는가 하는 문제가 남는다. 발생한 권력에 정당성을 인정해주고 정통성을 부여함으로써 정치 권력이 지속적으로 유지되게 하는 것은 권위가 어떻게 부여될 수 있는가 하는 문제다.

당시 유럽인의 관념에서는 권위를 부여할 자격은 절대자 또는 그에 준하는 초월적 존재라야만 했다. 마치 중세 시대에 세속적 권력은 교회에서 권위를 부여받은 것처럼, 절대왕정 시대에는 왕이 그런 절대적 존재로 위상을 가졌다. 루소가 말한 일반의지도 합의로 형성되는 것이 아닌 만큼, 권위는 정치 영역 밖에 존재하는 절대자와 같은 지위를 갖는 것이었다는 것이 아렌트의 해석이다. 이런 관점에서 볼 때 미국에서 권력의 권위 또는 권력의 근원으로서 법의 권위가 어떻게 부여되는지를 절대자의 존재 또는 그에 준하는 것에서 찾으려는 것은 자연스러운 시도일 수 있다. 우리는 「독립선언서」에 나오는 "자연의 법들과 자연의 신"이라는 표현이나 "우리는 다음과 같은 사실들을 자명한 진리로 받아들인다"와 같은 표현에서 그런 흔적을 찾아볼 수 있다. 그런데도 이런 절대자에 대한 언급이 결코 유럽에서 생각하는 절대자의 존재나 역할과 같은 것을 의미하지는 않았다. '자명한 진리'라는 언급 또한 절대적 진리의 존재를 상정하는 것으로 이해될 수 없다. 오히려 「독립선언서」는 궁극적 권위에 대해 침묵했다고 말할 수 있다.[44]

미국인들은 권위 문제를 해결하기 위해 고대 로마의 경우를 살폈고 그 길을 따라갔다. 로마의 원리는 "권력은 인민에게"(potestas in populo)와 "권위는 원로원에"(auctoritas in Senatu)[45]라는 말로 수렴된다. 원로원에는 건국과 국가 유지에 기여한 가문이 참여했는데, 원로원은 인민에게서 나오는 권력에 권위를 부여하는 방식으로 통제하며 로마를 운영했다. 로마의 법 렉스(lex)는 로마의 정치 영역이 작동하면서 형성되었으며, 따라서 법은 정치 영역 안에서 만들어졌다.[46] 이 점은 고대 그리스 도시국가의 경우와는 다른데, 고대 그리스에서 법 노모스는 외부인이 도시국가가 형성되기 전에 기술적으로 제작했기 때문에 전(前) 정치적 성격을 갖는다고 할 수 있다.[47] 이처럼 로마의 경우 법이 정치적 행위의 결과로 존재했고, 원로원에서 권위를 부여받은 것처럼 미국도 법은 인민에게서 나왔고, 권위는 건국 행위 자체에서 나온다고 이해한 것으로 볼 수 있다. 구체적으로 권위는 사법부에 부여되었고, 권위의 근원은 건국 행위이며, '성문화된 헌법'이 권위를 도출하는 자리가 되었다.

미국에서 적용된 로마의 권위 개념은 "건국 행위가 불가피하게 자체의 안정성과 항구성을 발전시킨다"라는 것인데, 이 맥락에서 권위는 "모든 혁신과 변화가 건국 행위와 결부되는 일종의 필연적 '확장'"을 의미하게 된다.[48] 이와 같은 방식으로 미국의 권위는 사법적 성격을 가지며 해석 작업으로 구성되고, 권위의 행사는 "일종의 지속적인 헌법 제정 과정"(continuous constitution-making)으로 이루어지며, "미국 헌법의 진정한 권위는 수정되고 확장되는 그 내재적 능력에 있다."[49] 결국 미국에서 권위는 절대자에게서가 아니라 건국 행위 그리고 수정과 확장으로 나타나는 건국 행위의 반복에 그 근원이 있다고 할 수 있다.[50]

4. 법과 시민불복종

1.

법은 그 법의 영향력 아래에서 살아갈 사람들의 합의에 기초한 것이며, 법에서 부여하는 권력은 그 합의에서 나오는 것임을 아렌트는 『혁명론』 논의에서 설명했다. 권력은 사람들이 함께하는 가운데 형성되지만 사람들이 흩어지면 권력도 마찬가지로 흩어진다. 그래서 사람들이 흩어진 가운데에서도 약속이 유지될 수 있도록 법의 모습으로 유형화하는 과정을 추구하게 된다. 이렇게 유형화되고 고정된 법은 한편으로는 약속이 지속적으로 준수되도록 하고, 또 시시때때로 변화하는 상황에서도 기록된 대로 변하지 않는 법은 삶에 안정성을 부여하는 역할을 하게 된다. 그러나 다른 한편으로, 삶의 여건이 바뀌어 약속 내용에도 변화가 요구되는 시점에서 법은 고정된 모습으로 존재하는 가운데 변화를 담아내지 못하기도 한다.

2.

시민불복종(Civil Disobedience)은 법에 대한 고의적인 위반 행위로, 법과 관련된 시민의 행위다. 일반적으로 시민불복종이라고 하면 "악법도 법이다"라며 법을 끝까지 준수했던 소크라테스를 연상하거나 액수가 얼마 되지 않는 인두세 납부를 거부하다 감옥에 투옥되었던 헨리 데이비드 소로(Henry David Thoreau, 1817~62)를 연상하게 된다. 소크라테스는 법은 무조건 지켜야 한다는 판단에 따라 시민불복종 행위를 반대한 대표적 인물로, 소로는 시민불복종을 옹호한 대표적 인물로 기억된다. 아렌트는 시민불복종 개념과 연관해 이 두 사람을 떠올리는 일은 잘못된 인식에 근거한 것이라고 지적한다.

소크라테스의 경우 초점은 법에 대한 투쟁이 아니라 '재판관들에 대한 투쟁'에 있었다. 즉 법과 정의 자체가 문제가 아니라 재판관들이 법을 잘못 행사한 상황에서 재판이 벌어진 것이었다. 이런 맥락에서는 법과 맺은 계약을 깨버리는 것이 자신이 해야 할 일이 아니라는 것이다. 감옥에서 도망쳐서 목숨을 부지하려는 것은 국가가 동의하지 않는 일인데, 자신이 목숨을 부지하려고 했더라면 일찍이 활동을 중시하면 되었을 것이며, 자신이 한 활동을 중시하는 것은 국가도 동의하고 재판석에 선 사람들도 동의한 바였다. 자신의 행위를 중지하여 목숨을 부지하려면 일찍 그것을 그만둘 수 있었음에도 계속한 것은 "자기 검토가 없는 삶은 살 가치가 없다"라는 신념에 따른 것이었고, 그런 삶을 살다가 당하게 된 일을 회피하려는 것은 결국 자기모순에 빠지는 일이 된다는 것이 소크라테스가 도망가지 않은 이유였다. 양심에 따르는 삶이 법과의 충돌을 의미하지 않는 상황에서 이루어진 일이므로, 소크라테스의 상황을 놓고 "악법도 법이므로 반드시 따라야 한다"라는 식으로 해석하는 것은 올바르지 않다. 물론 소크라테스는 "악법도 법이다"라는 말을 하지도 않았다. 따라서 소크라테스는 시민불복종과는 무관하다.

소로는 자신의 행위를 위해 '시민불복종'이라는 말을 처음 만들어 사용한 사람이다. 그의 행위는 인두세를 내게 하는 법 자체의 부당성에 항의한 것이다. 그러나 그의 행위는 법에 대한 시민의 도덕적 관계에 바탕을 두지 않고, 개인의 양심과 양심의 도덕적 의무에 바탕을 둔다. 이런 태도는 시민불복종 개념이 마땅히 지녀야 하는 시민성과는 상관이 없다. 따라서 아렌트는 소로가 말하는 행위는 양심적 행위일 수는 있어도 시민불복종 행위의 범주에 포함할 수는 없다고 주장한다.

소로가 양심에 집중하는 것은 더불어 사는 세계 자체와는 무관하다. 그런 점에서 그의 불복종 행위는 법이 규제하는 공적 세계와 무관하다는 점에서 '비정치적'이다. "양심은 잘못이 범해지는 세계나 그것이 그 세계의 향후 진로에 대해 갖는 결과에 주목하지 않는다."[51] 양심에 따른 행위는 시민적(civil) 차원에서 이루어지는 것이 아니라 개인 차원에 머물러 있다.

3.

양심은 "무엇을 해야 하는지를 말하지 않고, 무엇을 하지 말아야 하는지를 말해준다. 양심은 그 작용방식이 부정적(negative)이다. 양심은 정치적으로 또는 법적으로 볼 때 두 가지 문제가 있다. 첫째, 양심은 일반화가 불가능하다. 타당성을 가지려면 일반화되어야 하고 모든 사람에게 적용되어야 하지만, 양심은 철저하게 주관적으로 머물러 있고, 심지어 양심의 주관적 내용은 서로 충돌하기도 한다. 양심에 근거한 행동들이 서로 충돌하면 해결할 방법이 없다. 둘째, 양심은 선악을 구별하는 선천적 능력으로 이해되지만, 그 방향이 오직 자기 자신에 집중한다. 양심은 오직 선한 인간이기만을 추구하는데, 좋은 시민이기를 요구하는 정치에서는 양심은 적절한 기능을 하지 못한다. 양심이 추구하는 선한 인간과 정치에서 요구하는 좋은 시민은 동일하지 않다는 것이 문제다. 선한 인간은 위급한 상황에서만 등장하지만, 좋은 시민은 항상 드러나게 되고, 선한 인간은 학식이나 교양 수준과 별개로 존재하지만, 좋은 시민은 좋은 시민이 되기 위한 어느 정도의 지식과 훈련이 요구된다.

4.

시민들의 집단행동이 시민불복종 행위가 되려면 다음과 같은 조

110

건을 충족해야 한다. 우선 그것은 정치 공동체를 염두에 둔 시민적 행위여야 하며, 개인의 양심에 따라서 하는 개인적 또는 집단적 행위서는 안 된다. 양심적 병역거부도 양심에 따른 행위이며 그것이 비록 개인의 양심이 아니라 신앙에 따른 불복종이라고 해도 시민불복종에 해당하지 않는다. 시민불복종은 잠정적으로라도 시민전체에 해당하는 사안으로 시민 전체를 대표하여 행위를 한다는 의미를 가지며, 개인이나 특정 집단에 제한되어 수행되는 것은 아니다.

둘째, 시민불복종 행위는 집단행동을 하는 시민들이 정치적 사안에 대해 갖는 공통의 의견(common opinion)을 중심으로 해야 한다. 집단행동의 참여자 수가 소수인지 다수인지는 중요하지 않으며, 심지어 한 명이 행위를 할 때조차 그것이 다수의 공통 의견을 대표하는 방식으로, 즉 그의 일원으로 수행된다면 시민불복종 행위가 된다. 시민불복종 행위는 집단 이기심의 발로가 아니라 공동행위로 마치 하나의 자발적 결사체를 형성할 때 갖게 되는 것과 동일한 정신을 드러내는 정치적 의견을 표출하는 행위다.[52]

셋째, 시민불복종 행위는 법률에 대한 불복종 행위이지만, 이와 동시에 헌법의 정신에 부합하는 행위를 하는 것이다. 이런 행위를 하는 자는 정치 공동체의 일원이며, 자발적 결사체인 이 공동체의 정신은 헌법으로 나타난다. 따라서 불복종 행위는 헌법에 대한 불복종이 아니라 법률에 대한 불복종이다.[53] 이 행위의 불복종 대상이 되는 것은 현재 문제가 되는 법률 자체이거나 그 법률 자체에 대한 저항이 불가능한 경우에는 일부러 경미한 불법행위(예컨대 도로교통법 위반 등)를 저지르면서 하는 저항행위다. 법적 허가에 따라

하는 행위는 합법적 의사표현이지 불복종 행위는 아니다.

넷째, 법률에 대한 집단적 불복종 행위가 시민불복종 행위로 간주되려면 "변화를 이루어낼 정상적 통로가 더는 기능하지 못하고 불만이 더는 청취되지 않거나 처리되지 않는다는 확신이 드는 상황"이거나 "정부가 그 적법성과 합헌성이 심각히 의심스러운 방식으로 어떤 변화를 꾀하거나 정책에 착수하고 추진한다는 확신이 들 때"[54]라는 조건이 필요하다. 이런 조건에서는 '불복종'의 귀책사유가 불복종 행위 참여자들이 아니라 그런 행위를 할 수밖에 없도록 만든 제도와 조직 또는 정치지도자에게 있다. 이 조건에서 시민불복종 행위는 법률에 어긋날 수 있으나 그 법이 정당화되는 헌법 정신에는 부합하기 때문이다.

다섯째, 시민불복종 행위는 진정한 권력 행사의 문제다. 불법적으로 나타나는 그들의 행위는 시민들의 권력 표현이며, 현행 법률로 소외되었던 권력의 주체가 누구인지를 확인해 바로잡는 과정이다. 아렌트는 주권 중심의 국가 개념에 비판적이었기 때문에 '시민의 주권'이라는 표현 대신 '시민의 권력'이라는 표현이 이 맥락에서 더 적절하다.

끝으로, 시민불복종 행위는 물리적 폭력을 수단으로 사용해서는 안 된다. 이 불복종 행위는 시민적 행위의 성격을 가지며, 시민들의 동의를 구해야만 하는 내용이어야 하기 때문이다. 동의는 의견과 토론을 바탕으로 하므로 폭력을 통한 자발적 동의에 호소하는 것은 자기모순이다. 따라서 폭력을 반드시 동원해야만 하는 집단적 주장은 정치적 주장일 수 없고 시민불복종 행위일 수도 없다. 시민의 권력은 폭력이 아니므로 시민의 권력을 강제력을 동원하여 억압하려

는 정부의 행위는 권력이 아니라 폭력이다.[55]

5. 권력과 폭력

1.

시민불복종 행위를 하는 사람들은 가능한 한 비폭력의 원칙을 지키려 한다. 하지만 그 행위가 폭력적으로 보이기도 한다. 그리고 특정한 시민불복종 행위를 반대하는 사람들은 폭력적 행위가 약간 발생했을 때, 그것을 빌미로 시민불복종 행위의 도덕성에 흠집을 내려고 한다. 그런데 시민불복종은 혁명과 다르지만 완전히 다르지는 않다. "불복종 시민은 '세상을 바꾸려는' 소망을 혁명가와 공유하며 그 변화는 과감한 것일 수"[56] 있기 때문이다. 그런 점에서 시민불복종 행위의 기준을 '전적인 비폭력'으로 수립하려는 것은 적절하지 않게 된다. 시민불복종 행위는 자발적 결사처럼 권력이 발생하는 장으로 간주될 수 있다. 여기서 우리는 권력과 폭력의 경계가 모호하다는 사실을 알게 된다.

2.

폭력은 개인 또는 집단의 의지가 다른 개인 또는 집단의 의지를 제약하는 현상과 관계된다. 따라서 폭력은 개인 간에 나타날 수도 있고, 가정에서 나타날 수도 있고, 국가 간에 나타날 수도 있다. 심지어 자기 자신에 대한 폭력이라는 형태로 나타날 수도 있다. 이처럼 폭력 현상은 인간과 관련된 모든 영역에서 발생한다. 폭력이 정치적으로 중요하게 다루어지고 긍정적으로 간주되는 까닭은 그것이 어떤 목적을 실현하는 데 유용하기 때문이다. 즉 폭력은 목적을 성취하는 데 도구로 활용되므로 목적의 실현 여부에 따라 합목적성의 관점에서 정당화된다. 여기서 중요한 것은 목적과 수단의 관계다. 그런데 폭력의 힘이 인간의 생명을 빼앗는 데까지 이르게 될 때 폭력은 가장 강력한 공포를 유발하게 되고 따라서 그 힘은 가장 강한 것처럼 보인다. 살인까지도 목적을 위해 정당화하려는 순간이 곧 폭력의 폭력성이 가장 잘 드러나는 때다.

이러한 폭력이 권력과 유사하게 인식되는 것은 정치에 지배자-피지배자 관계로 접근할 때다. 지배자-피지배자(ruled) 관계로 정치를 이해할 때, 권력은 지배자가 피지배자를 통치(ruling)하려는 도구일 뿐이다. C.W. 밀즈(Charles Wright Mills, 1916~62)는 "모든 정치는 권력을 위한 투쟁이다"라고 말했는데, 이는 정치란 지배자가 되어 지배적 권력을 행사하는 자리를 차지하려는 투쟁적 노력이라는 말이다. 아렌트는 이러한 권력정치 개념이 플라톤에서 마르크스에 이르기까지 서양 정치사상사를 지배해왔다고 말한다.[57] 막스 베버(Max Weber, 1864~1920)는 권력을 타인에 대해 자신의 의지를 관철하는 것이라고 규정했고, 국가에 대해서는 '적법한 폭력에 기초한 인간에 대한 인간의 지배'라고 규정했다. 이렇게 보면 권력과 폭력은 그다지 구별되는 개념이 아니다. 국가가 시행하는 권력은 '적법한 폭력'인 셈이며 권력이나 폭력은 근본적으로 폭력이라는 점에서는 다름이 없다. 그래서 베버는 폭력이 정치의 심장이라고 주장했다. 마오쩌둥(毛澤東, 1893~1976)의 "권력은 총구에서 나온다"라는 말도 이와 근본적으로 다른 뜻이 아니다.[58] 이렇게 본다면 폭력은 고통을 가져오기는 해도 긍정적으로 작용하는 방식이 있기 때문에 우리가 폭력을 불필요하게 생각하거나 폭력을 근본적으로 잘못된 것으로 생각할 필요가 없게 된다. 그뿐 아니라 폭력은 종종 필요하고 정치적으로 중요한 기능을 하므로 폭력을 전반적으로 부정적으로 생각할 이유가 없어진다.

3.

권력정치의 관점에서 폭력을 긍정적으로 여기는 방식은 두 가지다. 하나는 베버의 말처럼 폭력행위가 법에 따르는 경우로 국가폭력이라는 말이 여기에 해당한다. 다른 하나는 위에서 언급한 것처럼 목적을 위해 정당화되는 경우다. 국가 권력은 법에 따른 폭력, 즉 '적법한(legitimate) 폭력'이며, 다른 폭력과는 그것이 단지 법에 따랐다는 것 외에는 다른 차별성이 없는 것으로 이해된다. 정당화된 폭력은 그 정당화가 목적에 의존하기 때문에 목적 자체가 정당한 것이 되는 또 다른 정당화 장치가 동원되어야 폭력의 정당화가 완성된다.

그러나 수평적으로 이해된 계약 관계에서의 권력 개념을 중심으로 보면 권력과 폭력은 정반대가 된다. 이러한 개념의 뿌리는 고대 그리스의 평등 정치를 말하는 이소노미아와 연결된다.[59] 이런 의미에서 권력은 정치적 자유와 함께한다. 정치적 자유는 지배와 피지배 관계에 속하지 않는 것을 의미하며, 정치 영역은 인간만이 창조하고 또 동료들 사이에서 움직이는 공간을 의미한다. 자유로운 개인으로서 자신에게 동료는 자신과 동등한 관계에 있는 자들이며, 동등한 자들 사이에서는 강제력과 강요가 아니라 말로 더불어 사는 삶의 형식을 마련한다. 권력이란 이렇게 사람들이 함께 어울려 의견을 나누는 가운데 공동 의견을 확인하고, 이를 바탕으로 공동행위를 하는 데서 형성된다.

이런 개념을 중심으로 볼 때 폭력은 권력과 정반대 위치에 있음이 분명해진다. 예를 들면, 이렇게 형성된 권력을 유지하기 위해 동료를 죽여야 한다면 이는 동료 간의 평등성 파괴를 의미해서 권력의 본질 자체를 위반하는 것이 된다. 평등한 동료의 생명을 해치는 폭력을 수단으로 하여 권력을 쟁취하려는 것은 나와 동료의 동등한 자격과 그에 기초한 합의에 근거해서만 권력이 가능하다는 인식에 비추어볼 때 권력의 자기모순을 이룬다. 동료에게 폭력행위를 하면 동료와 더불어 가능하게 되는 권력을 결코 이루어낼 수 없다.

4.

시민이 국가의 법을 준수하고 심지어 자신의 자의적 행동에 대한 법적 제약을 감내하는 것은 국가의 힘이 자기 힘보다 강해서 어쩔 수 없이 하는 노예적 복종 행위일 수 있다. 하지만 그 법이 자신들의 동의에 근거한다는 인식 때문에 하는 적극적·자발적 행위일 수도 있다. 아렌트는 20세기 중엽에 이르는 정치사적 기간에 이루어진 수많은 혁명과 체제의 변화 가운데서 시민의 권력이 법이나 국가 조직체와 결부되고 일치되는 흐름을 읽어낸다. 따라서 아렌트는 국가 권력이 시민들의 법으로 구체화된 시민의 합의이며, 정치 기구들은 시민의 권력으로 구성되었고, 시민은 정치적 장치를 이용해 자신들을 규제하는 자들을 규제할 가능성이 있다고 생각할 수 있었다. 또한 권위란 법적 기반에 근거를 둔 제도에서 나오는 힘을 의미하며, 국가 권위의 강제력은 그것이 정치 영역에서 작동하는 것인한 궁극적으로는 시민의 소통과 합의에 기초했으므로 다른 정당화 장치를 요구하지 않는 시민의 권력 발현으로 이해될 수 있었다.[60]

국가 권력에 대한 이러한 이해에 따르면, 아렌트는 권력과 폭력은 동질적이지 않을 뿐 아니라 심지어 배타적이라고 보았다. 이때 아렌트가 사용하는 '폭력'이라는 말은 영어로 '바이올런스'(violence)이다. 어원학적으로 보면 이 단어는 15세기 말부터 무엇을 위반하는 행위라는 부정적 의미로 사용되어왔으며, '위반'을 의미하는 violation과 연관성이 있다. 이에 반해 독일어 게발트의 동사형은 walten으로 '지배하다' '관리하다'라는 의미인데, 이때의 지배와 관리는 기능적 개념이 아니라 신의 섭리의 지배라는 말에서처럼 초월적이고 강압적인 제어의 함의가 있는 말이다. 이처럼 바이올런스는 위반이라는 부정적 함의가 있는 폭력을 말하며, 게발트는 지배와 관리라는 의미가 있는 폭력을 말한다. 이 단어들의 의미 차이는 각각의 단어로 할 수 있는 이론 전개의 차이로 이어질 수 있다. 따라서 만일 게발트와 바이올런스를 우리말로 옮길 때 모두 '폭력'이라고만 하면 상당히 혼란스러울 수 있다.

게발트와 바이올런스를 구별하여 아렌트의 생각을 다시 표현하면, 권력이 극대화되면 바이올런스는 최소화되며, 반대로 바이올런스가 극대화되면 권력은 최소화된다고 할 수 있다. 시민의 자발적 동의에 기반을 두고 성립된 정부의 요구에 시민이 자신의 동의에 부합한다고 판단해 자발적으로 따른다면, 정부에는 바이올런스가 필요하지 않게 된다. 이때는 국가 권력이 최대화된다. 그러나 시민이 어떤 부당한 범죄를 저질렀을 때 국가는 법의 강제력을 발휘하여 그 범죄자가 원하지 않는 처벌을 강압적으로 부과하게 된다. 범죄자는 자신이 당한 것을 폭력으로 여길 수는 있으나 그 또한 바이올런스라고 할 수는 없다.

그런데 시민이 법에 어긋나는 행위를 했으나 그 이유가 법의 부당성 때문이라면 국가가 그 부당한 법이 포함된 법체계로 처벌을 강제하는 것은 정당성을 가질 수 없다. 이때 국가의 처벌은 바이올런스가 된다. 시민은 국가의 바이올런스에 대항해 법의 부당성을 지적하고 수정을 요구할 수 있는데, 부당한 법이 법체계 내에서 차지하는 비중이 작으면 시민의 저항 행위는 시민불복종에 머무르지만, 그 비중이 커서 법체계 전체의 교정을 추구하면 그 행위는 혁명이 된다. 국가 권력의 크기는 국가가 행사하는 바이올런스의 크기에 반비례한다.

아렌트가 본 것처럼 법이 시민의 합의에 기초했을 때 법의 기능은 바이올런스와 멀어지며, 법은 확립된 시민의 권력으로 존재하게 된다. 권력은 함께함으로써 시작되고, 함께한 사람들이 약속해서 법을 만들면 사람들은 그 법에 따라 시민이 되고 권력은 법과 더불어 존재하게 된다. 정부 조직은 법에 따라 구성되며 정치는 권력을 활용한다. 권력은 법 자체와 함께 존재한다.

5.

공동행위에 기초한 권력이 문자로 확정되면서 법이 되므로 소통적 권력은 법의 기초가 된다. 이 법을 기초로 국가와 정부 기관이 형성되므로 국가 권력은 법적 토대에서 작용하며, 그런 점에서 국가 권력은 적법성을 갖는다. 이렇게 이해된 권력은 시민 공동의 의

사에 기초하기 때문에 폭력과는 근원적으로 다르다. 권력의 적법성은 단지 그 법을 독재자가 임의로 만들었는지 아니면 시민의 의사소통과 합의에 기초했는지가 문제 될 뿐 권력이 정당화되기 위한 또 다른 장치는 요구하지 않는다. 국가를 이러한 권력에 기초해 건설했을 때 형성된 헌법은 정통성을 갖는다.

국민이 법을 준수하고 국가의 명령에 따르며 자의적 행동에 대한 제약을 감내하는 것은 국가의 폭력이 개인의 폭력보다 강하다는 판단에 따른 것이 아니라 그 법이 자신들의 동의에 근거한다는 인식에 따른 자발적 행위다. 그러므로 이 경우 법에 대한 복종은 폭력에 의한 노예적 복종과는 다르다. 정치 기구들은 시민의 권력을 구체화한 것이며, 시민은 정치적 장치로 자신들을 규제하는 자들을 규제한다. 또한 권위는 법적 기반에 근거한 제도에서 나오는 힘을 의미하므로, 권위가 갖는 강제력은 그것이 정치 영역에서 작동하는 한 궁극적으로는 시민의 소통과 합의에 기초하는 것이므로 다른 정당화 장치를 요구하지 않게 된다.

이때 권력과 폭력은 배타적 관계를 갖는다. 즉, 권력이 극대화된 경우에 폭력은 최소화되며, 반대로 폭력이 극대화된 경우에 권력은 최소화된다. 자발적 동의에 기반을 둔 정부가 시민들에게 어떤 요구를 할 때 국민이 자발적으로 따른다면 폭력은 전혀 필요하지 않게 되는 반면, 국가의 명령을 따르지 않으면 국가는 공권력이라는 이름의 폭력을 사용하게 된다. 전자는 국가 권력이 최대화되어 있는 경우이며, 후자는 최소화되어 있는 경우다.[61] 정부의 본질은 폭력이 아니라 권력에 있다.

폭력은 정당화를 필요로 한다. 정당화되지 못하는 폭력은 악이다. 권력은 정당화를 필요로 하지 않으며, 정치적 공동체의 실존 자체에 내재하는 것이다. 폭력은 정당화(justifiable)될 수 있지만 적법적(legitimate)이 될 수는 없고, 권력은 정당화될 필요가 없지만 적법적일 필요가 있다.[62] 적법성은 과거에, 즉 행위의 시발점에 호소하는 것이고, 정당성은 미래에 놓은 목적과 연관하여 확보된다. 목적이 희미해질수록 폭력의 정당성은 약화되며, 정당방위는 그 목적이 직접적으로 명백한 경우다.

　　권력은 정당화를 필요로 하지 않으며, 정치 공동체의 존재 자체에 내재한다. 권력이 필요로 하는 것은 적법성이다. 일반적으로 이 두 용어를 동의어로 취급하는 것은 복종과 지지를 동일시하는 것과 마찬가지로 오해이며 혼동이다. 권력은 사람들이 모여 공동의 행위를 하는 곳이라면 어디서나 생겨나지만 권력의 적법성은 최초의 모임에서 나오는 것이지 그 후로 어떤 행위에서 도출되는 것은 아니다. 적법성이 도전받을 때는 과거에 호소함으로써 적법성의 기초를 삼는 반면, 정당성은 미래의 목적과 연관된다. 폭력은 정당화할 수 있지만 결코 적법할 수 없다. 폭력의 정당화는 의도한 목적이 미래로 점점 더 멀어질 때 타당성을 잃는다.[63]

폭력이란 물리적 또는 사회적 강압으로 타인을 제압하여 자기 의지를 그에게 관철하는 행위를 의미한다. 폭력은 항상 도구를 필요로 한다. 국가는 총이나 곤봉과 같은 무기를 사용하고 데모하는 학생들은 화염병이나 돌이 필요하다. 권력이 고도화된 곳에서는 모두가 한 사람에 대립하여 서 있는 형국이며, 폭력이 단적으로 필요한 상황은 한 사람이 모두에 대립하여 서 있는 형국이다. 후자의 상황은 도구가 없이는 유지하지 못한다. 권력과 폭력이 정반대이기 때문이다.

6.

그러면 폭력은 불합리한 것인가? 우리는 종종 폭력을 비합리성의 범주에 넣고 생각하지만, 아렌트는 폭력 자체는 이성의 반의어가 아니라 이성과 무관한 어떤 것이라고 설명한다. 폭력은 때때로 격렬한 분노에서 비롯된다. 눈 뜨고 볼 수 없는, 더는 참을 수 없는 상황에 부닥치거나 그런 상황을 목격하게 되었을 때 우리는 분노를 터뜨린다. 이 분노에 반대되는 것은 차가운 이성이 아니라 몰이해일 뿐이며, 이러한 상황에서 분노를 억누르거나 없애려는 것은 비인간화를 의미할 뿐이다.

우리가 폭력에 의존하여 문제를 해결하고 싶은 생각이 드는 이유는 폭력이 문제를 즉각적으로 해결해줄 것으로 기대되기 때문이다. 그러나 폭력이 효과적인 경우는 마치 정당방위로 폭력을 행사하는 것처럼 아주 직접적이고 순간적으로 사용될 때뿐이다. 이때 폭력은 합리적인 것으로 간주될 수 있다. 폭력의 합리성은 수단-목적의 관계에서 적용되는 도구적 합리성인데, 도구성을 넘어선 합리성은 폭력이 이루려는 목적의 합리성에 의존한다. 그러나 폭력은 다른 정치적 행위와 마찬가지로 불가예측성을 특성으로 한다.[64] 인간의 행위는 사물의 제작 행위와 달리 그 결과에 대해 신뢰할 만한 예측 가능성을 갖고 있지 못하다. 따라서 정치적 목적을 달성하기 위해 사용하는 행위의 영향력은 목표 달성보다는 미래의 세계에 더 크게 작용한다. 모든 사람은 나름대로 자신만의 고유한 새로운 것을 시작할 능력이 있다. 이러한 능력 때문에 사람은 모두 제각기 다르며, 또 그 다른 모습을 드러내는 것이 인간 존재의 근본 조건 가운데 하나다. 인간의 다양성은 예기치 못한 자연 현상이나 사건, 사고 등과 더불어 인간사를 예측 불가능하게 만드는 하나의 요인이다. 인간사에서 의도적인 행위가 항상 그 의도에 일치하는 결과를 초래하지는 않듯이, 폭력도 계획적으로 했을 때 그 의도와 다른 결과를 낳을 수 있다. 폭력은 본질상 수단적이라서 폭력으로 의도된 목적에 따라서만 정당화될 수 있다. 하지만 예측불가능성 때문에 폭력행위의 정당성은 언제나 다시 문제가 될 수 있다. 이 때문에 어떤 좋은 목적이 폭력적 수단으로 산출된다고 하더라도 결국 그 목적이 수단에 다시 쉽게 압도될 수 있는 것이 폭력이다.

자유로운 인간의 정치적 행위는 권력을 낳는다. 정치 공동체는 평등한 정치적 행위자들의 공동의 행위를 의미하며, 이 행위가 곧 권력이다. 폭력은 어떤 자의적인 목표를 이루기 위해 수단으로 강제력을 동원할 때 발휘된다. 폭력은 강제력의 연장이다. 폭력은 모두에 대항하는 한 사람의 힘이고, 권력은 한 사람에 대항하는 모두의 힘이다.[65]

제4장 정치와 시민의 행복

1. 인간의 활동과 행복의 조건

1.

행복이란 무엇이며, 우리는 행복에 대해 무엇을 가르치고 배울 수 있는가? 이 질문에 대해 아렌트 연구가로서 나는 아렌트가『인간의 조건』에서 말한 행복한 삶의 조건에서 의미 있는 대답을 얻을 수 있다고 생각한다. 아렌트는 인간의 활동을 세 가지로 구분했는데, 인간의 행복도 그 구분에 따라 다양한 모습을 찾아볼 수 있다.

행복의 의미는 아주 다양하다. 행복을 객관적으로 논의하기 위해 아리스토텔레스의 행복 개념, 즉 '에우다이모니아'(eudaimonia)를 살펴보자. '행복'이라고 번역되는 '에우다이모니아'는 일시적인 감정으로서 행복감을 의미하지는 않는다. 또한 종교적 의미에서 복락(beatitude)도 아니다. 에우다이모니아 개념을 풀어보면, '다이몬(daimōn)의 좋은(eu) 상태' 또는 '다이몬의 웰빙'을 뜻한다. 그리스인에게 다이몬은 한 개인의 진정한 모습을 의미한다. 좋은 다이몬(eudaimōn)은 일시적으로만 존재하는 것이 아니므로 아리스토텔레스는 에우다이모니아를 이루려면 시간과 노력이 필요하다고 한다.

그리고 어떤 사람이 에우다이모니아를 이루었다고 말하려면 그의 인생 전체 모습을 다 본 뒤에라야 가능하다고 한다. 따라서 참된 행복을 찾으려면 자신을 순간적 감정에서가 아니라 끊임없이 돌아보고 가꾸어야 한다.

2.

인간의 삶에서 일은 가장 기본이 된다. 일이 과중한 사람들은 일에서 해방되는 것이 행복이다. 일이 없는 사람에게는 할 일이 없다는 것 자체가 불행이다. 우리는 일에서 성취를 느끼며, 성취감은 우리에게 행복을 가져다준다. 그런데 일이란 육체노동에서 정신노동까지 다양한 형태로 존재한다. 아렌트는 이런 일들을 자세히 나누어 살핀다.

아렌트는 육체적인 일을 크게 노동과 작업으로 구분한다. 우리는 통상적으로 노동과 작업을 잘 구분하지 않지만, 아렌트는 이 둘의 구분을 무척 중요하게 여긴다. 노동과 작업은 어원적으로도 구분된다. 노동의 영어 labor는 명사와 동사 둘 다로 사용된다. 명사로 사용될 때 그 의미는 동명사인 laboring의 의미와 다르지 않다. 노동인 labor는 결코 그 노동의 산물을 가리키지 않는다. 작업의 영어 work도 명사와 동사 둘 다로 사용된다. 그러나 work는 그 행위의 산물을 지칭할 수도 있다.

labor에는 '수고' '고통'의 의미가 포함되지만 work에는 그런 의미가 포함되지 않는다. 노동의 독일어 Arbeit는 농노가 하는 농장노동을 가리키며 '수고'라는 뜻도 있다. 작업의 독일어 Werk는 수공업적 활동을 가리키지만 수고의 의미는 담고 있지 않다. 노동의 프랑스어 travailler의 어원은 일종의 고문을 뜻한다. 이러한 어원적 연구는 서양인에게 오랫동안 노동은 수고롭고 고통스러운 것이어서 피하고 싶어 하는 일을 가리키는 말로 쓰였음을 알려준다. 노동에 매여 벗어나지 못하는 삶은 노동에서 자유로운 삶보다 열등하다는 말이다.

고대 그리스 사회에서는 노동에만 집중하며 삶에 필수적인 것들만 추구하는 삶에는 경멸이 따랐다. 그런 삶은 노예적인 삶이기 때문이다. 그래서 고대 그리스 사회에서 노동은 노예에게 맡겨졌고, 작업은 자유인들의 일이었다. 작업을 하는 자는 자유 시민이라서 노예적 속박이 이루어지지 않았다.

3.

인간의 생명은 노동의 산물을 소비하면서 영위된다. 소비는 그 대상을 소모하여 없애버리는 행위를 말한다. 인간은 먹어야 살 수 있고, 먹고살 수 있는 대상을 생산해야만 한다. 이런 생산 활동을 노동이라고 하며, 인간은 생명을 유지하려고 노동의 대상을 소비한다.

노동의 과정과 노동 산물의 소비 과정은 인간의 생명 과정 자체와 연결된다. 이는 인간의 몸이 자연물이라서 자연 속에서 하는 생명 과정과도 일치한다. 이런 생명 과정은 "자연의 무한 반복되는 순환적(cyclical) 운동"[1]과 일치해 작용한다. 이는 노동에 개입된 시간이 순환적임을 보여준다. 아리스토텔레스는 『자연학』 4권에서 자연적 시간을 다루는데, 그는 자연 속에서 하는 운동은 주기를 이루며, 그 주기는 마치 원을 그리는 것과 같다고 한다. 주기적인 반복은 자연 작용의 특징이며, 운동으로 드러나는 자연적 시간은 원운동으로 나타난다.[2] 노동이라는 인간의 활동은 이러한 시간성을 드러낸다. 노동은 삶이 지속되는 한 무한히 반복되며, 개인의 삶에서 노동의 종말은 죽음과 더불어 다가온다. 인간의 생명은 육체의 존속에 의존하며, 인간의 몸은 자연의 거대한 순환에 속한다. 따라서 몸의 존속이 요구되는 한 인간은 노동에 종속된다.

살아 있는 한 노동은 피할 수 없기에 행복을 위해 적절히 다루어야 한다. 노동의 본질은 생명 유지에 필요한 소비 대상물을 생산하는 것이므로, 노동에는 성취가 가장 중요하다. 그리고 성취는 만족을 준다. 그런데 노동은 생명을 유지하려면 반복되어야 하므로, 노동의 성취도 강력한 한 번으로 완결될 수 없다. 성취는 반복적이어야 하며, 성취의 기쁨도 반복 속에서 점차 약해진다. 그러나 반복은 생명 유지에 필수적이므로 그 질곡 또한 피할 수 없다. 따라서 노동과 연관하여 행복은 이중적으로 작용한다. 우리는 노동과 소비의 무한한 반복에 참여한다는 데서 소박한 행복을 느낄 수 있다. 그러나 더 큰 행복은 생명을 유지하면서도 노동의 고통에서 벗어날 방법을 얻을 때 발견된다. 그런데 노동에서 완전히 벗어나 있을 때는 생의 직접적 기쁨에서도 분리되므로, 노동에서 멀어져 살아가는 사람이 권태를 느낄 때는 육체노동에 참여함으로써 생명력과 더불어 기쁨을 느낄 수 있다.

흔히 말하는 '일상의 행복'이란 생의 기본 과정과 연결된다. 고통스러운 노동은 그 산물을 먹고 마시면서 얻는 충족과 만족으로 우리에게 행복을 제공한다. 신진대사로 유지되는 몸이 있다는 인간의 조건은 행복 또한 몸이 요구하는 순환과 반복을 벗어나서는 가능하지 않음을 보여준다. 이 행복은 우리가 살아 있다는 사실에서 오는 아주 기초적이고 일상적인 행복이다. 노동과 그 산물로 인한 충족이 생명의 조건과 균형을 이루는 한 기초적 행복은 보장된다. 이 균형은 두 가지 방식으로 깨진다. 노동의 대가가 충족과 만족의 삶을 가능하게 하지 않거나 노동 없이도 충분한 정도의 부가 있어서 수고 없이도 과도한 소비가 가능할 때다. 전자의 경우는 비참함이, 후자의 경우는 견딜 수 없는 권태가 찾아온다.[3]

노동에는 반복이 필연적이고 반복은 고통을 준다. 이 때문에 고대 사회에서는 노예제를 만들어 노예에게 노동의 수고를 부담시켰다. 노동은 생의 필요 때문에 반드시 해야 하므로 인간에게 노예적 복종을 요구한다. 고대인은 노예적 노동으로부터 자유를 얻을 목적으로 노예제도를 정당화했다. 물론 그렇다고 해서 현재 우리가 볼 때 노예제가 정당하다고 주장하는 것은 아니다. 고대 노예제는 노동을 삶에서 분리하려는 시도였으며, 근대의 노예제도처럼 착취 수단으로 활용된 것은 아니었다는 점에서 다르기도 하다.[4]

고대인의 정치적 자유는 노예노동과 재산 소유로 얻은 여유가 있기에 가능했다. 고대 그리스인에게 노예는 두 가지 방식으로 존재했다. 하나는 전쟁에서 패배하여 끌려와 승리자를 위해 노예로 노동하는 경우였다. 다른 하나는 자유인이지만 노예처럼 먹고사는 문제에만 매달려 살아가는 경우다. 이런 삶도 노예적 삶으로 여겼다.

현대의 많은 사람은 경제를 가장 우선시하며 살아간다. 돈 버는 데만 집중하는 삶은 인간을 자유롭게 하기보다는 노예로 만든다. 돈을 많이 벌어 쓰면서 행복해지려는 것은 소비로 기초적 행복을 지속하려는 것과 같다. 이런 행복은 돈으로 개별화된 사적 공간을 확보하고, 거기에 개인만의 해방 공간을 만들어 그 속에 스스로 고립됨으로써 얻는 행복이다. 이런 행복만으로 인간은 충분히 행복할 수 없다.

4.

인간이 몸으로 하는 또 다른 활동은 작업이다. 작업은 손으로 물건을 만드는 활동과 같은 것으로, 그 산물은 소비되는 것이 아니라 사용된다. 그런 산물은 대체로 항구성이 있으며 우리 생활의 물리적 환경을 형성한다. 그릇이나 소파, 가구, 집 등은 일회적으로 소비되는 것이 아니라 계속 사용할 물건들이며, 개인과 가족생활의 유지뿐만 아니라 공적인 삶을 위한 공동의 공간을 마련해주기도 한다.

작업에 개입된 시간성은 순환적이 아니라 직선적이다. 예를 들어, 책상을 만들 때 작업자는 머릿속에 어떤 설계도를 가지고 재료를 가공한다. 그래서 실제 책상이 만들어지면 작업은 끝난다. 이런 작업 과정에는 시작과 끝이 있다. 작업과 관련된 시간은 시작에서 끝으로 이어지는 직선과 같다.

작업의 시간성이 직선인 것은 작업에 목적이 있기 때문이다. 작업에는 먼저 목적이 설정되어야 하고, 작업 과정에서 목적을 성취할 때 작업은 완결된다. 이 목적이 요구되지 않는 한 작업은 반복되지 않는다. 작업은 양과도 연관이 있지만 작업에 주어진 목적의 성취도는 질적 차이도 유발한다. 좋은 도구가 주어질 때 노동에는 양적 변화로 결과가 나오지만, 작업에는 질적 변화가 그 결과에 나타난다.[5] 작업에 질적 차이를 낳는 성취도 차이는 작업에 개입된 직

128

선적 시간의 질과 연결된다. 현대사회는 이러한 질적 차이에 따른 시간의 소유에 근거해 연봉 차이를 낳기도 한다.

작업과 연관된 행복은 작업의 목적과 연관된다. 노동처럼 반복적 성격의 일에서는 찾기 어려운 성취의 보람을 작업에서는 찾을 수 있다. 작업의 목적에 부합하는 질적 성취를 이루었을 때 행복감은 커진다. 행복감 정도는 주관적으로 결정되지만, 그 행복감이 목적의 성취 정도와 연관된다는 점에서는 객관적이다.

책상을 만드는 것처럼 논문을 작성하는 일도 작업에 속한다고 볼 수 있다. 논문 작성은 독서와 사색에서 생각한 내용을 특정 형태의 글로 만드는 작업이다. 생각을 하는 것은 작업이 아니다. 그러나 생각한 내용을 기억했다가 글로 옮기는 일은 작업이다.[6] 나는 논문을 쓸 때 깊은 독서가 가능하지 않다고 느꼈다. 깊은 독서는 논문 작업을 중지하고 책 내용에만 집중할 때 주로 가능했다. 독서를 하면서 생각했던 내용을 책의 여백이나 노트에 남기는데, 논문 작업을 할 때는 생각한 내용을 체계적으로 정리하여 글로 옮긴다. 이 작업은 창의적 행위라기보다는 기술적 성격의 일로 느껴졌다.

5.

인간이 하는 일 가운데 노동과 작업과는 성격적으로 다른 또 다른 일이 있는데, 그것은 행위(action)라고 한다. 인간이 개인으로서 물질적 대상을 향해서 하는 활동이 노동과 작업이라면, 행위는 인간 사이에서 이루어가는 활동이다. 아렌트는 이 행위 개념에 주목하여 정치적 행위의 특성을 밝힌다.

정치적 행위는 다른 사람들과 함께하는 공적 영역에서 자기 의견을 드러내고 이로써 정치적 삶을 이끌어가는 활동을 말한다. 그리고 그 행위를 보고 들으며 판단하는 것은 정치적 판단이다. 전자는 정치가의 정치적 행위를 말하며, 후자는 시민들의 정치적 판단을 말한다. 이 둘은 모두 행위에 포함된다. 아렌트는『인간의 조건』에서 정치적 행위에 주목했고, 유고를 바탕으로 출간된『정신의 삶』과『칸트 정치철학 강의』에서는 정치적 판단에 주목했다.

정치적 행위에는 듣는 타인의 존재가 필수적이다. 정치 행위자는 타인이 보고 들을 가치가 있는 주제에 대해 의미 있는 의견을 제시해야 한다.[7] 작업이 타인의 존재와 상관없이 스스로 목적에 몰두하는 활동이라면, 행위는 그 목적이 타인 앞에서 보고 들리는 가운데 추구된다는 특성을 갖는다. 정치적 행위자의 행위는 그것을 듣고 보는 판단자의 판단과의 관계 속에서만 그 목적이 성취될 수 있다.

6.

정치적 행위와 관련된 행복을 아렌트는 공적 행복(the public happiness) 또는 정치적 행복이라고 했다.[8] 정치적 행위에는 타인들과의 소통이 작용한다. 행위자의 말과 행위는 다른 사람에게 들려지고 보여질 가치가 있어야 하며, 그 내용상 타인과 공유가 가능해야 한다. 공유가 가능한 공적 사안에 대해 던져진 행위자의 의견은 소통 과정을 거쳐 타인과 공유점을 형성하는데, 그것이 공적 가치다. 공적 가치는 혼자서 만드는 것이 아니라 타인과 더불어 만들어낸다. 이 점이 작업에서 이루어지는 가치와 차별화된다.

행위자는 타인과 더불어 자신의 직선적 시간 속에서 목적을 성취하려 한다. 행위자의 말을 듣고 소통하는 사람들은 공동의 직선적 시간 속에서 목적을 성취하려 한다. 행위자는 자기 의견을 표현하는 방식으로 행위를 하며, 판단자는 소통하는 방식으로 행위를 한다. 정치적 행복은 이 두 행위가 만나 공통의 목적을 성취할 때 만들어진다. 그들이 함께 발견하고 실현한 가치가 공적 행복의 중심을 형성한다.

2. 촛불집회와 혁명

1.

2016~2017년 한국에서 일어나 현직 대통령 탄핵까지 이르렀던 촛불집회는 혁명인가 아니면 시민불복종 운동인가. 아렌트의 견지에서 이 질문에 답하려면, 아렌트의 혁명, 시민불복종 개념을 명확히 이해해야 한다. 그리고 촛불집회를 중심으로 한 한국 정치사의 해석 또한 중요하다. 이 사건을 단지 촛불집회라고만 부르는 사람들은 그것이 정권교체를 불러일으키기는 했지만 정치체제의 질적 변화를 가져오지는 않은 일종의 시민불복종에 머물러 있다고 생각한다. 그러나 이를 촛불혁명이라고 부르는 사람들은 그것이 즉각적인 새로운 헌정질서를 창출하지는 못했으나 실질적으로 초래한 변화가 혁명에 걸맞다고 생각한다.

우리나라 촛불집회 역사에서 유의미한 최초 집회는 2002년 11월에 있었던 미군 장갑차 희생자 효순·미선 추모 집회였다. 이후 2004년 3월에 있었던 국회의 노무현 대통령 탄핵소추안 가결에 반대하는 시민들의 촛불집회가 그해 5월 14일 헌법재판소가 탄핵소추안을 기각할 때까지 지속되었다. 2008년에는 이명박 정부의 미국산 쇠고기 수입 재개 협상 결과에 반대하기 위해 5월 초 시작되어 100일 이상 연인원 100만 명 이상이 촛불집회에 참여했다. 그러나 이 글에서 다른 수식어 없이 촛불집회라고 할 때는 2016~2017년의 촛불집회를 가리킨다. 이는 2016년 10월 29일 토요일 저녁 6시에 2만여 명이 서울 청계광장에서 모임으로써 이루어진 제1차 촛불집회를 시작으로, 이후 매주 토요일 열리다가 2017년 4월 29일에 마지막으로 5만여 명이 모인 촛불집회까지 총 23회 매주 토요일에 열린 집회를 통칭하는 말이다.

2.

우리나라에서 벌어진 일련의 촛불집회의 공통적인 현상적 특징으로 다음 세 가지를 주목할 만하다. 첫째, 참가자들이 참여로 '공적 행복'을 경험했다. 촛불집회는 전반적으로 즐거운 분위기에서 진행되었다. 아렌트가 말한 '공적 행복'의 경험과 대체로 일치한다. 아렌트는 공적 행복에 대해 "사람이 공적 삶에 참여할 때 스스로 인간 경험의 한 차원을 열어놓는 것"을 의미한다고 규정한다. "이 경험의 차원이란 다른 식으로는 그에게 열리지 않는 것이면서도 여하튼 완전한 '행복'의 한 부분을 구성하는 것이다."[9]

2002년 한일월드컵대회가 끝난 이후 시작된 2002년의 촛불집회는 사건의 진상이 밝혀지지 않은 상태에서 두 여학생의 죽음을 추모하려고 집회가 시작되었으나 점차 규모가 커지고 또 즐거운 분위기 속에서 참가자들이 자신의 정치적 의사를 표명했다. 같은 분위기가 2004년의 촛불집회에서 나타났으며 2008년의 촛불집회에서도 반복된다. 이러한 분위기가 2016~2017년 촛불집회에서도 다시 나타났다. 이런 특성으로 촛불집회는 촛불문화제라고도 불렀다.

둘째, 촛불집회는 비폭력의 관철과 합법적 방식의 준수를 특징으로 했다. 이는 촛불집회 참가자들이 시종 관철한 집회 원칙이었다. 특히 2016~2017년 촛불집회 과정에서 구속자나 사망자는 단 한 명도 없었다. 시위 참여자들은 비폭력을 외쳤고, 일부 참가자들이 경찰이 버스로 만든 바리케이드 위로 올라가려고 했을 때도 다른 참가자들은 그들을 저지하고 심지어는 끌어 내리기도 했다. 집회는 축제 분위기에서 평화적으로 진행되었으며, 탄핵을 심판할 헌법재판소와 청와대를 향한 거리 행진은 법원의 허가를 받아 법이 허용하는 한에서 진행되었다. 청와대는 원치 않았지만 사법부는 행진을 허가했고, 서울시는 많은 인원이 행진에 참여할 수 있도록 인근 건물의 화장실을 개방하도록 조치했다. 심지어 파출소 화장실도 시위 참가자들에게 개방하여 사용할 수 있도록 했다.

셋째, 이 집회들은 정치지도자가 이끈 것이 아니라 집회 참여자들의 집단적 의사를 반영하는 방식으로 이끌어졌다. 또한 집회 과정에 곳곳에서 다양한 수준의 토론과 의견 형성이 수행되었다. 주최측이 마련한 무대에서 또는 개인이나 단체들이 여러 곳에서 만들어낸 장소에서 의견을 나누고 토론하는 장이 펼쳐졌다.

이상과 같은 특징은 21세기에 들어와 반복적으로 이루어진 촛불집회가 기존의 '시민불복종' '혁명' '저항운동'의 개념에 온전히 포섭되기 어렵게 만든다.

3.

아렌트에 따르면 권력의 합법성(legality) 또는 적법성(legitimacy)은 공동체를 형성한 정신에 근거한다. 그 정신은 정치 공동체를 최초로 형성했던 행위, 즉 혁명에서 처음 표출된 것으로 헌법을 통해 보존해온 것이다. 따라서 근대적 국가 개념으로 볼 때, 권력은 시민에게서 나오며, 법이 구현하는 권력의 근거는 시민에게 있다. 그런데 만일 현존하는 헌법이 폭력을 행사하는 힘 있는 자의 자의에 따라 형성되었고 시민의 권력에 근거하지 않았다면, 정치적 자유를 추구하는 시민은 그 법에 저항하고 거기서 해방되어 새로운 질서의 형성을 추구할 것이다. 이것은 시민불복종이 아니라 혁명이다.

시민불복종은 국가의 헌법이 시민의 권력에 근거했다는 인식이 일반적으로 받아들여질 때 일부 하위의 법이나 정부의 운영이 원래 헌법 정신에 부합하지 않는다고 판단하는 사람들이 하는 행위다.[10]

적법한 국가 권력에 대한 복종은 폭력에 따른 노예적 굴종과는 다르다. 정치 기구들은 시민의 권력을 구체화한 것이며, 시민은 정치적 장치로 자신들을 규제하는 자들을 규제한다. 권위란 시민의 소통과 합의로 이루어진 법에 근거한 힘이며, '왜'를 묻지 않고 따르게 만드는 힘이다. 시민불복종 행위는 법과 국가의 권위가 시민의 권력에 기초하지 않는다는 확신에 근거한 것으로 진정한 권력적 행위다. '불복종'이라는 표현은 그런 법률의 권위에 복종하지 않는다는 말이다.

4.

시민불복종에 대한 아렌트의 규정에 비추어 촛불집회의 특성을 살펴보자. 촛불집회는 이러한 규정에 한 가지를 제외하고는 모두 부합하는 것으로 보인다. 부합하지 않는 한 가지는 세 번째 규정으로서 불복종 행위를 내포해야 한다는 점이다. 촛불집회는 철저히 합법적인 방식으로 이루어졌다. 그 자체가 정권에 저항하는 의미를 지니지만, 행위 자체가 불복종 행위를 포함하지는 않았다. 따라서 촛불집회는 시민불복종 운동이 아니라 시민적 행위라고 보는 것이 더 적절하지 않느냐고 할 수 있다.

실제로 이 시기에 엄청난 규모의 대중 집회가 열렸지만 구속자가 단 한 명도 없었다. 그런데 시위 행위가 불복종 행위로 전개되지 않은 까닭을 생각할 필요가 있다. 그 이유는 촛불집회가 거스를 수 없는 시대적 대세라는 것을 집회 참가자들뿐만 아니라 이들과 대치한 경찰과 행정법원이 인식했기 때문이다. 다시 말해 시민들의 권력이 압도적이어서 이 행위와 관련하여 사소한 범죄적 행위는 범죄가 되지 않게 만들어버렸다. 즉, 국가와 사법기구마저도 촛불집회로 표출된 국민적 요구에 부응할 수밖에 없었다.[11]

비교를 위해 다른 사례를 보면, 2015년 11월에 있었던 농민시위는 차로 만든 방어벽을 뚫으려고 밧줄을 버스에 묶어 잡아당기는 등의 불복종 행위가 있었다. 2008년의 촛불집회에서는 많은 사람이 도로교통법 위반 등의 혐의로 벌금형을 받았다. 2016~2017년 촛불집회에서도 교통을 어렵게 하는 일들은 있었고 차벽을 넘는 사람도 있었지만 이는 시위자들에게마저 일탈행위로 간주되었다. 더욱이 당시 서울시장은 "지하철역 안전 요원 배치, 응급환자 대비 구급차 및 소방인력 배치, 대중교통 연장 운행, 이동식 및 개방 화장실 확보, 환경미화원 및 자원봉사자 지원 등"[12]으로 집회 참여자들이 불편하지 않도록 도왔는데, 이것이 범죄 예방 효과도 일으켰다. 이처럼 촛불집회가 철저하게 합법적으로 진행되었다기보다는 정부와 사법기관들이 집회의 정당성을 인정함으로써 법적 구속자가 발생하지 않은 것이라고 보아야 한다. 다시 말해, 촛불집회의 행위는 그 자체가 기존의 권력에 대한 불복종 행위였으나, 집회 자체가 합헌적이라고 인정되었기 때문에 불복종적 성격이 시야에서 사라져버린 것이다.

4.

촛불집회는 시민의 일상적 정치 행위가 아니었다. 통계에 따르면 총 23회 열린 집회에 참가한 사람이 연인원 1,685만 2,000여 명에 달하며, 이는 집회당 평균 73만 명에 해당한다. 박근혜 대통령에 대한 국회의 '대통령탄핵소추안' 심의가 있기 직전 주의 토요일인 2016년 12월 3일에 있었던 6차 집회에는 최대 인원이 참가했는데, 동 시간 집결 최대 인원은 232만 1,000여 명이었다. 참가 인원은 같은 시간에 집결한 인원을 따지므로 그 시간 앞뒤로 참가한 인원을 따지면 실제 참가 인원은 그보다 더 많아질 수 있다. 이날 집회는 전국 67개 지역에서 동시다발로 개최되어 역대 최다 지역에서 집회가 열렸다. 집회 중 가장 추운 날은 2017년 1월 14일의 제13차 집회로, 이날 서울 기온은 영하 7도 이하였지만 집회 참가 인원은 15만 명에 가까웠다.[13] 한 조사에 따르면 촛불집회 직접 참여자는 전 국민의 23.9%, 참여 의지는 있었으나 여건상 참가하지 못했다는 사람은 49.8%로 실제 참여자를 포함해 참여 의지가 높았던 사람들은 전 국민의 62.1%에 달한다.[14]

박근혜 대통령 지지도는 탄핵 전 이른바 '콘크리트 지지층'이 존재하던 때는 30%를 유지했으나 2016년 10월 24일 JTBC 방송의 뉴스룸에서 최순실의 태블릿 PC 내용이 공개된 다음 날 '콘크리트 지지층'이 무너지기 시작했다. 그 주간 갤럽 여론조사에 나타난 대통령 지지도는 17%로 그 전 주의 25%에서 현저히 떨어졌고, 그다음 주는 5%로 완전히 바닥으로 내려앉았으며, 이는 국회에서 탄핵안이 가결될 때까지 유지되었다. 국회에서 '대통령(박근혜)탄핵소추안'을 가결하자 12월 9일 이후 대통령의 업무는 중지되었고, 국무총리가 권한대행을 맡는 비상시국이 2017년 3월 10일 헌법재판소에서 탄핵이 가결된 시점을 넘어 5월 9일 새로운 대통령으로 문재인이 당선되는 시점까지 이어졌다.

5.

아렌트는 혁명 개념을 엄격하게 사용해서 혁명을 전쟁 뿐 아니라 해방과도 구별한다. 넓게 보면 혁명은 전쟁을 포함하고 폭력을 포함하는 것으로 보인다. 하지만 아렌트는 전쟁의 목표를 혁명으로 설정하여 전쟁의 폭력을 정당화하려고 시도할 수는 있어도 전쟁 과정과 혁명은 다르다고 본다. 혁명은 정치적 자유를 추구하며 이로써 '새로운 정치질서'의 출현을 목적으로 하기 때문이다. 아렌트는 혁명이 시작되기 전에 해방 과정으로 전쟁이 활용된다고 해도 해방 또는 그 구체적 행위인 전쟁(해방전쟁)은 혁명과 엄밀하게 구분되는 것으로 이해한다.[15]

아렌트가 말하는 혁명은 정치적 자유를 목적으로 한다는 점, 혁명 과정은 비폭력적이라는 점, 혁명은 그 과정에서 혁명정신을 실현하기 위한 평의회(council)를 형성한다는 점, 혁명은 정치적 자유의 구성으로서 새로운 정치질서의 산출을 목적으로 하는 헌법을 만들어낸다는 점을 핵심으로 한다.

6.

2016년 당시 우리 사회는 프랑스 혁명의 경우와 같은 구제도(ancien régime) 또는 미국 혁명의 경우와 같이 벗어나야 할 영국 식민 상태와 같은 현실에 처해 있었던 것이 아니다. 아렌트가 혁명을 논한 18세기는 새로운 국가, 새로운 체제, 새로운 헌법을 만들어야 하는 상황이었다. 하지만 우리 사회는 이미 헌법을 가지고 있을 뿐 아니라 여러 번 개정 과정을 거쳐 상당히 민주적인 헌법이 있다. 그리고 오랫동안 여러 차례 있었던 민주화운동과 다양한 저항운동, 촛불집회 등으로 시민의식도 성장했고, 시민들은 앞서 언급한 바와 같은 유권자 의식도 갖고 있었다. 이렇게 보면, 촛불집회는 아렌트가 말한 혁명 개념의 네 가지 특징 가운데 첫째와 둘째는 가지고 있지만, 셋째와 넷째 특징을 그 즉각적인 결과로 가질 필요는 없는 상황이었다. 그러나 셋째와 넷째 특징이 촛불집회와 무관하지는 않았다.

우선 아렌트가 말한 평의회가 반드시 21세기의 상황에서도 여전히 유효한지는 의문이다. 알브레히트 벨머(Albrecht Wellmer, 1933~2018)는 "복잡한 근대사회의 정치 제도들은 평의회 체제라는 단순한 모델로는 이제 이해될 수 없다. 따라서 나는 평의회 체제 이념을 자율적인 또는 부분적으로 자율적인 제도, 조직 그리고 연합체 네트워크에 대한 메타포로 간주한다"[16]라고 말했다. 벨머의

해석을 따르면, 아렌트가 말한 평의회는 오늘의 맥락에서는 기존 체제에 시민사회적 자율성이 반영되는 제도들의 병합 또는 그런 제도로 회복하는 것으로 그 기능을 한다고 말할 수 있다. 촛불집회 이전에는 제도가 시민적 자율성을 수용하지 못하고 시민들에 맞서 권위적인 모습으로 대응했다면, 이제는 그 제도가 시민의 의사를 표현하고 대변하도록 변화되었다. 시민의 참여, 토론, 목소리가 대중에게 들려지기 등이 이루어지고, 우리나라의 정치과정을 결정할 책임이 정치 제도 속에서 실질적으로 이루어진다면[17] 촛불집회를 혁명으로 여기는 데 문제가 없게 된다.

7.

시민불복종의 목적은 법률의 개정이나 정책의 변화에 있다. 헌법의 변화를 목적으로 하는 것은 혁명이다. 아렌트는 시민불복종에 대해 "그 기원과 본질에서 우선적으로 미국적"[18]이라고 말했다. 시민불복종 개념이 미국적인 이유는 미국이 혁명으로 정치적 자유를 구성한 결과물로 헌법을 산출했고, 그에 따라 국가가 운영되다가, 그 운영이 더는 헌법 정신을 따르지 않는다는 확신이 들 때 시민불복종 행위가 발생했기 때문이다. 따라서 시민불복종 운동은 시민의 주권적 권력을 표현했던 헌법의 존재를 전제로 한다. 시민불복종은 헌법이 시민 권력과 분리되어 원래의 헌법 정신으로 '되돌아갈' 필요가 있는 상황에 필요한 행위다. 만일 헌법이 존재하지 않는다면 행위는 시민불복종이 아니라 새로운 헌법을 만들어내는 혁명이다.

우리나라 헌법의 존재는 미국의 경우와 같지 않다. 우리 헌법은 1919년 3 · 1운동 이후 설립된 상해임시정부에서 처음 만들어졌다.

상해임시정부의 정통성을 인정한다면 이 헌법을 인정해야 한다. 이후에도 헌법 내용에 대한 논의가 많았는데, 이승만을 중심으로 한 제헌의회의 헌법은 과거 논의들이 반영되지 않은 채 만들어졌다. 이후 여러 차례 개헌이 되었지만 우리는 여전히 그 법과 시민의 권력 사이에는 거리가 있다고 생각한다. 촛불집회에서 "대한민국은 민주공화국이다. 대한민국의 주권은 국민에게 있고, 모든 권력은 국민으로부터 나온다"라는 헌법 제1조 조항이 구호로 또 노래로 자주 언급된 이유는 실질적으로는 인정되지 않아도 형식적으로는 헌법 조항으로 명시되어 있는 시민의 헌법적 권력을 실현하기 위해서였다. 따라서 '회복'의 운동은 아니었다. 촛불집회는 형식적으로만 존재했던 헌법 제1조에 생명력을 처음으로 불어넣는 운동이었다.

아렌트에게도 불복종 운동이 무조건 회복으로만 이해된 것은 아니다. 미국에서 인종차별을 금지하는 법은 인종차별에 대한 반대가 민권운동의 형태로 나타나기 전에 이미 만들어져 있었다. 실질은 없고 형식만 있었던 것이다. 하지만 법원이 그것의 실효성을 인정하여 판결을 내리기 시작한 것은 미국 남부의 흑인뿐만 아니라 백인들 사이에서도 변화가 일어났을 때였다고 아렌트는 말한다. "남부 주의 법과 관련된 경우를 볼 때 시민불복종 운동으로 나타난 민권운동이 흑인과 백인 시민 모두에게 확실한 태도의 변화를 가져왔을 때"[19] 대법원이 법적 행위로 인종 간의 평등을 강제했다는 것이다.

우리도 이미 1987년 6월항쟁 이후 개정된 헌법이 상당한 정도로 민주성을 갖추었으나 현실과는 괴리가 있었다. 촛불집회는 그 헌법이 실질적으로 국민 또는 시민의 권력 또는 자유를 구성한 것으로 받아들일 정도로 시민사회적 뒷받침을 해낸 것이다. 이렇게 볼 때 촛불집회는 그 자체로 이미 혁명이다. 이후 있을지도 모를 개헌 여부는 촛불집회의 혁명성 규정 여부에서 더는 본질적이지 않게 된다.

3. 팩트와 정치

1.

요즈음은 사실과 진실이 위협을 받는 시대다. 가짜 뉴스가 교묘하게 만들어져 유포되어 부정적인 정치적 효과를 일으키는 일들이 빈번하게 일어난다. 정치에서 말은 폭력의 도구가 아니라 소통의 도구다. 정치가 바르게 진행되려면 말이 가진 소통이라는 본래적 기능이 제대로 작동해야 한다.

정치의 언어는 진리 찾기의 언어가 아니다. 정답을 찾아내면 더는 말이 필요 없게 되는 방식으로 언어를 사용하는 곳이 정치 영역이 아니다. 정치 영역은 개인의 관점과 가치관이 투영된 다양한 의견이 경쟁하는 곳이며, 다양한 의견은 얼마나 소통 가능한지를 관건으로 합의와 수용을 이루어간다. 소통 가능한 의견을 만드는 데는 그 의견이 얼마나 사실에 근거하느냐가 결정적이다. 진실이 아닌 거짓은 의견을 왜곡하고 소통으로 구성된 사회적 관계를 왜곡한다.

아렌트가 사실, 즉 팩트에 대해 정치적으로 중요성을 부여한 것은 그것이 정치적 의견의 형성 또는 정치적 판단에서 결정적으로 중요하기 때문이다. 아렌트의 시대에 거짓을 사실처럼 늘어놓는 것은 나쁜 정치가의 행위 또는 사악한 정치적 동기에서 유발된 것으로 여길 뿐 심각하게 다룰 일은 아니었다. 아니, 아렌트가 사실의 문제를 심각하게 다룬 것은 전체주의 정부가 이데올로기를 통해 사실을 왜곡하거나 정치 조직의 행위로 왜곡하는 경우였다. 전자에 해당하는 나치는 패망했고 그 역사적 죄악으로 심판을 받았으며 후자에 해당하는 미국 정부는 베트남 전쟁으로 혹독하게 그 대가를 치렀다.

2.

이론이나 정책은 현실을 적절히 반영해야 한다. 현실을 제대로 반영하지 못하는 이론이나 정책은 '비현실적'일 뿐이다. 아렌트는 다양한 방식으로 이론이나 정책이 비현실적으로 되는 것을 경고했다. 아렌트는 20세기 중반 미국 정부가 베트남 전쟁에 대해 잘못된 정책을 지속적으로 수행하여 결국 패전에 이른 데는 거짓의 역할이 컸다고 보았다. 아렌트는 미국 국방성이 만들어 비밀로 분류했으나 1971년 6월부터 『뉴욕타임스』 등에 공개된 이른바 『펜타곤 문서』를 분석하면서, 베트남 전쟁과 관련하여 미국 정치에 거짓이 어떻게 작용했는지를 설명한다.

『펜타곤 문서』의 공식 명칭은 '1945~67년 미·베트남 관계: 국방부 연구문서'다. 이 문서는 1967년 6월 17일에 당시 미국 국방부 장관 로버트 맥나마라(Robert McNamara, 1916~2009)가 베트남 연구팀을 만들어 작성하도록 명령했다. 그 목적은 베트남 전쟁에 대한 백과사전적 기록을 남기는 것이라고 했으나 진정한 동기는 알려지지 않았다. 이 작업이 외부에 드러나지 않도록 국방부 자료를 중심으로 작성하여 총 47권으로 완성했다. 그런데 대니얼 엘스버그(Daniel Ellsberg)가 이 문건을 복사하여 발췌본 형식으로 신문에 연재하면서 공개해버린 것이다.

이 문서를 살펴본 아렌트는 "정부의 최고위직에 있는 사람들까지도 정치적으로 너무 진실하지 않게 행동했고, 거짓말하는 행태가 정부 부처와 군, 민간 등 모든 계층에까지 엄청날 정도로 급속히 만연"되었음을 지적한다. "'토벌' 작전에 대한 가짜 설명, 공군의 조작된 피해 보고, 자신이 수행한 일이 자기 보고서로 평가된다는 것을 아는 부하들이 써서 전장에서 워싱턴으로 보낸 '경과' 보고서"[20] 등이 베트남 전쟁에 대한 정책 결정에 작용했다는 것이다. 실제로 정부가 정책을 결정할 때 사용하는 데이터, 즉 공식 보고 체계와 정보당국을 통해 전달받는 사실적 자료들이 수집되고 전달되는 과정에서 고의로 왜곡되었다.

미국은 1964년에 통킹만에서 북베트남의 공격을 받은 것을 계기로 베트남 전쟁을 시작하는데, 통킹만 사건 자체가 미국이 전쟁에 개입하려고 조작한 것이었다. 이후 전쟁 과정에서 전쟁 상황이 종종 왜곡된 채 본국에 전달되어 올바른 정책이 수립되지 않았다. 보고자가 보고서를 작성할 때 자신의 미래가 그 평가에 달려 있다는 것을 고려하여 내용을 왜곡하기도 했다. 미국 본토에서 멀리 떨어진 전쟁 현장에 대한 이런 보고를 바탕으로 결정한 정책이 제대로 될 리는 없다.

3.

아렌트는 현대 정치에서 거짓이 두 가지 방식으로 새롭게 작동하는 데 주목한다. 첫째는 정치홍보에서 하는 거짓이다. 정부는 자신에게 유리한 정보를 취사선택하여 시민들에게 제공하려고 한다. 그런 가운데 정부는 불리한 사실들을 감춤으로써 결국 거짓말과 같은 효과를 얻는다. 정치홍보는 '소비사회에 그 기원이 있으며, 시장경제를 통해 상품을 퍼뜨리려는 무절제한 욕구를' 가지고 있는 광고의 일종으로 작용하는데, 이는 결국 시민이 구체적 사안들에 대해 왜곡된 판단을 하도록 유도한다. 정부는 충분한 정보를 제공하지 않고, 정치광고 회사들은 정보를 취사선택하여 홍보에 집중함으로써 판단이 왜곡되게 하는 것은 결국 정치에서 거짓을 확대하는 행위다. 당시 미국의 정치홍보 담당자들이 이렇게 한 것은 "정치의 절반이 '이미지 만들기'이고 나머지 절반은 사람들에게 그 이미지를 믿게 하는 것"[21]이라고 배운 탓이라고 아렌트는 지적한다.

둘째, 아렌트는 대학과 싱크탱크 등에서 정책을 수립하려고 정부로 유입된 '게임 이론과 시스템 분석으로 무장한' 전문가들에 주목한다. 이들이 자신들에게 주어진 문제를 해결하는 과정에서 거짓이 작용한다. 그들은 '지성적'이고 '합리적'이며, 지적 노력에 몰두한 자들이다. 이들은 마치 '한때 물리학자들이 자연현상에 대해 믿었던 것과 같은 태도로, 정치적·역사적 사실들을 필연적인, 따라서 예측 가능한 것으로 설명하고 예견할 수 있게 하는 법칙을 열심히 찾으려' 한 자들이다. 이들은 현실에 있는 우연적 속성을 배제하는 이론적 태도로 작업했다. 그래서 '실제로 존재하는 다수의 가능성에 관한 판단을 무디게 하는' 결과를 얻게 되었고, 그런 결과를 바탕으로 정부 정책을 수립하도록 도왔다.

현실은 논리적으로만 돌아가지는 않는다. 그런데 문제를 이론적으로 해결하려는 자들은 논리의 힘에 의존하는 가운데 우연적인 일들로 가득한 현실을 배제하고 무시하는 데까지 이르렀다. 따라서 그들이 현실에 대해 보이는 태도는 결국 거짓말쟁이의 태도와 비슷해진 것이다.[22] 아렌트가 『펜타곤 문서』에서 읽을 수 있었던 것은 "현실로부터의 거리감"[23]이었다. 거짓의 작동은 우리 인식을 현실에서 벗어나게 하는 결과를 가져온다. 이를 위해 논리와 이성이 큰 역할을 한다.

기만은 결코 이성과 갈등을 일으키지 않는다. 왜냐하면 거짓말쟁이가 주장하는 것처럼 일이 실제로 그렇게 되었을 수도 있기 때문이다. 거짓말은 종종 현실보다 더 그럴듯하며 이성에 더 호소력을 갖는다. 왜냐하면 거짓말쟁이는 자신의 거짓말을 듣게 될 사람들이 듣고 싶어 하는 것이나 기대하는 것이 무엇인가를 사전에 알고 있다는 큰 장점이 있기 때문이다. 거짓말쟁이는 자기 이야기를 대중이 받아들이도록 조심스러운 눈으로 준비하는 반면, 현실은 우리가 미처 준비하지 못한 예기치 않은 일을 대면하게 하는 당혹스러운 습성을 갖고 있다.[24]

4.

전체주의자들은 현실에 기반을 두지 않은 채 합리성과 논리성을 바탕으로 형성한 이데올로기를 사람들에게 강압하고 테러로 거짓을 현실로 여기는 체제를 만들어낸다. 전체주의 사회는 아니지만 앞서 언급한 미국도 정치의 거짓 때문에 현실에서 멀어진 정책을 시행함으로써 결국 쓰라린 패배를 경험하게 된다.

현실의 일들이 늘 논리적으로 또 합리적 방식으로 발생하는 것은 아니다. 반면, 거짓말은 항상 논리를 바탕으로 해서 합리적으로 보이도록 만들어진다. 그래서 우리에게는 종종 사실보다는 거짓말이 더 그럴듯해 보이고 더 합리적으로 보인다. 따라서 우리는 그럴듯하게 들리는 말을 넘어서 우리가 확인할 수 있는 사실들을 동원하여 사실 연관성에서 말의 진위를 확인함으로써 진실을 추구해야 한다.

합리적 믿음뿐만 아니라 합리적 의심도 아주 중요하다. 올바른 사상이나 올바른 신앙은 진실을 기반으로 성립되어야 한다. 사상과 믿음의 내용이 현실과 충돌할 때 우리는 이상과 현실의 균형점을 찾는 방식으로, 한편으로는 생각과 신앙을 교정하고 다른 한편으로는 현실을 더 나은 사회로 변화시키려는 노력을 기울여야 한다. 이 모든 노력에서 사실과 진실은 중요한 토대가 된다.

사실은 그것을 지키고 보존하려고 노력하지 않으면 파괴되어 흔적을 찾아볼 수 없게 될 수도 있다. 사건은 흔적을 남기지만 집요한 노력으로 그 흔적을 지워버릴 수도 있기 때문이다. 흔적이 없어지면 진실이 사라질 수 있다. 따라서 사실을 보존하고 유지하려는 노력은 건전한 사회와 정치문화를 위해 아주 중요하므로 여기에도 민주 시민의 마땅한 책무가 존재한다. 바람직한 민주사회를 만들려면 사실을 지키고 보존하는 것이 시민의 몫이 된다는 말이다.

4. 프라이버시와 공공성

1.

'프라이버시'(privacy)는 '사적'(private)이라는 말의 명사형이며 '사적인 것' 또는 '구별된 상태'의 의미로 사용되어왔다. 또 'in privacy'라는 말은 '따로' '남들이 보지 않는 곳에서'와 같은 의미로 오랫동안 사용되었다. 이 말은 오늘에 와서는 그보다 더 복합적으로 사용된다. 프라이버시는 '개인의 사생활' 또는 '집안의 사사로운 일' 또는 '그런 것이 남에게나 사회에 알려지지 않으며 간섭받지 않을 권리' 등을 의미한다. 이때 프라이버시 개념에는 단지 사생활이라는 의미뿐만 아니라 사생활이 침해받지 않을 권리라는 서로 다른 층위의 의미, 즉 가치 의식 또는 규범성이 동시에 포함되어 있다.

사적인 것과 공적인 것을 구분하는 것은 인간의 삶과 사회를 이해하려는 하나의 관점이다. 우리는 이 구분으로 역사적으로 이루어진 공적 삶의 등장과 그 역할, 이성의 공적 사용으로 민주주의적 삶이 가능한 공론장을 구성해온 방식 등을 이해한다. 하지만 공·사 개념의 구분으로 인간의 정치적 모습을 이해하는 것 자체가 오히려 사태에 대한 제대로 된 이해를 왜곡한다는 주장도 만만치 않다.[25]

공·사 개념의 구분은 오랫동안 사회의 변동과 철학, 이론의 발전 과정에서 시대적으로 변화를 경험해왔다. 이를 염두에 두면서 프라이버시 개념을 살펴보면, 프라이버시는 한편으로는 보호되어야 하는 무엇이지만 또한 그와 대척점에 서 있는 공적 영역의 가치인 공공성과 모종의 규범적 관계를 맺고 있는 것으로 보인다. 철저하게 사적으로 이해된 개인과 공공성에 관심을 두고 그 관점에서 세계를 바라보아야 하는 시민이라는 두 형태의 삶이 어떤 규범적 관계가 있을 수 있다는 말이다.

2.

우리는 서양 정신문화의 강한 영향력 아래에 살지만, 우리의 삶과 언어에 녹아 있는 과거 정신문화의 영향도 크게 받는다. 그래서 우리가 공·사 개념을 사용할 때 의식하게 되는 의미가 서양인의 경우와 완전히 일치한다고 볼 수는 없다.

한국어의 '공'(公) '사'(私)는 한자어이며 서양과는 다른 전통적 의미가 있다. '사'(私)는 스스로를 위해 둘러싼다는 의미에서 만들어진 厶(사)에서 기원한다. '공'(公)은 스스로를 위해 둘러싼 것을 나눈다는 의미에서 八자가 덧씌워져 만들어진 글자다. 따라서 사는 자기 것이라는 의미에서 시작하여 개인적 욕망을 의미하는 사용법으로 나아가며, 공은 인(仁)과 천리(天理)의 의미를 포괄하며 윤리적 함의를 갖는 방향으로 나아간다.[26)]

공과 사에 해당하는 영어 public과 private 또는 독일어 publik과 privat는 라틴어 publicus·privatus에서 왔다. 앞서 그리스의 폴리스와 가정을 논의하면서 그것이 각각 공적 영역과 사적 영역에 해당한다고 했으나 공·사 개념에 그대로 대응하는 그리스어는 없다. 고대 그리스에서 '사적'인 것에 해당하는 영역은 친밀성의 영역인 가족과 가정경제의 영역인 가정을 모두 포함하며, 가족과 가정 사이에는 확고한 구분이 존재하지 않는다. 이를 표현하는 단어로는 남성 명사인 오이코스(ὄικος)와 여성 명사인 오이키아(ὀικία)가 있다. 이 가운데 오이키아는 가족의 친밀한 관계를 더 지칭하며, 라틴어

파밀리아(familia)로 번역된다. 이에 비해 오이코스는 사적인 것을 포괄적으로 가리키는 단어, 즉 가족과 가정을 모두 포괄하는 단어다.[27]

고대 그리스에서 '공적'인 것에 해당하는 영역은 도시국가를 의미하는 폴리스다. 폴리스는 자유의 영역이다. 인간의 생명 유지의 필연성에서 벗어난 사람이어야만 폴리스에서 서로 평등할 수 있고 자유로울 수 있다. 자유로우려면 지배를 받는 상태에 있지 않아야 하므로 폴리스 참가 자격이 있는 자는 가정의 우두머리로서 생명과 관련된 모든 것을 지배하는 자라야만 했다. 그래야만 공적 영역에서 평등한 자로 여겨질 수 있었기 때문이다.[28] 아리스토텔레스는 인간은 폴리스에서 살아갈 때라야 인간적 삶이 가능하다면서 '정치적 동물'이라는 표현을 사용한다. 이때 쓰인 '정치적'(political)인 것이 곧 공적인 것이다. 이런 구분에서 아렌트가 주목하는 것은 인간의 삶에서 작용하는 서로 다른 두 원리다. 하나는 사적인 것을 중심으로 하는 필연성에 따라 작동하는 생명 원리(life principle)로, 이 원리가 사적 영역에서 작동했다. 다른 하나는 공적인 것을 중심으로 하는 자유 원리(freedom principle)로, 이 원리는 공적 영역에서 작동했다.[29]

3.

아렌트의 『인간의 조건』은 공적인 것 또는 정치를 해명하는 데 주로 활용되었다. 이제 우리는 이 텍스트를 프라이버시를 중심으로 다시 읽어보려고 한다.

그리스인에게 자연적 결속체는 가정(household) 또는 가족

(family)을 기초로 했고, 도시국가인 폴리스는 가정을 넘어 새로운 방식의 삶을 가능하게 하는 영역이었다. 가정과 폴리스는 서로 다른 방향을 향해 나아가는 삶의 영역이었던 셈이다. 아렌트는 베르너 예거(Werner Jäger, 1888~1961)의 글을 인용하여 도시국가의 시민들은 실존의 두 질서에 속해 있었다고 한다. 즉 자신의 삶 가운데서 자기만의 것(idion)과 공통적인 것(koinon)이 분명히 구별되었다는 것이다. 그리고 모든 혈족에 기반을 둔 공동체가 파괴된 이후에 폴리스가 등장한 것은 역사적 사실이라고 한다.[30]

정치적 행위는 이해되고 해석되어 말로 표현되어야 하므로 행위와 말 가운데 말이 더 중요하다. 또한 말과 관련해 가장 중요한 것은 '올바른 순간에 올바른 말을 찾아내는 것'(finding the right words at the right moment)이다. "정치적이란 강압과 폭력을 통해서가 아니라 말과 설득을 통해 모든 것이 결정된다는 것"[31]을 의미하기 때문이다. 이에 반해 가정이나 가족의 경우 과거의 가부장적 사회에서는 설득보다는 폭력이나 명령으로 문제가 해결되었다. 가장은 가정 안에서 폭군보다 강한 힘을 가졌으며, 절대적이고 도전받지 않는 지배권을 가졌다. 이런 점에서 정치적인 것과 가정에 해당하는 것은 그 성격에서 무관할 뿐 아니라 대립적이기까지 하다. 자유 원리와 생명 원리는 병존할 수 없기 때문이다. 폴리스 외부에 존재하는 노예나 야만인은 말하는 능력이 없는 사람이 아니라 말로 시민적 관심사를 나누는 삶의 방식을 갖지 못한 사람이다. 이렇게 볼 때 가정 또는 가족이라는 사적 영역은 폭력과 밀접하게 연결되어 있다. 폭력은 노동과 같은 사적 활동에서는 당연한 것이다. 노동은 자연에 대해 폭력적 태도를 취하여 거기서 생명을 유지하는 산물을

얼는다는 성격이 있기 때문이다.[32]

공·사가 대립적 관계에 있는 만큼, 사적인 것은 공적인 특징의 부재로 설명된다. 공적인 삶은 타인이 보고 들을 수 있도록 자기를 드러내는 삶이고, 공통적인 것을 매개로 타인과 관계를 맺는 삶이며, 인간보다 수명이 더 긴 항구적인 무엇을 이룰 가능성이 있는 삶이다. 사적인 삶에는 이런 것들이 없다.[33] 그렇지만 고대 그리스인은 공적 영역에 진입하는 조건으로 사적 영역에서 선결 조건을 요구했다. 즉, 폴리스 영역에 진입하려면 가정을 소유해야 했다. 이 조건은 단지 사적 소유가 있어야 한다는 것이 아니라, 세계 안에 자신만의 장소를 집이라는 형태로 소유할 필요가 있다는 의미였다. 공동체 내의 땅에 남이 침범할 수 없는 자신만의 확실한 장소를 지니는 것이 폴리스의 진입 조건이었다는 말이다. 이런 까닭에 사적 영역, 즉 사유재산의 영역은 신성시되었다. 이는 부와는 상관이 없었다. 공적 영역을 구성하는 가족의 가장이 될 수 있게 한다는 의미에서만 사유재산이 신성시된 것이다.

아렌트는 쿨랑즈(Coulange)를 인용하며 고대 로마에서는 familia가 재산을 의미하는데, 거기에는 땅, 집, 돈, 노예가 포함되고 재산이 가족에 속한 것이 아니라 가족이 화로(hearth)에 속하고 화로가 땅에 속하는 것으로 이해되었음을 지적한다. 사적으로 소유된 영역이나 그것을 소유한 가족은 동일시되었다. 이런 점에서 사적 영역은 공적 영역의 기초였다.[34] 사적 영역인 가정은 시민으로서 신분을 물리적으로 보증하기도 했다. 그래서 누군가가 반역 등의 이유로 시민 자격을 박탈당하면 가족은 노예가 되었고 토지는 타인이나 국가에 수용되었으며 집은 철저히 파괴되었다.[35]

4.

고대인 가운데는 사적 자유에 몰입하는 이도 있었다. 아렌트는 '가난한 자유인'이라는 고대 그리스의 개념을 소개한다. 부와 건강은 인간을 자유롭게 하는 데 필수적인 수단이다. 궁핍과 병은 인간을 노예 상태로 만드는 불행한 상황이다. 그런데 노예인 것과 노예 상태에 빠지는 것은 별개 문제다. 노예도 실제 삶에서 좋은 주인을 만나거나 자유 노예로서 물질적 풍요를 누리며 건강한 삶을 누릴 수 있다.

자유인이라도 궁핍 문제를 해결하려면 규칙적이고 안정적인 직업을 얻어 성실하게 일해야 한다. 이런 직업인은 스스로 매일 일상의 자유를 제한하여 결국 자신이 노예라고 느끼게 된다. 그래서 자유를 원하는 자는 그런 일보다는 차라리 비일상적인 거칠고 고통스러운 노예적 노동을 선호한다. 이런 사람이 가난한 자유인이다.[36] 가난한 자유인이 원하는 자유는 자신의 시간과 삶을 주어진 여건 속에서나마 누리는 자기 결정권이다. 이 자유는 시민이 폴리스 안에서 누리는 정치적 자유와는 다르다. 이는 오늘날 프라이버시의 세계 안에 스스로 유폐함으로써 누리려는 자유와 유사하다.

가정 내부는 어둠이 깃든 세계이고 공적 영역은 빛의 세계라는 비유적 표현이 통용된다. 빛과 어둠은 각각 선과 악의 상징으로 여겨지기도 하지만 이 경우는 그렇지 않다. 다른 사람이 보고 듣는 열린 세계라는 점에서 빛의 세계이며, 타인의 주목이 없고 공적 시선이 결여되어 그 내부를 다른 이들이 들여다보지 못하거나 들여다보지 않는다는 점에서 어둠이다. 분주함과 휴식을 각각 의미하는 빛과 어둠이다.

공적 세계 밖에 있는 자기만(idion)의 세계에 머물러 있는 사람의 삶이 백치와 같은(idiotic) 삶이라는 것은 고대 그리스적 생각이고, 프라이버시는 공적 업무에서 벗어나 쉴 수 있는 일시적 피난처라는 것이 고대 로마적 생각이다.[37] 오늘날 우리는 사적 영역을 그렇게 생각하지 않는다. 프라이버시는 친밀성의 영역으로 여겨지며, 사적 영역은 무엇이 결여된 영역이라기보다는 개인의 삶을 풍요롭게 하는 영역으로 여겨진다. 이런 인식의 변화는 근대사회의 등장과 더불어 나타났다.

5.

고대에는 프라이버시 영역이 사적 영역과 구분되지 않았다. 근대에 들어와서는 프라이버시 영역이 달리 이해된다. 이런 현상은 사회적 영역이 근대에 들어와 확고하게 자리 잡게 되면서 나타났다. 아렌트에 따르면 근대에서 사회의 발전과 더불어 사적 영역 안에 있던 사유재산 부분은 이제 더는 사적 돌봄의 대상이 아니라 공적 관심사가 되고, 친밀성 영역은 도드라지게 남게 되어 개인의 내적 주관성의 영역으로 물러서게 되었다. 사적 영역은 사회적 영역과 친밀성의 영역으로 해체되고, 친밀성의 영역은 사회적 영역과 오히려 날카로운 대립적 관계를 형성한다.[38] 이제 프라이버시 영역이란 사적 영역에서 사회적인 것이 분리되어 나간 뒤에 친밀성을 중심으로 개별 가족의 형태로 남게 된 사적 영역을 말하게 된다.

아렌트에 따르면, 루소는 친밀성이 도착적 상태에 빠지게 되는 현상에 주목하고 저항한 사람이다. 사적 영역이 사적인 가정과 친밀한 마음의 영역으로 분리된 상태에서 사회적 영역이 발전하게 됨에 따라 그런 현상이 발생했기 때문이다. 근대적 개인에게서 보이는 끊임없는 갈등, 사회 내부에서도 또 밖에서도 편안히 살 수 없는 개인의 삶의 모습, 그 개인들의 늘 변하는 기분, 개인의 정서적 생활에 나타나는 근본적 주관주의 등은 친밀성의 영역에서 발생한 도착의 결과라는 것이다. 이 도착은 사회적인 것이 공적 제도처럼 공적 세계 안에서 독자적이고 객관적인 자기 자리를 갖지 못하고 사적인 것들과 부대낌으로써 발생한 것이다.[39)]

루소와 그 시대 낭만주의자들이 이런 문제를 인식하며 저항한 것은 사회적인 것이 가지고 있던 평준화의 힘 또는 순응주의 (conformism) 때문이었다. 그들의 공격점은 국가가 아니라 사회였다. 사회는 하나의 관심사와 하나의 의견만 허용되기 때문에 그 구성원들은 동일시되고 평등한 모습으로 여겨진다. 이때 평등은 정치적 평등이 아니며, 마치 가장의 전제적 권력 앞에서 모두가 똑같이 무력하게 지배를 받는 것과 같은 모습이다. 이 영역에서 개인의 차이와 다양성은 인정되지 않고, 사회가 추구하는 공동 목표에 준하여 개인은 하나의 숫자로 환원되어버린다.

대중사회가 발전하면서 사회의 모든 구성원은 이런 평등한 상황에 들어가게 되고, 개인들 간의 차이와 다양성은 단지 개인들의 사적 문제로 치부된다. 고대 그리스에서는 평등한 개인들이 폴리스 안에서 자유롭게 말하는 가운데 자신의 차별화된 모습을 드러내고 그 모습에 담긴 탁월성을 인정받으려는 노력이 기울여진 데 반해, 대중사회에서는 그런 일이 사적 문제로 간주될 뿐이다. 현대 대중사회에서는 인간이 사회적 동물이라는 모습으로 최고 지배자 역할을 한다. 이는 인간이라는 종의 생존을 보장하려는 것이지만, 이처럼 생존에만 집중하는 가운데 인간다운 인간으로서 인류(humanity)는 소멸 가능한 상태가 되어버린다. 사회는 생명과정 자체의 공적 조직으로 이해되며, 여기서 생존과 관련한 활동이 공적 영역의 핵심 과제가 된다.[40]

6.

사적인 삶이 이루는 친밀성의 영역에서는 주관적 정동(emotions)과 사적 감정(feelings)이 강화되고 풍요롭게 된다. 프라이버시 영역에서 감정이 강화되고 풍요롭게 되는 것은 그것에 대한 공적 확인과 무관하다. 원래 사적 영역은 어두움, 그림자와 같은 비유가 어울리지만 이제는 프라이버시 영역으로 좁혀져 그 역할을 한다. 우리의 감정이 인간관계 속에서 드러나 역할을 하려면 공적인 빛 속에 드러나야 하는데, 이는 감정에 빛이 비치는 순간이다. 이때 감정의 어떤 부분은 그 빛을 잘 감당하는가 하면 어떤 것은 그 빛을 견디지 못하고 위축된다. 그리고 사적 감정이 공적인 빛을 잘 견딘다고 해서 그것이 공적으로 바뀌는 것은 아니다. 사적인 것에는 사적인 매력이 있어서 사람들의 시선을 끌지만 여전히 사적인 것으로 남아 있을 뿐이다.

20세기 초 유럽인은 작은 일들에 대한 애정을 많이 드러냈다. 네 개의 벽 사이에서 일어나는 일, 서랍장과 침대 사이에서 일어나는 일, 탁자와 의자 사이, 개와 고양이와 화분 등이 그것이다. 작은 것들 사이에서 느낀 행복감을 기록하는 일이 당시에 유행했다.[41] 이는 오늘날 우리 사회에서 '소확행(소소하고 확실한 행복)'이라고 하는 일과 흡사하다. 이런 소소한 일들은 그 자체로 특별하고도 전염

성 있는 매력을 발산하는데, 여기에 대해 공적 영역은 무력하며 공적 위대성도 이 매력에는 한풀 꺾인다. 이 매력은 결코 공적으로 전환되지 않은 채 사적 영역 내부에 남아 있다.

7.

근대에 들어와 특히 분명해진 프라이버시 영역에는 프라이버시에만 있는 두 가지 특성이 존재한다. 첫째, 프라이버시 영역에서 우리가 매일 사용하고 소비하는 사적 소유물들은 공통된 세계의 그 어떤 것들보다도 필요의 관점에서 긴급성이 훨씬 크다. 이는 사람들을 움직이는 강력한 힘도 갖고 있다. 생존과 직결되는 사안이기 때문이다.

둘째, 프라이버시 영역은 공적 세계로부터 자신을 숨길 수 있는 유일하게 신뢰할 만한 은신처가 된다. 이 영역은 아무도 볼 수 없고 엿들을 수 없는 공간이어야 한다. 만일 어떤 사람이 사적 공간에 머물지 않고 공적 영역에서만, 즉 타자가 항상 현존하는 영역에서만 보내게 되면 그 삶은 천박(swallow)하게 된다. 그래서 공적 영역에서도 인간적 깊이를 지닌 모습으로 나타나려면 사적 영역에서 자신을 가꾸는 시간이 필요하다. 항상 남의 시선에 노출된 존재는 식상하고 천박하게 된다. 남이 보지 못하고 알지 못하는 어두운 곳에서 형성되는 어떤 새로움이 없다면 그것은 항상 뻔한 모습으로 남는다. 타인의 상상력을 넘어서지 못하는 얕은 모습으로만 타인에게 등장하기 때문이다. 남의 시선에 노출되는 밝은 빛으로부터 숨겨진 어두운 자리를 효과적으로 보장하는 것은 사유재산이자 사적으로 소유한 은신처인데, 이것이 프라이버시다.[42] 따라서 개인의 삶에서 프라이버시는 중요한 기능을 한다. 개인의 공적인 삶을 위해서도 그것은 중요하다.

우리가 프라이버시 영역을 공적 영역과 비교하고 구별해서 살펴 봐야 하는 중요한 이유는 보이고 들려야 하는 것과 숨겨야 할 것의 구분이 중요하기 때문이다. 프라이버시 영역에 숨겨져야 할 것은 인간의 신체적 실존, 생명 유지 과정 자체에서 필요한 것들은 물론 그와 연관된 것들이다. 이런 것은 감추어져야 할 것들이다.

8.

프라이버시 공간에서는 개인의 삶의 형식이 형성된다.[43] 인간이 홀로 수행해야 하는 자아 성찰과 사유를 프라이버시 공간에서 하기 때문이다. 물론 이 공간이 반드시 물리적 공간일 필요는 없다. 소크라테스가 길 한가운데서 다이몬과 대화하는 순간을, 즉 사유하는 순간을 갖기도 했으니 말이다. 몸과 정신을 구분하여 이분법적으로 생각하는 데 익숙한 철학자들은 자아 성찰과 사유를 위해 물리적으로 고립된 공간이 반드시 필요하지는 않다는 논리에 익숙하다. 하지만 타인의 방해를 받으면 생각은 쉽게 중단될 수 있다. 그래서 공간의 프라이버시가 중요하다.

공간의 프라이버시와 관련해 우리가 주목해야 할 것은 홀로됨의 질적 측면이다. 아렌트에 따르면 홀로 됨으로써 외로움(loneliness)에 빠질 수도 있고, 스스로 고독(solitude) 속으로 몰아넣어 사유에 깊이 들어갈 수도 있다. 그런데 외로움은 고독과 다르다. 고독은 스스로 혼자 있기를 요구해 홀로 있는 것이다. 그런데 외로움은 홀로 있을 때 느끼기도 하지만, 다른 사람과 함께 있을 때 오히려 가장 날카롭게 느끼기도 한다. 프라이버시의 공간에 고립될 때 우리는 외로움이 아니라 고독의 풍요로 나아갈 수 있도록 하는 것이 중요하다.

9.

프라이버시는 공적 삶과 가장 멀리 있는 것으로 보인다. 그런데 서양의 고대인은 공적 영역의 진입 조건으로 적절한 모습의 사적 영역을 갖출 것을 요구했다. 이는 사적 영역이 개인에게 공적 세계로 들어가는 준비를 하는 공간이기 때문이다. 또한 사적 공간이 공적 세계에만 머물러 있는 개인이 천박해지는 것을 피하고 정신적 깊이를 더하기 위해 내면으로 침잠하도록 하는 공간이기 때문이다. 이는 현대의 관점에서도 타당하다. 따라서 프라이버시 공간은 공적 공간을 풍요롭게 발전시키는 데도 중요하고 말할 수 있다. 천박해진 개인들로 채워진 공적 공간은 곧 척박한 모습으로 변모할 것이기 때문이다.

아렌트가 전체주의에 대한 분석으로 가장 사적 영역인 프라이버시가 정치적으로 가장 중요함을 보여준 것은 이런 점에서 의미가 크다. 전체주의적 지배체제에서는 사람을 홀로 유폐하지 않는 한 결코 혼자 내버려두지 않는다. 전체주의 체제는 사람들 사이의 모든 공간을 파괴하며 서로를 압박하게 만들어 고립(isolation)이 생산적 잠재력을 갖지 못하도록 말살한다. 그리고 고립된 개인이 외로움에 물들게 하여 사유가 작동할 기회를 소멸시킨다.[44]

아렌트는 세상이 홀로 외로움에 빠진 사람들로 채워지는 상황을 사막의 모래바람으로 비유한다. 사람들이 사는 지구 곳곳을 뒤덮어버릴 수 있는 모래바람이 가능한 원인이 바로 여기에 있다는 것이다. 고립과 외로움은 동일하지 않다. 인간은 고립되어 있지 않더라도 외로움을 느낄 수 있다. 외로움은 인간의 삶 전체와 연관된다.

독재체제는 공적·정치적 영역을 파괴함으로써 유지된다. 나아가 전체주의 체제는 개인의 사생활도 파괴하려 한다. 전체주의는 프라이버시의 파괴로 사람들이 외로움을 경험하게 하고, 외롭게 된 사람들에게 공포와 이데올로기로 접근하여 그들을 군중으로 만들며, 그 군중을 활용하여 전체주의 운동의 물결을 일으킨다.

10.

모든 인간에게는 새로운 시작을 할 능력이 있다. 아렌트는 성 아우구스티누스(St. Augustinus, 354~430)를 따라 이 능력을 탄생성(natality)이라고 불렀다. 새로운 시작의 정치적 의미는 인간의 자유다. 자유는 마음속의 자유, 내면의 자유에서 시작하여 정치적 자유에까지 도달한다. 인간이 무에서 탄생한 존재라는 사실이 새로운 시작의 가능성을 보증한다.

인간의 탄생이 프라이버시 영역에서 이루어지듯 프라이버시의 고독 속에서 자아가 형성되고 사유가 작용하며 자유의 씨앗이 잉태된다. 이런 점에서 프라이버시는 인간의 공적 삶을 가능하게 하는 토대다. 공공성을 추구하는 시민은 프라이버시 영역을 제대로 보호해야 한다. 오늘날 프라이버시 영역은 공적 영역의 적절한 작용으로만 제대로 보호될 수 있다. 프라이버시 영역 안으로 물러나 고독 속에서 자아를 풍요롭게 하는 것은 공공성을 성공적으로 유지하는 근거가 된다.

5. 정치적 용서

1.

아렌트는 용서를 아주 중요한 정치적 행위 가운데 하나로 여긴다. 아렌트의 용서 개념의 독특성을 잘 이해하려면 정치적 용서가 어떻게 작동하는지 면밀히 구별해보아야 한다. 용서가 정치적 사안과 연관되어 작용하는 경우가 있는가 하면, 하나의 정치적 행위로 용서가 요청되는 경우도 있다. 같아 보이는 것 같은 이 두 경우에 용서는 다른 역할을 한다.

용서는 아주 개인적인 행위이거나 종교적인 행위로 여겨진다. 그러나 아렌트가 아우구스티누스에 관해 쓴 『사랑 개념과 성 아우구스티누스』는 비록 종교적 성격이 강함에도 용서를 전혀 다루지 않는다. 아렌트가 용서 개념을 다루는 텍스트는 모두 세 개다. 이 중 가장 중요한 텍스트는 가장 늦게 쓰인 『인간의 조건』이다. 아렌트의 정치적 용서 개념에 응축된 의미의 지평을 펼쳐 보기 위해 『인간의 조건』에서 시작해 출간연도의 역순으로 이들 텍스트를 살펴보자.

2.

『인간의 조건』에서 용서 개념은 행위 개념을 분석하는 가운데 등장한다. 행위는 인간이 모두 서로 다르다는 인간 복수성의 사실에 기초하여 이루어진다. 각 개인의 개성은 행위로 드러나며 개인은 행위로 공동의 세계 안에 자신을 드러낸다. 이로써 세계에는 새로운 시작이 있고, 이런 일들로 인간사가 형성된다. 인간은 세상에 태어남으로써 무에서 유로 자신의 존재를 등장시킨다. 이처럼 모든 개인은 세계 안에서 무엇인가 새롭게 시작할 수 있는 존재로 태어났다는 것을 인간의 탄생성(natality)이라고 한다. 아렌트는 "인간의 창조와 더불어 세계에 시작의 원리가 들어왔다"라고 하며 이를 다른 말로 "인간이 창조되었을 때 자유의 원리가 창조되었다"[45]라고 말한다.

인간의 탄생성이라는 관념은 성 아우구스티누스에게서 배운 것이다. 이처럼 인간은 자유로운 존재로서 세계 안에서 새로운 일들을 도모하지만, 이런 인간의 행위에는 두 가지 중요한 난점이 들어 있다. 그 하나는 행위를 일단 하면 그것을 되돌릴 수 없다는 행위의 불가역성(irreversibility)이며, 다른 하나는 일단 행위가 발생한 뒤에는 그것이 세상 속에서 작용하여 나타난 결과를 예측할 수 없다는 예측 불가능성(unpredictability)이다. 이 두 난점 각각을 해결할 수 있는 인간의 기능이 용서와 약속이라고 아렌트는 주장한다. 이 둘은 모두 행위에 속한다.[46]

『인간의 조건』에서는 용서 개념에 세 가지 방법으로 접근한다. 첫째, 아렌트는 용서의 기능을 해명한다. 아렌트가 생각한 용서의 가장 큰 기능은 우리가 과거에 했던 행위로 발생한 되돌릴 수 없는 결과에서 벗어날 수 있게 해준다는 것이다. 용서가 없다면 우리는 과거 행위에 갇히게 된다. 아렌트는 이를 마법에 비유한다. 어떤 마법사가 제자에게 마법을 걸었는데 마법이 풀리는 방법을 모른다면 제자는 영원히 마법에 걸린 채 지내야만 한다. 과거는 이런 마법과 같다. 우리가 과거에 있었던 일의 결과에서 벗어날 수 없다면 우리는 과거의 잘못된 행위에 영원히 갇히게 된다. 용서는 이런 과거의

주술에서 벗어날 수 있는 해법이라는 말이다.[47]

둘째, 아렌트는 용서, 복수, 처벌의 관계를 과거 행위의 종료라는 관점에서 설명한다. 복수는 과거의 어떤 잘못된 행위의 결과에 대해 부정적 반응의 연쇄를 불러일으킨다. 복수는 과거의 행위를 종료하지 못하고 지속시킬 뿐이다. 한편 용서와 처벌은 서로 다른 방식으로 과거 행위를 종료한다. 이런 점에서 용서의 반대는 복수이며, 처벌은 용서의 대안이 된다. 나아가 아렌트는 "인간은 처벌할 수 없는 것을 용서할 수 없고 용서할 수 없다고 드러난 것은 처벌할 수 없다는 것이 아주 중요한데, 이는 인간사 영역의 구조적(structural) 요소다"[48]라고 말한다.

셋째, 아렌트는 용서를 개인적(personal) 행위로 여긴다. 즉 용서는 어떤 이가 개인으로서 무슨 일을 했는지와 관련된 것이다. 물론 개인적 차원에서 용서한다고 해서 그것이 반드시 개인(individual)에게 국한된다거나 사적(private) 활동으로 제한되는 것은 아니라는 점도 아렌트는 분명히 한다.[49]

3.

용서에 대해 살펴볼 두 번째 텍스트인 「정치사상의 전통」은 아렌트의 유고집으로 출간된 『정치의 약속』에 수록되어 있다. 이 텍스트는 미국 의회도서관에 소장되었던 아렌트의 유고를 출간한 것으로, 작성 시기로는 『인간의 조건』에 앞선다.

여기서 다룬 용서 개념은 『인간의 조건』과 정합적이다. 특히 용서가 정치적 행위의 난점을 어떻게 해결하는지를 더 명확하게 서술한다. 용서가 "행위의 기본적 불확실성과 불가피한 오류와 죄에서 인간의 삶을 보호하기 위한 해결책"[50]에 해당한다는 것이다. 이미 어떤 일이 일어났고 그것은 되돌릴 수 없다는 것을 이 텍스트는 '행위의 불확실성'(the uncertainties of action)이라고 표현한다. 이 개념을 『인간의 조건』에서는 불가역성과 불가예측성으로 구분하여 설명한다. 『인간의 조건』에서는 이 난점들에 대해 용서와 약속을 해결책으로 제시한 반면, 「정치사상의 전통」에서는 용서만 다룬다.

「정치사상의 전통」에서 다루는 용서 개념의 특성은 용서에 대한 통찰이 예수에게서 나타남을 지적하면서도 그것의 정치적 의미를 명료하게 짚어주는 것이다. 예수가 말한 용서는 '비정치적 맥락'에서 활용된 것이다. 그런데 이것이 서양의 정치적 전통에서 여러 인간적인 덕(the human virtues) 가운데 가장 중요한 것으로 받아들여져왔다고 아렌트는 지적한다. 아렌트는 종교적 맥락 또는 비정치적 맥락에서 형성된 용서가 '행위 하는 인간들 사이의 교섭에서 구성적(constitutive) 요소'라고 말한다.

행위에는 본래 불확실성이 내재한다. 그래서 세계 안에서 서로 교섭하며 행위를 하는 인간들이 과거 행위들의 부정적 결과들을 서로 용서하면서 새로운 일들을 도모하지 않는다면 인간사는 근원적으로 불가능하게 된다. 그래서 용서는 "모든 행위가 산출하는 결과의 사슬 속에서 우리를 풀어주는 유일한 전적인 인간적 행위"이며 "새로운 것을 시작하는 능력이 계속되도록 보증하는 행위"[51]다. 이런 의미에서 용서가 행위에서 구성적 특성을 갖는다는 것이다. '구성적 요소'라는 것은 본질적이며 필수 불가결한 요소라는 의미다. 이는 『인간의 조건』에서 용서가 '구조적(structural) 요소'라고 한 표현과 상응한다.

4.

아렌트가 용서를 정치적 맥락과 연관하여 언급한 최초의 텍스트는 『전체주의의 기원』이다. 그러나 이 두꺼운 저술에서 용서는 다음 한 단락에만 등장한다.

> 지금까지 모든 것은 가능하다는 전체주의의 믿음은 모든 것은 파괴될 수 있다는 것만을 증명한 것 같다. 그런데 모든 것은 가능하다는 것을 증명하려는 그들의 노력에서, 전체주의 정부들은 인간이 응징할 수도 없고 용서할 수도 없는 범죄가 있다는 것을 부지불식간에 발견했다. 불가능한 것들을 가능하게 만들었을 때, 그것은 자기 이익, 탐욕, 열망, 원한, 권력욕 그리고 비겁함이라는 악의 동기들에 의해 더는 이해되고 설명될 수 없는, 처벌할 수 없고 용서받을 수 없는 절대적 악이 되었다. 그래서 그 절대악은 화를 냄으로써 복수할 수 없고, 사랑으로 참아낼 수 없으며, 우정으로 용서할 수 없는 것이다. 죽음의 수용소나 망각의 구덩이에서 죽은 희생자들이 학살자들 눈에 더는 '인간'이 아닌 것과 꼭 마찬가지로, 이러한 최신종의 범죄자들은 심지어 인간의 죄성(sinfulness)의 연대감 범위 밖에 있다.[52]

이 단락에서 용서는 세 번 등장한다. 이 단락의 핵심 내용은 나치의 전체주의 체제가 만든 악은 절대악이며, 이는 용서 대상이 될 수 없다는 것이다. 이 주장은 『인간의 조건』에서 "처벌할 수 없는 것에 대해서는 용서할 수 없다"라고 한 말에 상응한다. 『인간의 조건』에서 서술한 것과 비교해볼 때, 『전체주의의 기원』에서는 논의의 맥락을 분명하게 제시할 뿐 아니라 '절대악'이라는 표현을 사용하여 상황의 엄중성을 분명하게 규정한다.

맥락상 여기는 용서의 기독교적 연원이 언급될 자리가 아니다. 그렇지만 아렌트는 '사랑의 인내'와 '우정의 용서'를 구분하여 언급함으로써 용서가 우정의 맥락에서 이해되어야 함을 간접적으로 명시한다. 이 부분은 정치적 용서가 기독교적 기원과 거리를 두고 이해되어야 함을 조용히 드러낸 것이기도 하다. 용서가 사랑이 아니라 우정과 연관된다는 점은 『인간의 조건』에서 하는 주장이기도 하다.[53]

『전체주의의 기원』은 1951년에 초판이 발행되지만 이후 재판(1958)을 거쳐 현재 통용되는 3판(1968)에 이르기까지 상당한 수정 과정을 거쳤다. 위의 인용 단락은 초판본의 거의 마지막 부분에 등장하며 책의 결론에 해당하는 부분이었다. 재판과 3판의 수정을 거치는 과정에서 이 단락은 그대로 남았지만, 이 단락이 포함된 장(章) 뒤에 새로이 결론에 해당하는 「제13장 이데올로기와 테러」가 추가되었다. 이렇게 추가된 13장의 가장 마지막 단락에서는 용서와 관련된 흥미로운 내용이 새롭게 언급된다.[54]

그러나 모든 역사에서 종말은 반드시 새로운 시작을 포함한다는 진리 또한 여전히 남아 있다. 이 시작은 하나의 약속인데, 이 것은 종말이 언제나 산출할 수 있는 유일한 '메시지'다. 시작은 그것이 하나의 역사적 사건이 되기 이전에도, 인간의 최고 능력이다. 정치적으로 말하면, 그것은 인간의 자유와 동일하다. 아우구스티누스는 시작이 있기 때문에 인간이 창조되었다(Initium ut esset homo creatus est)라고 말했다. 이러한 시작은 각각의 새로운 탄생 때문에 보장된다. 실로 각각의 인간이 시작이다.[55]

여기서 용서라는 단어는 언급되지 않지만, 용서가 어떻게 작용하는지가 서술된다. 용서를 새로운 시작과 연결한 것이다. 새로운 시작에 대한 언급은 이후 「정치사상의 전통」과 『인간의 조건』에도 나타날 내용이다.

여기서 한 가지 언급할 점은 아렌트는 절대악, 즉 나치의 전체주의 체제를 용서해야만 새로운 시작을 도모할 수 있다고는 주장하지 않는다는 점이다. 절대악은 극복 대상이지 화해와 용서 대상이 아니다. 절대악은 그것을 극복한 후에라야 새로운 시작이 가능하다.

5.

아렌트는 용서를 개인 차원에서가 아니라 인간사라는 좀더 넓은 맥락에서 기능하는 것으로 명백히 이해했으며, 이런 생각의 뿌리가 기독교에 있다는 점도 분명히 한다. 용서가 인간사(human affairs)와 관련되는 역할을 한다고 발견한 이가 나사렛 예수라고 말한다.[56] 그런데 아렌트는 이런 표현을 용서를 다루는 텍스트에서는 하지만, 기독교를 논하는 부분에서는 하지 않는다. 아렌트는 예수 자체의 말씀과 이후 기독교를 의식적으로 구분한다.

사랑과 용서를 구분하는 아렌트의 견해는 『인간의 조건』에 명료하게 제시된다. 거기서 기독교 공동체의 본질이 사회적이라는 점이 역사적 맥락을 근거로 설명된다. 이때 '사회적'이라 함은 '정치적' 또는 '공적'인 것과 구별되는 개념이다. 기독교 공동체는 사랑

(caritas)으로 하나의 몸을 형성함으로써 서로 형제로 또는 한 가족으로 여길 수 있게 된다. 이 사랑은 개인들 사이에 공간을 형성해주지 못하여 무세계성(worldlessness)을 특징으로 하므로 기독교 공동체는 본질적으로 비정치적이며 비공적인 특성을 갖는다. 이것이 『인간의 조건』에 나오는 아렌트의 기독교 설명에서 핵심이다.

역사적으로 보면 중세의 '공동선' 개념은 기독교적 영향에서 생겨난 것이다. 이때 기독교의 특성은 사적 관심사가 공적 중요성과 연계되기보다는 배타적으로 사적 영역의 성격을 지녔다는 것이다.[57] 그래서 기독교 공동체는 정치적 성격을 갖지 못하고 사회적 성격을 갖는 것으로 규정된다. 이 때문에 우리는 왜 아렌트가 용서를 사랑 개념과 분리하는지 이해하게 된다. 용서가 정치적 행위라면 사랑은 사적 행위로 남기 때문이다.[58]

아렌트는 나사렛 예수의 가르침에서 용서를 이해하게 된다. 비록 기독교가 예수를 기원으로 형성되지만, 아렌트는 기독교적 가르침의 정점인 사랑에서 용서를 추출하지 않고 예수의 가르침 자체에서 용서의 정치적 의미를 추출한다.[59] 예수의 가르침은 종교적이지만 아렌트는 서양 정치사상의 전통에서 용서의 정신을 끄집어내 이를 예수의 가르침으로 소급하여 연결한다. 예수에게서 '진정한 정치적 경험'(authentic political experiences)을 추출한 것이다.

아렌트는 용서라는 정치적 경험이 예수의 제자들로 잘 짜인 작은 공동체 안에서 이루어졌으나 기독교 공동체의 종교적 본질 때문에 무시되었다고 지적한다. 예수는 용서 능력의 근원이 신에게만 있지 않고 인간에게도 있기에 용서가 신만이 하는 행위라는 생각은 잘못되었다고 가르친다. 신이 용서하기 때문에 인간이 용서하는 것이 아니라 인간이 용서하면 신도 인간을 용서한다는 예수의 가르침에서 아렌트는 용서의 정치적 핵심을 찾는다. 예수에 따르면, 인간에게는 서로에 대한 용서가 항상 요구되며 이러한 용서는 인간의 의무인데, 그 이유는 인간은 자신이 무엇을 하는지 모르기 때문이다.[60] 이러한 인간 행위의 불확실성, 즉 행위의 불가역성과 불가예측성이 용서를 요청하는 이유다. 인간이 서로를 항상 용서해야만 인간 세계가 가능하며 새로운 시작이 가능하다.

6.

용서는 여러 종교에서 언급되고 다루어졌는데, 종교적으로 다루어지는 용서는 사적(私的) 용서다. 아렌트의 정치적 용서 개념은 공적 영역을 전제로 한다.

도덕과 정치의 관계를 보면, 절대선을 추구하는 도덕은 사적인 것이지만 정치는 공적인 것이다.[61] 도덕과 정치가 전제하는 인간관도 각각 다르다. 아렌트는 도덕에는 모든 인간을 이성적 존재로 간주하는 단수의 보편적 인간(Man) 개념이 전제되어 있지만, 정치에는 모든 인간이 서로 다르며 지상에서 살아가는 존재라는 복수의 인간(men) 개념이 전제되어 있다고 지적한다.[62] 그런데 용서는 도덕에도 속하고 정치에도 속하는 것처럼 보인다. 사적 성격의 종교적 기원을 가진 예수의 용서에 대한 가르침에서 정치적 경험을 부각함으로써 이를 정치적 개념으로 정립하려는 아렌트의 취지는 어떻게 성공적일 수 있는가? 이를 살펴보기 위해 먼저 아렌트가 도덕의 영역과 정치의 영역을 어떻게 구분하는지 살펴보아야 한다.

도덕이 추구하는 절대선 개념은 기독교에서 왔다. 칸트는 도덕 원리가 인간의 보편적 이성에서 도출되며, 이는 지상의 인간에게만 적용되는 것이 아니라 우주의 모든 이성적 존재에게 적용될 보편성을 지닌다고 주장한다. 보편적 도덕과 절대선 개념은 인간의 탁월성을 강조하는 고대 그리스의 덕(virtue) 개념과는 그 도출 방식에서 큰 차이가 있다. 덕 개념은 구체적인 공동체적 삶의 형식에서 유래되기 때문이다. 왼손이 하는 일을 오른손이 모르게 하라는 선에 대한 예수의 강조는 선의 사적 특성을 잘 드러낸다. 이런 선행이 남들에게 드러나게 될 때 선의 가치는 오히려 퇴색된다.[63] 그래서 선을 실천하는 삶과 공적인 삶은 서로 어울리지 못하며 심지어 전자의 삶은 공적 영역을 파괴할 수 있다고 아렌트는 지적한다. 이 점에서 아렌트는 정치를 위해 '선하지 않는 법'을 배워야 한다는 니콜로 마키아벨리(Niccolò Machiavelli, 1469~1527)의 주장과 함께한다. 물론 이 말이 '악하게 사는 법'을 배워야 함을 의미하는 것은 아니다. 선 자체에 집중해서는 정치 영역에서 올바른 행위를 이룰 수 없다는 뜻이다.[64]

도덕의 영역과 공적 영역을 구분하는 탁월한 예가 『혁명론』에 등장한다. 도덕적 선을 정치 영역에 도입해서 결국 테러로 이어지게 했던 막시밀리앙 로베스피에르(Maximilien Robespierre, 1758~94)에 대한 논의를 진행하면서 아렌트는 허먼 멜빌(Herman Melville, 1819~91)의 소설 『빌리 버드』를 이용하여 정치와 도덕의 차이를 설명한다. 고결한 정신과 미덕을 소유한 젊은 청년 빌리 버드는 음모를 꾸미며 자신을 파멸하려 한 클래가트에게 분노해 그를 때려죽인다. 비록 빌리 버드가 그를 죽일 의도는 갖지 않았지만 중요한 것은 결과이지 의도가 아니다. 멜빌 이야기에서는 절대악을 표상하는 클래가트를 응징했을지라도 빌리 버드에게 법에 따라 사형 판결을 내린다.

아렌트는 덕과 선은 서로 다른 영역에 속하기 때문에 "덕은 선한 사람을 희생시켜서라도 확산되어야 한다"라고 멜빌의 주장을 해석한다. 덕이 절대선보다 차원이 낮다고 할지라도 현실에서 영속적으로 존재하는 제도 속에서 구현되어야 할 것은 덕이기 때문이다.[65] 덕은 정치의 세계와 닿아 있으며 도덕의 영역과는 완전히 구별된다.

선은 기독교적인 것이며 인간의 보편적 도덕에 기초를 둔 것으로 사적 영역에 속한다. 덕은 그리스적 기원을 가지며 아리스토텔레스적으로 이해된 것으로 다른 사람들과의 관계가 전제되고 정치로 확장될 수 있다. 용서가 종교는 물론 여러 영역에서 다루어지기 때문에 사적으로도 공적으로도 다루어지지만, 아렌트가 주목하는 것은 공적으로 다루어지는 용서다. 이런 점에서 용서는 덕이며 이것이 개인적(personal) 차원에서 다루어진다고 해도 그 자체가 공적이고 정치적인 성격을 갖는다. 『인간의 조건』에서 용서가 인간의 복수성의 사실에 기초하므로 정치적이라고 말한 이유가 여기에 있다.[66]

7.

아렌트의 용서 개념의 특징을 사적·공적(또는 정치적) 구분을 중심으로 정리해보자. 아렌트는 어떤 행위로 나쁜 결과가 발생했을 때 그것의 종식 여부에 따라 용서와 처벌은 대안적 관계에 있는 반면에 용서와 복수는 반대의 것이라고 지적했다. 그런데 이들을 사적·공적 구별의 관점에서 보면, 복수는 사적으로 하는 것이며 처벌은 공적으로 하는 것이라고 할 수 있다. 처벌은 법에 따라 하는 것이기 때문이다. 만일 처벌을 개인들 사이에 하더라도 그 처벌이 합의에 근거했다면 공적 처벌의 성격을 가질 수 있다.

순수한 사적 처벌은 사적 복수일 뿐이다. 복수는 항상 사적 개인이 자행하며, 법적으로 하는 것은 어떤 경우에도 복수 범주에 들어가지 않는다. 용서는 복수를 대신해서 부여될 수도 있고 처벌을 대신하는 경우도 있다. 따라서 용서 행위는 사적 영역과 공적 영역에 걸쳐 두루 작용한다고 할 수 있다. 그런데 용서를 사적 영역에서 하더라도 그것은 공적 성격을 가질 수 있다. 용서가 인간적 다름을 전제로 하기 때문이다. 사적 영역의 분쟁이라도 용서함으로써 영속적으로 반복되지 않고 종료되어 새로운 시작이 가능하다. 복수하지 못하는 것, 즉 새로운 시작을 용서는 사적 영역에서도 가능하게 한다.[67]

8.

아렌트가 용서 개념이 본질적으로 정치적이라는 점을 명료하게 설명했으나 우리는 아렌트의 '정치적 용서' 개념이 이중적으로 다루어질 수 있다는 데 주목해야 한다. 용서가 정치적 사안과 관련해 다루어지는 경우가 있다. 또 용서가 정치 공간을 열기 위해 요청되는 필수적 조건 역할을 하는 경우도 있다. 논의의 편의를 위해 우리는 전자를 정치적 용서①이라 하고 후자를 정치적 용서②라고 해보겠다.

먼저, 정치적 용서①의 경우를 살펴보자. 『용서에 대하여』에서 강남순은 정치적 용서를 다루지만, 그의 논의는 정치적 용서①에만 국한되어 있다. 강남순은 정치적 용서에 대해 "특정한 정치적 정황에서 공적 공간과 연결되어 일어나는 사건"[68]으로 정의를 내린다. 그리고 그런 사례로 남아프리카공화국의 '경찰 암살단' 단장으로서 흑인 암살을 수행했던 자가 재판 과정에서 자기 잘못을 회피하지 않고 책임 있는 자세를 보이며 피해자들에게 용서를 구하고 싶다고 한 사건을 언급한다. 이 사건이 정치적 용서의 사례가 되는 이유는 "사람 간의 용서가 어떻게 정치적 공간에서 일어난 사건이 되는지 잘 보여"[69]주기 때문이라고 한다. 강남순은 비록 용서가 개인적(personal) 차원에서 이루어진다고 해도, 이런 용서 행위가 정치적 영역에서 일어난 일과 연계될 때 정치적 용서가 된다고 말한 것이다. 많은 이가 정치적 용서를 생각할 때 이러한 정치적 용서① 개념을 생각한다.

그런데 이것만으로는 정치적 용서가 충분히 해명된 것이 아니다. 아렌트가 『전체주의의 기원』에서 언급한, 용서받을 수 없는 절대악과 개인적 용서의 요청이 충돌하는 사례를 살펴보자. 홀로코스트라는 인류사적 범죄행위는 인간으로서는 결코 행해서는 안 되는 기본적인 금지선을 넘어서는 일을 자행한 것으로, 인간에 대한 근본적 믿음을 파괴해버린 행위이며, 용서할 수 없는 범죄에 해당한다. 이는 그 규모가 너무 엄청나서 처벌과 용서의 범주를 넘어섰다는 것이 아렌트의 지적이다.

전체주의는 공적 영역 자체를 파괴한 체제이며 인간이 인간으로 존립할 수 없게 만든 그리고 인류에 대한 범죄를 자행한 체제였다. 이러한 전체주의는 그 스스로가 붕괴시킨 공적 영역에 의해 용서할 수도, 처벌할 수도 없으며, 그 자체로 소멸해야 할 대상이다. 이때 용서는 정치적 용서①의 범주에 국한해서는 더 논의하기 어렵다. 전체주의 체제는 용서의 대상이 아니라 소멸의 대상이다. 영토 전쟁의 경우 승자가 적군의 장수에 대해 '적장은 처벌하지 않는다'라는 전통에 따라 최고 지도자의 목숨을 보장해주는 것이 서양의 정치적 전통이라고 한다.[70] 그러나 전체주의 국가 체제는 그에 해당할 수 없다. 나치의 전체주의 지도자는 적장으로 살려두는 대상이 될 수 없다.

9.

이 사례와 평행을 이루는 논리가 아이히만의 사형 여부에 대한 아렌트의 판단에서 나타난다. 아렌트는 『예루살렘의 아이히만』 말미에서 재판정에서 내려진 사형 선고에 동의하지만 그 이유에 대해서는 의견이 다르다며, 스스로 아이히만에 대한 판결을 한다.[71]

피고가 대량 학살의 조직체에서 기꺼이 움직인 하나의 도구가 된 것은 단지 불운이었다고 가정을 해봅시다. 피고가 대량 학살 정책을 수행했고, 따라서 그것을 적극적으로 지지했다는 사실은 여전히 남아 있습니다. 그리고 (마치 피고와 피고의 상관들이 누가 이 세상에 거주할 수 있고 없는지를 결정할 어떤 권한을 가진 것처럼) 이 지구를 유대인과 수많은 다른 민족 사람과 공유하기를 원하지 않는 정책을 피고가 지지하고 수행한 것과 마찬가지로 어느 누구도, 즉 인류 구성원 가운데 어느 누구도 피고와 이 지구를 공유하기를 바란다고 기대할 수 없다는 것을 우리는 발견하게 됩니다. 이것이 바로 당신이 교수형에 처해져야 하는 이유, 유일한 이유입니다.

아렌트는 인류 가운데 그 누구도 아이히만과 "이 지구를 공유하기를 바란다고 기대할 수 없다"라는 오직 한 가지 이유에서 아이히만은 사형을 받을 수밖에 없다고 주장한다. '이 지구를 유대인과 수많은 다른 민족 사람들과 공유하기를 원하지 않는 정책을' 아이히만이 지지하고 수행함으로써 결과적으로 아무도 피고 아이히만과 지구를 공유하기를 원하지 않게 되었기 때문이다. 이는 『전체주의의 기원』에서 나치의 범죄가 용서받을 수 없는 이유와 평행(parallelism)을 이룬다. 나치가 공적 영역을 파괴했기 때문에 공적인 용서에서 배제되는 것처럼, 아이히만도 지구를 공유하려고 하지 않았으므로 다른 사람도 그와 지구를 공유하기를 원치 않는다. 그래서 그는 사형에 처해야 한다는 것이다. 비록 용서를 개인이 수행하더라도 정치 공간 자체의 존폐와 관련된 사안에 직면할 때 용서가 중지된다는 논리가 이 경우에 내재한다. 이것이 정치적 용서를 정치적 용서①로 국한해서 이해할 수 없는 이유다.[72]

10.

용서는 새로운 정치 공간을 열어내는 구조적 요소이므로 특정한 역사적 배경이 있는 상황에서 새로운 정치 공간을 열어내려는 노력에 필수적이다. 이런 관점에서 앞서 논의했던 용서, 보복, 처벌의 관계를 새로운 각도에서 살펴보자. 용서, 보복, 처벌은 분쟁을 일으킨 당사자 또는 집단들의 관계가 가해자와 피해자 관계로 분명히 나뉠 때 쉽게 적용될 수 있다. 앞서 언급한 남아프리카공화국의 사례에서 보듯, 선악의 구도가 명확하고 악행자들에 대한 재판과 처벌이 가능한 상황, 즉 새롭고 올바른 정치 공간이 형성되어 작동할 때 명백히 적용된다.

그러나 오랫동안 보복적 관계가 지속된 상태에서 가해자와 피해자의 선이 명확하지 않게 된 경우에는 문제의 양상이 달라진다. 더욱이 이런 상황에서 새로운 정치 공간을 열어가려고 시도할 때 용서는 다른 경우들과는 다른 기능을 하게 된다. 이런 사례의 한 예가 대타협 이전의 북아일랜드다. 북아일랜드 내전 상태는 영국 식민자의 견해, 식민지 상황에서 독립하려는 견해 그리고 독립할 때 피해를 보게 되는 집단 사이에 오랜 분쟁이 있었으며, 거기에다 아일랜드를 통일하려는 남아일랜드도 북아일랜드 내부의 세력 관계에 영향을 미쳐왔다. 이 과정에서 이루어진 보복의 오랜 연쇄로 피의 악순환이 지속되었고, 이 가운데 관련자들 사이에 가해자와 희생자 관계가 중첩되어버렸다. 그래서 만일 이해가 충돌하는 정치적 주체들이 새로운 정치 공간을 열어 비폭력적인 정치적 방식으로 문제를 새롭게 해결하려고 해도, 연쇄적인 피의 보복으로 얽힌 피해의식과 증오심과 의심 때문에 상호 용서를 이루기 어려웠다. 하지만 용서 없이는 새로운 정치 공간은 결코 열리지 않는다. 모든 오래된 원한은 일단 접어놓고 정치적으로 타협해서 보복하지 않겠다는 합의를 내리는 데 필요한 것이 정치적 용서②다.

정치 영역은 선과 악의 관점에서 다룰 도덕의 영역이 아니라 서로 견해가 상대화되는 의견의 영역이다. 아렌트의 정신에 따라 볼때, 정치적 용서②는 이처럼 선악의 구도에서 벗어나고 또 가해자-피해자 의식에서 벗어나 새로운 정치 공간을 창출하여 거기서 당사자 간의 문제들을 정치적 방식으로 해결하려고 할 때 전제가 된다.

11.

남아프리카 사례와 북아일랜드 사례의 차이점은 명확하다. 전자의 경우 새로운 정치 공간이 창출된 뒤 보복의 악순환에서 벗어나 정당한 처벌과 용서 과정으로 증오의 반복을 종식하기 위해 정치적 용서①이 요청된다.[73] 후자의 경우는 새로운 정치 공간을 여는 행위 자체를 위해 정치적 용서②가 요청된다.[74] 북아일랜드 해방군(IRS) 출신으로 투쟁 당시에 테러를 준비하기 위한 정보 수집 업무 등을 담당하다가 체포되어 투옥되기도 했던 한 남성과 인터뷰한 전우택은 그에게 "어떻게 그런 긴 기간 극단적인 증오를 가졌으면서도 평화협정에 동의할 수 있었습니까? 그 이유가 무엇이지요?"라고 질문했다. 그는 잠시 생각에 잠겼다가 "그냥 …… 우리 아이들만은 …… 더는 우리와 같은 그런 폭력적 삶을 살다가 또 희생을 당하면 안 되겠다는 …… 그런 생각 때문이었습니다"라고 대답했다.[75] 이 대화에서 우리는 북아일랜드의 대타협이 복수로 반복되는 악순환을 피하려고 정치적 용서②라는 행위를 작동시킨 사례인 것을 알게 된다.

용서는 인간의 행위인 만큼 화해라는 객관적으로 드러나는 모습과 달리 보이지 않는 인간의 내면에서 작용한다. 여기에 정확히 대응하는 것이 투투 주교(Desmond Tutu)와 달라이 라마(Dalai Lama)가 함께 요청하는 용서의 필요다. 정치적 용서에는 달라이 라마가 마음의 평화와 행복을 위해 필수적이라고 한 용서 경험이 부재하기 때문에 비록 정치적 용서②가 이루어진다고 해도 여전히 불행한 심리상태는 지속될 수 있다. 투투 주교의 용서 요청도 이런 차원에서 이루어지는 것이다. 우리가 정치적 용서②의 사례로 북아일랜드를 들었지만, 실제로 대타협 이후 북아일랜드의 현실은 그리 녹록하지 않은 것으로 보인다. 대타협 이후에도 과거 내전으로 가족을 잃고 고통을 받던 사람들은 여전히 심리적 어려움을 겪기 때문이다.[76]

우리는 정치적 용서② 개념을 우리의 남북관계에 조심스레 적용해볼 수 있겠다. 아직은 남북관계를 다룰 때 용서 개념은 섣부른 것으로 간주된다. 북한을 절대 악으로 규정하고 김일성에서 시작하여 삼 대째 통치해온 세습집단을 악의 축으로 보는 관점으로는 북은 응징하고 처벌해야 할 집단이며, 보복적 행위의 대상이 된다. 우리 사회에서는 이런 관점을 지닌 이들이 분명한 자기 목소리를 내고 있고 정치적 힘을 발휘하고 있다. 북한 이탈주민이 많은 것은 북한이 이미 경제적으로나 정치적으로 파멸한 집단임을 의미할 수도 있다. 그러나 북은 악이고 남은 선이라고 명료하게 규정할 수 없다는 인식도 남한 사회에서 적잖이 공유되고 있다. 후자의 관점에서는 정치적 용서②에 대한 고민이 중요하다고 여긴다.

아렌트가 용서 개념의 정치적 지평을 적절히 포착한 것은 전체주의 경험으로 정치 공간의 의미와 중요성을 정확하게 이해했기 때문이다. 인간다운 삶이 정치에 달렸다면, 그것은 정치 공간을 열어내는 인간의 능력에 의존한다. 아렌트의 정치적 행위의 핵심은 정치 공간을 열고, 유지하며, 그 안에서 정치적 자유를 가능하게 한다는 것이다. 아렌트에게 정치적 용서는 복잡하게 얽힌 인간 세상에서 정치 공간을 여는 열쇠인 셈이다.

제5장 정치적 판단력

1. 정치적 판단의 조건

1.

아렌트는 『인간의 조건』에서 정치적인 것이 무엇인지 설명한다. 그런데 정치를 어떻게 다룰 것인가는 그와 다른 문제다. 이 문제를 아렌트는 판단이라는 주제로 다룬다.

아렌트에 따르면, 플라톤 이래 서양 정치철학은 대체로 이성 개념을 중심으로 정치 문제에 접근했다. 정치를 진리 중심으로 접근했기 때문이다. 그 결과 정치철학은 인간의 복수성을 근본적으로 억압하는 경향을 보여왔다. 아렌트는 이성을 중심으로 정치를 다루려는 것은 정치의 특성을 고려할 때 적절한 방법이 되지 못한다고 생각한다. 아렌트는 정치를 가장 잘 다루는 방법에 대한 힌트를 칸트의 『판단력비판』에서 얻는다. 그리고 자신의 독특한 판단론을 그 방법으로 제시한다. 판단론은 정치적인 것을 어떻게 다룰 것인가 하는 문제를 좀더 체계적으로 탐구한다.

판단론은 아렌트 정치사상의 정점에 해당한다. 아렌트는 판단론을 『정신의 삶』 제3부에서 책 한 권으로 제시할 계획이었다. 그러나

『정신의 삶』은 그녀의 갑작스러운 죽음으로 앞의 두 부분인 「사유」와 「의지」 초고만 완성되었을 뿐 세 번째 부분인 「판단」은 쓰이지 못했다. 아렌트는 '판단'이라는 제목과 제사(題辭) 두 개만 남겨놓았다. 아렌트의 판단론은 제자인 로널드 베이너가 출간한 『칸트 정치철학 강의』에서 그 모습을 개략적으로 알 수 있다.

『칸트 정치철학 강의』는 아렌트의 강의록, 판단에 관한 글 두 편 그리고 편저자 베이너의 해설 논문으로 구성되어 있다. 이 책에는 정치적 판단에 대한 개괄적 설명을 제시하기는 하지만 충분하고 구체적인 이론을 제시하지는 않는다. 아렌트의 판단론을 좀더 심화시키고 발전시킬 기회는 이제 판단론의 가치를 인정하는 후배 학자들에게 남겨지게 되었다. 베이너가 『칸트 정치철학 강의』를 편집 출간한 직후 자신의 저서로 『정치적 판단력』을 출간한 것은 이런 상황과 닿아 있다.[1]

아렌트는 시기적으로 보면 1960년대 중반의 논문에서 판단론을 언급하기 시작한다. 이 시기의 판단론은 『인간의 조건』에서 설명되는 정치적 행위와 연관된다. 그런데 1970년대 이후 저술이나 강의에서 설명되는 판단론의 성격은 다소 달라진다. 이런 까닭에 아렌트의 판단론에 관하여 해석상 문제가 제기되기도 한다.

2.

아렌트는 정치의 핵심요소로 인간의 복수성과 '정치적인 것'을 통찰했다. 『인간의 조건』에서 명확하게 분석된 내용을 정리하면, 정치는 서로 다른 사람들이 함께 어울려 살면서 서로 다른 개성을 드러내는 가운데 공동의 생활을 유지하는 방법을 찾는 행위를 말한다. 이 생각에는 다양성과 차이에 대한 존중이 자리한다. 다양한 개인이 함께 모여 정치 공간을 마련하고, 거기서 언어를 사용하는 가운데 의사 합일을 해나가며, 합의된 생각을 바탕으로 공동행위를 만들어가는 것을 정치의 원초적 모습으로 본 것이다.

그런데 아렌트는 이런 정치 개념과 아주 잘 어울리는 개념을 칸트의 『판단력비판』에서 발견한다. 정치에서는 개별적인 것, 다름의 요소, 개성적인 면모를 보편적 원리로 환원하거나 보편의 적용물로 여기지 않고 개별자를 개별자 자체로 다루는 것이 중요한데, 이를 다루는 것이 '판단'이라는 점을 칸트의 미적 판단력 개념에서 발견한 것이다. 판단(judgment)은 인간의 복수성을 가장 잘 다룰 수 있는 정신기능은 물론 그 기능의 산물도 가리킬 수 있는 말이다.

판단력은 칸트가 취미(taste)의 작용에서 발견한 정신기능이다. '취미'는 18세기에 많이 다루어진 철학적·미학적 주제였다. 칸트는 원래 여느 학자들과 마찬가지로 전통적인 형이상학적 문제에 몰두하다가 이후에 그런 문제를 다룰 능력이 과연 인간에게 있느냐는 문제에 몰두했다. 후자의 시기에 칸트가 '비판'이라는 표현이 붙은 책을 썼기에 우리는 '비판기'라는 표현을 사용한다. 비판기 이전의 칸트는 취미 영역에 도덕 문제도 포함했다. 그러나 비판기에 들어서는 도덕을 이성의 작업으로만 간주했고, 취미 또는 판단력은 미와 추의 문제, 즉 미학과 관련해서만 논의했다. 이는 『판단력비판』에서 전제된 인간의 모습은 『순수이성비판』이나 『실천이성비판』에서와 같은 지적 존재나 인식적 존재로서 인간의 모습이 아니라는 의미다.

『판단력비판』에서는 이성 또는 학문적 인식은 논의 대상이 아니다. 이 책에서는 진리라는 말도 한 차례만 등장할 뿐이다. 이 책에서 전제된 인간의 모습은 "실제로 존재하는 그대로의, 사회 가운데 사는, 복수의 인간"[2]이다. 이런 인간상이 정치적 인간의 모습에 그대로 부합한다고 아렌트는 보았다. 그가 정치의 특성으로 본 것과 칸트가 미적 판단력의 대상으로 여긴 것은 모두 우연적 요소를 포함하는 개별자다. 그래서 아렌트는 이런 개별자를 다룰 개념으로 『판단력비판』에 나오는 판단력, 사교성 등에 주목한 것이다. 그리고 『판단력비판』이야말로 자신의 정치사상을 끄집어낼 수 있는 더없이 좋은 텍스트라고 여긴 것이다.

3.

아렌트가 『실천이성비판』을 자신의 정치철학 텍스트로 여기지 않은 것은 대체로 다음과 같은 세 가지 이유 때문이다. 첫째, 『실천이성비판』은 도덕철학의 텍스트이기 때문이다. 도덕철학은 정치와 관련되는 국가조직의 문제에 도움을 주지 못한다. 칸트가 정치 문제로 생각한 것은 『영구평화론』에서 언급되듯, 사람들이 도덕적이지 않아도 좋은 시민이 되는 방법이다. 칸트는 좋은 헌법이 도덕성에서 나오는 것이 아니라 좋은 헌법 아래에서만 사람들이 도덕적으로 될 수 있다고 생각했다.

둘째, 도덕은 개인적 행위에 국한되지만 정치는 공적 행위이기 때문이다. 칸트가 철학의 중요한 문제로 생각한 두 번째 문제, 즉 '나는 어떻게 행동해야 하는가?'는 정치적 행위나 사교적 행위의 문제를 의미하지 않는다. 도덕은 타인과는 무관한 고립된 자아의 행위다.

셋째, 도덕적 의무는 지구상에서 살아가는 삶의 다양성에는 관심을 두지 않기 때문이다. 인간의 복수성은 도덕적 고려에서 제외된다. 『실천이성비판』에서 다루는 인간의 모습은 현실적인 인간이 아니라 이성적 존재로서 인간이다. 칸트에 따르면, 도덕의 과제는 지상의 인간만이 아니라 우주에 있는 어떤 존재도 이성적 존재인 한 모두 동의할 수 있는 것으로서 도덕적 명령을 찾는 일이다. 이런 이유에서 아렌트는 실천이성이 아니라 판단력으로 자신의 정치사상을 새로이 펼쳐 나간다.[3]

판단은 규정적 판단과 반성적 판단으로 나뉜다. 규정적 판단은 참으로 여겨지는 일반규칙이나 명제에 개별적 사례를 적용함으로써 그 옳고 그름을 따지는 작업을 말한다. 여기에는 적용될 일반규칙이 존재해야 하며, 사례는 일반규칙에 적용되는 것이어야 한다. 그러나 반성적 판단은 개별적 사례를 적용할 수 있는 일반규칙이 존재하지 않는 경우에 요청되는 판단이다. 어떤 예술작품의 미적 가치를 보편적으로 타당한 규칙에 따라 평가하지는 않는다. 그 작품의 고유한 가치를 중심으로 생각해야 하는데, 이때 작용하는 것이 반성적 판단이다. 우리는 반성적 판단에 따라 어떤 대상에 있는 고유한 특징을 포착하여 그 특징을 중심으로 평가할 수 있다. 인간의 복수성에 기반을 둔 정치는 반성적 판단을 요구한다. 우리가 다루는 정치 판단론은 바로 반성적 판단에 포함되는 것이다.

4.

아렌트는 정치가 진리의 영역이 아니라고 생각했다. 정치를 다루는 일은 진리를 찾는 것처럼 해서는 안 된다는 말이다. 정치는 의견의 영역이기 때문이다. 그렇다면 정치에서 하는 말, 즉 정치 판단은 어떻게 해서 사람들에게 받아들여지거나 거부되는가? 정치 판단이 참과 거짓의 문제가 아니라면, 그것의 수용 기준은 무엇인가? 아렌트는 정치 판단은 일반적인 소통 가능성(communicability)을 가져야 한다고 답한다.

정치 판단은 보편적 원리의 전제 없이 '개별자를 개별자 자체로' 다룰 수 있어야 한다.[4] 문제는 이러한 정치적 판단이 어떻게 가능한가 하는 것이다. 아렌트는 이를 칸트에 전적으로 의지하여 칸트의 용어를 그대로 사용해서 설명한다.

판단은 상상력과 반성이라는 두 가지 정신작용으로 산출된다. 우리가 어떤 경험을 할 때, 우선 지각을 통해 경험된 내용은 정신 속에서 이미지화된다. 이미지화는 상상력의 작용이며, 이미지는 우리의 내적 감각인 취미의 대상으로 나타난다. 예컨대 어떤 사물에 관해 판단할 때, 우리의 정신 외부에 실재하는 그 사물은 어떤 방법으로든 정신적 사유의 대상이 되어야 한다. 예술작품이 우리의 취미에 따라 미적 판단을 받을 때, 그것은 우리의 내적 감각인 취미의 대상으로서 정신 내부에 떠올려져야 한다. 정신 외부에 있는 작품이 이미지 형태로 우리의 내부에서 재현될 때 상상력이 작용하는 것이다. 이때 작용한 상상력은 외부의 사물이 우리의 정신에 직접 영향을 미치지 못하도록 거리를 부여한다. 이 거리가 있음으로써 우리는 외부의 사물에 대해 객관성을 가지게 된다.[5]

내적 감각의 대상으로 만들어진 이미지는 반성(reflection)의 대상이 된다. 반성의 작용은 내적 감각인 취미의 작용이다. 취미는 대상을 쾌와 불쾌라는 기준에 따라 평가하는데, 이때 취미는 미적 판단의 경우에는 단순한 사적 취향의 문제가 아니라 소통 가능성과 연관된다. 소통 가능성은 "모든 사람이 우리와 같은 감각을 지니고 있다"[6]라는 생각을 근거로 한다. 취미라는 내적 감각에 따라 판단할 때 우리는 다른 사람과 공통적이라는 느낌에 바탕을 둔다는 말이다. 이 말은 취미판단이 어떤 공통적 느낌에 의존한다는 것인데, 이처럼 다른 사람과 공통으로 가지고 있는 감각을 공통감각이라고 한다. 아렌트는 이 공통감각을 "현실과 사실성을 지각하고 이해하고 처리하는 정신기관(mental organ)"[7]이라고 한다.

공통감각의 라틴어 표현은 'sensus communis'로 보통 '공통감'이라고 번역한다. 칸트는 이를 공동체 감각(community sense), 즉 "우리로 하여금 공동체에 걸맞게 해주는 별개의 감각"[8]으로 이해한다. 칸트는 공통감(sensus communis)을 둘로 구분한다. 첫째는 지성을 의미하는 논리적 공통감(sensus communis logicus)이다. 인간은 모두 논리적으로 생각한다는 것이다. 둘째는 미적 공통감(sensus communis aestheticus)이다. 칸트가 『판단력비판』에서 논의하는 것이면서 아렌트가 다루는 공통감각은 미적 공통감이다. 이 공통감은 우리의 판단이 소통 가능하게 해주는 근거가 되며, 이렇게 소통할 수 있는 우리는 동일한 의사소통 공동체의 일원이 된다.

sensus communis는 영어로 common sense와 community sense 둘 다로 번역될 수 있다. 영어의 common sense는 통상 '상식'이라고 번역된다. 상식은 과학적이지 않다는 의미에서 또는 피상적 지식이라는 의미에서 다소 부정적 의미로 쓰이기는 하지만, 아렌트는 공통감각을 상식과 같은 단어로 사용함으로써 상식의 해석학적 의미를 소환한다. 해석학적으로 상식은 공동체적 인간이 공유하는 선이해 또는 선판단(pre-judgment)을 의미한다.

칸트는 공통감이 어떻게 소통을 가능하게 하는지는 충분하게 설명하지 않는다. 단지 그러한 감각이 모든 사람에게 들어 있다고 말할 뿐이다. 아렌트가 이 부분을 설명할 수 있는 것은 칸트의 개념에 대한 해석학적 차원을 내보이기 때문이다. 칸트는 의식철학적 언어를 사용하고, 인간의 정신을 의식으로 보는 전통적 개념에 머물러 있다. 그러나 아렌트는 하이데거의 영향을 받아 언어가 정신에서 하는 역할에 주목할 수 있었다. 정치 판단은 언어로 한다. 정치 판단이 이성적 판단과 다름에도 다른 사람에게 동의할 수 있는 것은 그것이 다른 사람들과 소통할 수 있게 만드는 공통감각이 우리에게 있기 때문이다.

5.

소통이 가능하려면 실제로 대화를 해야 한다. 이는 너무나 당연한 말이지만 실상은 그렇지 않다. 어떤 사람들은 '소통한다'는 말을 '내 생각을 잘 전달한다'는 말로 이해하기도 한다. 이명박 대통령 시절 청와대에 소통비서관 제도를 신설했는데, 주요 업무는 대통령의 생각을 어떻게 국민에게 잘 전달하느냐는 것이었다. 내 생각을 이해시키려는 것은 대화가 아니다. 대화는 쌍방의 의사가 실제로 교환되면서 다름이 확인되는 가운데 대화가 오고 감으로써 서로에게 변화가 오는 것이다. 사유를 나와 나 자신의 대화라고 하지만, 그것은 진정한 의미에서 대화는 아니다. 책과 대화하는 것도 소통하는 대화와는 다른 것이다.

아렌트는 구체적인 대화를 소통 가능성의 열쇠라고 생각한다. 칸트의 철학과 해석학자 한스 게오르그 가다머(Hans Georg Gadamer, 1900~2002)의 철학을 잘 안다면, 실제 대화의 중요성을 강조하는 일이 별로 이상하게 느껴지지 않을 것이다.

　지상의 인간은 복수로 존재하기에 서로 대화해야 한다. 소통은 말하는 사람과 듣는 사람뿐만 아니라 그들로 이루어진 공동체를 전제로 한다. 대화는 서로 다른 사람들이 자신이 생각하는 것을 '설명'함으로써 이루어진다. 설명은 이론적 증명, 즉 논증이 아니라 자신이 어떤 의견을 어떻게 해서 갖게 되었으며 그 이유가 무엇인지 말하는 것이다. 아렌트가 제시하는 설명은 삶의 경험과 말하는 이의 개성과 인격이 모두 드러나는 일상적 대화의 형식을 의미한다. 그리스 공동체에서 사람들은 이러한 설명으로 자신들의 다양한 의견을 제시하고, 또 거기에 대해 합의하며, 거기서 공동의 행위를 이끌어냈다.[9] 이에 반해 이론은 이성의 작업으로 생생한 삶의 경험을 소멸하며 우리가 속해서 살아가는 생활세계를 망각하게 한다.[10]

　개성과 개인의 관점이 전적으로 드러나는 설명이 공적 영역에서 실제로 교환되는 것이 정치적 대화다. 대화 참여자는 타인의 관점과 의견을 고려함으로써 자신의 관점에만 머물지 않을 기회를 얻는다. 대화에 참여하는 자세로 여러 사람이 서로 다른 의견을 들으면 우리는 한편에 치우치지 않은 공정한 관점을 얻을 수 있다. 이런 태도를 불편부당성(impartiality), 즉 어느 한쪽으로 치우치지 않음이라고 한다. 이런 자세에서 불편부당한 의견을 형성할 수 있다.

　내 의견을 불편부당하게 만들려면 다음과 같은 두 가지 점을 고려해야 한다. 첫째, 우리가 타인의 설명을 들으면서 자기 관점에 대한 집착에서 벗어나 다른 사람의 관점을 고려해야 한다. 타인의 관점을 고려하려면 자기중심적 생각에서 벗어나는 마음의 확장이 필요하다. 마음을 확장하면 생각이 확장된다. 이런 확장은 상상력의 작용으로 가능하다. 이것은 칸트가 비판기 작업에서 발견한 것이다. 정신, 마음, 이성, 지성 그리고 반성, 상상력 등은 의식 철학에서 사용하는 개념이며, 아렌트는 이런 개념들을 그대로 사용한다.

해석학적 설명을 곁들이면 더 쉽게 설명될 것 같은 내용을 아렌트는 칸트의 의식 철학의 언어를 그대로 사용하며 설명한다. 우리 생각은 상상력과 반성 작용으로 우리 자신만의 주관적이고 사적인 관점 그리고 나아가 사적 이해관계 중심의 생각을 뛰어넘을 수 있다. 이로써 우리 생각은 주관성을 넘어서 일반성을 획득할 수 있다. 즉, 내 의견이 다른 사람들에게 받아들여질 가능성을 얻는 것이다.

둘째, 개인의 사적 이해 관심에 몰입하면 불편부당한 의견을 형성할 수 없게 된다는 점에 주목해야 한다. 우리 의식이 전적으로 투명하고 중립적일 수 없다. 의식은 이미 어떤 관심에 따라 경도되어 있다. 이런 사실은 의식의 지향성에 대한 현상학적 분석이나 '인식 주도적 관심'(Erkenninisleitende Interesse)에 대한 위르겐 하버마스(Jürgen Habermas)의 분석으로 충분히 입증되었다. 아렌트도 인간의 복수성을 이러한 관심의 차이로 설명했다. 게다가 우리는 사적 이해를 중심으로 생각하는 경향도 있다. 우리 의식의 자연적 지향성은 상상력과 반성을 바탕으로 생각을 확장함으로써 극복될 수 있다. 그리고 자신의 이익에 몰두하는 태도는 공적 공간에 들어서면서 스스로 극복할 것이 요구된다.[11] 불편부당한 의견을 형성하려면 사적 이익 중심의 태도를 넘어서고 극복하는 태도가 필수적이다. 칸트는 사적 이해(personal interest)로부터 자유로운 태도를 '무관심성'(disinterestedness)이라는 말로 표현했다. 이것이 확보되면 불편부당성이 확보되고, 이로써 진정한 소통이 가능해진다.

'무관심성'이라는 말은 칸트의 미학 개념인데, 우리말 번역어 '무관심성'은 오해할 소지가 있다. 무관심은 전혀 관여하지도 않고 알려고도 하지 않는 무심한 태도를 가리킨다. 칸트의 용어 '무관심성'은 그런 무심한 태도를 가리키는 말이 아니다. 아렌트가 사용하는 무관심성은 어떤 사태나 사건에 대해 자신의 이해관계를 결부하지 않고 공정하게 바라보는 자세를 의미한다. 이 무관심성이 불편부당성의 획득을 가능하게 하는 두 번째 관점이다.

6.

이런 사고의 확장은 혼자의 머릿속에서가 아니라 실제 대화를 하고 의견을 교환함으로써 이루어진다. 실제로 대화를 나누는 것은 필수적 행위다. 그러나 실제 대화가 진행된다고 해서 생각이 자동으로 확장되거나 대화 횟수가 증가한다고 해서 생각이 그에 비례해서 확장되는 것은 결코 아니다. 중요한 것은 생각이 실제로 확장되는 것이다. 확장된 생각만이 자신의 정치적 판단을 일반화하게 해주고, 더욱 많은 사람의 동의를 얻을 가능성을 높인다.

실제로 대화를 할 때 그 대화에는 삶의 모습이 반영되고 오가는 말에서 개성이 드러나게 된다. 실제 대화로 생각이 확장되어 남들이 받아들일 수 있는 정치적 판단이 형성된다는 것은 삶의 경험을 배경으로 정치적 판단을 한다는 것이다. 칸트의 미적 판단론은 소통 가능한 판단의 가능성을 의식 철학적으로 설명하며, 아렌트는 그것을 정치 판단론으로 이끌어간다. 여기서 아렌트는 실제 대화의 필요성은 물론 그것에서 무엇이 획득되는지를 설명하는 것이다.

칸트의『순수이성비판』과『실천이성비판』에서 전제된 인간은 이성적 인간이다. 그런데『판단력비판』에서 전제된 인간은 "지상에서 거주하는 인간"[12]이라는 점을 아렌트가 분명히 지적하는 것은 이런 맥락에서 매우 중요하다. 다시 말해 아렌트가 말하는 정치 판단은 인간의 지상의 삶을 바탕으로 한다는 점을 전제한 것이다. 한편, 아렌트가 정치 판단이 일반화될 수 있는 근거를 의식 철학의 언어로 설명하는 것은 정치 판단에 대한 보편적 동의가 가능하다는 신념을 표현한 것으로 보인다. 그러나 이때 말하는 타당성의 정도는 칸트가『실천이성비판』에서 정언명법을 정립하는 가운데 의도했던 것처럼 지구 밖 외계의 존재라도 이성적·논리적으로 사유한다면 누구나 동의할 수 있는 정도의 보편성을 의미하지는 않는다. 단지 지상에 거주하는 인간이라면 누구라도 동의할 것이라는 차원에서 보편성을 의미한다고 이해할 수 있다.

7.

이런 점에서 아렌트가 말하는 소통 가능성의 한계는 인간이 만든 세계의 영역에 국한된다고 말할 수 있다. 생각의 확대와 연관해서 말한다면, 우리 관점이 세계시민의 관점으로까지 확장될 수 있다고 말한 것이다. '세계시민'이라는 표현은 칸트도 종종 사용했지만, 시민 개념은 책임, 권리, 의무 등이 수반되고 세계정부와 같은 단일조직체를 상상하게 만든다. 그래서 아렌트는 '세계관찰자'라는 표현을 대신 사용한다. 우리는 세계적 관점을 가짐으로써 소통 가능성이 가장 큰 판단을 형성할 수 있게 된다는 말이다.[13]

이제 정치적 판단을 내리는 자는 관찰자로 설명된다. 관찰자는 구체적 행위에 참여하지 않음으로써 불편부당성을 획득한다. 어떤 일에 참여한다는 것은 그 일의 한 부분이 된다는 것을 의미한다. 관찰자는 참여하지 않음으로써 사태 전체를 파악하게 되며 나아가 그 사태의 의미를 인식하게 된다.

정치행위자는 참여자다. 행위자(actor)는 마치 연극의 배우(actor)처럼 구체적 사태에 관련되기 때문에 전체를 볼 수 없으며, 관객(spectator)의 반응에 관심을 가질 수밖에 없다. 마치 명성(fame)에 관심이 쏠린 배우가 관객의 반응에 좌우되는 것처럼, 정치행위자도 관찰자의 의견(opinion)에 좌우된다. 현대사회에서 관찰자는 시민이다. 명성을 의미하는 fame과 의견을 의미하는 opinion은 그리스어 도크사(doxa)를 어원으로 하는 말이다. 관찰자는 행위자 마음속에 들어 있는 것이나 마찬가지다. 행위자가 관찰자 의견에 따라 움직이기 때문이다. 이때 행위자는 관찰자에 의존적이지만 관찰자는 자율적이다.

관찰자 개념은 피타고라스(Pythagoras, 기원전 580~기원전 500)가 사용한 올림픽 게임의 예에서 나타난다. 피타고라스 올림픽 게임에는 사람이 세 부류 등장한다. 경기하는 자와 구경하는 자 그리고 물건을 파는 자가 그들이다. 이들은 우리 용어로 말하면, 경기하는 자는 행위자이고 구경하는 자는 관찰자다. 조금 다른 형태이지만 플라톤의 『국가』에 나오는 동굴의 비유에도 관찰자가 등장한다. 동굴에 갇혀 동굴 벽에 비친 그림자를 관찰하는 죄수들이 관찰자인 셈이다. 철학사에서 발견할 수 있는 이 두 관찰자의 비유에는 공통점이 있다. 그들이 모두 사태를 관찰하기만 할 뿐 대화를 하지 않는다는 점과 관찰자들이 서로 다른 존재라는 인간의 복수성이 전제되지는 않는다는 점이다. 이들과 달리 아렌트의 경우 정치적 판단을 형성하는 관찰자는 복수로 존재하며, 서로 대화를 나누는 사람들임을 분명히 한다. 그들은 결코 고립되어 있지 않으며 서로 관여하고 대화를 나누며 소통하는 관찰자다.[14)

피타고라스와 플라톤의 관찰자는 동질적 존재이므로 어떤 의견을 형성하기 위해 실제 대화를 해야 할 필요가 없다. 혼자 생각하고 좋은 결론을 내리면 그만이라고 생각한다. 전통적으로 이해된 관조적 삶, 즉 철학적 삶을 수행하는 관찰자는 이성을 갖고 사유에 몰입하는 자다. 이성을 잘 활용하여 진리를 발견할 수 있는 자들은 의견을 남발하는 사람들과 실제적 대화를 나눌 필요가 없다는 것이다. 정치 판단을 만들고 소통하는 사람들은 대화로만 소통 가능성을 지닌 판단을 생성할 수 있다. 대화는 언어 행위이며 아렌트에 따르면 가장 특징적인 정치적 행위다.

2. 정치적 판단의 특성

1.

『전체주의의 기원』과 『인간의 조건』의 논의에 따르면, 정치는 인간의 복수성에 바탕을 두었다. 인간은 복수적으로 존재하기에 정치가 발생하게 되며, 정치를 통해서만 인간의 복수성 조건이 충족될 수 있다. 정치 행위는 행위자가 정치활동에서 드러내는 다름 자체를 중심으로 평가해야 하며, 어떤 객관화된 기준이나 준거에 의거해 단번에 옳고 그름을 구분할 수 없다. 정치적인 것은 진리 중심이 아니라 의견 중심으로 진행되는 영역이다. 정치적인 것은 어떤 준거를 중심으로 평가하는 '사회적'인 것과 구별된다.

이상과 같은 아렌트 정치 개념의 기조는 후기의 판단론이 설명되는 『칸트 정치철학 강의』에서도 그대로 유지된다. 『정치의 약속』 『인간의 조건』 『과거와 미래 사이』에서 설명했듯이 철학과 대립되는 특성을 지닌 정치라는 주장은 여전히 지속되는 것이다. 아렌트가 『판단력비판』을 칸트의 정치사상이 나타날 장소로 생각한 이유도 바로 이 정치 개념 때문이었다. 아렌트 관점에서 『판단력비판』은 철학적인 것이 아니라 정치적인 것이다.[15] 아렌트에 따르면, 칸트는 비판작업을 수행하면서 '사회적'인 것과 구별되는 '정치적'인 것의 특성을 뒤늦게 깨달았다.[16] 따라서 아렌트는 칸트의 판단 개념을 정치 판단론을 위해 활용한 것이다. 아렌트가 비록 정신의 작용 문제에 관심을 가져 『정신의 삶』을 쓰기는 했으나 그 연장이라고 할 『칸트 정치철학 강의』에서는 이전 저술에서 나타나는 정치 개념과 동일한 견해를 지속하고 있다. 동일한 정치 개념의 기저가 아렌트의 두 판단론에 일관되게 흐르는 것이다.

2.

아렌트는 『인간의 조건』에서 활동적 삶(vita activa)과 관조적 삶(vita contemplativa)이 상호 융합될 수 없다는 것을 고대 그리스철학을 배경으로, 특히 각각에 개입된 언어 사용을 중심으로 주장한다. 『정치의 약속』과 『인간의 조건』에서 설명되는 관조는 절대적 진리를 발견하는 과정이며, 절대적 진리를 추구하는 인간의 정신인 이성의 작용이다. 철학은 말을 잃어버리는 놀라움(경이)의 경험으로 시작되며, 관조를 바탕으로 진리를 직관한 후에는 다시 말이 필요하지 않게 된다.[17] 철학적 경험에서 말은 관조에 도달하기까지 수단으로만 기능할 뿐 관조를 바탕으로 진리를 발견하는 것 자체에는 언어가 활용되지 않는다.

정치적 활동에는 항상 언어가 필요하다. 언어로 개인의 복수성이 드러나며, 언어로 타인을 '설득'하여 사회를 변화시키는 힘, 즉 권력이 형성되게 하는 공동행위가 가능하게 된다. 아렌트는 언어의 본질적 특성이 중요한 곳에서 문제가 정치적으로 된다고 할 정도로 정치 영역에서 언어의 중요성을 강조한다.[18] 정치와 철학을 구분할 때도 언어의 작용 여부가 결정적으로 중요했다. 이 관점에서 보면 언어를 사용하는 정치적 행위와 언어가 불필요한 관조는 대립적이다.

그런데『칸트 정치철학 강의』에서 논의되는 관찰자는 진리를 추구하는 관조자와 전혀 다르다. 관찰자는 자신의 판단을 언어로 표현하고 타인의 '동의'를 구하며, 또한 타인과 대화한다. 아렌트의 관찰자는 피타고라스 올림픽 게임의 구경꾼으로서 관찰자나 플라톤의 동굴 비유에 나오는 죄수인 관찰자와 달리 서로 대화하고 소통하며, 항상 복수로 존재한다.[19] 판단자가 동료 관찰자와 언어 행위인 대화를 하며 판단을 내리는 한 이런 관찰자는 행위자다. 애당초 아렌트는 행위 자체보다는 언어라는 행위가 정치적 행위의 핵심이라고 생각했다.[20] 이렇게 볼 때, 관조자의 판단 행위는 정치 행위의 일종이라고 할 수 있다.

『인간의 조건』에서는 관조를 언어 없음으로 규정하지만,『정신의 삶』에서는 관조가 사유(thinking)와 동의어로 사용된다.[21] 이를 모순이라고 말하기 전에 관조 개념이 사용되는 맥락의 차이를 면밀히 살펴볼 필요가 있다. 관조를 절대적 진리에 대한 언어 없는 관조로 이해하는 곳은 플라톤과 아리스토텔레스의 철학을 배경으로 정치사상을 논의하는 맥락에서다. 그런데 칸트를 배경으로 논의하는 곳에서는 관조가 사유로 여겨지며, 언어적 대화를 전제로 한다. 전자의 맥락처럼 절대적 진리를 발견하려는 곳에서 관조는 정치와 대립하지만, 사유는 정치와 대립하지 않는다.

『정신의 삶』제1부「사유」에서 인용한 "사람은 아무것도 하지 않을 때 가장 활동적이다"라는 카토(Harcus Porcius Cato)의 말이나 이와 연계해서 아렌트가 던진 질문인 "우리가 생각할 때 우리는 무엇을 하고 있는가?"라는 표현에서 사유는 일종의 행위로 여겨진다.[22] 그러므로 아렌트에게서 보이는 두 가지 판단론이 서로 모순된다고 보기 어려워진다. 그리고 판단을 사유라는 정신의 행위로 간주한 것은 정치 행위와 연속선상에서 이해할 수 있다.

3.

아렌트는 칸트의 철학을 이용하면서 의식 철학의 맥락에서 정치 문제를 다룬다. 의식 철학에서 가장 중요한 문제 틀은 인식론이다. 그래서 아렌트는 판단이 어떻게 가능한가 하는 문제를 인식론이라는 문제 틀에서 해명하는 모양새를 취하게 된다.

아이히만 재판을 계기로 1960년 중반부터 정치에서 사유의 역할 문제가 아렌트에게 본격적인 문제가 되었다. 사유와 판단을 연결하는 것으로 의지의 역할을 해명하기 위해 판단 문제가 새롭게 설정되었고, 이렇게 후기의 판단론이 등장하게 되었다는 베이너의 지적은 타당하다. 그리고 『칸트 정치철학 강의』에 나타난 후기 판단론은 판단의 타당성 문제로 집중된다. 판단의 관건은 소통 가능성, 즉 얼마나 많은 사람에게 호소력 있게 다가갈 수 있는가에 달려 있다. 판단이 자신의 관점에만 경도되지 않고 다른 사람의 '동의'를 얻을 수 있으려면 타인의 관점을 고려하여 우리 마음이 확장될 때 가능하다. 확장된 심성만이 확장된 사고를 가능하게 한다.[23] 이것은 초기의 판단론을 대표적 사유의 개념으로 설명하려 했던 것과 동일한 관심, 즉 판단의 타당성 문제에 대한 것이다.

이 확장된 사고가 실제로 어떻게 가능하게 되는가 하는 문제는 우리가 이 장 앞부분에서 설명했듯, 의식 철학의 용어로 인식론을 논의하는 방식으로 설명된다. 즉, 우리는 상상력의 작용을 통해 사고를 확장하고, 이로써 사적 이해관계를 뛰어넘게 되며, 판단 가운데 무관심성을 획득한다. 이처럼 우리의 사고가 확장되어 판단자의 관점이 세계적 수준으로 확대된다면, 판단의 소통 가능성은 전 지구적 수준을 얻을 수 있다. 이제 관찰자는 세계적 관찰자(world spectator)로까지 자기 관점을 확대할 필요가 생긴다. 관찰자는 정치인이 하는 것처럼 자신이 다루는 문제에 몰입해서 관점에 제한을 받지 않고, 정치 행위에 직접 참여하지 않음으로써 구체적 이해관계를 초월하여 무관심성과 불편부당성을 가질 수 있다.

대표적 사유, 무관심성, 불편부당성 등은 모두 판단의 타당성 문제를 설명하기 위해 제시된 개념들이다. 전기와 후기의 두 판단론이 설명되는 방식은 다르지만, 타당성 문제를 해결하려는 문제는 공유한다. 베이너는 판단의 성격을 전환한 이유가 의지 문제를 다루다가 봉착하게 된 난점을 해결하려는 것이라고 주장하는데, 이것은 부분적으로만 타당하다. 그의 말대로 판단론은 의지가 봉착한 난점의 해결과제를 당연히 떠맡는다. 그러나 이 때문에 판단이 정치와 무관하게 되었다는 주장은『칸트 정치철학 강의』에 비추어볼 때 옳지 않다.

4.

아렌트는 정치 이론에서 다루는 인간상과 도덕 이론에서 다루는 인간상이 다르다고 주장한다.『실천이성비판』과 같은 도덕 이론에서 인간은 실천이성을 가진 인간으로 다루어진다. 지상에 거주하는 복수의 인간이어야 할 필요는 없다. 그런데『판단력비판』에서 다루어지는 인간은 지상에 거주하는 존재로서 복수성을 가지고 우연성을 지닌 인간이다. 이런 모습의 인간은 아렌트가『인간의 조건』에서부터 일관되게 연관하여 거론한 정치적 인간의 모습이다.

또한 아렌트는 정치란 사람들이 도덕적이지 않고도 좋은 시민이 될 수 있는 요건을 찾는 것이라고 생각했다. 도덕은 개인의 행위에 불과하지만 정치는 공적 행위이기 때문에 정치는 도덕의 영역과 분리되어야 한다.[24] 그러므로 판단의 타당성은 도덕적 연관성 속에서 설명될 수는 없다. 정치 영역과 도덕 영역이 구별된다는 생각은『칸트 정치철학 강의』에서도 여전히 유지된다.『판단력비판』은 적어도 도덕률을 추구하는 윤리의 영역이 아닌 것이다.[25] 이렇게 보았을 때, 판단이 반드시 도덕적 함의를 갖는다는 리처드 J. 번스타인 (Richard J. Bernstein)의 주장은 반박될 수 있다.

한편, 우리는 도덕 개념을 훨씬 느슨하게 이해할 수도 있다. 칸트가 찾으려 했던 도덕률의 문제를 다루는 것으로서가 아니라, 더불어 살아가는 세상에서 인간이 지켜야 할 기본적인 삶의 원리와 같은 정도로 말이다. 이런 점까지 아렌트가 거부하는 것은 아니다.

아렌트가 말하는 정치적 영역에서의 타당성 인정은 합리적 동의로 확보하는 것이 아니다. 타당성을 얻기 위해 논리적 논증이 전가의 보도처럼 동원되지는 않는다. 정치적 설득은 설명으로 상대방에게 동의를 호소하는 것이다. 이는 예술작품을 평가하는 과정과 유사하다. 이런 식의 동의가 가능한 이유는 모두에게 이성이 있기 때문인 것은 아니다. 그것은 모든 사람에게 있는 '공통감각' 때문이라고 아렌트는 칸트를 빌려 설명한다. '공동체 감각'이라고 번역될 수도 있는 이 감각은 우리가 서로 소통하는 의사소통 공동체의 일원이 되게 해주는 기능을 한다.[26] 공유한 이 감각에 호소함으로써 우리의 판단은 타인과 소통되고 타인의 동의를 얻게 된다.

공통감각이 우리에게 어떻게 형성되는지를 아렌트는 설명하지 않는다. 내가 보기에 아렌트가 칸트의 철학적 언어를 활용하는 한 공통감각을 더 자세히 설명하기는 어려울 것으로 보인다. 의식 철학적 언어의 설명력에 한계가 있기 때문이다. 20세기 철학에서 이루어진 언어 연구로 철학은 의식 패러다임에서 벗어나 언어 패러다임으로 문제를 새롭게 이해하고 의제를 설정하게 되었다. 공통감각은 언어를 중심으로 이해할 때 더 잘 이해할 수 있다고 생각한다.

만일 우리가 하버마스의 언어 철학적 개념을 이용해 말한다면, 공통감각은 인간이 어린 시절부터 언어를 통해 의식과 정신세계가 형성되는 가운데 갖추게 되는 어떤 것이라고 말할 수 있다. 그렇다면 공통감각에 내포된 공통성은 언어 공동체와 밀접한 연관이 있을 것이다.

칸트를 이용하는 아렌트는 공통감각이 적어도 이성적 사유 능력처럼 타고나는 어떤 능력이라고 보는 것 같지는 않다. 오히려 후천적으로 형성되는 것으로 이해하는 것이 분명해 보인다. 그래야만 땅에 발을 딛고 있는 인간의 모습을 이해하는 정신기제가 될 것이기 때문이다. 하지만 아렌트는 이를 경험의 침전물(ethos)과 같은 것으로 설명하지 않고 원리(principle)와 같은 것으로 설명한다. 원리 개념은 몽테스키외와 연결된다. 몽테스키외는 법의 정신 또는 정치체제의 핵심을 탁월성, 명예, 존엄, 영광, 평등, 두려움, 혐오감, 증오 등의 원리로 설명한다. 이것은 정치 공간에서 하는 판단과 행위의 특성이기도 하지만, 그런 것이 가능하게 만들어주는 동력과 같은 것이다.[27]

5.

아렌트는 관찰자의 판단이 정치행위자에게 미치는 영향을 분석한다. 앞서 언급한 것처럼, 관찰자는 구체적인 행위에 참여하지 않기에 불편부당성을 획득할 수 있다. 이 때문에 관찰자는 사태의 의미를 발견하고 전체를 보게 된다. 이는 배우가 구체적인 연극 행위에 참여하다 보니 극 전체를 볼 수 없는 반면, 관객은 극 전체 흐름을 볼 수 있는 것과 같다.

연극의 진행과 관련하여 배우는 관객의 반응을 살피게 된다. 이처럼 정치행위자도 정치 행위를 보는 관찰자의 반응에 관심을 두게된다. 명성을 얻기를 바라는 행위자는 관찰자의 의견에 유의해야한다. 이런 방식으로 정치행위자의 마음속에는 판단을 내리는 관찰자가 항상 자리 잡게 된다.[28] 이 설명은 관찰자와 행위자 사이에 존재하는 적극적 상호관계를 보여준다.[29] 그리스어에서 명성과 의견은 모두 도크사에서 나왔다.

이 점은 아렌트의 판단론을 참여 민주주의로 연결하는 연결점이 된다. 시민이 정치가는 아니지만, 시민이 스스로 의견을 형성하고 소통하는 것이 정치가들에게 영향력을 행사하는 방법이 된다. 시민의 정치적 판단이 곧 정치가의 의견으로 연결되고 전환된다는 점을 고려한다면, 번스타인의 주장처럼 관찰자의 판단은 과거지향적이라고만 말할 수는 없다. 일어난 사건에 대한 판단은 곧 미래를 향한 의견과 연동된다는 점에서 미래지향적인 성격을 동시에 가질 수 있다. 관찰자의 판단이 행위자의 판단에 직접 영향을 줄 테니 말이다.

이처럼 판단의 영향력을 중심으로 보면, 관찰자의 판단과 행위자의 판단은 별개로 존재하는 것이 아니라 긴밀한 연관이 있음을 알 수 있다.

6.

아렌트의 견해는 명백히 정치활동가의 주장이 아니다. 아렌트의 제자로 1960년대에 내가 미국에서 박사과정을 밟을 때 지도받은 제임스 롤러(James Lawler)가 시카고대학에서 공부할 당시, 아렌트는 학생 운동을 위해 교실을 박차고 나가려는 학생들에게 자제를 종용했다고 한다. 그것이 진정한 참여가 아니라는 주장이었다. 아렌트는 언어로 하는 참여, 즉 관찰자의 판단이 필요하다고 학생들에게 말했다고 한다.[30]

후기의 판단론으로 관찰자의 성격을 갖게 해준 이런 아렌트의 자기 이해는 우연한 것일까, 아니면 좀더 필연적인 의미가 있는 것일까? 『인간의 조건』이 배경으로 하는 정치 상황과 아렌트가 살아온 현대의 근원적 차이에서 그 대답을 찾아야 한다고 생각한다. 『인간의 조건』의 배경이 된 고대 그리스의 폴리스 사회와 로마 사회는 우리가 살고 있는 현대와는 구조적으로 다르다. 여기에 대한 이해가 아렌트의 판단론에 영향을 주었다는 가설을 제안하려고 한다. 고대 그리스나 로마 사회는 일부 정치적 권리가 있는 사람들이 직접민주정치를 한 곳이다. 그리고 그곳에는 행위자와 관찰자를 구별하는 것이 의미가 없었다. 행위자는 다른 행위자를 대표할 수 있는 의견을 상상으로 형성하면 되었을 것이다.

현대국가의 규모는 엄청나게 커져서 전문적 정치가와 시민의 분명한 구분이 존재할 수밖에 없다. 또한 현대사회의 복잡성도 고려해야 한다. 국가의 정책 결정에서 전문가들의 지식이 중요하며, 전문적 지식을 갖추지 못한 일반인은 정치가 전문가의 손에 맡겨져야 한다는 생각을 하게 된다. 그러나 전문가가 정치를 독점한다는 것은 정치가 인간의 복수성의 조건 성취와는 무관하게 문제 해결이라는 도구적 성격만 갖게 할 뿐이다. 따라서 직접민주주의가 시행되지 못할 현대적 환경에서 어떻게 공정한 판단이 가능한지를 생각한다면, 아렌트가 했던 것처럼 관찰자를 행위자에게서 분리할 필요가 생긴다. 더욱이 현실의 정치가는 당리당략, 즉 자신이 속한 집단의 이익을 위해 봉사할 수밖에 없다는 구조를 이해한다면 말이다. 이렇게 볼 때 현실의 정치가에게서 불편부당한 정치 판단을 기대할 수 없게 되고, 우리의 인간적 삶을 가능하게 해줄 정치적 판단의 부담은 시민 스스로 져야 할 것으로 생각된다.

3. 정치 판단론의 성격

1.

　판단의 타당성을 설명하기 위해 아렌트가 공통감각 개념을 사용했다는 것을 우리는 이미 살펴보았다. 이제 이 개념에 전제된 공동체, 즉 의사소통 공동체의 범위를 생각해보자. 우리는 인간공동체가 복수로 존재한다는 사실을 알고 있다. 그런데 이 공동체는 융합 불가능한 상태에서 복수로 존재할까? 만일 그렇다면 한 공동체에서 제시된 판단은 그 범위 밖의 공동체에 속한 사람들에게는 호소력을 갖지 못하게 될 것이다. 그리고 소통 불가능한 다수의 공동체를 상정하는 것은 상대주의의 근거가 될 수도 있다. 아렌트가 사용한 세계관찰자라는 개념을 이와 연관하여 생각해볼 수 있다. 아렌트는 판단자가 세계적 관찰자 수준으로까지 자신의 관점을 확장해야 한다고 주장한다. 여기에서 아렌트가 생각하는 공동체의 범위는 지구적 차원을 의미한다는 것이 분명해진다. 이 점은 아렌트가 자신의 판단론을 발전시킨 칸트의 『판단력비판』의 논거와도 일치한다. 아렌트는 『판단력비판』에 담긴 인간관의 특성을 설명하면서, 이곳에서 다루어지는 인간이 '지상의 존재, 공동체 안에서 살고 있음, 상식과 공통감과 공동체 감각을 가지고 있음'이라고 규정됨을 지적한다.[31]

　아렌트는 지상의 인간공동체가 복수로 존재한다는 사실을 인정하지만, 이 복수의 공동체를 넘어서는 근본적인 하나의 원리를 발견한다. 이 원리를 가능하게 하는 인간의 정신기능이 공통감각이다. 그것의 내용은 '인간됨'의 원리다. 번스타인은 『정신의 삶』 제

2부 「의지」에 첨부된 판단에 대한 부록을 인용하면서, 인간됨의 원리로 행위자의 판단과 관찰자의 판단이 일치하게 될 것이라고 주장한다. 거기서 아렌트는 "인간이 인간적으로 될 수 있는 것은 모든 개인 속에 현존하는 이러한 인간성의 이념에 따라서이며, 이 이념이 사람들의 행위와 판단의 원리가 되는 한에서 문화적이라거나 인간적이라고 불릴 수 있다"[32]라고 했다.

아렌트는 인간됨의 원리로 1959년 독일 함부르크시에서 제정한 레싱상의 첫해 수상자로 선정되는데, 이는 아렌트가 한 수락 연설에서도 설명된다.[33] 인간됨은 판단이 궁극적으로 귀의해야 할 원리다. 그런데 인간됨의 원리는 도덕의 원리가 아니다. 이 원리는 모든 판단이 그에 따라 평가될 수 있는 가장 포괄적 원리인 동시에, 사실은 구체적 내용이 전혀 없는 것이다. 따라서 이것은 정치 행위를 평가하는 적극적 척도가 될 수 없다. 모든 인간을 연결해주는 끈이 될 수는 있지만, 그것에서 직접적 행동의 원리를 도출할 수 있는 원리는 될 수 없다.

이렇게 보면, 정치의 목적이 인간됨을 이루는 데 있다거나 인류 번영을 위한 것이라고 하여 목적론적 이해를 담았다고 할 수도 있겠지만, 이는 정치의 도구화를 의미하는 목적론은 전혀 아니다. 정치는 여전히 자율적인 것으로 이해된다. 따라서 이 목적 개념은 아주 약해서 목적이라고 부를 수조차 없다. 마치 인간됨의 원리가 너무 약해서 행위의 지침이라는 의미의 원리로 간주될 수 없는 것과 마찬가지다.[34]

2.

이따금 아렌트의 정치사상을 정치의 미학화라고 규정하는 것을 본다. 정치의 미학화는 미적 감수성을 전제로 정치적 결단을 유도하는 일종의 비합리주의를 의미하며, 파시즘적 정치철학의 성격을 드러내는 말이기도 하다. 따라서 아렌트의 사상을 정치 미학이라고 규정하는 것은 전체주의와 싸워온 아렌트의 삶을 기억할 때 모욕이라고 볼 수도 있다.

아렌트가 정치 미학화를 시도했다는 근거로, 그가 정치를 미학과 연관하여 발전시킴으로써 일종의 결단주의로 이끌고 갔다고 한다.[35] 그러나 아렌트가 칸트의 미학을 정치영역에서 이용하지만, 이것이 곧 아렌트 정치사상의 미학화를 의미하지는 않는다. 아렌트는 판단의 옳고 그름을 나누는 원리의 존재를 인간됨이라는 개념으로 설명하고, 이의 가능 근거로 공통감각을 제시하기 때문이다.

3.

아렌트가 공동체주의자인가 자유주의자인가 하는 질문도 우리는 그의 공통감각 개념으로 설명할 수 있다. 공통감각은 공동체 감각을 의미한다는 점에서 공동체주의적 특성을 가진다. 그러나 아렌트가 공통감각이 인간의 공동체 경험을 바탕으로 해서 후천적으로 이루어진다는 방식으로 설명하지 않고, 오히려 모든 인간이 선험적으로 지니면서 모든 인간을 묶어주는 원리로서의 감각으로 설명하는 점은 자유주의의 성격을 보여주는 부분이다.

아렌트가 실천지 개념을 이용하지 않은 것은 그것이 보편성 개념과 밀접하게 연결된 것 외에 공동체적 특성을 반영하는 특성도 있기 때문이었을 것이다. 공동체의 지역성에 갇혀서는 지구적 차원에서 수용되는 판단이 가능하지 않을 테니 말이다. 복수로 존재하는 공동체의 중요성을 강조하지만 동시에 이를 초월하여 지상의 모든 인간이 연결되어 공동행위를 해나갈 가능성을 항상 열어놓는다는 점에서 아렌트의 정치사상은 공동체주의와 자유주의의 중간지점에 서 있다고 할 수 있다.

4.

아렌트는 1960년대 초에 있었던 아이히만 재판을 목격하면서 인간의 정신적 삶에 관심을 두게 되었다. 또한 1960년대 중반 이후 칸트의 사유를 따라 판단론을 구상함으로써 인식론적인 설명 방식을 판단론에 가져왔다. 그럼에도 아렌트의 판단론은 줄곧 정치적 판단론으로 존재해왔다.

아렌트가 초기에는 행위자 중심으로 정치적 판단을 언급했으나 후기에는 행위자와 관찰자를 분리하고 후자에 방점을 둔 것은 점차 판단의 타당성에 방점을 찍기를 원했기 때문이라고 볼 수 있다. 직접민주주의를 불가능하게 만드는 현대의 복잡성이 아렌트를 더욱 그 길로 몰아갔을 것이다. 그리고 관찰자 중심의 판단론은 세계적 관점으로까지 확대를 가능하게 한다.

판단의 타당성은 세계적 관찰자의 시각을 가능하게 해주는 정신능력인 공통감각과 인간의 인간됨을 깨달을 가능성으로 형성된다. 전자매체의 급속한 보급으로 전 지구적 네트워크가 형성되고 신속한 정보교환과 공동행위의 가능성이 더욱 크게 열리면서 문화의 중요성이 점차 강조되는 현실에서, 지구적 관점에서 판단 행위를 하는 아렌트의 세계관찰자 개념의 적실성은 한층 더 높아질 것이다.

제6장 유대인과 유대인 문제

1. 유대인 아렌트

1.

아렌트는 생물학적으로 유대인 혈통에서 태어났다. 1906년 10월 14일 일요일 저녁 9시 15분 독일 하노버시에서 태어났는데, 분만에는 모두 22시간이 걸렸지만 과정은 순탄했다. 태어날 당시 몸무게는 3.695킬로그램이었다. 이런 기록은 아렌트의 어머니 마르타 콘 아렌트(Martha Cohn Arendt)가 남긴 『우리 아이』(*Unser Kind*)라는 제목의 육아 기록에 따른 것이다. 여기에는 아렌트의 어린 시절 이야기까지 포함되어 있다. 어머니 마르타는 딸 이름을 요한나 아렌트(Johanna Arendt)라고 적었는데, 요한나를 줄여 부른 한나가 우리가 지금 부르는 이름으로 굳어졌다.

아렌트의 양친 가문은 모두 동프러시아 수도 쾨니히스베르크(Königsberg)에 뿌리를 내리고 살았던 유대인 가문이다. 이 도시는 칸트가 평생 살며 연구와 강의와 저술을 했던 곳이다. 칸트 시기인 18세기에 쾨니히스베르크는 베를린에 버금가는 독일계 유대인 계몽주의의 중심지였다. 아렌트의 모계인 콘(Cohn) 가문은 1852년 쾨니히스베르크로 이주했다. 그 가문은 차(茶) 무역을 했는데, 아렌트의 외조부 야콥 콘(Jacob Cohn)은 집안 사업을 계승하여 지역 최대 규모의 차회사를 만들었다. 콘 가문은 야콥 콘이 1906년 사망한 이후에도 상당한 기간 유복하게 살았고, 아렌트도 이 유복함을 어린 시절에 함께 맛보았다.[1]

쾨니히스베르크는 지금은 지도에 존재하지 않는다. 이 도시는 1525년 프로이센공국이 세워지면서 수도가 되었는데, 당시 프로이센은 독일 제국에 포함되어 있었다. 제2차 세계대전이 끝난 후 프로이센은 분할되어 서프로이센은 폴란드에 속하게 되었고, 쾨니히스베르크가 포함된 동프로이센은 폴란드, 리투아니아, 러시아로 분할되었다. 이때 쾨니히스베르크는 러시아령 칼리닌그라드주의 주도가 되었고, 도시 이름도 칼리닌그라드가 되었다. 지리적으로는 폴란드와 리투아니아로 둘러싸여 러시아 본토와 분리되어 있다.[2]

아렌트의 어머니 마르타 콘(Martha Cohn)은 어린 시절 가정에서 교육을 받았고 파리로 가서 3년간 프랑스어와 음악을 공부하고 다시 쾨니히스베르크로 돌아왔다. 아렌트의 아버지 파울 아렌트(Paul Arendt)는 쾨니히스베르크의 알베르티나대학에서 공학을 공부했다. 아렌트가 태어난 1906년 파울과 마르타 부부는 독일의 하노버 근교 린덴(Linden)에서 살았다. 파울은 전기설비 회사에 다니면서 안락한 목조건물에서 살았다. 이들은 양쪽 본가를 방문하기 위해 쾨니히스베르크를 찾기도 했고, 그곳 친척들도 린덴을 방문했다. 그런 평온하고 행복한 가족생활은 파울에게 병세가 나타나면서 바뀌었다.

파울은 젊은 시절 매독에 감염되었지만 치료를 받아 완치된 것으로 알고 있었다. 1902년 결혼할 당시 마르타는 파울의 병과 그에 대한 치료 결과를 알고 있었다. 이후 아이를 가지면서 병세가 다시 나타났고, 아렌트가 태어난 지 2년 반이 지난 시점에서는 병세가 많이 악화하여 쾨니히스베르크 대학병원에서 치료받아야 하는 상황이 되어 쾨니히스베르크로 이사했다. 1910년 가을에는 다른 사람들이 이들 집안 출입을 하기 어려울 정도가 되었고, 1911년 봄에는 운동기능 장애와 광기 현상이 발생했다. 그해 여름 파울은 시설에 입원하게 되었다. 당시 아렌트는 다섯 살로 "자기 아버지에 대해 인내심을 가졌고, 아버지를 도우려고 했으며, 카드 게임으로 아버지를 즐겁게 해주었다"[3]라고 마르타는 기록을 남겼다.

파울이 시설에 입원한 이후에도 아렌트는 엄마를 따라 아버지를 정기적으로 방문했다. 그러나 아버지는 때때로 병으로 거친 말을 했고 아렌트와 엄마는 이를 힘들어했다. 결국 아버지가 자신을 알아보지 못할 정도로 병세가 악화될 정도가 되자 아렌트는 아버지를 방문하지 않게 되었다. 아렌트는 유치원을 다니며 다섯 살 때 읽기와 쓰기를 했는데 이는 유치원 선생을 감동시킬 정도로 뛰어난 일이었다. 초등학교는 1913년 여름 시작하게 되었는데, 그 이전인 3월에 할아버지 막스 아렌트가 돌아가셨고, 그해 10월에는 아버지마저 사망했다. 하지만 아렌트는 할아버지와 아버지의 사망에 큰 충격을 받지는 않았다. 그저 어린아이처럼 주어진 상황을 하나의 사건으로 경험하고 지나간 듯하다.[4]

2.

아버지가 앓는 동안 아렌트는 할아버지 막스 아렌트와 친하게 지

냈다. 할아버지는 이야기를 생생하게 잘하는 분(a lively storyteller)
이었다. 일요일 아침이면 할아버지는 아렌트를 인근 공원으로 데려
가 산책하며 이야기를 들려주었다. 아렌트는 종종 주말에 할아버지
에게 가서 할아버지가 다니는 유대교 회당의 안식일 예배에 참여하
기도 했다. 할아버지는 아렌트에게 어린이를 위한 시를 암송해주었
고 동화를 들려주기도 했다. 이 시기에 할아버지는 아렌트에게 아
버지와 같은 존재였다. 아렌트가 유대인 문화를 접한 것도 이 시기
일이었다.

어떤 이가 유대인이라면 우리는 보통 그가 어린 시절부터 유대
인 교육을 철저히 받았을 거라고 생각한다. 하지만 이는 편견이다.
아렌트는 할아버지를 따라 유대교 회당에 가서 예배에 참여한 적
은 있어도 유대교 교육을 체계적으로 받지는 않았다. 18세기 이래
로 쾨니히스베르크의 유대인은 기독교로 개종한 사람들과 개종하
지 않은 사람들로 나뉘었고, 개종하지 않은 유대인도 보수적 유대
교(the Historical Judaism 또는 Conservative Judaism)와 개혁파 유대
교(Reform Judaism)를 따르는 사람들로 나뉘어 있었다. 이런 분열은
아렌트의 어린 시절에도 굳게 자리 잡고 있었다. 아렌트의 양가는
모두 개혁파 유대교에 속했고, 개혁파 랍비 포겔슈타인(Hermann
Vogelstein)을 추종했다. 포겔슈타인은 독일계 유대인으로 유대인
역사에 관한 저술을 많이 남겼고, 정치적으로는 사회민주당(Social
Democratic Party) 지지자였다.

당시 쾨니히스베르크에는 유대인 조직들이 있었다. 아렌트의 할
아버지 막스 아렌트는 그곳 유대인 공동체 지도자 가운데 한 사람
이었고, 유대교인 조직의 회원이기도 했다. 그곳에는 시온주의자들

도 있었는데 이들도 대학 내에 조직을 만들어 활동했다. 학생 시온주의자 가운데 한 사람인 쿠르트 블루멘펠트(Kurt Blumenfeld)는 막스 아렌트와 '유대인 문제'(the Jewish Question)를 놓고 치열하게 토론했는데, 견해 차이에도 불구하고 두 사람은 친구로 지냈다. 블루멘펠트는 아렌트 집안에 손님으로 방문하여 어린 아렌트와 즐겁게 놀아주곤 했다. 블루멘펠트는 이후 아렌트의 친구이자 멘토가 되었고, 아렌트의 삶에서 중요한 순간들에 역할을 했지만, 아렌트가『예루살렘의 아이히만』을 출간한 뒤 둘의 관계는 불행하게 되었다.

아렌트의 부모는 종교적이지 않았다. 이 말은 그들이 유대교 회당에 출입하지 않았다는 것을 의미한다. 그러나 아렌트가 할아버지를 따라 유대인 회당에 출입하는 것을 막지는 않았다. 또한 그들은 랍비 포겔슈타인과 친하게 지냈는데, 그들의 정치적 성향이 같았기 때문이다. 파울과 마르타는 10대 때 사회주의자가 되었으며, 포겔슈타인과는 사회민주주의 동지로 만났다. 어린 아렌트는 포겔슈타인과 친했으며, 심지어 크면 랍비와 결혼하겠다고 했다. 아렌트가 일곱 살 때부터 포겔슈타인은 아렌트의 종교교육을 위해 일주일에 여러 번 찾아왔다. 이것이 아렌트가 받은 유일한 공식적인 종교교육이었다. 이 당시 아렌트 집에서 일했던 가정부는 기독교인이었던 데다 당시 유치원생은 의무적으로 개신교 교회에서 진행하는 주일학교에 다녀야 했으므로 아렌트는 오히려 교회의 주일학교와 기독교인 가정부의 영향을 많이 받았다.[5] 그렇다고 해서 아렌트가 기독교인이 되거나 세례를 받은 것은 아니다.

3.

아렌트가 열다섯 살 때, 학교에는 사려 깊지 못한 선생이 한 명 있었다. 수업 중 선생이 아렌트에게 뭐라고 말한 것이 아렌트를 몹시 화나게 만들었다. 아렌트는 급우들을 움직여 그 선생의 수업을 거부하려 했다. 그러나 결국 이 사건은 아렌트가 학교에서 퇴학당하는 것으로 끝났다. 어머니 마르타가 나섰으나 도움이 되지 못했다.[6] 그때 선생이 무엇이라고 말했는지를 아렌트는 이후 한 번도 말한 적이 없다. 이 이야기를 꺼냈을 때 아렌트의 의도는 자신이 어떻게 급우들을 움직여 그 선생의 수업을 보이콧했는지에 있었다.

아렌트가 퇴학을 당하자 마르타는 아렌트를 베를린대학에서 공부할 수 있도록 했다. 아렌트는 학교 기숙사에서 지내면서 자신이 선택한 과목들을 청강했다. 그리스어와 라틴어 수업을 들었으며, 당시 독일에서 꽃피우기 시작한 기독교 실존주의 학파의 로마노 구아르디니(Romano Guardini, 1885~1968)의 기독교 신학 강의도 들었다. 마르타는 아렌트가 고등학교를 졸업하도록 퇴학당했던 루이제슐레(Luiseschule)고등학교에서 외래 학생 신분으로 고등학교 졸업자격시험(Abitur)을 준비하게 했다. 결국 1924년 봄 정규대학 입학 자격을 주는 졸업자격시험을 통과했다. 이는 또래 학생들보다 1년 앞선 것이었다.

아렌트의 아버지 파울 아렌트의 서재는 그리스와 라틴 고전으로 가득 차 있었다. 그래서 아렌트는 어린 시절부터 철학책을 많이 접했다. 아렌트는 열여섯 살에 칸트의 『순수이성비판』과 『이성의 한계 내에서의 종교』를 읽었다.[7] 아렌트는 베를린대학교에서 구아르디니의 신학 강의를 들으면서 쇠렌 키르케고르(Søren Kierkegaard,

1813~55)에 대해 알게 되었고, 그 영향 아래 아렌트는 대학에 가면 신학을 공부하기로 결심했다. 아렌트는 마르부르크대학에 진학했다. 당시 마르부르크에는 큰 관심을 끌었던 에드문트 후설(Edmund Husserl, 1859~1938)의 현상학을 넘어 자기 길을 모색하던 마르틴 하이데거(Martin Heidegger, 1889~1976)가 강의하고 있었고, 유명한 신학자 루돌프 불트만(Rudolf Bultmann, 1884~1976)은 신학을 강의하고 있었다.

4.

아렌트는 마르부르크에서 귄터 스턴(Günther Stern, 1902~92, 필명 Günther Anders)을 만난다. 스턴은 마르부르크에 오기 전 프라이부르크에서 한스 요나스(Hans Jonas, 1903~93)와 함께 후설의 강의를 들었다. 요나스에 따르면, 스턴의 목소리가 들리면 가던 길을 멈추어 서서 귀를 기울일 정도로 스턴은 언사가 뛰어나고 '천재의 아우라'(aura of genius)가 있는 잘생긴 청년이었다. 스턴은 후설의 지도로 박사학위를 마친 뒤 1925년 봄 마르부르크대학교에서 열린 하이데거 세미나에 참여했다가 아렌트를 처음 만났다. 아렌트는 당시 자신의 친교 범위를 확장하는 데는 그다지 관심이 없었으므로 둘 사이에 별다른 관계는 형성되지 않았다. 아렌트와 스턴은 하이데거 세미나 이후 만나지 못하다가 1929년 1월 베를린에서 다시 만나면서 서로 사랑하게 된다. 그리고 그들은 같은 해 9월 결혼한다.

스턴과 관련하여 흥미로운 일화가 전해진다. 하이데거의 부인 엘프리데 하이데거(Elfriede Heidegger)는 어느 집들이 모임에서 본 스턴에게서 깊은 인상을 받아 마르부르크 나치 청년단체에 가입하라고 권유했다. 당시 마르부르크에는 나치 청년단체 회원들이 적지 않았고 반셈주의(anti-Semitism)적 언사도 적잖게 발생했다. 나치 우익 청년들은 엘프리데를 통해 마르틴 하이데거 추종자들 집단에 끼어들어 함께 어울리기도 했다. 엘프리데의 이런 권유에 스턴은 자기가 유대인임을 밝혔다. 그러자 엘프리데는 스턴에 대한 태도를 급작스럽게 바꾸고 더는 우호적인 모습을 보이지 않았다.

아렌트는 하이데거를 떠나 야스퍼스가 있는 하이델베르크로 와서 박사학위를 마친다. 아렌트는 종교에 관심이 많았다. 철학에서도 형이상학에 관심이 많았는데, 형이상학은 종교와 밀접한 연관이 있다. 형이상학에서 다루는 최고 존재는 곧 신과 연결되기 때문이다. 아렌트가 하이델베르크대학에서 쓴 박사학위논문은 사랑에 관한 성 아우구스티누스의 생각에 대한 것이었다. 그러니 당시 종교에 대해 가지고 있었던 그의 관심 대상은 유대교보다는 오히려 기독교였다. 그러나 당시 시대적 분위기는 아렌트에게 유대인에 대한 고민을 깊이 하게 만들었다.

5.

아렌트는 박사학위논문을 끝낸 뒤 교수자격 논문을 준비하며 라헬 파른하겐이라는 유대인 여성을 다루기로 했다. 이런 주제 선택은 아렌트가 스스로 유대인이라는 의식을 강하게 가졌음을 의미한다. 라헬은 낭만주의 시대 때 베를린의 예거가(Jägerstraße)에 있던 자신의 다락방에서 정기적으로 살롱 모임을 열었다. 여기에서 다양한 소통의 장이 열렸는데, 라헬은 독일 사회에 동화됨으로써 자신의 가치를 인정받으려고 했다. 아렌트는 라헬을 연구하면서 유대인

에게 다가온 고난을 유대인으로서 싸워 이긴다는 것이 무엇을 의미하는지 깊이 고민한다.[8]

이때 아렌트는 '계몽주의와 유대인 문제' 같은 글도 남겼다. 아렌트의 일차 관심사는 독일계 유대인에게 있었다. 이 글에서 아렌트는 '유대인 문제'(the Jewish Question)를 '유대인이 자신의 땅이 아니라 다른 사람들의 땅에 살면서 발생하는 문제 전체'를 가리키는 말로 사용했다. 그래서 아렌트는 계몽주의를 통해 유대인이 어떻게 유럽 사회에 동화되었는지 살펴보았다. 계몽기 시대에 유명한 유대인으로는 문인 고트홀트 레싱(Gotthold Lessing, 1729~81)과 철학자 모제스 멘델스존(Moses Mendelssohn, 1729~86) 등이 두드러졌다. 계몽주의의 평등 정신은 유대인도 인류 구성원으로서 누구나와 마찬가지로 인종을 넘어 한 사람의 인간으로 여겨질 수 있다고 믿게 했다. 그래서 당시 유대인 사상가들은 계몽주의가 유대인을 해방해 줄 것으로 여겼다. 이렇게 형성된 유대인 해방의 목표는 비유대인이 누리던 인권을 유대인에게도 부여되게 하는 것이었다.[9] 이때 아렌트의 생각은 한참 뒤 저술된 『전체주의의 기원』 제1권에 그대로 반영되었다.

6.

1933년 초 아렌트는 당시 시온주의자들의 요청을 받아 그들을 위해 도서관에서 자료를 찾아주었다. 자신은 시온주의자가 아니었지만, 그 당시 유대인으로서 한 유일한 정치적 활동이 시온주의 활동이었기에 그들을 돕기로 했다. 그러나 아렌트가 찾던 자료들은 민감한 것들이어서 도서관 사서들의 의심을 사게 되었고, 결국 고

발을 당해 아렌트는 비밀 경찰에게 체포되어 8일간 심문을 받았다. 다행히 거기서 험한 꼴을 겪지 않고 무사히 석방되었지만 아렌트는 석방된 즉시 어머니와 함께 독일에서 탈출했다. 그들은 추적을 피하려고 남쪽으로 바로 내려가지 않고 프라하와 제네바를 거쳐 파리로 갔다. 이때가 1933년 6월이었다.

이런 경험으로 아렌트는 자신이 더는 독일 시민이 아니라는 정치적 각성을 하게 되었다. 그리고 독일 사회에 동화된 유대인의 운명이 어떻게 될지 자신의 처지로 예감할 수 있었다. 그 운명이란 "가장 '기본적인 인권'이 박탈당하는 것"[10]이었다.

아렌트는 파리에서 시온주의자 조직인 청년 알리야(Youth Aliyah)를 위해 거의 시온주의자와 다름없이 일했다. 청년 알리야는 13세에서 17세 사이의 유럽 유대인 청년들이 유럽 생활을 중지하고 팔레스타인으로 옮겨 살 방법과 필요한 훈련을 가르쳤다. 아렌트는 '사회사업가' 또는 '심리상담가' 역할을 했다. 예를 들면, 하루는 아렌트가 자신이 살던 지역 공동체에서 외톨이가 된데다 부모가 절망에 빠진 모습을 보며 고민하던 한 유대인 청년을 상담하게 되었다. 이때 아렌트는 그 청년의 개인적 불행이 사실상 그 개인의 것이 아니라 유대민족 전체의 것임을 깨닫게 하는 데 상담의 초점을 맞추었다.[11]

아렌트는 청년 알리야 훈련생들과 처음 팔레스타인으로 여행 갔을 때 시러큐스를 거쳐 가면서 그리스 신전을 처음 보았다. 또 요르단의 페트라를 방문해서 로마의 신전을 보았다. 이 경험으로 아렌트가 받은 인상은 유대인 정착 지역인 팔레스타인에서 본 그 어떤 것들보다도 더 생생하고 지속적이었다고 아렌트는 고백한다. 그래서 아렌트는 몇 년 뒤 시러큐스를 다시 방문하기도 한다.[12] 이런 경험을 기록으로 남긴 것이 나중에 아렌트가 유대인에게서 민족 정체성을 의심받는 근거가 되기도 했다.

이 시기에 아렌트는 유대인 문제와 반셈주의에 대한 글을 쓴다. 파리에서 쓴 글 「반셈주의」는 『전체주의의 기원』 제1권 「반셈주의」와 내용상 대부분 일치한다. 1941년 프랑스에 친나치 정권이 들어서자 아렌트를 포함한 모든 유대인은 수용소에 갇힌다. 귀르(Gurs) 수용소에 갇혔던 아렌트는 그곳을 탈출해 스페인을 거쳐 포르투갈로 갔고, 거기서 시온주의 단체의 도움으로 난민 비자를 얻어 미국으로 건너간다.

7.

아렌트는 1941년 5월 22일 뉴욕항에 도착한다. 이때가 세 번째 시기에 해당한다. 아렌트는 뉴욕에서 발간된 독일계 유대인 신문 『아우프바우』(*Aufbau*)에 주로 글을 발표했다. 유대인 문제에 관해 쓴 이 시기 글들에는 분노와 열정이 담겨 있다. 특히 인상적인 글 가운데 하나는 유대인이 하나의 독립된 민족 역할을 하기 위해 국제 유대인 군대를 만들어 유대인 깃발을 들고 나치스와 벌이는 전투에 직접 참여하자고 제안한 것이다. 특히 나치스가 독일계 유대인을 체계적으로 파멸시키고 있다는 것을 알게 되면서 아렌트는 더욱 강력하게 이 주장을 펼친다.

이런 제안은 뉴욕 맨해튼을 중심으로 형성된 유대인 사회에 달갑게 여겨지지는 않았다. 제롬 콘에 따르면 심지어 남성들에게서 아렌트는 여자라서 군대에 가지 않을 테니 그런 주장을 한다는 빈정

거림을 듣기도 했다.

아렌트는 점차 유대인 문제에 관한 관심에서 이스라엘 건국과 관련된 문제로 관심을 옮겨갔다. 이와 더불어 아렌트의 정치적 사유도 더욱 성숙해졌다. 아렌트는 유대인 민족과 유대인 국가를 개념적으로 구분했다. 아울러 유대인이 민족적 파리아(Paria)라는 자각을 하게 될 뿐만 아니라 자각한 파리아로서 유대인이 역할을 하자고 주장했다. 아렌트가 만든 중요한 개념인 '권리를 가질 권리'라는 개념이 이 시기에 형성되며, 팔레스타인에 이스라엘을 건립할 때 어떤 국가 구조로 할지 의견을 피력했다. 하지만 이런 의견은 유대인에게 인기가 없었으며, 이때 이미 아렌트는 비난의 대상이 되어 있었다.[13]

1941년에서 10년 정도는 제2차 세계대전과 전후에 있었던 이스라엘 국가 건설과 관련된 문제들이 지속해서 등장했고, 아렌트는 이 문제들에 대해 정치평론가로서 글로 의견을 표명했다. 하지만 자기 생각과 다른 모습으로 이스라엘 국가가 독립하자 국가 건설 여부와 방식을 주제로 해서는 글을 더는 쓰지 않았다.

2. 유대인과 반셈주의

1.

우리나라에 기독교가 들어와 크게 번성한 지가 가톨릭은 200년, 개신교는 100년이 넘는다. 네스토리안 또는 경교라고 불리는 기독교의 한 분파가 한반도로 전래된 역사는 통일신라시대로 거슬러 올라간다. 경주에 십자가가 새겨진 불상도 남아 있고, 불국사 경내에서 출토된 돌십자가가 지금까지 전해져 숭실대학교 부설 기독교박물관에 전시되어 있다. 1965년 발견된 돌십자가는 그 연대가 7~8세기로 거슬러 올라간다.

이처럼 오랫동안 우리 사회에 영향을 미쳐온 기독교를 이해하려면 그 경전을 구성하는 구약성서를 필수적으로 이해해야 한다. 기본적으로 유대교의 경전과 공통되는 구약성서를 이해하려면 자연히 유대인과 그들의 역사에 관심을 갖게 되고, 오늘날 이스라엘로 이어지는 정치와의 연결점도 발견하게 된다. 아렌트가 다루는 유대인 관련 여러 문제도 오늘의 종교뿐만 아니라 세계 정치적 상황에 대한 이해를 도와준다.

그런데 이 문제들에 대해 조금 더 깊은 이해를 얻으려면 우리가 가지고 있는 많은 오해를 돌아보아야 한다. 그리고 그 개념들의 번역어부터 살펴보아야 한다. 혼란스러움은 여기서부터 발생하기 때문이다.

2.

영어 Judaism은 '유대교'로도 번역할 수 있고 '유대주의'로도 번역할 수 있다. '유대교'는 종교성이 강조된 번역어이며 '유대주의'는 사상 또는 철학의 특성을 강조한 번역어다. 어느 번역어를 선택하느냐는 논의의 맥락에 달렸다.

종교를 가리키는 단어가 ~ism으로 된 것은 Judaism만이 아니라 Buddhism도 있고 Confucianism도 있다. Buddhism은 '불교'로 번역하지만 '부다주의'라고 번역하지는 않는다. Confucianism은 '유교'로 옮기기도 하고 '공자주의'라고 옮기기도 한다. 종교 이름에 ism이 붙어 있는 경우 '~주의'로도 번역 가능한 것과 아닌 것을 구분하는 기준은 없다고 한다. '주의'는 사상을 가리키는 말이지 종교를 표현하는 말이 아니므로, 사상을 종교에서 분리하여 논의할 가능성이 클수록 동일한 단어를 둘로 구분해 번역한다고 생각해볼 수 있다. 하지만 불교의 철학적 특성을 생각해본다면 이 또한 엄격한 기준점으로 인정하기는 어렵다.

어쨌든 우리말의 '유대교'와 '유대주의'가 동일한 단어의 번역어라고 느끼기는 어렵지만, 실제로 맥락에 따라 다르게 번역할 뿐 동일한 단어의 번역어라는 점은 유념할 필요가 있다. 어쩌면 우리에게 다르게 보이는 것을 서양에서는 동일한 단어로 뭉뚱그려 사용했다고 볼 수도 있다. 그들에게 뚜렷하게 구분되지 않는 것이 우리에게는 더 분명하게 구분되어 보일 수 있기 때문이다.

3.

유대인은 어떤 사람을 말하는가? 유대인은 혈통적으로 보아야 하는 하나의 종족인가, 아니면 유대교를 믿는 신자들을 의미하는가? 실제로 이 두 범주는 혼란스럽게 사용된다.

대부분 유대인은 모계를 중시하며 어머니가 유대인일 때 자녀도 유대인으로 간주한다. 어머니가 언어·종교적 전통을 어린 시절부터 교육한다는 것이 모계 중심 사회를 설명하는 중요한 이유다. 물론 모든 유대인이 모계를 따르는 것은 아니다. 러시아계 유대인 가운데는 부계를 따르기도 한다. 제2차 세계대전 이후 부계 중심의 러시아계 유대인이 뮌헨으로 이주했을 때 모계 중심이던 뮌헨의 유대인과 유대인 인정 문제로 어려움을 겪기도 했다.

한편, 유대인(the Jewish)이란 말은 유대교(Judaism)를 믿는 사람들을 가리키기도 한다. 마치 기독교인(the Christian)이 기독교(Christianity)를 믿는 사람들을 가리키는 것처럼. 실제로 유대교로 개종하면 혈통과 상관없이 유대교도(the Jewish), 즉 유대인이 된다.[14] 물론 혈통적으로는 유대인이지만 전혀 종교적이지 않은 사람도 있다. 또 기독교로 개종한 유대인도 있다. 어쨌든 이들은 모두 유대인으로 불린다.

종교적으로 볼 때, 유대인은 종교적(religious)인 유대인과 그렇지 않은 유대인으로 구분하기도 한다. 종교적 규례를 엄격히 따르거나 흔쾌히 복종하는 이들이 종교적 유대인이라면, 비종교적 유대인은 음식이나 절기, 종교행사 등을 유대교 방식으로 따르지 않는다. 물론 혈연적으로 얽힌 가족 공동체에서는 가족 행사처럼 유대교 절기를 지킬 수는 있다. 미국인이 기독교적이지 않더라도 추수감사절을 지키며 터키 디너를 먹는 것처럼 말이다.

아렌트는 어린 시절부터 줄곧 유대인인 자신의 정체성에서 벗어나려 하거나 부인한 적이 없다. 그리고 유대인으로서 정체성이 유대교와 연관해서만 설명될 수 있다는 점에는 동의하지 않았다. 아렌트는 유대교에 대해서나 자신의 유대인 정체성과 관련하여 깊이 생각하지도 않았다. 번스타인은 아렌트가 "유대교의 종교적 측면에 대해서 …… 관심이 없거나 느낌이 없었다"[15]라고 지적한다. 이런 번스타인의 말을 "유대주의의 종교적 측면에 대해서……"라고 번역할 수도 있다. 하지만 이 두 번역의 느낌은 상당히 달라진다. 우리는 우리말로 달라지는 느낌을 넘어서야 할 필요가 있다.

4.

영어 단어 anti-semitism은 과거에 한자어로 '반유태주의'(反猶太主義)라고 번역되었다. 그동안 동아시아에서는 이스라엘의 과거 국가인 유다왕국의 유대를 따서 '유태인'(猶太人)이라는 한자어를 사용했다. 우리나라에서도 과거에는 '유태인'이라는 표현을 사용했지만, 오래전부터 원어 발음에 가까운 '유대인'이라는 표현을 사용한다. 한자어 '반유태주의'도 '반유대주의'로 바꾸어 사용한다.

그런데 여기에 번역상 혼란이 있다. 유대주의는 Judaism이다. 그러므로 반유대주의를 그대로 영어로 옮기면 anti-Judaism이 된다. 따라서 anti-semitism을 반유대주의로 옮기게 되면 용어상 혼란이 발생하며, Judaism과 semitism을 동일시하는 오류를 범하게 된다. 영어로 semitism은 셈족주의라는 의미다. 구약성서에 나오는 홍수 설화의 주인공인 노아에게는 세 아들이 있다. 그들의 이름은 셈, 함, 야벳인데, 이들은 이후 여러 종족을 일으킨다. 이 가운데 장남 셈의 자손들이 이스라엘 민족이 된다. 셈 중심 종족주의를 의미하는 semitism은 유대교 또는 유대주의를 의미하는 Judaism과 같은 것은 아니다. 이렇게 보면 지금까지 anti-semitism을 반유대주의로 번역한 것은 아주 잘못된 것임이 분명해진다. anti-semitism은 글자 그대로 '반셈(족)주의'로 번역하고 '반유대주의'는 anti-Judaism의 번역어로 국한하는 것이 옳다.

반셈주의와 반유대주의를 구분하여 번역하는 문제는 기독교 신학에서 절실한 문제가 될 수 있다. 신약성서의 복음서에는 예수와 그의 제자들이 유대교를 종종 비판한다. 이런 비판을 유대교 또는 유대주의에 대한 비판으로 여겨 이를 반유대주의라고 할 수 있다.

222

이는 종교 또는 사상에 대한 비판적 자세를 의미하는 것일 뿐 결코 인종주의적 이데올로기는 아니다.[16] 예수와 그의 제자들도 모두 유대인이자 셈족에 속하며, 그들이 목적으로 한 것은 자신들의 종교 개혁이었다. 그들로 인해 유대교와 다른 기독교가 나오게 되지만, 그들 스스로 유대교와 다른 새로운 종교를 만든다고 생각하지는 않았다.

5.

유대인에 대한 반감과 유대교 비판 그리고 인종으로서 유대인을 다루는 이데올로기는 서로 연결되긴 해도 엄연히 구별되는 것이다.[17] 특정 민족에 반감을 갖는 일이 있다. 특히 역사적으로 불행한 관계였다면 더더욱 그렇다. 이 경우 그 민족에 속한 어떤 개인에 대해 그가 어떤 사람인지도 잘 모르면서 무조건 거부감을 가지기도 한다. 해당 개인에 대해서는 정당화될 수 없는 감정이며 편견이라고 할 수 있지만, 역사적 이유로 그런 편견이 옹호되기도 한다. 이와 반대로 특정 민족을 싫어하면서도 그 민족에 속한 특정 개인과 우정어린 관계를 맺으며 살 수도 있다. 민족에 대한 반감은 이 같은 특성을 갖는 감정이다. 이런 일반적 유대인에 대한 반감은 종교적 근거에서 나오는 유대인에 대한 증오나 정치 이데올로기로 작동하는 반셈주의와는 분명히 구별된다.[18]

유대교는 유대인의 민족종교였다. 기독교는 유대교에 뿌리를 둔다. 예수와 열두 제자는 모두 유대인이었다. 예수는 유대교의 여러 모습을 비판했다. 그러나 예수가 유대교를 근본적으로 적대시한 것은 아니다. 따라서 우리는 예수가 반유대주의였다고 말할 수는 없다. 다만 예수가 반유대주의적 태도를 보였다는 정도만 말할 수 있다. 유대교 또는 유대주의를 비판하고 반감을 갖는다고 해서 그것이 곧 반유대주의가 되는 것은 아니다. 또 민족종교인 유대교를 비판한다고 해서 그 종교를 믿는 민족에 반감을 표현하는 것은 아니다.

그런데 종교에 근거한 반감이 유대인에 대한 종교적 증오(religious Jew-hatred)로 이어지는 경우가 있다. 이는 단순히 비판적이라거나 미움의 감정을 넘어 그 작용 방식이 강렬하고 근본적일 수 있는데, 종교적 신념 간의 충돌이 그 바탕을 이룰 때 그렇다.[19] 이것이 반유대주의(anti-Judaism)와 연결된다. 예를 들면, 독실한 기독교 신자가 유대인에 대해 '예수를 죽인 자들'이라고 미워하는 경우다. 예수와 그의 제자들이 모두 유대인이었다는 사실을 염두에 둔다면 이 증오 감정은 과녁이 어긋한 것임을 단박에 알 수 있다. 아렌트는 유대인에 대한 종교적 증오를 잠시 언급하기는 하지만 반유대주의를 다루지는 않는다. 이는 신학적 문제이며 아렌트가 주목하는 반셈주의와는 다른 영역의 문제이기 때문이다.

반셈주의(anti-semitism)는 semite, 즉 종족으로서 셈족인 유대인에 대한 반감을 말한다. '셈족의(Semitic)'라는 말은 '인도-게르만족의(Indo-Germanic)'라는 말과 함께 언어학적 용어로, 특정 언어군을 가리키는 말로 사용되었다. 1870년대 들어와 빌헬름 마르(Wilhelm Marr, 1819~1904)가 anti-semitic이라는 단어를 만들어 정치적 목적으로 사용했다.[20] 반셈주의는 인종주의 용어이며 나치 이데올로기의 핵심 요소가 되었다.

아렌트는 『전체주의의 기원』에서 반셈주의를 "19세기의 세속 이데올로기"라고 한다.[21] 이는 종교와는 아무런 상관없으며, 세속적 이유에서 만들어지고 유통된 정치적 목적의 이데올로기라는 말이다. 아렌트가 사용하는 이데올로기라는 말은 단순한 '이념 체계'를 뜻하지 않는다. 전체주의를 논의하면서 아렌트가 사용하는 이데올로기라는 말은 사이비과학과 같은 성격으로, 논리적으로 구성된 이론체계다. 현실을 이해하고 발전시키기 위해 만들어진 이념 체계라면 현실을 반영하여 계속 수정하고 발전시켜야 한다. 그러나 전체주의 이데올로기는 현실을 자기 목적에 맞게 개조하려고 논리적으로 구성한 것이다. 그래서 일종의 거짓 체계와 같은 성격을 갖는다. 이런 의미에서 반셈주의는 정치적 목적을 위해 만든 사이비과학적 성격의 인종주의 이데올로기라는 것이다.

3. 반셈주의와 그 문제점

1.

반셈주의는 어떻게 형성되었을까. 유대인을 종교집단이 아니라 인종으로 보기 시작한 때가 언제였을까. 아렌트에 따르면, 15세기부터 16세기 말까지가 유대인 역사에 결정적으로 중요하다. 이 시기에 유대인은 외부인, 즉 유대인이 말하는 이방인들과 관계를 제대로 맺지 못했고 세상 돌아가는 일에도 무관심했다. 세계사적으로 볼 때 이 시기는 중세에서 근대로 이어지는 대전환기이지만 유대인 공동체를 지탱했던 사상인 유대교 또는 유대주의는 더욱 폐쇄적으로 변모했다. 이런 시대적 상황 가운데 유대인은 자신의 정체성에 새로운 인식을 형성하게 된다.

유대인이 이때 형성한 정체성 의식의 핵심은 자신을 인종적 관점에서 본 것이었다. 유대인과 이방인을 구별하는 차이는 신념과 신앙의 차이 또는 그들이 믿는 종교의 교리적 차이가 아니라 내적 본성(inner nature)의 차이, 즉 인종 문제에 귀속될 수 있는 민족적 본성의 차이에서 찾았다. 유대인의 이러한 새로운 자기 인식은 유대인이 스스로 형성한 것이지 외부의 영향력에 따른 것이 아니었다.

이 지적이 반셈주의에 대해 갖는 의미는 지대하다. 첫째, 이 지적은 유대인 박해 역사와 관련하여 흔히 언급되는 내용, 즉 유대인에 대한 추방과 학살은 로마 제국 말기부터 지금까지 부단하게 지속되었다는 주장은 허구라는 비판으로 이어진다. 유대인 디아스포라가 험난한 운명 가운데 있었던 것은 사실이라고 해도 부단한 학살과 추방이라는 말로 묘사될 것은 아니라는 것이다. 둘째, 이 지적은 유대인 문제의 근원이 인종 문제라는 생각의 뿌리가 유대인 자신들에게 있다는 결론으로 이어진다. 반셈주의는 유대인을 인종의 관점에서 보는 이데올로기인데, 그 생각의 단초가 여기에서 시작된다는 것이다. 물론 그렇다고 반셈주의의 원인 제공자가 유대인이라는 주장을 하는 것은 아니다. 다만 유대인이 선민의식을 가지며 스스로 인종 중심의 관점으로 자기 정체성을 형성한 것이 역으로 자신을 올무에 빠지게 하는 생각의 실마리가 되었다는 것은 역설적 진실이다. 이런 지적 때문에 아렌트는 당시 유대인의 미움을 샀다. 하지만 아렌트의 관심은 현실이건 역사이건 간에 사실을 명확하게 하고, 그것을 중심으로 문제의 핵심에 접근하는 데 있었다. 아렌트가 자기 민족의 역사를 합리화하고 옹호하는 태도가 아니라 비판적 관점을 유지하면서 자기 민족이 처했던 현실에 대해 자기 민족의 과오는 무엇이었는지 짚어내려 한 것이다.

2.

아렌트는 『전체주의의 기원』을 시작하면서 가장 먼저 사람들이 반셈주의에 대해 일반적으로 하는 생각이 얼마나 잘못되었는지 설명한다. 아렌트가 지적하는 일반적인 오해의 시점은 이 책이 출간된 1950년대다. 하지만 흥미롭게도 아렌트가 지적한 오해는 오늘날 한국에서도 여전히 통용된다. 이는 유대인의 역사와 홀로코스트에 대한 한국인의 이해가 많이 잘못되었다는 것을 말해준다.

오해가 발생한 원인 중 하나는 반셈주의에 근거한 홀로코스트라는 재앙적 상황에 대해 심사숙고하기보다는 손쉬운 도덕적 판결을 마음으로 내리고 더는 깊이 생각하지 않으려는 심리다. 그리고 현재 일어나는 일에 대한 설명도 이미 형성된 대중의 선입견에 부응하는 방식으로 제공하여 타인의 동의를 구하려 하기 때문이다. 깊이 생각하기 싫고 쉽게 생각하고 넘어가려는 대중적 속성이 오해가 지속되는 근원인 셈이다.

가장 일반적인 대중적 오해는 반셈주의란 나치스가 독일 국민의 일치를 얻으려고 만들어 활용한 정치적 도구였다는 주장이다. 유대인은 세계 정치의 배후에서 음모를 벌이는 자들이라는 음모론은 지금까지도 대중이 폭넓게 오해하는 부분이다. 이런 음모를 나치가 발견했으며, 나치가 유대인을 모조리 죽여 없애려 한 것은 당시 상황에서 독일이 선택한 하나의 길이었다는 것도 대중적 오해의 한 모습이다.

3.

아렌트는 반셈주의에 대한 대중의 생각 자체가 일반 상식과도 너무나 모순된다고 지적한다.[22] 그 첫 번째는 반셈주의가 민족주의에서 시작되었다는 말이다. 아리안 민족이 유대민족에게 가한 민족적 가해라는 생각이 첫 번째 오해다. 사실상 반셈주의는 종족주의다. 나치는 한 나라에 국한되어 국가적·민족적으로 작용한 것이 아니라 국제적 운동으로 발전해 나아간 것이고, 유대인 증오는 유럽과 그 한계를 넘어 종족을 지탱해서 나아간 것이다. 오늘의 인종주의나 외국인 혐오증 등과 유사한 현상인 셈이다.

나치라는 말은 독일어로 국가사회주의(Nationale Sozialismus)에서 왔는데, 여기서 '국가'라는 말은 '민족'이라고도 번역된다. 이는 일국을 넘어선 국가주의 운동이었고, 나치 운동을 위해 활용한 반셈주의도 민족적 경계를 넘어 종족 중심으로 진행되었다. 반셈주의는 종족주의와 국제주의적 성격을 갖는 이데올로기였던 것이다. 아렌트는 이렇게 말한다.

> 근대의 반셈주의는 전통적 민족주의(국가주의)의 쇠퇴와 비례하여 성장했다는 것과 유럽의 국민국가 체제와 그것이 지닌 권력의 불확실한 균형이 붕괴된 바로 그 순간에 반셈주의가 정점에 도달했다는 것은 불행하게도 사실이다.[23]

4.

반셈주의가 등장한 역사적 맥락을 살펴보자. 유럽이 중세에서 근대로 들어서는 시점에 부르주아 계급이 등장하고 그들과 더불어 근대의 정치가 열린다. 이는 새로운 정치 환경의 시작이며 사회 구조가 그 저변에 존재함을 의미한다. 거기에 더불어 산업혁명이 일어나면서 자본가와 노동자라는 사회의 새로운 질서가 복합적으로 형성된다. 한마디로 유럽의 계급사회는 전통적 계급 질서의 붕괴·변형과 더불어 산업사회의 형성으로 발생한 새로운 줄기의 계급 형성이 복합되어 재편된 것이다. 이 과정에서 이런 계급들 가운데 어디에도 속하지 못하는 집단이 형성되었고, 이 집단은 앞서 언급한 사회의 계급 체계 밖에서 존재했다.[24] 이 집단을 일컬어서 아렌트는 영어로 mob이라는 말을 사용했다. 이 단어는 독일어로는 Pöbel에 해당한다고도 볼 수 있으나 독일어 번역본에서는 Mob이 사용되었다. 이는 우리말로 '폭민'(暴民)이라고 한다. 반셈주의가 행동으로 옮겨진 것은 폭민들에 의해서다.

『전체주의의 기원』에 나오는 폭민이라는 말을 좀더 유의해서 생각해보자. 폭력을 의미하는 단어와 백성을 의미하는 단어가 결합된 이 말은 자칫 대중이 선동에 휘둘려 전체주의적 폭거에 동원되거나 중우정치에 선동되어 활용될 만한 집단처럼 여겨진다. 사실 영어의 mob은 폭력을 휘두르거나 말썽을 일으킬 것 같은 대중 또는 폭도를 의미한다. 그런데 『전체주의의 기원』에서 사용되는 폭민은 포퓰리스트의 선동에 따라 움직이는 어리석은 대중을 의미하는 것은 아니다. 물론 그렇게 행동하게 되는 잠재력이 있지만, 중요한 것은 사회 계급의 관점에서 우선 이해해야 하는 개념이다. 폭민은 근대 유럽이라는 특수한 상황에서 계급이 변화하는 극심한 사회변동 속에서 그 어느 계급에도 속하지 못한 사람들의 집단으로, 구조적으로 발생한 집단이다.

5.

반셈주의가 심각한 정도로 발전했던 때는 유대인의 사회적 영향력이 현저하게 약해진 시기였다.[25] 드레퓌스 사건이 발생한 1890년대 프랑스에서는 유대인 대부분이 사회적으로 주요한 자리에서 물러났다. 오스트리아에서 반셈주의가 폭력적 면모를 드러낸 1900년대 초는 유대인이 사회적 영향력과 특권을 가장 많이 상실한 시점이었다.

사회적 핍박을 받은 것과 사회적 영향력은 어떤 관계가 있어 아렌트는 반셈주의의 발흥을 유대인의 사회적 세력 상실과 관련지을까? 아래 인용문을 보자.

> 사람을 현실 권력에 복종하게 하거나 그것을 받아들이게 하고 또 권력 없이 부만 가진 사람들을 싫어하게 하는 것은 권력이란 모종의 기능과 어떤 일반적 유용성을 가진다는 합리적 직감 때문이다.[26]

아렌트는 이런 직감을 가리켜 역사 이해에 필요한 일반적 규칙이라고 말한다. 프랑스 혁명 당시 인민들은 권력을 상실할 무렵의 귀족들을 특별히 혐오했다. 그들은 권력을 상실했으나 재산을 여전히 가지고 있었다는 것이다. 귀족들이 상실한 권력이란 사실상 착취와 억압을 가능하게 한 특권이었을 뿐이다. 그런데 인민의 관점에서 보면 이미 형성되어 있는 그들의 부가 자신들과 아무 관계가 없으며, 국가 통치에 아무런 실질적 기능을 하지 못하는 사실에 주목했다. 그저 유지되고 재생산되는 부를 가진 그들은 기생충처럼 여겨졌다. 착취조차 하지 않는 부는 착취자와 피착취자 사이에 존재하는 관계조차 갖고 있지 못하다. 그래서 계급사회 속에서 피착취자가 가질 수 있었던 통상적인 최소한의 관계조차 그들은 더는 가지지 않게 되었기 때문에 그런 부를 오직 증오와 냉소만으로 보게 되었다는 것이다.

유대인은 유럽 계급사회의 질서 밖에 존재하던 자들이다. 계몽주의 이후 사회에 진입했으나 예외적 존재로 인정받는 가운데 그들의 사회적·정치적 영향력은 이후 시대적 변화를 거치며 소멸된다. 역사의 흐름에 따라 영향력이 부침하는 과정에서 유대인이 공적 기능과 사회적 영향력을 상실하고 재산 외에는 아무것도 가진 것이 없을 때 반셈주의는 절정에 달했다.

이 시대의 유대인에 대한 잘못된 인식 가운데 하나는 반셈주의가 득세하던 당시 유대인이 사회 정치적으로 권력을 남용했기 때문에 응분의 반발을 샀다는 것이다. 나치의 홍보 포스터에 붙은 그림들처럼 사회적으로 영향력 있는 악인이라는 존재는 유대인과는 거리가 멀었다. 조직적으로 이루어진 반셈주의라는 증오의 표현이 유대인이 행사한 권력에 대한 반작용이라고 하는 주장은 전혀 근거가 없는 것이다.

6.

반셈주의와 연관하여 유대인은 무고한 희생양이었을 뿐이라는 주장이 있다. 이는 한편으로 유대인이 그저 우연히 그런 상황에 들어가게 되었다는 의미로 주장된다. 가해자들이 이런 주장을 할 때 이는 계획적인 것이 아니라 우연한 사건일 뿐이라는 것이다. 계획적인 범죄라기보다는 우연한 사건이었고, 희생자 선택도 반드시 유대인이 아니라도 되었으며 유대인이 대상이 된 것도 자의적으로 선택되었을 뿐이라는 것이다. 다른 한편으로 이 주장은 유대인은 죄가 없고 책임이 없다는 의미가 된다. 이는 유대인 자신에게서 또는 그들을 종교적으로 옹호하는 견지에서 주장된다. 유대인의 처지를 동정하게 되고 또 그들의 희생을 더욱 애처롭게 보이게 하는 이러한 주장도 아렌트는 받아들일 수 없다고 비판한다.

유대인은 당시 사회 정치적으로 전반적인 몰락 상태에 있었다. 따라서 유대인이 전적으로 무력한 집단으로 있었던 것은 사실이다. 이런 상황에서 유대인은 사회적 갈등에 책임이 있다는 비난을 받았고, 숨어서 악행을 저지르는 장본인으로 조작되었다. 그리고 그들은 무기력하게 그런 모함을 받아들일 수밖에 없었고, 결국 엄청난 비극의 희생물이 되었다. 이것은 사실이다.

그러나 유대인이 우연히 희생 대상으로 선정된 것은 아니다. 유대인이 테러의 희생자이기는 하지만, 그들은 오늘날 자동차 폭탄 테러 같은 경우 발생하는 불특정 희생자들과는 성격이 다르다. 유대인이 최종해결책이라는 유대인 말살 계획으로 멸절 대상이 되기 이전에 이미 반셈주의가 존재했고, 이것이 나치의 핵심 이데올로기로 사용되었기 때문에 유대인은 이미 테러 대상으로 정해져 있었다. 희생양 이론은 반셈주의의 심각성과 유대인이 사건의 핵심 속으로 내몰렸다는 사실을 회피하게 만든다.[27]

또한 유대인이 순결한 희생양이라는 주장은 할 수 없다. 희생양(scapegoat)은 아무런 죄 없이 순결하고 무고한 존재로 다른 사람의 죄를 해결하려 희생된다. 유대교 전통에서는 어린 양을 제물로 삼아 제사를 지냄으로써 죄를 용서받는다. 희생 대상이 되려면 순결하고 무고하다는 것이 전제되어야 한다. 그런데 유대인이 이처럼 역사적으로 무죄성과 무책임성을 주장할 수 있느냐가 관건이다. 유대인의 희생이 억울하기는 하지만 여기에도 유대인 스스로 져야 할 책임이 없지 않다는 것이 아렌트 주장이다.[28] 아렌트는 유대인이 무고한 존재로 선택된 희생양이 아니라 그들도 세상사에 관여하는 여러 집단 가운데 하나였으며, 따라서 자신도 한 부분인 세상사에 대해 함께 져야만 하는 공동의 책임이 있다고 지적한다. 역사에 대한 유대인 자신의 책임 문제는 이후 다시 살펴본다.

7.

희생양 이론과 정반대 설명 구조를 갖는 것이 영구적 반셈주의(the eternal antisemitism) 논리다. 유대인은 팔레스타인에서 쫓겨난 이래 2,000년 동안 줄곧 박해와 증오의 대상이 될 수밖에 없는 운명이었다는 것이다. 반셈주의 주창자들이 이 이론을 즐겨 사용하는 것은 원래 반셈주의가 그들의 운명이므로 지금에 와서 유대인을 공격하는 이유를 새삼스레 설명할 필요가 없어지기 때문이다. 그런데 이는 유대인도 꾸준히 활용한 주장인데, 그 취지는 이 이론으로 세상사에 대한 자기 책임의 몫을 회피하려는 것이다. 반셈주의자나 유대인 모두가 책임을 회피하려는 목적으로 반셈주의가 영구적으로 존재해왔다는 이론을 주장한 것이다.[29]

유대인이 영구적 반셈주의 이론을 활용한 시기는 유대인이 전통적 유대교에서 벗어나 유럽의 기성 사회로 동화하기 시작한 시점과 일치한다. 이때 유대교를 중심으로 하는 영성이 심각하게 약해졌다. 이 시점에 영구적 반셈주의 이론은 유대인의 결속을 이끄는 데 도움이 될 수 있으며 유대인의 영적 정체성 강화에도 도움이 될 수 있다고 유대인 지도자들은 생각했다. 이런 생각은 유대인을 절멸하려는 시점에 와서도 반복되었다.

반셈주의가 이데올로기로 진행해나가는 시점에서 유대인은 자신들이 경험하게 된 증오를 과거의 종교적 박해에서 나온 증오와 동일시했다. 하지만 이는 역사적 인식 부족으로 범한 오류였다. 여기에 유대인의 정치적 무능력이 더해져 앞으로 펼쳐질 실질적 위험을 과소평가하는 결과를 낳았다. 그래서 아렌트는 유대인을 향해 다음과 같이 지적한다.

> 유대인이 정치적 능력과 판단력을 결핍했던 것은 유대인 역사의 본질, 즉 하나의 정부와 하나의 나라 그리고 하나의 언어를 갖지 못한 민족의 역사 그 자체의 본질에서 유래한 것이라는 점을 사람들은 유념해야 한다.[30]

유대인은 2,000년 동안 모든 정치적 행위를 회피한 결과 다른 어떤 민족보다도 역사의 우연 요소에 더 취약했다. 따라서 세상사에 대해 어떤 책임도 지지 않으려는 태도가 결국 치명적인 역사로 이어졌다는 것이다. 이러한 지적은 유대인만을 향한 것은 아니다. 정치적 판단력을 잘 갖추지 못한 시민들의 국가가 경험하게 될 운명이다. 아렌트가 말년에 정치적 판단력이 어떻게 가능한가 하는 문제에 주목한 것이 왜 중요한지 새삼스럽게 다가오는 부분이다.

반셈주의를 제대로 이해하려면 근대 유럽에서 형성되고 위기를 겪는 국민국가의 발전과정에 주목해야 한다. 국민국가가 형성될 때 유대인이 취한 태도와 그들에 대해 유럽 사회가 취한 태도는 국민 국가의 위기와 제국주의의 확대 시기에 근본적으로 변한다. 이때 유대인이 국가 안에서 어떤 역할을 했는지 주목해야 한다. 그래야 유럽의 사회적 집단들과 유대인 사이에 적대감이 고조된 이유가 드러난다. 이런 인식이 바탕에 있어야 유대인이 져야 할 역사적 책임 의 몫을 알 수 있다.

4. 아렌트와 시온주의

1.

유대인은 1930년대에 들어와 반셈주의가 자신들에게 직접적 위 협으로 다가오기 전까지는 여기에 거의 관심을 기울이지 않았다.[31] 반셈주의의 위험성을 느낀 선각자들은 정치적 감각을 발휘하여 시 온주의를 만들어냈다. 시온주의는 이데올로기로 형성된 반셈주의 에 대한 반이데올로기(counter-ideology)로 만들어져 문제점도 적 지 않았다.

반셈주의의 이론인 희생양 이론이나 영구적 반셈주의 이론은 모두 유대인의 특정한 책임을 부정하는 것으로, 테오도어 헤르츨 (Theodor Herzl, 1860~1904)의 시온주의 운동에 기반이 되었다. 희 생양 이론과 영구적 반셈주의 이론은 모두 인간사에 대해 인간 행 위의 중요성이나 그 가능성 자체를 인정하지 않는다. 책임은 특정 한 맥락에서 특정한 사람이 그 상황에 맞는 '행위'를 할 가능성이 있을 때 물을 수 있는데, 그 이론들은 그런 가능성 자체를 용인하지 않는다. 시온주의는 이러한 이론들에 대항하는 가운데 그 영향을 그대로 받게 된다. 반이데올로기의 특성 때문이다. 시온주의도 결국 행위자로서 유대인 개인 또는 민족이 져야 할 책임 회피라는 결과를 갖게 된다. 처음부터 책임을 회피하려는 동기를 갖지는 않았더라도 말이다. 시온주의의 역사 이해에는 처음부터 이러한 근본 문제가 들어 있었다.

초창기 시온주의에는 크게 두 갈래 흐름이 나타난다. 헤르츨의 시온주의와 라자르의 시온주의가 그것이다.

2.

시온주의 운동은 헤르츨이 1897년 8월 스위스 바젤에서 제1회 시온주의 대회를 개최하면서 '세계시온주의조직'(the World Zionist Organization)을 결성함으로써 시작되었다. 헤르츨은 헝가리 출신 유대인으로 동화된 유대인이었다. 그는 오스트리아 빈에 있던 『신자유신문』의 기자로 프랑스에서 발생한 드레퓌스 사건을 취재하러 갔다가 충격을 받아 민족주의자로 변신했다.[32] 프랑스인이 그때 외쳤던 "유대인을 죽음으로!"라는 구호에 충격을 받은 그는 1896년 『유대인 국가』(Der Judenstaat)를 저술하여 시온주의 운동을 도모했다.

시온주의 운동은 반셈주의의 산물이다. 아렌트가 보기에 시온주의는 반셈주의가 불러온 것 중 유일하게 긍정적인 것이다. 시온주의 운동은 "반셈주의에 대항하여 유대인이 발견할 수 있었던 유일한 대답이었고, 세계적 사건의 중심에 자신들을 세웠던 적대감을 심각하게 고민한 유일한 이데올로기"[33]라고 아렌트는 평했다. 유대인의 유일한 정치 운동인 시온주의를 이끌어낸 사람이 헤르츨이었다는 점에서 아렌트는 헤르츨을 칭송했다. 그럼에도 그는 시온주의 운동이 적절한 정치 운동이라고 여기지는 않았다. 아렌트가 20대부터 가지고 있던 시온주의에 대한 부정적 인상을 지속적으로 유지했다. 헤르츨의 시온주의는 이후 이스라엘 시온주의의 기본 방향을 제시했다. 그에 따라 유대인의 국가를 팔레스타인에 건설했다. 하지만 아렌트는 헤르츨의 시온주의에 담긴 문제점이 이스라엘 국가 건설 이후 발생한 팔레스타인 문제를 만들어냈다고 생각한다. 즉 아렌트 관점에서 헤르츨은 유대인이 마땅히 가졌어야 할 정치적 책무를 일깨운 점에서는 훌륭하지만 여전히 중요한 한계가 있다는 관점을 유지한 것이다.[34]

헤르츨은 반셈주의가 유대인에 대한 정치적 위협이라 여겼으므로 유대인의 국가를 건설하는 것이 그에 대한 대안이라고 믿었다. 반셈주의는 유대인이 국가를 상실하여 디아스포라로 세계를 떠돌아다니게 된 이후 지속된 것이므로, 국가를 회복하는 것만이 해결책이라고 여긴 것이다. 헤르츨에 따르면 반셈주의는 유대인이 감당할 수 없는 큰 흐름으로 유대인의 운명을 항구적으로 지배해온 것이니, 유대인은 반셈주의를 "이용하거나" 반셈주의에 "먹히는 것"[35]만이 가능하다고 보았다. 반셈주의 자체는 극복할 수 없다고 본 것이다. 그래서 헤르츨은 그것을 이용해서 국가 건설로 나아가든가, 아니면 반셈주의의 정치적 공격의 희생물이 되는 길밖에 없다고 보았다. 헤르츨은 유대교(Judaism) 내부에는 해결책이 없다고 생각해서 유대교 밖에서 시온주의 운동을 정치 운동으로 이끌었다.

헤르츨은 반셈주의가 항구적으로 존재해왔으며 앞으로도 영원히 지속될 거라고 믿었다. 그래서 그가 제시한 대안은 유대인이 현재 자리에서 정치적 행위를 시작하기보다는 유대인 국가를 다른 곳에 건설하여 그곳으로 이주하는 것이었다.[36] 이처럼 항구적 반셈주의 이론을 수용했을 때 나온 그의 대안은 저항이 아니라 도피일 뿐이라고 아렌트는 비판했다.

아렌트가 지적하는 또 다른 문제점은 팔레스타인에 건설할 국가가 주권국가여야 한다는 헤르츨의 방향 설정에 있었다. 이는 불가피하게 팔레스타인 지역에 분쟁을 불러온다는 것이 아렌트의 비판이었다. 물론 헤르츨은 1904년에 사망하여 이스라엘 국가 건설에 직접 참여하지 않았지만, 그가 외교적 노력으로 확보하려 했던 유대인의 국가는 유대인이 주권을 갖는 국가였다. 이 기조가 이후 이스라엘 정치 지도자들에게 계승된 것이다.

3.

헤르츨이 시온주의 운동을 시작할 즈음 베르나르 라자르(Bernard Lazare, 1865~1903)는 또 다른 시온주의의 방향을 제시했다. 드레퓌스 사건이 일어나고 얼마 지나지 않아 라자르는 반셈주의에 대해 책을 두 권 저술했다.[37] 이 책에서 라자르는 반셈주의의 원인이 유대인의 비사회적 행태 때문이었다고 비판했다. 처음에 라자르는 사회주의에서 길을 찾았으나 곧 눈을 돌려 사회적 계급의 가장 낮은 하층민과 같은 유대인의 신분에서 해결 방법을 찾았다. 사회적으로 버려진 하층민이 자각을 통해 내면적으로 변화하듯, 유대인이 자각의 길을 걸어가야 한다는 주장을 하게 된다. 이때 하층민을 표현하는 말이 파리아(Pariah)로, 유대인이 자각적 파리아의 길을 걸어야 한다는 것이다.

라자르는 헤르츨과 마찬가지로 유대교에서 희망을 찾지 않았다. 그러나 헤르츨과 달리 유대인의 미래를 지역 문제로 보지 않았다. 라자르는 반셈주의에서 도망칠 것이 아니라 유대인이 적과 대항하도록 움직이게 하는 것이 중요하다고 보았던 것이다. 라자르는 시온주의 운동 초창기에 세계시온주의조직의 실행위원으로 참여했다. 하지만 1년 만에 그 자리를 버리고 나온다. 그는 실행위원회의 수직적 명령이라는 방식으로 일을 진행해나가는 데 동의할 수 없었다. 아렌트는 라자르에 대해 다음과 같이 말했다.

자신의 민족에 대한 라자르의 비판은 헤르츨의 비판만큼이나 신랄했지만, 라자르는 결코 자신의 민족을 경멸한 적은 없으며, 정치는 위로부터 행해져야 한다는 헤르츨의 이념을 공유하지도 않았다.[38]

라자르는 헤르츨 사상을 비판하면서 그의 조직에서 벗어났고, 결국 시온주의 운동에서도 멀어지면서 사회적 영향력도 발휘하지 못한 채 죽었다.

아렌트는 라자르의 주장에 깊이 공감한다. 특히 라자르가 파리아와 파브뉴를 구분한 것에 크게 공감했다. 아렌트는 라헬의 삶을 책으로 쓸 때 이 구분을 이용했다.[39] 『전체주의의 기원』에서도 이 개념을 활용해 유럽 사회에 동화한 유대인과 그렇지 않은 유대인 사이에서 신분적 차이가 어떻게 발생했고, 세상이 변했을 때 이런 차이가 어떻게 다시 변화했는지 설명했다.

아렌트의 설명은 이렇다. 유럽 사회가 근대화되고 국민국가가 형성되면서도 유대인은 정치적 권리를 갖지 못한 상태로 지냈다. 그러다가 사회적 변화로 계급사회의 내적 변화가 발생했을 때 유대인은 점차 다양한 방식으로 유럽인 사회에 개입하게 되었다. 학문으로 지식을 갖게 된 계층들은 국민국가들에 사회적으로 동화되었고, 재정적 힘을 가진 이들은 궁정의 재정을 담당하면서 특권층이 되었다. 은행가들은 사업관계로 가문 간에 정략결혼을 일구었다. 유대교를 중심으로 한 유대인 공동체 내부에는 저명인사 계층이 존재했고, 이들은 공동체에서 지배적 위치를 차지했다. 이들은 지배력을 유지하기 위해 공동체를 떠나지 않았다.

유력한 유대인 중 부유한 사람들은 유대인 공동체에 머물면서 영향력을 행사했으며, 가난한 유대인에게 자선 형태로 도움을 주면서 영향력을 지속했다. 지식을 갖춘 유대인은 주류 사회에 동화되었다. 그들은 기독교로 개종하고 이방 사회에서 활동했다.[40] 이런 방식으로 유대인 사회 내부에는 다양한 층이 발생했다.

유대인 사회에 형성된 카스트의 상부층이 외부 사회의 귀족들이나 부유한 계층과 깊이 교류하거나 그들의 인정을 받은 것은 아니다. 또한 주로 독일에서 형성된 유대인 동화의 경우를 보면, 그처럼 동화된 유대인이 시대에 따라 특별한 대우를 받기도 하고 예외적 존재로 인정을 받기도 했지만, 주류 사회의 시민들에게서 '동료 시민'으로 받아들여진 것은 아니다.[41] 그들은 동화되어 안정된 삶을 누리며 살 수는 있었다. 하지만 드레퓌스 사건은 그런 안정성이 언제든 송두리째 흔들릴 수 있음을 보여주었다. 유대인은 동화되었거나 동화되지 않았거나 상관없이 유대인이라는 사실이 부각되었고, 반셈주의의 위협에 노출되었다.

이런 정황에서 중요한 것은 자신이 서 있는 곳에서 유대인으로서 저항하고 정치적 활동을 개시하는 것이라는 라자르의 주장에 아렌트는 동의했다. 나아가 유대인이 스스로 유럽에서 파리아임을 자각하고 그 기반에서 역사를 변혁하는 주체가 되기를 바란 라자르의 견해에 공감했다. 이런 사람이 의식적 파리아(the conscious pariah)다. 아렌트는 유대인이 취해야 할 정치적 행위자의 모델인 의식적 파리아를 이렇게 정의한다.

의식적 파리아는 버림받은 자와 국외자라는 것에 대한 책임과 도전을 받아들인다. 파리아는 자신의 정체성을 상실하고 다른 '추상적 개인들'과 구별할 수 없도록 하는 동화를 거부하는 반역자이자 독립적인 사유자다.[42]

4.

아렌트는 교수자격 논문을 준비하던 1933년, 시온주의 활동을 하던 쿠르트 블루멘펠트의 요청을 받아들여 시온주의 조직을 도우려 도서관에서 반셈주의와 시온주의 관련 자료를 수집했다. 아렌트 자신은 시온주의자가 아니었지만 그런 부탁을 받아들인 것은 당시 시온주의 조직이 유일하게 정치적 활동을 하는 유대인 집단이었기 때문이다. 아렌트는 이 일로 비밀경찰에게 8일간 조사를 받고 풀려난 뒤 곧바로 어머니와 함께 파리로 망명했다. 아렌트는 파리 망명 시에도 시온주의 조직에서 일했다. 파리에서도 아렌트는 시온주의 조직원이 되지는 않았다. 그런데 이런 아렌트에게 그 나름의 시온주의가 있다고 말할 수 있을까? 그런데 펠드먼은 아렌트의 글에서 아렌트 자신의 시온주의를 찾아낸다.

1940년대에 작성된 글들을 보면 처음에 아렌트는 헤르츨과 라자르 주장을 비교하는 데 머물러 있다. 하지만 시온주의자들이 팔레스타인 지역에 유대인의 주권국가를 수립하겠다는 계획을 공공연히 발표하고 추진하자 아렌트는 국가 건설 문제 등 현실적 문제에 대한 의견을 내세우며[43] 헤르츨의 시온주의를 강력히 비판한다. 이런 비판은 곧 당대 이스라엘의 정치적 지도자들을 향하게 된다. 펠드먼은 이런 글들에 '문화적' 시온주의라고 불릴 수 있는 아렌트의 생각이 나타난다고 주장한다.[44]

펠드먼은 아렌트의 시온주의가 문화적 주장처럼 보이지만 실은 고도로 정치적이라고 주장한다. 아렌트는 팔레스타인에 유대인 문화센터를 세우는 것은 유대민족의 창의성을 보여주는 일이라고 생각했다. 그러나 이는 문화적 활동만을 위한 것이 아니라 이를 통해 유대인 사이에 정치 공간을 형성할 수 있는 일로 보았다. 아렌트는 유대인의 문제점으로 세계성의 결여를 지적했는데, 유대인이 진정한 정치적 권력을 형성하지 못한 것이 바로 이 때문이라고 보았다. 유대인의 고유한 세계의 형성은 문화적 활동으로만 가능하다. 그래서 히브리대학을 만들고, 히브리 언어를 부활시키고, 키브츠를 만들어 함께 노동하고 그 산물을 나누며, 헬스 센터들을 만드는 것이 공리주의적 이익과는 다른 차원의 이익을 가져다준다고 아렌트는 생각했다.

아렌트는 이스라엘이 팔레스타인에 주권국가를 수립하려 해서는 안 된다고 주장했다. 유대인에게 고향이 회복되는 것은 중요하지만 그것이 국가 형태일 필요는 없다는 것이다. 유대인에게는 팔레스타인 사람들과 주변 아랍인들과 유대가 중요한데, 그들과 평화롭게 살아갈 방법은 그들과 함께하는 연방제에 있다고 보았다. 연방제야말로 참된 주권과 참된 독립의 기초가 될 거라고 믿었다. 민족주의적이거나 국수주의적인 관점은 배제하려는 아렌트의 주장과 노력은 수적으로 아주 미미했으므로 실질적 영향력은 거의 없었다.[45] 그리고 아렌트의 많은 노력에도 불구하고[46] 1948년 유엔은 이스라엘 국가 수립을 인정했다.

이상과 같은 아렌트의 주장에 대해 펠드먼은 '아렌트의 시온주의'(Arendt's Zionism)라고 부른다. 이 시온주의는 헤르츨의 전통을 따른 것이 아니라 라자르 시온주의의 "저항적 형태"(dissident mold)[47]에 해당한다는 것이다. 이런 펠드먼의 주장은 시온주의 개념이 이중적으로 활용되기에 가능한 것이다. 아렌트는 헤르츨의 시온주의를 반셈주의의 반이데올로기라고 비판했다. 이때 시온주의는 헤르츨에서 시작하여 이스라엘 건국으로 이어지는 건국 이데올로기를 말한다. 펠드먼이 아렌트의 견해를 시온주의라고 부를 때는 하나의 이데올로기가 아니라 이스라엘 국가 또는 유대인 민족에 대한 철학적 설명과 정치적 제안 정도에 머무른다. 시온주의라는 두 가지 이해에는 분명한 차이가 있다. 그러면 라자르의 시온주의는 어디에 해당할까? 양자의 중간 정도에 머문 것은 아닐까?

아렌트는 정치적 활동가가 아니라 정치평론가다. 또 아렌트가 정치 이론이나 이데올로기적 주장을 제시하지도 않는다. 그래서 나는 아렌트를 그 나름의 시온주의를 주창한 자로 간주하는 것은 지나치다고 생각한다. 어떤 이론을 비판하고 평론한다고 해서 반드시 그런 비판자가 이론적으로 중립을 표방할 필요는 없다. 어떤 비판이나 평론에도 그 저변에는 어떤 견해가 존재한다. 그 견해를 마치 하나의 이론이라거나 이데올로기라고 하는 것은 지나치기 때문이다.

5.

시온주의자들의 목표는 유대인 주권국가의 건설이었다. 하지만 그곳에서 살던 아랍인과 팔레스타인 사람들을 고려하지 않은 주권국가 건설은 결국 그들의 '권리를 가질 권리'를 박탈하는 결과를 낳게 되었다. 그래서 아렌트는 이러한 아이러니를 이후『전체주의의 기원』에서 다음과 같이 서술한다.

유일하게 해결할 수 없는 것으로 간주되던 유대인 문제가 전후에, 말하자면 식민지화하고 뒤이어 정복한 지역으로 해결되었지만, 이것은 소수민족 문제나 무국적인 문제를 해결한 것은 아니었음이 판명되었다. 그와는 반대로, 사실상 우리 세기의 모든 사건처럼 유대인 문제 해결은 새로운 범주의 난민들, 즉 아랍 난민을 만들었고, 그로써 무국적자와 권리가 없는 자의 수가 다시 70만 명에서 80만 명 정도 증가했다.[48]

민족 주권국가에서는 소수민족 거주민은 항상 문제가 되었다. 시온주의자들이 유대인의 민족주권국가를 건설함으로써 결국 그 지역에 살던 거주민들의 운명을 비참하게 만들었다. 마치 나치 독일과 그 시대 유럽에 있었던 유대인의 운명처럼 말이다. 이는 결코 유

대인이 취해야 했던 대안은 아니었다는 것이 아렌트의 주장이었다.[49]

아렌트는 유대인의 조국 또는 고향(homeland)과 유대인 국가(the Jewish State) 개념을 엄밀하게 구분하는 데서 실마리를 찾았다. 이런 생각을 한 이는 아렌트 혼자가 아니었다. 아랍인과 유대인의 공동이익을 위해 주장한 팔레스타인 거주 시온주의자 집단도 존재했다. 비록 규모가 작은 집단이었지만, 그들은 다른 노선의 시온주의를 주장했다. 주로 지식인과 대학교수들로 구성된 이들은 유대인과 아랍인이 똑같은 권리를 갖는 이중 민족국가를 주창했다. 이들은 심지어 제1차 세계대전 기간에 영국이 유대인에게 팔레스타인에 그들의 민족국가를 건설하게 해주겠다고 한 벨푸어 선언조차 반대했다. 이 선언은 대부분 유대인이 찬성하고 반겼는데, 이 소수 시온주의자는 "영국이 유대인에게 팔레스타인을 주겠다고 '약속'하지 말았어야 했다는 지극히 인기 없는 견해"[50]를 취했다. 아렌트는 이들의 견해가 자신과 같다고 보았다. 이들 가운데 대표적 인물이 히브리대학을 설립한 유다 마그네스(Juda Magnes)였다.

하지만 아렌트의 대안은 여기서 한 걸음 더 나아간다. 아렌트는 아랍인과 유대인의 공동체를 중심으로 평의회를 형성하고 그에 기초한 연방국가를 건설하자고 주장했기 때문이다. 팔레스타인을 분할하여 여러 지역으로 나눈다면 지역 간 갈등은 불을 보듯 뻔하므로 아렌트는 연방제가 현실적 대안이라고 주장한다. 그 이유로 다음과 같은 주장을 한다.

연방 구조는 유대인-아랍 공동체 위원회를 기초로 하는데, 이

위원회는 유대인-아랍 갈등을 근접성과 이웃 간 경계선의 관점에서 최하위 단계에서, 그리고 가장 유망한 단계에서 해결할 수 있다는 것을 의미한다.[51]

아렌트는 이스라엘 주권국가 건국에 반대하면서 주권국가 건설을 당연시했던 수많은 유대인에게서 심한 공격을 받았다. 그리고 실제로도 아렌트가 현실적인 정치적 영향을 주지는 못했다. 번스타인에 따르면 아렌트는 "기껏해야 현실정치에 대한 구체적 감각이 없는 지적인 이단자로 취급되었고, 아무리 나쁘다 하더라도 시온주의자의 목적에 대한 배반자 정도였다. 시온주의 역사의 견지에서 보면, 아렌트는 사소하고 중요하지 않은 인물이었다."

아렌트의 견해에 동의했던 유다 마그네스가 사망한 뒤, 그를 기념하는 유다 마그네스 재단 지도자들은 아렌트에게 그 재단 지도자가 되어달라고 부탁했다. 그러나 아렌트가 그 재단에서 연설할 때 많은 청중이 아렌트에게 야유를 보냈다. 이 일에 크게 실망한 아렌트는 이후 엘리엇 코헨에게 다음과 같은 편지를 썼다. "저는 어떠한 직접적인 정치적 작업을 할 자격도 없는 것 같습니다. 저는 폭민들을 대응하는 데 즐거움을 느끼지 못하며, 너무나 쉽게 역겨움을 느끼고, 그들을 다루어나갈 만한 인내력도 있지 않을뿐더러 필요한 정도의 어떤 초연함을 유지할 지성도 갖고 있지 않습니다. …… 그런 일은 확실히 작가로서 저의 일을 망치게 될 것입니다."[52]

이런 현실적인 저항과 비판에도 불구하고 아렌트의 주장에는 탁월한 혜안이 담겨 있다. 번스타인이 적절히 지적했듯이, 아렌트의 말은 "팔레스타인의 시온주의자들과 유대인들이 그들의 문제에

······ 정직하게 맞서지 않을 때 일어날 일에 대한 그녀의 구체적인 경고들은 ······ 오늘날 우리의 현실에도 들어 맞"[53]기 때문이다.

6.

아렌트는 유대인이면서도 유대교나 유대주의의 영향 가운데 있지 않았고, 그에 영향을 주지도 않았다. 아렌트는 파리로 망명하기 전후 시기부터 유대인과 관련된 여러 일에 대해 글을 썼는데 이 글은 대부분 『전체주의의 기원』에 수렴되었다. 하지만 『전체주의의 기원』을 출간한 이후 아렌트는 유대인 관련 글을 더는 쓰지 않았다. 그리고 정치 일반에 대한 탐구로 나아간다. 1958년 출간된 『인간의 조건』에서는 '정치적인 것'에 대한 규명과 더불어 정치적 행위(action)에 대한 구체적 논술을 처음으로 제시하지만 유대인과 관련된 부분은 없다. 아렌트가 직접 출간하지 않았던 1950년대의 글 모음집인 『정치의 약속』에서도 유대인 관련 내용이 다루어지지 않는다. 『전체주의의 기원』에 포함된 반셈주의에 대한 논의로 유대인 관련 주제는 마무리된 것이다.

그러면 『전체주의의 기원』 이전의 유대인 관련 논의와 『전체주의의 기원』 이후의 정치적 논의는 과연 어떤 연관이 있을까? 나는 유대인 관련 주제들을 다루면서 형성된 정치에 대한 특성이 이후의 정치적 저술들에 삼투되었다고 생각한다. 예를 들면, 자각적 파리아 개념에서 나타났던 바와 같이 자신이 서 있는 자리에서 정치적 변화를 이루어내야 한다는 주장, 소수의 정치적 엘리트가 아니라 대중 각자가 자각적 의식을 갖고 정치적 평등을 기반으로 한 정치적 대화를 일구어내야 한다는 주장, 보편적 문제를 다루더라도 개인이 서 있는 구체적 기반을 토대로 해야만 한다는 주장 등은 아렌트 정치사상의 중요한 특징이기 때문이다. 아렌트가 보편성을 추구하면서도 특수한 삶의 지반에 근거하도록 요구한 것, 정치적 자유에 대한 신념, 세계가 사막으로 변하지 않도록 하는 공동의 삶에 대한 끊임없는 염려 요청, 혁명과 개혁 같은 사회적 변화에 대한 참여요청 등에서 그런 특징은 여실히 드러난다.

유대인이 반셈주의에서 벗어날 수 있는 올바른 길은 의식적 파리아의 길이라고 아렌트는 생각했다. 그런데 이 길은 유대인만의 길이 아니라 모든 개인과 민족에게 해당하는 정치적 교훈이다. 아렌트 사상의 출발점은 유대인 문제였다. 그러나 그의 정치사상이 유대인 문제로 환원되는 것은 아니다. 거기서 아렌트의 정치사상은 확장된 것이다.『전체주의의 기원』출간 이후 아렌트의 사유는 유대인 관련 문제들과 전체주의에 대한 분석에서 활용한 개념들을 보편적으로 적용할 수 있도록 전개되기 때문이다.[54]

제7장 유대인과 의식적 파리아

1. 의식적 파리아 유대인

1.

　뉴욕시 맨해튼에 있는 뉴스쿨은 아렌트가 말년에 교수로 몸을 담았던 곳이다. 아렌트 관련 영화를 보면 『예루살렘의 아이히만』이 출간되고 유대인 사회에서 크게 논란이 되었을 당시 뉴스쿨에서 강의한 것으로 나오지만, 그것은 허구다. 아렌트는 1960년대 초에는 뉴스쿨과 아무런 연관이 없었고, 1960년대 말에야 뉴스쿨과 인연을 맺게 된다. 뉴스쿨 재직 당시 아렌트는 하트포드대학에서 강의를 하던 리처드 J. 번스타인 교수를 주목하여 그가 뉴스쿨과 인연을 맺게 해주었다. 번스타인 교수가 뉴스쿨로 옮겨간 것은 아렌트가 죽은 이후이지만 그 인연은 아렌트로 시작되었다.

　번스타인은 『한나 아렌트와 유대인 문제』라는 저술을 펴내 아렌트의 초기 관심사에서 시작하여 유대인과 관련한 여러 주제를 책 한 권에서 다루었다. 그에 따르면 아렌트에게 베르나르드 라자르의 저작들을 소개한 사람은 쿠르트 블루멘펠트였다. 블루멘펠트는 아렌트가 대학 시절 한스 요나스를 통해 알게 된 시온주의 운동의 리더였다. 아렌트가 유대인 문제를 다룰 때 활용했던 파리아(Pariah)와 파브뉴(Parvenu)라는 개념은 라자르를 통해 알게 된 것이다. 파리아는 계급 사회에서 어느 계급에도 속하지 못할 정도로 천한 상태로 있는 이른바 불가촉천민을 가리키는 말이다. 파브뉴는 자신이 속한 천한 신분사회에서 벗어나 자신을 파리아로 취급하는 사회에 동화되어 신분적 상승을 위해 필사적으로 노력하는 사람을 가리킨다.

2.

번스타인은 아렌트가 파리에서 있던 시기와 뉴욕으로 갔던 초기 시절에 파리아와 파브뉴에 대한 생각이 더욱 깊어졌다고 말한다. 아렌트가 뉴욕으로 이주해온 지 얼마 지나지 않은 1943년에 쓴 글 「우리 난민들」 마무리 부분에 다음 구절이 나온다.

> 궁정 유대인에서 시작하여 유대인 백만장자와 박애주의자로 이어진 근대 유대인 역사는 유대인 전통의 이 같은 다른 줄기—하이네, 라헬 파른하겐, 숄롬 알라이켐(Sholom Aleichem)의 전통과 베르나르 나자레, 프란츠 카프카, 심지어 찰리 채플린의 전통—를 망각하는 경향이 있다. 그것은 벼락부자가 되려 하지 않고 '자각적 파리아'의 지위를 선호한 소수 유대인의 전통이다. 유대인의 모든 자랑스러운 특성—'유대인의 심성', 인류애, 유머, 사심 없는 지성—은 파리아에서 나왔다. 모든 유대인의 약점—분별없음, 정치적 우둔함, 열등, 콤플렉스들과 돈벌레—은 벼락부자의 특성들이다.[1]

아렌트는 이 글에서 역사적으로 눈에 띄게 역할을 한 유대인 벼락부자(upstart)와 달리 눈에 드러나지 않게 이어져온 유대인의 전통을 파리아의 특성으로 정리한다. 그리고 그 특성들이 자랑스러운 것이라고 말한다. 아렌트는 「파리아 유대인, 숨겨진 전통」이라는 1944년의 글에서 파리아의 특성을 더욱 깊이 탐구했다.[2] 이 글에서 아렌트는 유대인 작가, 시인, 예술가들이 사회적으로 추방당한 자라는 자신들의 개인적 경험에서, 파리아를 하나의 인간 유형으로 개념화할 수 있었다고 한다. 그리고 이로써 그들은 유대민족 전체가 하나의 파리아라는 정치적 지위를 드러낼 수 있었다. 원래 유대인은 종교적인 민족이어서 정치적으로는 별로 중요하지 않은 존재였는데, 흥미롭게도 이런 지위가 역설적으로 독특한 정치적 위상을 드러나게 한다는 것이다.[3]

이런 작업이 가능했던 것은 근대 유대인의 운명에 대한 아렌트의 통찰 덕분이다. 근대 국민국가가 등장한 뒤 유대인은 계몽주의의 영향 아래에서 유럽인의 사회로 진입하게 되었다. 그런데 사회 진입과 국가에 정치적으로 참여하는 것은 별개의 문제다. 아렌트는 유대인의 운명을 분석하면서 '사회적인 것'과 '정치적인 것'의 차이를 예리하게 구분하는데, 이것이 아렌트 정치사상의 핵심이 된다. 이 명료한 구분은 유대인 문제를 더는 다루지 않게 된 1950년대 후반 펴낸 『인간의 조건』에서 철학적으로 다룬다. 이 구분에 대해서는 뒤에 다루고, 먼저 사회와 국가의 차이를 전제로 해서 이야기를 계속해본다.

3.

국민국가 형성기에 유대인이 그들만의 공동체에서 벗어나 유럽인 사회로 진입할 수 있는 길이 열린다. 계몽주의의 보편적 인간에 대한 이해는 사상적으로 유대인을 포함한 모든 사람이 하나의 인류(human kind)에 속한다는 생각을 지식인들 사이에 퍼뜨렸고, 이에 따라 유대인이 사회로 들어와 기능을 담당할 수 있는 길이 열리게 되었다. 사회 진입이란 정치적 평등이나 정치적 권리 주장과는 무관하게 경제적 영역에 대해 열려 있는 길을 따르는 것이다. 따라서 이는 비유대인이 유대인을 수용하고 유대인이 비유대인 사이에 동화됨을 의미했다. 문호 개방은 '예외적인 유대인', 즉 제한된 소수에게만 해당하는 것이었다. 국가가 형성되면서 경제적인 면뿐만 아니라 정치적·법적으로도 평등을 부여할 수 있다고 생각하게 되는 시점에서는 전면적인 '유대인 해방'이 가능하지 않았다. 예외적인 유대인, 즉 특별한 유대인이란 그들이 유대인이기는 하지만 유대인 같지 않다는 묘한 상태를 요구했다. 유대인이라는 점과 재능이 있다는 점에서 특별하게 여겨지지만, 비유대인과 어울릴 수 있을 만큼 동질화해야만 하는 점에서 그들의 정체성은 모호했다.

동화를 택한 유대인은 유대인으로 존재하면서도 유대인이 아니려고 노력해야 했다. 예외적인 유대인은 근대와 계몽주의에서 요구하는 교양을 갖추어야 했다. 그들은 교양을 쌓아 평범한 유대인과는 다르게 처신하지만 동시에 평범하지 않은 어떤 것을 지녀야만 했다. 따라서 동화는 예외적으로 재능을 타고난 개인이 노력해서 성취하는 것으로 간주되었다. 동화는 보편적인 길은 아니었다. 유대인에게 우호적인 인사들은 유대인이나 비유대인 모두 교육을 받아 변화됨으로써 함께 어울려 사는 사회를 이룰 수 있다고 생각할 수 있었다. 이렇게 생각한 이들은 교육을 받아 관용적이고 교양을 갖춘 자들이었다. 그런데 이는 교양을 갖춘 비유대인이 유대인 모두를 향해 갖는 태도가 되어 유대인만 교육을 받도록 재촉하는 사태가 벌어지게 된다. 물론 유대인은 보통의 유대인과 다르게 행동할 수 있을 정도로 교육을 받아야 한다는 권유를 받는데, 그러면서도 유대인은 유대인이라는 사실 때문에 동화할 기회가 주어진 것이므로 유대인의 특성을 유지하는 것도 중요한 일이었다.

동화는 오직 사회적인 차원에서만 이루어졌다. 정치적인 면에서는 여전히 반셈주의적 분위기에 노출되어 있었다. 그래서 아렌트는 이렇게 말한다. "유대민족사에서 아주 불행한 사실 가운데 하나는 유대인의 친구들이 아니라 적들만이 유대인 문제가 정치적 문제라는 점을 이해하고 있었다는 것이다."[4] 이후 유대인이 맞닥뜨리는 문제는 정치에서 발생한다.

4.

1792년 프랑스 칙령이 선포된 이후부터 새로운 평등개념이 유대인에게 적용되었다. '국가 안의 국가' '민족 안의 민족'은 이제 관용의 대상이 될 수 없었다. 역사적으로 유대인이 누렸던 특권과 제한이 평등과 자유라는 이름으로 폐지되었다. 독일에서는 1808년에 정부가 유대인에게 정치적 권리를 제외한 모든 시민적 권리를 '자치법'의 이름으로 부여하면서 커다란 전환점을 맞이한다. 이는 유대인의 해방을 의미한다. 해방(liberation)은 유대인에게 시민적 자유(liberty)를 부여했지만 정치적 자유(political freedom)는 부여하지 않은 상태를 말한다.

19세기 유럽 사회에서 유대인에게 놓인 길은 다음과 같았다. 첫째, 정치적·경제적·사회적으로 학대와 차별을 받는 평범한 유대인의 길. 둘째, '예외 유대인'으로 정치·사회와 담을 쌓고 편견 속에서도 돈을 많이 벌어서 벼락부자로 살며 특권을 계속 유지해나가는 길. 셋째, 독일 사회에서 요구하는 동화된 유대인, 교육받은 유대인으로 '예외 유대인'이 되어 상류층으로 나아가는 길. 하지만 이들 유대인 전체의 운명은 전체주의 운동으로 향해 가는 역사의 흐름 속에서 벗어날 수 없었다. 유대인은 여전히 정치적으로 무지했고 경제적인 영역에서만 특수한 역할을 해왔다. 유대인은 점차 증가하는 반셈주의의 정치적 위험을 인식할 수 있는 안목을 형성하지 못했다. 반셈주의와 사회적 차별은 나란히 발전했다. 정치적 반셈주의는 유대인이 하나의 분리된 집단으로 볼 때 형성되며, 사회적 차별은 다른 모든 집단과 더불어 유대인의 평등이 신장되었기 때문에 발생했다.

아렌트가 파리아로서 유대인의 정치적 의미를 명백히 인식한 것은 라자르 덕분이었다. 파리아로서 유대인이 걸어가야 할 길은 '자각적 파리아'의 길이어야 한다. 파리아는 안락한 삶을 포기하고 공개적으로 드러나야 한다. 그런데 파리아가 정치의 과정으로 들어서면 그는 곧 반역자가 된다. 라자르가 유대인을 파리아로서 일어나도록 하는 데 실패한 것은 부유한 파브뉴 유대인이 조직적으로 반대했기 때문이 아니라 유대인이 반역자가 되기를 거부했기 때문이라고 보았다.

아렌트는 의식적 파리아가 여전히 중요한 개념이라고 생각한다.

그리고 『전체주의의 기원』 이후의 글에서 파리아는 더는 언급되지 않지만 파리아 개념에서 발견되는 것은 정치적으로 여전히 중요하게 남아 있다. 그것은 독립적 사유다. 파리아에게 남겨진 유일한 무기는 사유다. 파리아에게 중요한 독립적 사유는 정치적으로 가장 중요한 요소가 된다. 두 차례 세계대전을 겪은 뒤에도 여전히 우리를 위협하는 전체주의적 경향을 극복하는 필요조건이 독립적 사유다. 아렌트는 이 사유를 이후에 '난간 없는 사유'(thinking without banisters)라고 불렀다.

파리아는 내부에서가 아니라 외부에서 어떤 것을 볼 수 있기 때문에 이런 능력을 갖게 된다. 같은 사회 안에 있지만 사회적 계급질서 외부에 존재해야만 하는 이런 자들은 외부에 있다는 점 때문에 사회에서 자유롭고 또 사회가 어떻게 변화되어야 하는지 잘 볼 수 있었다. 독단과 이데올로기적 사유에서 벗어나 자유롭고 독립적으로 사유할 가능성은 파리아라는 그들의 조건에서 나온다.

아렌트는 자신이 얼마나 자유롭게 사유하는 자인지를 언급하는 가운데 다음과 같이 말한다.

> 자, 정치와 관련된 일에서 저는 어떤 장점을 하나 가지고 있습니다. 저는 본성상 행위자가 아닙니다. …… 제게는 외부에서 어떤 사태를 볼 줄 아는 장점이 있습니다. 심지어는 제 내부에 있는 것도 외부에서 볼 수 있습니다.[5]

아렌트에게는 정치적 통찰력이 있었지만, 자기 자신을 결코 정치적 행위자로 생각하지 않았다. 도리어 아렌트는 자신이 국외자, 즉 파리아의 위치에 있어서 "외부에서 어떤 사태를 볼 수 있는 이점"이 있다고 생각했다. 이는 1972년 캐나다 토론토에서 있었던, 자신의 저작에 헌정된 심포지엄에서 한 말이다. 이처럼 국외자라는 신분 때문에 독립적 사상가, 즉 교설과 이데올로기에 구속되지 않는 사상가가 되는 자유를 지닌 사람이 파리아다.[6]

2. 드레퓌스 사건

1.

알프레드 드레퓌스(Alfred Dreyfus)는 1859년 10월 9일에 태어나 1935년 7월 12일에 사망했다. 그는 알퐁스 도데(Alphonse Daudet, 1840~97)의 『마지막 수업』의 배경인 알자스로렌의 유대인 거주지역에서 태어났지만 그곳이 독일 땅으로 바뀐 후 파리로 이주했다. 그는 독어와 프랑스어에 능통했고, 프랑스 육군사관학교를 우수한 성적으로 졸업했다. 그럼에도 그는 유대인이라는 이유로 불이익을 받았다.[7]

프랑스군 참모본부의 장교로 일하던 드레퓌스는 독일군의 스파이 활동을 했다는 혐의로 1894년 말 기소되어 유죄판결을 받고 악마의 섬으로 종신 추방되었다. 재판은 비밀리에 진행되었고 공개된 문건은 검찰이 제공한 문건의 명세서뿐이었다. 드레퓌스가 유죄판결을 받게 된 근거는 독일 대사관 무관 슈바르츠 코펜에게 보낸 편지의 필적이 드레퓌스 것과 같다고 판결한 것이었다. 그런데 1895년 7월에 피카르 중령이 참모본부의 정보국장이 된 뒤 드레퓌스는 무죄이며 페르디난드 에스테라지(Ferdinand Esterhazy, 1847~1923) 소령이 진짜 범인이라고 보고한다. 그런데 피카르 중령은 군사기밀 누설죄로 체포되고 여섯 달 후 분쟁지역 튀니지로 전출된다. 군부는 드레퓌스 사건이 조작된 사실을 숨기기 위해 에스테라지를 보호한 것이다.

이후 드레퓌스 사건은 세계사적 사건으로 변모한다. 1897년 6월 피카르는 상원 부의장 쇠레르케스트네르에게 재판의 전모와 드레퓌스의 무죄를 알렸다. 그는 독일군에게 정보가 지속적으로 유출되고 있다는 것을 알아채고 조사한 결과 에스테라지가 돈을 받고 독일과 내통했음을 알게 된 것이다. 1897년 11월에 정치가 조르주 클레망소(Georges Clemenceau, 1841~1929)는 사건의 재심을 요구하는 투쟁을 시작했다. 1898년 1월에는 유명한 작가 에밀 졸라(Emile Zola, 1840~1902)가 "나는 고발한다"라는 글을 클레망소가 운영하는 신문에 기고했다. 이후 피카르가 체포되고, 거짓 증인으로 나선 위베르 앙리가 거짓말한 사실이 탄로 나자 자살하게 된다. 이에 겁에 질린 에스테라지는 벨기에를 거쳐 런던으로 도망 갔다. 에밀 졸라는 군을 비방한 죄목으로 기소되어 일심과 항소심에서 모두 유죄 판결을 받았다.

1898년 8월 에스테라지는 횡령 혐의로 불명예제대를 하게 된다. 그리고 즉시 영국의 언론인들에게 드레퓌스가 아니라 자신이 그 명세서를 작성한 장본인임을 밝히고, 자신의 상관이자 전 방첩국장인 산테르 중령의 명령으로 드레퓌스의 필적을 조작했다고 폭로했다. 그 이후 앙리 중령은 날조를 고백하고 자살했다. 이런 상황이 일어나자 결국 고등법원은 드레퓌스 사건의 재심을 명령했다. 1899년

6월 열린 고등법원 재심에서 드레퓌스에게 내려진 1894년의 유죄 판결은 무효로 선언되었다. 그런데 이에 뒤이어 1899년 8월 열린 군법회의 재심에서 드레퓌스는 정상참작이라는 이유로 금고 10년으로 형을 감면받는 데 그쳤을 뿐 유죄판결은 유지되었다. 그로부터 일주일 후 프랑스 대통령은 드레퓌스를 특별 사면하지만 복권은 하지 않았다.

1900년 5월 하원은 압도적인 다수로 드레퓌스 사건에 대한 추후의 재심을 반대하기로 의결하고 사면으로 사건을 종결하려고 했다. 이에 드레퓌스는 1903년 재심을 청구했으나 1906년 클레망소가 총리가 될 때까지 이 청구는 계속 기각되었다. 1906년 7월 열린 군법회의 고등법원은 1899년 8월의 선고를 무효화하고 드레퓌스에 대한 모든 고소를 취하했다. 그리고 무죄 확정 선고를 받은 드레퓌스는 소령으로 군에 복귀했다. 그럼에도 드레퓌스는 적법하게 무죄판결을 받지 못했다. 게다가 드레퓌스의 복직은 프랑스 국민에게는 인정받지 못했고 이 사건이 몰고 왔던 엄청난 동요와 흥분도 완전히 가라앉지 않았다. 이 사건의 배경으로 작용한 반셈주의는 법원의 판결에 따라 드레퓌스가 무죄로 드러났음에도 대중에게는 여전히 작용한 것이다.

드레퓌스는 거리에서 공개적으로 공격을 당했다. 그러나 파리 법정은 가해자들에게 무죄를 선고했다. 이는 법원에서 드레퓌스의 무죄 결정에 사실상 반대한다는 뜻을 암시적으로 표현한 것으로 해석할 수 있다. 1924년 『드레퓌스 사건의 개요』가 출간되었고, 1931년 연극 「드레퓌스 사건」이 공연되었다. 그런데 공연 첫날 관객석에서 싸움이 일어나는 등 큰 소란이 벌어져 배우와 관객, 구경꾼 모두 공포에 빠졌고, 결국 연극은 중단되었다. 이런 정황은 결국 우파인 반 드레퓌스파가 승리했음을 보여주는 것이었다. 1935년에 드레퓌스 가 죽었는데, 언론들은 이에 대한 보도조차 주저했다. 당시 좌파는 드레퓌스의 무죄를, 우파는 유죄를 주장했다.

2.

아렌트는 드레퓌스 사건이 그 당시 법적 절차의 문제점을 여실히 보여주었다는 데 주목한다. 법 앞에서의 평등이란 사람들에게 근대 의 공화정이 형성된 이후 문명 세계의 기본적 원칙으로 인식되어 있었다. 이때는 단 한 차례 오심이 있더라도 유럽과 미국에서 큰 추 문이 될 정도의 분위기가 형성되어 있었다. 법은 공정하고 완전한 정의를 실현한다는 믿음을 깨뜨린 것이 드레퓌스 사건이다. 그런데 당시 법이 실제로 완전한 정의를 실현했는지는 별개의 문제다. 그 런 점에서 법적 판단을 문제 삼고 이를 정치 쟁점화할 수 있었다는 것은 프랑스가 그만큼 진정으로 근대적이었다는 말도 된다. 폭민들 과 극우분자들이 반셈주의 정서를 기반으로 드레퓌스 사건의 조작 을 옹호하고 반드레퓌스적 분노를 표출한 것은 문제지만, 그에 대 항하여 에밀 졸라가 투쟁하고 나아가 이를 바탕으로 정치적 분쟁이 이어진 것은 이 시기 유럽의 어디에서도 없었던 일이다.

물론 이 사건의 핵심은 드레퓌스가 유대인이고 반셈주의가 바탕 에 있었으며 극우 집단이 힘을 모아 공화정이 올바로 작동할 수 없 게 만들었다는 데 있다. 유대인에 대한 증오는 '유대인에게 죽음을' 이라는 구호로 나타났는데, 이런 증오는 의회와 공화정 자체에 대 한 의혹으로 이어졌다. 대다수 국민은 국가가 유대인의 영향력 아래 있다고 생각했다. "반드레퓌스라는 용어는 반공화주의적·반민주주의적·반셈주의적인 모든 것에 대한 공식적인 명칭으로"[8] 사용된 것이다.

이후 프랑스에서 공화정의 몰락으로 이어지게 된 것을 아렌트는 극우 파시스트가 그만큼 강했기 때문이라고 보지 않는다. 실제로 그 시기에 극우 파시스트는 실질적인 힘이 미약했다고 한다. 문제는 진정한 드레퓌스파가 없었다는 것이다. 즉, "민주주의와 자유, 평등과 정의가 공화정하에서 수호되고 실현될 수 있다고 믿는 사람이 없었다"[9]라는 것이 문제라고 아렌트는 지적한다.

3.

드레퓌스 사건이 전개되는 동안 많은 사람이 각자 다른 이해와 관심에 따라 움직였다. 이 사건의 영향으로 시온주의가 탄생했고 라자르는 유대인이 의식적 파리아가 되어야 한다는 인식에 이르렀지만, 드레퓌스 자신은 파리아가 아니라 파브뉴에 속했다. 드레퓌스는 여자들에게 환심을 사기 위해 집안 재산을 얼마나 축냈는지를 동료들에게 자랑하고 다녔다. 드레퓌스의 형들은 동생의 석방을 위해 처음에는 전 재산을 내놓고 애를 쓰는 듯했으나 나중에는 그 액수를 크게 줄였다. 드레퓌스의 변호사 드망쥐는 드레퓌스의 무죄를 확신했음에도 자신에게 쏟아질 공격을 피하고 또 자신의 사적 이익의 침해를 받지 않으려고 변론 근거로 미심쩍은 주제들을 활용했다. 군대의 장군들은 계급을 의식하며 자신의 집단 구성원들을 광적으로 감싸는 데만 열중했다. 여기에 피카르는 차분하고 명철하게 대응했으나 그의 정직은 다소 역설적인 면이 있었다. 의회 의원들은 불분명한 태도를 취하면서 다른 이들이 무엇을 알고 있는지에만 전전긍긍했다. 문제의 원인인 에스테라지는 돈 때문에 이 모든 일을 일으켰다. 폭민들은 에스테라지에 환호했고, 에밀 졸라에게 증오를 보냈다.

4.

아렌트는 폭민의 존재에 주목한다. 폭민은 이미 형성되어 있던 사회적 계급질서가 변동되는 가운데 발생한 집단이다. 이들은 각 계급에서 낙오한 자들의 집단을 가리킨다. 국민은 국가 내의 모든 인민을 계급과 무관하게 아우르는 집단인데, 폭민도 한 계급에 머무르지 않고 모든 계층을 아우르는 집단이라는 점에서 국민과 유사하다. 그러나 폭민은 항상 강한 자와 위대한 지도자를 추종한다는 점에서 차별화된다. 폭민은 자기를 소외시킨 사회를 증오하며 자신을 대변하지 않는 의회도 증오하고 대의제를 싫어한다. 이들은 자기 뜻을 표현하고 관철할 수 있는 도구로 국민투표에 의존한다.

폭민이 유대인 가게를 습격하고 유대인을 공격했을 때 상류사회는 이를 아이들의 천진난만한 놀이 정도로 표현하면서 폭민들을 보호했다. 이들은 유대인을 잔인하게 괴롭히고 싶어 했는데, 유대인 역사가 레이나(L. Reinach)가 자신들에게 위협이 되는 이런 일들을 목격하면서도 폭민들의 행동에 대해 은밀한 찬사를 늘어놓기도 했다는 사실에서 아렌트는 유대인이 자신을 제거하려는 사회에 얼마나 깊이 뿌리 내렸는지 보여주는 사례라고 지적한다.[10]

3. 난민 유대인과 팔레스타인

1.

한국의 많은 기독교인이 유대인에게 호감을 가질 좋은 이유가 있다. 기독교인은 성서를 하나님 말씀으로 믿는 이들이므로, 구약성서를 글자 그대로 받아들이면서 그들의 삶과 역사 그리고 하나님과 그들의 관계에서 신앙의 핵심과 삶의 모범과 교훈을 찾기 때문이다. 신약성서에서 예수를 배척하고 죽이는 모습에서 유대인에게 다소 거북하고 비판적인 감정을 가질 수도 있지만 예수와 그의 제자, 그를 따른 많은 무리 그리고 바울과 수많은 신약성서의 영웅은 대부분 유대인이었다. 유대인에 대한 기독교인의 친화감은 성서에 근거한다.

이뿐만이 아니다. 1970년대 박정희 정부가 새마을사업을 벌이면서 '조국'이 강해지고 발전해지기 위해 삼았던 모델이 이스라엘이다. 그래서 한국의 기독교인뿐만 아니라 당시 초등 교육을 받은 많은 이에게 이스라엘은 단지 호감의 대상일 뿐만 아니라 본받아야 할 모범국가였다. 사막의 기적을 일군 키부츠, 티란해협을 봉쇄한 이집트 · 요르단 · 시리아를 단 6일 만에 격파한 1967년의 6일 전쟁, 1976년 팔레스타인 테러리스트에 납치되어 우간다 엔테베공항에 억류된 자국민들을 구해낸 놀라운 기습작전. 이런 것은 당시 세대는 곧바로 기억에서 떠올릴 수 있는 친이스라엘적 사실들이다. 그래서 박정희 시대를 살아온 이들, 특히 보수적 기독교인이 여는 정치집회에 이스라엘 국기가 등장하는 것이 이해될 수 있다. 그들에게 이스라엘 국기는 기독교 신앙과 박정희 시대의 번영을 종합한 표상일 수 있다.

2.

　미국 유학 시절 내게는 부끄러운 사건이 있었다. 미국 대학에서 조교가 될 자격을 얻기 위해 영어 시험을 볼 때였다. 내 자리 옆에 중동 사람 몇 명이 보였다. 시험을 치르기 전에 영어 연습도 할 겸 말을 붙였다. 어디서 왔냐는 질문에 그들은 예루살렘에서 왔다고 했다. 예루살렘은 이스라엘에 있는 대표적 기독교 성지였으므로 그들이 이스라엘 사람이라고 짐작하고, 한국에서 온 기독교인인 내가 어떠어떠한 이유에서 유대인에게 좋은 감정이 있다고 설명했다. 그런데 그들의 표정이 영 시원찮았다. 내 짧은 설명이 끝나자 그들 중 한 명이 한마디로 대꾸했다. "나는 팔레스타인 사람이다!" 그러고는 고개를 자기 친구에게 돌리고 나를 외면했다. 이 사건을 떠올릴 때마다 나는 부끄러워진다. 그때의 나는 그런 외면을 받아 마땅했다. 나는 왜 예루살렘 출신이라는 말에 유대인만 떠올렸을까?

　팔레스타인에 팔레스타인 사람이 사는 것은 당연하지만 지금 그곳의 주인은 유대인이다. 팔레스타인에는 국가가 서 있는데, 그 영토에서 주권을 가진 국민은 유대인이다. 유대인이 팔레스타인 지역으로 이주를 시작한 것은 19세기로 거슬러 올라간다. 그곳에는 이미 팔레스타인 사람들이 살고 있었지만 러시아와 동구권에서 인종적 박해를 받던 유대인이 조금씩 그곳으로 옮겨와 집단 거주지를 만들었다. 그 지역의 지배권은 시기에 따라 바뀌었지만, 유대인의 끊임없는 활동과 외교적 노력으로 급기야 20세기 초부터 그 지역을 지배하던 영국이 이스라엘 국가 건설을 허용했다. 그리고

1948년 이스라엘이 건국되고 유엔의 승인까지 받았다. 유대인 집단들은 1942년 이미 팔레스타인 지역에 유대인의 주권국가를 건설하겠다고 선포했고, 그 지역에 살던 팔레스타인 사람들과 아랍인은 모두 2등 시민의 자격을 갖는다고 했다. 그 선포가 이스라엘 건국으로 실현된 것이다.

3.

유대인이 유럽에서 난민으로 살아가던 때의 삶은 결코 평안하지 못했다. 나치 독일의 유대인 박해로 많은 사람이 초기에는 이민을 떠나야 했고, 나중에는 죽음의 수용소에서 끔찍한 죽음을 맞이한 것은 잘 알려져 있다. 하지만 독일 지배권 밖의 유대인 박해와 학살도 만만치 않았다. 이 부분은 나치의 홀로코스트로 오히려 묻혀버려 사람들 시선에서 멀어진 경향이 있다. 러시아와 중앙아시아 그리고 동유럽 국가들에서 유대인은 더는 살 수 없어서 서유럽으로, 유럽 외 지역으로 삶의 터전을 옮겨야 했다. 이들 가운데 일부가 일찍이 팔레스타인으로 이주했고, 독일에서 이주해온 유대인은 비교적 뒤늦게 합류했다. 새로운 국가 이스라엘에서는 먼저 와서 개척한 이들과 뒤늦게 합류해 그 혜택을 본 이들 사이에 갈등이 생기기도 했다.

아렌트처럼 독일에서 살던 유대인에 초점을 맞추어보자. 20세기에 들어오면서 유대인에 대한 혐오는 점차 극심해졌고, 극우 세력들은 이런 증오심을 적극적으로 표현하는 가운데 시민들의 사회적 불안에서 야기된 심리적 불만을 해소하도록 유도했다. 극우 세력은 1918년부터 인종적 국수주의, 반셈주의, 극단적 민족주의 세력들을 모아 유대인에 대한 혐오를 표출하고 그들을 비방하는 포스터 등을 만들어 유통했다. 나치가 권력을 장악한 뒤 유대인에게 갖은 박해를 시작하자 대중도 거기에 협력했다. 비교적 이동이 자유로웠던 독일계 유대인 다수는 유대인에게 개방적이었던 프랑스로 이주했다.

4.

프랑스로 이주한 독일계 유대인의 국적은 원래 독일이었다. 그런데 독일에서 더는 살 수 없게 되어 프랑스로 이주한 뒤 운명의 아이러니를 아렌트는 「우리 난민들」에서 설명한다.

독일에서 나온 이들 난민은 먼저 '훌륭한 프랑스인'이 되려고 노력했다. 자발적으로 모임을 만들어 어떻게 살아가는 것이 바람직한 프랑스 시민이 되는 길인지 진지하게 논의하기도 했다. 약 7년 동안 이처럼 프랑스인이 되려고 애를 썼다. 그들이 프랑스 국적을 얻기 전에는 일단 법을 잘 지키는 것이 중요한 일일 것이다. 그런데 나치 독일이 프랑스에 위협적인 존재가 되자 프랑스에는 나치의 괴뢰 정부인 비시(Vichy) 정부가 들어섰다. 비시 정부는 독일계 유대인에게 수용소로 들어가라고 명령했다. 이들은 이미 프랑스에 충성스러운 사람들이 되어 있었으므로 제 발로 수용소에 걸어 들어갔다. 하지만 그들에게 수용소에 들어가라는 명령이 내려진 이유는 그들이 프랑스인이 아니라 독일인이었기 때문이다. 프랑스인이 되려고 노력하며 정부의 명령을 잘 따른 유대인 난민에게 내려진 마지막 명령은 그들이 해왔던 노력에 대한 배신이었지만 그것을 따르지 않는 것은 자기모순이 되어버린다. 이후 독일은 프랑스를 침공했고, 이에 프랑스 정부는 독일계 유대인이 있던 수용소의 성격을 강제 수용소로 바꾸었다. 거기 있던 유대인은 독일인이 아니라 유대인이라는 이유로 거기서 죽음의 수용소로 옮겨져 살해되었다. 이것이 유대인 난민의 운명이었다.

자신의 국가에서 자신이 원하지 않는 이주를 해야 하는 난민에게는 인권은 존재하지 않는다. 이들이 처한 상황을 아렌트는 '권리를 가질 권리'(the right to have rights)가 없는 상태라고 했다. 인권이 보장되는 권리를 주장하고 요구할 수 있는 그 권리 자체를 갖지 못한 이들이라는 말이다. 아렌트도 다른 독일계 유대인과 마찬가지로 귀르에 있는 수용소로 들어갔지만 나중에 다른 사람들과 함께 서류를 위조하여 수용소를 탈출한 뒤 포르투갈로 건너갔다. 거기서 아렌트는 운이 좋게도 미국 비자를 발급받아 미국행 배를 타고 뉴욕으로 갈 수 있었다. 하지만 서류 위조를 거부하고 수용소에 남았던 사람들은 나중에 모두 아우슈비츠로 이송되었다. 이 이송 계획은 아이히만이 세운 것이었다.

5.

난민 유대인이 겪은 참혹한 역사를 살펴보면, 여러 가지 요소가 비극을 만들어낸 것을 알 수 있다. 첫째는 근거 없는 인종차별주의다. 개인을 두고 좋아할 수도 있고 미워할 수도 있지만, 국민 전체나 민족 전체를 향해 차별적 규정을 내리는 것은 어떤 근거로도 정당화될 수 없다. 유대인의 열등성과 아리아 인종의 우월성을 과학적으로 규명하기 위해 나치는 학자들을 동원해 우생학적 연구를 수행했다. 이것은 모두 사이비과학이었을 뿐이다. 둘째, 극우적 분위기의 발흥과 그에 대한 동조다. 혐오의 언어를 거침없이 내뱉고 문제를 폭력으로 해결하려고 하며 이를 대중 선동으로 이어가는 것이 극우의 모습이다. 인간에 대한 애정과 숙고는 존재하지 않고, 오직 자신의 이익과 얕은 감정에만 충실하다. 조금만 생각해보면 자신의 주장이 얼마나 과도한 것인지 분명히 알 수 있음에도 자신이 처한 곤경을 이유로 약자에 대한 공격을 정당화한다. 셋째, '국익'을 좁은 의미로만 해석하여 인간을 인간으로 대우하지 않고 스스로 정의로운 불편과 개방적 이해를 팽개친 대중이 있었다. 인간에 대한 애정은 처지를 바꾸어 생각할 때 이루어진다.

이런 가혹한 운명을 겪은 유대인이 이스라엘 국가를 세운 뒤 어떤 모습을 보였던가. 팔레스타인 지역에 유대인만이 주권을 갖고 다른 민족은 2등 국민으로 삼는 국가를 건설하겠다고 했을 때 이미 오늘날 우리가 보고 있는 팔레스타인 사태는 예견된 일이었다. 그들의 선택은 자신들이 당했던 과거를 그대로 팔레스타인 사람들에게 갚는 것이었다. 그들은 과거에서 제대로 배우지 못했다.

우리가 다른 민족의 사건인 홀로코스트의 역사에 관심을 두고 자세히 살펴보는 이유는 그것이 명확한 교훈을 주기 때문이다. 나는 2018년 5월 말 일본에서 한·중·일 삼국 기독교인이 모여 화해를 논의하는 모임에서 90세가 넘은 한 일본인 목사가 만든 비디오 일부를 본 적이 있다. 그것은 도쿄에서 혐한 시위를 하는 일본인의 모습으로, 그들이 내뱉는 말 가운데는 "재일 조선인들을 가스실로 보내 다 죽여야 한다"라는 것이 있었다. 그들은 '멸절'이라는 표현을 사용했다. 재일 조선인은 난민이다. 그들이 아무리 오래 일본에 살았어도 귀화하지 않은 이들은 '권리를 가질 권리'를 갖고 있지 않다. 그 일본인 목사는 시위 모습을 영상으로 담아 미국 의회로 보냄으로써 일본에서 혐오발언금지법이 만들어질 수 있게 했다. 그 운동은 성공적이어서 혐오 발언은 길거리에서 대부분 사라졌다.

『전체주의의 기원』에서 아렌트는 제2차 세계대전 이후에도 난민 숫자가 점차 증가하는 현상에 우려를 표명했다. 보도에 따르면 제2차 세계대전 때의 난민은 5,000만 명 정도였다고 한다. 2018년 7월 현재 그 숫자가 6,850만 명에 이른다. 지금도 난민 숫자는 계속 늘고 있다.

제8장 인종주의와 전체주의

1. 유럽의 인종 사상과 인종주의

1.

나치의 전체주의는 식민지 제국주의와 인종주의 이데올로기로서 반셈주의의 결합이 이루어낸 괴물이다. 반셈주의는 유럽에서 발생한 인종주의의 한 형태인데, 나치에서 활용했으므로 우리는 그 기원을 독일에서 찾으려고 한다. 그런데 아렌트는 독일 철학 또는 독일 사상이 인종주의를 낳은 것은 아니라고 지적한다. 아렌트가 독일 사상을 인종주의에 대한 비판에서 보호하려는 의도를 보이는 것은 흥미로운데, 그 근거는 분명하다. 첫째, 만일 독일 사상이 인종주의를 창작했다면 나치가 반셈주의를 활용하기 전에 인종주의 사상이 독일 사상과 더불어 서구의 정신세계를 상당히 지배했을 것이라는 점이다. 1930년대에 이르기까지 반셈주의는 독일 내부에서 국가적 원리로 활용되었다. 하지만 이때도 이미 유럽 여러 나라에서 반셈주의적인 정치적 분위기가 형성되어 있었다. 둘째, 인종주의와 구별되는 인종 사상은 18세기에 존재했으나 19세기에 와서야 이데올로기로서 인종주의가 유럽 여러 나라에서 등장했다. 인종주의는 인종 사상들을 활용해 형성되기는 했지만 여기에 사이비과학이 더해져 이데올로기가 되었고, 그 시기도 식민지 제국주의 시기와 일치했다. 그리고 그 과정은 독일보다는 오히려 프랑스와 영국에서 상대적으로 더욱 현저하게 나타났다.[1]

2.

사상은 의견으로 형성된다. 의견은 이데올로기가 되면 마치 과학적 진리와 같은 아우라가 덧입혀진다.

> 이데올로기가 단순한 의견과 어떻게 다른지는 그것이 역사를 해명하는 열쇠나 모든 '우주의 수수께끼'를 풀 해결책을 가지고 있다고 주장하거나 자연과 인간을 지배하는 숨은 보편적 법칙들에 대한 정통한 지식을 소유하고 있다고 주장하는 데 있다.[2]

이데올로기는 인간의 경험이나 욕망의 바탕을 곧바로 충족하거나 정치적 욕구를 충족할 수 있는 무엇인가를 제시할 때 대중적 설득력과 영향력을 갖는다. 이는 철학적 설득력과는 다르며, 욕구 충족으로 설명된다. 19세기에 와서 이데올로기로 변모하는 두 사상을 아렌트는 꼬집어 말한다. 그 하나는 "역사를 계급의 경제적 투쟁으로 해석하는 이데올로기", 즉 공산주의 이데올로기이며, 다른 하나는 "역사를 인종의 자연적 싸움으로 해석한 이데올로기", 즉 인종주의 이데올로기다. 중요한 점은 이 두 이데올로기가 문명의 흥망성쇠를 설명할 역사의 법칙에서 나온 것도 아니고 인종에 관한 과학적 사실에서 나온 것도 아니라는 것이다. 이 이데올로기들은

270

이론 체계가 아니라 정치 무기로 만들어져 계승되고 발전되었다.

이데올로기가 가진 것처럼 보이는 과학적·학문적 엄격성은 학문적 토대에서 나온 것이 아니라 사람들에게 빈틈없는 논증을 제시하려는 이데올로기의 태도에서 나온 것이다. 이데올로기가 과학적 외양을 한 것은 과학자들의 섣부른 태도 때문이다. 이런 과학자들은 "자신의 연구가 어떤 결과를 낳는지에 주의를 기울이지 않고 연구실 밖으로 급히 달려 나가 삶과 세계에 대한 자신의 새로운 해석을 대중에게 설교하고자 하는 과학자들"[3]이다. 인종 사상이 이데올로기에 깊이 침투한 것은 과학적 발견 때문이 아니라 이른바 '과학적'으로 자처하는 설교자들 때문이라는 것이다. 이들은 여타 시민들보다도 이데올로기라는 최면에 더 깊이 걸렸다.

인종주의 이데올로기와 계급 이데올로기는 이 시기 유럽에서 서로 다른 역할을 했다. 인종주의는 제국주의의 주요 이데올로기였다. 인종주의가 일종의 과장된 민족주의라는 생각은 잘못된 이해에 근거한 것이다. 인종주의는 민족주의와는 전혀 다른 현상이며 오히려 지리, 언어, 전통 등으로 규정되는 국가의 경계를 의도적으로 넘어서는 정신적 장치로 국가와 정치의 올바른 작동을 거부하는 역할을 했다. 인종주의가 민족을 언급하고 계급 이데올로기가 계급 간의 국제적 연대를 언급한 까닭에 당시 사람들은 전자를 "민족전쟁의 정신적 준비"로, 후자를 "시민전쟁을 위한 이데올로기"로 간주하는 경향이 있었다. 하지만 사실은 그렇지 않았다. 오히려 인종주의가 여러 나라에서 시민전쟁을 일으킬 수 있는 교묘한 장치로 이용되었다.

3.

18세기 프랑스에서는 이민족에 대한 관심이 증가했다. 특히 야만적이고 미개하다고 여겨진 민족들의 정직성, 단순성은 유럽 문화의 천박성, 인위성과 대조되어 더욱 관심을 끌기도 했다. 여행에 관한 보고서가 널리 읽힌 것도 이 시기였다. 낯선 곳에서 살아가는 다른 인류에 관한 관심은 프랑스 혁명에 담긴 인종적 평등의 정신으로 더 증폭되었다. 하지만 파괴적 인종 사상의 뿌리가 프랑스에서도 발견된다.

프랑스 귀족 앙리 드 불랭빌리에(Henri de Boulainvilliers, 1658~1722) 백작은 프랑스 역사를 독일계 민족과 원래의 프랑스인이라는 구별된 두 민족의 역사로 해석했다. 독일계는 프랑스 지역에서 살아왔던 갈리아인을 정복하고 이들에게 자신의 법을 적용하며 지배계급이 되어 귀족층을 형성했다. 한편 원래 거주자였던 갈리아인 또는 프랑스인은 이들에 비해 야만인이자 이방인에 해당한다. 독일계는 정복민이므로 그 후손들은 지배계급의 권리를 지닌다. 그런데 프랑스 혁명과 그 전후 사회적 변화는 이들의 자리를 흔들어놓았고 새로운 제3계급과 국민이 정치의 중심 자리를 점하게 되자 불랭빌리에는 귀족과 프랑스 국민의 공통 기원설을 부정하고 두 집단의 영원한 차별성을 주장했다. 불랭빌리에의 이런 논의는 사실상 인종을 다룬 것이 아니라 민족의 구성 문제를 다룬 것이다. 하지만 이런 생각은 이후 노골적인 인종주의 주장에 포섭되었다.

불랭빌리에와 유사한 인종주의적 생각을 한 사람들 가운데 뒤보낭세 백작은 프랑스 귀족은 프랑스 국민보다는 다른 국가의 귀족들과 더욱 밀접한 관계가 있다고 주장했다. 그는 프랑스의 진정한 기원은 독일과 같으며, 프랑스 하층민은 태어날 때부터 자유로웠던 것이 아니라 귀족의 은총으로 자유를 누리게 되었다고 주장했다. 이처럼 당시 프랑스 귀족들이 주장한 인종 사상에 따르면, 프랑스 귀족들은 프랑스 내의 다른 사람들에 대비하여 차별성과 우월성을 강조했으며, 국내적 연대보다는 국제적인 귀족 간 연대를 중요시했다. 심지어 프랑스인보다는 게르만인 또는 북유럽인의 인종적 우월성을 강조하기도 했다. 게르만의 우월성을 가장 먼저 강조한 것이 프랑스 귀족이었다는 점은 그들이 혁명을 통한 인간의 평등보다는 귀족의 신분에 대한 우월 의식을 사회제도적으로 유지하기를 원했음을 드러내는 것이다. 그런데 민주주의적 평등에 대한 의식에 대해 인종 사상이 적대적 태도를 보인 것은 프랑스뿐만 아니라 유럽 인종 사상의 공통적 특징이라고 할 수 있다.

4.

독일의 경우를 보면 프로이센 군대가 나폴레옹에게 패배할 때까지는 인종 사상이 발달하지 않았다. 독일은 100개가 넘는 공국으로 분열되어 단일 국가를 형성하지 못한 상태였는데, 인종 사상은 독일을 외국의 지배로부터 통합하려고 노력하는 가운데 발생했다. 따라서 독일의 인종 사상은 민족주의의 토대에서 발생하여 민족주의의 언어가 인종주의적으로 표현되었다. 민족을 언급하는 것 자체는 해롭지 않았지만, 그것에 민족의식이 표현된 인종주의적 언어는 히틀러에 의해 활용되었는데, 이는 민족주의가 나온 18세기 당시에는 의도하지 않았던 역할이었다. 히틀러의 선전은 국제적 호소력을 발휘했다. 이런 이유로 후대의 역사가들은 독일의 인종주의와 그 이전 독일 민족주의의 언어를 동일시했으나, 이것은 정확한 인식이 아니라고 아렌트는 지적한다.

당시 독일에서는 귀족들이 여전히 정치 권력을 가졌기 때문에 프랑스와 달리 그들이 인종주의 사상을 형성하고 사회적 신분의 유지를 획책할 필요가 없었다. 오히려 귀족계급 외부에 있는 사상가들이 독일어권 민족의 통합을 위해 인종 사상을 꺼내 들었다. 그러나 초기에는 그런 것도 통합 중심의 언어로 규정되었으므로 이후 문제가 된 의미에서의 인종적 성격은 아니었다. 하지만 공통의 역사의식을 토대로 미래의 공동 운명에 초점을 두는 방식으로 민족의 통합성을 불러일으키려고 한 초기 사상은 실패했다. 그 이후 인종 사상은 자연주의적 관점에서 독일인을 규정하고 유기체적 단일성을 강조하는 데로 나아갔다. 독일인은 순수한 비혼혈성을 강조하고 이를 바탕으로 진정한 민족의 가능성을 설파함으로써 인종적 성격의 이론을 형성했다. 그런데도 이를 여전히 단순한 인종주의라고 볼 수 없는 이유는 여기에 다수 민족을 통합적으로 보는 인류 개념이 있었고, 또 만인의 평등 이념을 여전히 지지했기 때문이다. 통합적 인류 개념과 만인의 평등에 대한 신념을 표명하는 이론은 인종을 구분하고 차별하는 인종주의 이데올로기로 전환될 수는 없기 때문이다.

인종주의로 나아가는 사상은 독일의 낭만주의 지식인들에 의해 형성되었다. 이들은 출생으로는 중산층에 속하는데, 비록 스스로 중산층을 위한 정치적 투쟁에는 참여하지 않았으나 자신의 사회적 지위에는 민감하게 반응했다. 이들은 자신의 권리와 자질을 드러내기 위해 '선천적 인격'(innate personality)이라는 개념을 만들어냈는데, 이 개념은 나중에 부르주아 사회에서 일반적으로 인정받게 된다. 이 개념은 자연적 본성 때문에 정치적 지위가 부여되는 것으로 생각하게 만드는데, 이 천부적 특성이란 힘이나 공적 또는 귀족 작위로도 보장할 수 없는 특권을 의미하는 것이었다. 그런데 이 개념은 시간이 지나면서 유대인에 대한 증오로 변모되었다. 예컨대 이 개념을 이용하면, 평균적 독일인 상인들의 행동과 평균적 유대인 상인들의 행동에는 '선천적 인격'의 유무 때문에 근본적으로 다른 특성이 나타난다는 이야기를 만들어낼 수 있다. 독일의 부르주아 계급은 귀족계급에 대항하여 감히 정치적 투쟁을 벌이지는 못하고, 자기 민족의 하층민보다는 다른 민족을 공격 대상으로 삼았다.

독일 민족주의에서 강조했던 독일 종족의 공통적 기원이라는 개념과 낭만주의 지식인들이 가졌던 천부적·자연적 인격성과 같은 개념들은 이후 독일 인종주의로 나아가는 길을 닦는다. 그런데 완전한 이데올로기로서 인종주의가 제대로 형성된 것은 독일에서가 아니라 프랑스 귀족 지식인 고비노에 의해서였다.

5.

아르튀르 드 고비노(Arthur de Gobineau, 1816~82)가 1853년에 쓴 『인종 불평등론』은 인종 이론의 기본서로 자리 잡게 된다. 이 책에서 고비노는 문명의 흥망성쇠와 국가의 소멸에 대한 법칙을 제시하고 입증하려 한다. 헤겔은 역사의 법칙을 다루기는 해도 문명의 흥망성쇠 또는 국가 소멸 자체의 법칙을 다루지는 않았다. 고비노는 헤겔이 하지 않았던 바로 그 법칙을 발견했다고 주장했다. 그는 프랑스 신분사회의 몰락과 프랑스의 몰락, 서구 문명의 몰락 그리고 궁극적으로 인류의 몰락을 하나의 원인에서 발생한 같은 현상으로 보았다. 그 원인은 인종의 퇴화이며, 인종의 퇴화는 혈통의 혼합에 따른다고 고비노는 주장했다. 혈통이 섞이면 항상 열등한 인종이 우세하게 되는 결과가 나온다고 주장했지만, 이는 당대에 유행했던 적자생존 등과 같은 진화 이론과는 대립하는 것이었다.

또한 고비노의 이론은 문명의 쇠퇴에만 주목할 뿐 새로운 문명의 등장과 발전에 대해서는 아무런 설명을 제시하지 않는다. 다만 당시 염세적인 분위기를 담아 멸망과 쇠퇴의 이론으로 인종주의를 만들어낸 것이다.

고비노가 이런 이론을 통해 정치적으로 추구한 것은 이미 몰락한 귀족정치를 대신할 수 있는 엘리트의 창출과 그 엘리트에 대한 새로운 규정이었다. 그에게 군주의 종족은 아리안족이었고, 아리안족은 민주주의로 나타난 비아리안족에 의해 침몰할 위기에 놓여 있었다. 아리안족은 다른 사람을 지배할 운명을 타고난 자연적 귀족계급으로 규정되었으며, 혈통에 따른 우월성은 권리의 우월성을 함축한다고 여겨졌다. 당시 프랑스에는 이미 인간의 본질적 평등사상이 널리 퍼져 정치적으로 중심 역할을 했다. 그래서 고비노는 프랑스 국민이 아니라 독일 국민에게 헌신하는 자세를 취했다. 고비노의 사상은 철저하게 반민족주의적 성격이었으며, 인종주의를 통해 국경을 넘는 동맹이 가능하게 하는 이데올로기로 진행해나갈 수 있는 사상적 특성을 지녔다.

6.

영국에서 인종 사상은 프랑스 혁명에 대한 반동으로 야기되었다.

영국은 프랑스 혁명의 정신인 자유, 평등, 박애를 외국의 발명품으로 홀대했다. 영국은 사회적으로도 불평등의 토대를 이루고 있었다. 인류의 평등이라는 이념에 바탕을 둔 인권(the rights of men) 개념이 문제가 되었을 때 영국의 보수주의자들은 이를 불편하게 여겼고, 오히려 불평등을 영국의 민족성에 속하는 것으로 여겼다. 그래서 영국의 보수주의자들은 인간의 권리보다 더 나은 것으로 '영국인의 권리'(the rights of Englishmen)를 말했다. 영국에서의 인종 사상은 이런 방식으로 19세기 말까지 민족 개념과 나란히 발전했다.

영국인의 권리라는 생각은 추상적 권리개념으로서가 아니라 영국인이 혈통적으로 물려받은 것이라고 여긴다는 점에서 인종 사상의 성격을 갖는다. 이는 영국 내에서 작용하는 특권 원리를 확장해 영국 국민 전체를 대상으로 하는 개념으로 변화했다. 그리고 영국 국민 전체를 모든 종족 사이에 특별한 지위를 갖는 일종의 귀족계급으로 설정했다. '영국인의 권리'를 주장하는 자들은 이런 식의 태도를 보임으로써 보편적 인간의 권리를 주장하는 자들을 경멸했다.

이런 영국식 민족주의가 가능했던 것은 상류사회에서 부르주아 상층부를 흡수하고 심지어 평민들도 귀족의 지위를 획득할 길이 열려 있었기 때문이라고 아렌트는 해석한다. 귀족계급은 폐쇄적이지 않았고, 귀족들이 갖고 있던 통상적인 계급적 오만은 상당히 줄었으며, 귀족들이 국민 전체에 대해 갖는 책임감도 점차 강화되었다. 그래서 귀족적 기준이 영국 사회 전반에 수용될 수 있었고, 영국인은 '영국인의 권리'라는 개념으로 자기 민족을 다른 민족들과 차별화할 수 있었다.

영국의 종족주의는 아프리카를 상대하게 되었을 때 실질적 문제로 등장했다. 이 경우 인종 문제가 현실적으로 다루어졌기 때문이다. 프랑스는 흑인들에게 동화와 교육으로 접근했고, 흑인들을 다른 인종들과 평등한 관계에서 다루었다.

영국의 경우는 인간의 권리가 존중되거나 천명되지 못했기 때문에 식민지에서 인종 문제를 접했을 때 혼란이 발생했다. 이런 분위기에서 자연주의적 인종주의 이론이 등장하는데, 이 중 가장 대표적인 것이 다원설(polygenism)이다. 이 이론은 인종의 기원이 단일하지 않고 다수라는 것이다. 기독교처럼 하나의 기원으로 모든 인류를 통합하여 설명하는 태도를 반박하면서 인종들은 서로 다른 기원을 가지며 단일 인류는 존재하지 않는다는 견해를 밝힌다. 이 견해에 따르면 인종 간 결혼으로 출생한 혼혈인은 어느 인종에도 속하지 않으며 인간이 아닌 한갓 괴물로 여겨졌다. 다원설은 영국의 인종 사상에 영향을 주었지만 19세기에 들어와 더는 영향력을 미치지 못하고 다윈주의(Darwinism)에 자리를 내주었다. 다윈주의 자체는 중립적 이론이어서 인종주의를 옹호하거나 반대하는 경우 모두에서 이용할 수 있었다. 정치적으로 다윈주의는 적자생존이라는 일종의 낙관론을 담은 생존 투쟁 개념과 우생학적 사유의 토대를 제공했다.

영국과 독일의 경우 모두 인종 사상이 귀족이 아니라 중산층 저술가들이 구상했고, 민족 감정에 의해 조장되었다. 영국의 민족주의는 이런 배경에서 탄생하고 발전되었다. 민족주의 개념들 가운데 민족의 사명과 같은 개념은 식민지 지역보다는 영국 내에서 강했다. 아렌트는 민족의 사명과 같은 생각은 비록 그것이 인종 이념에 물들지 않고 발전했다고 해도 인종 사상과 특별한 유사성을 갖는다고 지적한다. 경계선상에 서 있는 사상인 것이다.

2. 제국주의와 인종주의

1.

해외로 식민지를 개척한 영국과 같은 해외 제국주의자들과 달리 대륙에서 제국주의적 노선을 걸어간 독일과 러시아 같은 대륙 제국주의는 범민족 운동에 기초를 두고 진행되었다. 독일의 나치즘은 범게르만주의에, 러시아의 볼셰비즘은 범슬라브주의에 각각 많은 빚을 졌다. 히틀러나 스탈린은 각자의 통치 방식에서 제국주의보다는 범민족 운동 이데올로기의 영향을 받은 것이다. 범민족 운동의 탄생은 제국주의의 탄생과 일치하지 않는다. 하지만 범민족주의가 운동으로 나아가 넓은 계층을 사로잡은 것은 1880년대 서구 국가들의 제국주의적 팽창이 승리를 거두면서였다. 당시 중부와 동부 유럽 국가들은 식민지를 소유하지 않았고 해외로 팽창할 꿈도 꾸지 못했다. 그러다 자신들도 다른 대국처럼 팽창할 권리가 있다고 믿게 되었다. 그리고 이런 가능성을 해외에서 얻지 못한다면 유럽에서 이룩할 것이라고 결심하게 된다.

대륙 제국주의는 본국에서 시작되었다. 그리고 대륙에서 영토적 확장을 시도한다. 범게르만주의는 독일과 오스트리아제국을 연계하지만 폴란드인, 체코인, 유대인, 이탈리아인 등과 같은 특정 민족들에 대해서는 해외 제국주의가 비유럽 대륙에서 원주민들을 다루는 것과 동일한 방식으로 다루기도 했다. 대륙 제국주의와 해외 제국주의는 모두 국민국가에 대해 협소한 개념이라고 경멸했다. 대륙 제국주의가 국민국가를 반대하고 제국주의로 나아간 것은 경제적 이유가 아니라 종족 의식을 중심으로 형성된다는 점에서 해외 제국주의와 구별된다. 이 종족 의식은 역사와는 무관하게 그리고 그 민족이 어디에 살든지 간에 종족 기원이 유사한 모든 민족을 하나 되게 하려는 것이다.

범게르만주의자들은 이미 제1차 세계대전 이전에 '국가가 다른 독일인'과 '민족이 다른 독일인'을 구분한다. 국가가 다른 독일인이란 게르만 민족이면서 다른 국가의 권위 아래서 사는 민족을 말하며, 민족이 다른 독일인이란 독일 민족이 아니면서 우연히 독일에서 사는 비게르만 민족을 말한다. 대륙 제국주의는 열광적으로 인종 사상의 전통을 흡수하여 출발했다. 범게르만 동맹의 공식 역사가인 오토 본하르트(Otto Bonhard)는 자신들의 이데올로기와 고비노·체임벌린의 인종주의 사이에 밀접한 관계가 있다고 했다. 대륙 제국주의의 인종 사상은 완전히 하나의 이데올로기로 작용했고, 실질적 토대를 둔 해외 제국주의가 표방한 이론들보다 더 급속하게 정치 무기로 발전했다.

정치적으로 말한다면, 종족 민족주의는 자기 민족이 '적들의 세계'에 포위되어 있고, '한 민족이 다른 모든 민족과 대항하고' 있으며, 자기 민족과 다른 민족들 간에는 근본적인 차이가 존재한다고 주장한다. 자기 민족이 유일무이하고 개성적이며 다른 민족들과 비교 불가능하다는 주장과 함께하는 종족 의식은 인간 본질을 파괴하는 데로 나아가기 훨씬 전에 아예 '인류'의 가능성을 이론적으로 부정했다.[4]

2.

대륙 제국이라는 대륙 제국주의자들의 꿈은 팽창이라는 좀더 구체적인 결과에 가려 빛을 잃었고, 그들의 경제에 관한 관심 부족은 해외 제국주의가 초기에 가져다준 엄청난 이윤과 현격히 대조되었다. 해외 제국주의가 민족주의와 반대 성향을 가지고 있음에도 과거 국민국가 제도들의 수명을 연장하는 데 성공했으나, 대륙 제국주의는 기존의 모든 정치 제도에 대한 분명한 적대감을 감추지 않았다. 대륙 제국주의의 일반적 정서는 훨씬 더 반항적이었고 그 지도자들은 혁명적 수사에 훨씬 더 정통했다. 해외 제국주의가 폭민들에게 실제로 충분한 만병통치약과 같은 해결책으로 식민지를 제공한 반면, 대륙 제국주의는 이데올로기와 운동 외에는 폭민들에게 제공할 것이 없었다.

범민족 운동은 처음에는 큰 성공을 거두지 못했지만, 대중에게 강한 호소력이 있어서 애초부터 해외 제국주의보다 더 강한 매력을 발산했다. 해외 제국주의의 경우 폭민과 자본의 제국주의적 동맹 관계에서 주도권은 대개 사업의 대표자들에게 있었다. 윤곽이 뚜렷한 폭민 정책이 매우 일찍 발달한 남아프리카는 예외였지만 말이다. 그러나 범민족 운동에서는 항상 폭민이 주도권을 쥐었는데, 폭민 지도자들은 특정한 부류의 지식인들이었다. 그들은 군중을 어떻게 조직하는지 알고 있었고, 인종 사상을 단순히 이데올로기나 선전용이 아니라 조직적 목적에 이용할 수 있다는 점을 인식했다. 인종 사상은 나치즘과 볼셰비즘의 세계 정복 기획에서 출발점 역할을 했다.

대륙 제국주의는 1880년대의 급작스러운 식민지 팽창에 참여하여 자기 몫을 챙기지 못한 나라들의 좌절된 야망에서 발생했다. 종족주의는 국가 해방을 이루지 못하고 하나의 국민국가로서 주권을 얻지 못한 민족들의 민족주의로 나타났다. 범민족 운동은 이런 두 종류의 좌절을 함께 겪은 다민족 국가인 오스트리아-헝가리와 러시아에서 자연스럽게 가장 잘 발전할 비옥한 토양이 되었다. 게다가 오스트리아-헝가리 왕국은 민족 통일 운동을 하는 슬라브와 독일계 민족주의자들을 은신시켰기 때문에 범슬라브주의와 범게르만주의는 처음부터 왕국의 파괴 작업에 몰두했고, 그래서 그곳이 범민족 운동의 중심지가 되었다.

반셈주의가 이들 지역의 인생관과 세계관의 중심으로 갑자기 등장하게 된 중요한 이유는 정치적 사실이나 정황에 있다기보다는 그것의 종족주의적 성격에 있었다. 범민족 운동에서 반셈주의가 유대인 증오를 이데올로기의 고유한 논리에 따라 작용하게 했다는 것이다. 즉, 유대민족과 관련된 실질적 경험들, 정치적·사회적·경제적 경험들과는 상관없이 이데올로기적 논리에 따라 종족주의적 증오를 유대인에게 작동하게 한 것이다.

3.

종족 민족주의는 대륙 제국주의의 원동력이었다. 종족 민족주의는 그 표현으로만 보면 일종의 민족주의로 보이지만 실제로는 서구의 성숙한 국민국가의 민족주의와는 무관하다.

국민국가의 민족주의는 국가와 민족성이라는 두 요소를 함께 가지고 있다. 자신들이 문화적이고 역사적인 하나의 독립체라는 의식과 자신이 사는 영토는 역사의 흔적이 가시적으로 남아 있는 곳으로 민족이 거주하는 집이라는 의식이 어우러져 민족국가를 만들어 낸다. 국민국가가 들어서면 민족의 이동은 멈춘다. 민족국가를 이루는 민족성에 대한 의식은 19세기에 들어와 형성되지만, 국가의 구조와 그 역할에 대한 의식은 오랫동안 유지되어온 군주제의 역사와 닿아 있다. 국가는 어떤 민족이건 상관없이 그 영토 안에 살아가는 모든 주민을 보호해야 하는 의무를 진다는 것이 국가의 최고 기능으로 인식되었으나 국민성이 강조된 국민국가가 형성되면서 이런 국가의 기능과 충돌하게 된다. 국민국가에서는 국민의 의사가 무엇인지가 중요시되고 그에 따라 시민권이 부여되므로 과거와 같이 단지 그 지역에 오랫동안 머물러 산다는 이유에서 권리를 부여받을 수는 없게 된 것이다. 오직 혈통과 출생으로만 온전한 시민권과 정치적 권리를 가질 수 있다고 국가 공동체의 국민이 되는 민족이 주장하게 되었기 때문이다.

이와 같은 양상은 국가와 국민의 분리로 설명할 수 있다. 국가는 법의 도구이고 법은 보편적 인권을 따라야 하지만, 이제 국민국가의 국가는 국민의 도구가 되고 국민의 의사에 따라 운영되기 때문이다. 과거에는 공동체를 상징하는 것이 군주였다면, 이제 국민국가의 시민들을 묶어주는 것은 '민족적인 것' 또는 국가의 '공통 기원'이 되었다. 이런 공통 기원이 감성적으로 표출된 것이 민족주의다. 이제 국가는 한편으로는 인권에 따른 법에 복종한다고 천명하며, 다른 한편으로는 법에 구속받지 않고 그 어떤 것보다 우위에 있다고 주장되는 국민이라는 주권자에게 복종한다고 천명한다. 이런 모순적 관계 속에서 보편적 인권은 단지 국가적 권리로 보호되고 보장된다. 인권이 한 국가 내 모든 주민의 권리를 보장한다는 보편성은 상실되고, 국가의 주권자인 국민에게 제한되어 적용된다. 그리고 국가는 민족성을 대표하는 것으로 해석되기도 한다. 이를 아렌트는 "민족주의는 본질적으로 국가가 민족의 도구로 뒤집혀버리고, 시민이 민족의 구성원과 동일시되는 현상을 표현한다"[5]라고 요약해서 제시한다.

종족 민족주의는 국민국가가 형성되지 않은 지역에서 형성되었다. 오스트리아-헝가리나 차르가 지배하는 러시아 그리고 발칸 국가들에서는 국민, 영토, 주권이라는 국민국가의 세 요소가 갖추어져 있지 않았다. 국경은 끊임없이 변했고, 주민들은 계속 이동하는 상태였다. 이 지역 주민들은 대부분 조국이나 애국심이 무엇을 의미하는지 몰랐다. 지리적으로 제한된 공동체에 대해 어떤 책임감도 느끼지 못했다. 종족 민족주의는 이런 지역에서 성장했다. 뿌리가 없다는 정서는 오스트리아-헝가리뿐만 아니라 제정 러시아의 지식인들 사이에도 퍼져 있었다. 여기서 '확대된 종족 의식'이 성장했다. 종족 의식이란 민족 구성원에게는 거주할 집은 없으나 종족의 다른 일원이 사는 지역이면 어디나 고향이라고 느끼는 의식을 말한다. 이들은 민족 해방으로 국가를 형성하려고 하지는 않았지만, 팽창을 꿈꾸는 가운데 민족의 공동체라는 울타리를 그냥 넘어서서 전 세계에 흩어진 민족 공동체라는 정치적 구성체를 상상하는 데로 곧바로 나아갔다. 종족 민족주의는 널리 흩어져 사는 독일인과 슬라브인을 그들의 모국이라고 할 독일과 러시아로 각각 연결할 수 있었으며, 여기서 범민족 운동으로 발전할 수 있었다.

4.

범민족 운동의 확대된 종족 의식은 완전히 발달한 형태를 갖춘 이후 반셈주의와 연결되었다. 범게르만 운동을 일으킨 게오르그 폰 쇠네러(Georg von Schoenerer, 1842~1921)는 반셈주의가 유용한 도구가 될 수 있음을 처음으로 인지했다. 범게르만 운동은 쇠네러 한 사람이 설립했고, 주요 지지 세력은 독일-오스트리아 학생들이었다. 범게르만 운동은 합스부르크 왕가를 파괴하려 했는데, 유대인이 합스부르크 왕가와 관련하여 중요한 위치에 있었기 때문이다. 게다가 유대인은 동질적인 혈통이었기 때문에 종족적으로 쉽게 구분되어 공격 목표가 될 수 있었다. 이런 이유로 오스트리아의 반셈주의가 유달리 폭력적이었다고 아렌트는 지적한다.

범민족주의의 민족 이론과 국가 없는 민족인 유대민족 사이에는 깊은 유사성이 존재했다. 유대인은 종족적인 민족의 완벽한 사례였다. 또한 유대인이 고향이 없으면서도 수세기 동안 정체성을 지켜왔고, 하나의 민족을 구성하기 위해 영토를 필요로 하지 않았다는 점은 종족 민족주의의 틀에 부합하는 사실이었다. 게다가 유대인은 자신들과 다른 사람들, 즉 비유대인을 다른 집단으로 구분했다는 점에서 범민족 운동과 구조적으로 동일한 위치에 있었다. 이렇게 볼 때 유대인은 범민족주의자들에게는 경쟁자가 될 수 있었다.

범민족 운동은 인간의 기원에 대해 유대-기독교적 신앙에 대항하여 스스로 자기 민족의 신적 기원을 설파했다. 어떤 특정 민족에 속하는 개인이 자신의 신적 기원을 갖게 되는 것은 그가 어떤 민족의 구성원이 될 때라고 주장하는 것이다. 신적 기원을 갖는 민족에 속해야만 개인이 신적 기원을 가질 수 있다면 그 민족에서 벗어날 때, 즉 국적을 바꿀 때는 신적 기원을 박탈당하게 된다. 이런 이데올로기는 정치적으로 두 가지 이점이 있다. 첫째는 국적이 영원한 자질처럼 되어버리고, 둘째는 신적 기원을 갖는 자신의 민족과 갖지 못한 다른 민족은 절대적으로 구분된다. 그리고 자기 민족에 속한 사람은 선택된 획일적 집단이 된다. 그러므로 범민족 운동은 인류라는 보편적 이상을 제시하고, 모두가 동일한 신적 기원이 있다고 주장하는 유대-기독교 신앙에 공포심을 갖게 되어 그에 저항한다. 범민족 운동은 이런 점에서 강력한 종교적 성격을 점차 형성하게 된다.

민족의 신적 기원이라는 주장은 모든 민족이 하나의 인류를 구성한다는 보편적 인류 개념을 부정하게 되고, 민족들의 위계를 주장하는 데로 나아간다. 이런 생각은 인간의 존엄도 부정한다. 한 개인의 가치가 우연히 특정 민족에 속하여 태어났다는 사실에 좌우되다 보니 인간의 존엄성은 설 자리가 없어지기 때문이다. 그러나 특정 민족에 속하는 사람들 사이에는 새로운 결합의 감정 또는 상호 신뢰의 감정이 형성될 수 있다. 이런 감정은 원자화된 사회에서 고립된 개인으로 살아가는 개인들에게는 위로가 되고 힘이 된다.

히틀러는 인종주의의 위계질서 원칙을 이용할 줄 알았다. 그는 '가장 나쁜' 민족이 존재한다는 반셈주의의 주장을 이용해 '가장 훌륭한' 민족과 '가장 나쁜' 민족 사이에 피정복·피지배 민족을 조직할 줄 알았고, 범민족 운동의 우월 콤플렉스를 일반화하여 모든 비유대인 민족이 유대인에 대해 자신들보다 더 나쁜 민족으로 내려다볼 수 있게 만들었다.

인종주의자들의 유대인 증오는 신이 선택한 민족, 신의 섭리로 성공을 보장받은 민족이 자신들이 아니라 유대인일지로 모른다는 미신적 우려에서 나왔다. 범민족 운동의 지도자들은 자신들의 우스꽝스러운 미신에 이끌려 유대교 신앙의 역학에 들어 있는 숨겨진 작은 톱니를 발견했다. 그것이 유대교 신앙을 완전히 전도하고 왜곡해서 선민사상을 공동 인류라는 이상을 궁극적으로 실현하려는 신화가 아니라 최종적으로 파멸하려는 신화로 만들었다.

히틀러가 나치 전당대회를 열었던 도시 뉘른베르크에는 전당대회를 진행하려고 건축하던 시설물이 있다. 엄청난 규모와 웅장한 시설로 건축된 이 시설물은 나치의 패망으로 완성되지 않은 채 남겨졌다. 전후 이 시설은 교육적 목적으로 보존되고 있다. 이곳을 방문한 사람은 아주 강력한 종교적 분위기를 느끼게 된다. 나치가 종교적 숭고의 감정을 전당대회장에서 느끼게 하고, 참여자들이 종교의식과 같은 행사에서 강력한 소명감으로 나치를 지지하게 만든 것은 이처럼 나치즘이 종교적 성격을 깊이 내장했기 때문이다. 나치 독일이 패망한 뒤 전범재판소가 설치되고 재판이 진행될 장소로 뉘른베르크가 선정된 것은 바로 그곳에서 뉘른베르크법으로 불리는 유대인 차별법이 선포되었기 때문이다. 1935년에 히틀러가 직접 서명한 이 법은 유대인과 독일인의 결혼을 금지했는데, 이 법을 위반한 결혼은 무효이고 법을 어긴 자는 강제노동형에 처한다는 조항이 있다.

3. 인권 개념의 한계

1.

1914년부터 1918년까지 이어진 제1차 세계대전은 유럽의 정치 지형도를 완전히 바꾸어놓았다. 인플레이션은 소자본 계급을 재기 불가능할 정도로 파괴했다. 실업 위기는 광범위한 계층을 강타하여 국민 전체에 영향을 주었다. 그리고 민족의 이동을 가져왔는데, 이주 집단은 어느 곳에서도 환영받지 못하고 동화되지도 못했다. 고향을 떠나자마자 노숙자가 되었고, 국가를 떠나자마자 무국적자가 되었으며, 인권을 박탈당하자 곧 쓰레기와 같은 존재가 되었다. 외관상 안정되어 보이는 환경 때문에 국가의 보호권 밖으로 강제로 쫓겨난 사람들은 정상적인 규칙에서 벗어난 예외적 집단처럼 보였고, 냉소의 대상이 되었다. 증오는 전쟁 이전보다 더욱 커져서 이제는 공적 사안들에서도 중심 역할을 하게 되었다. 특히 전쟁 후 오스트리아-헝가리가 해체되자 유대인은 양도할 수 없는 것으로 규정된 권리인 인권을 상실하게 되었다. 이들을 포함한 국적 없는 자들과 소수민족은 자신을 대표할 정부가 없었고, 결국 소수민족 조약이라는 예외법 아래에서 살거나 절대적 무법의 조건에 들어가게 되었다.

1919년과 1920년의 평화조약은 유럽의 기존 질서, 즉 민족국가 체계에서 민족자결권을 유지하려는 목적이 있었다. 평화조약의 원래 목표는 유럽의 기존 질서를 유지하려는 것이었기 때문에 민족자결권과 주권을 모든 유럽인에게 부여하는 것은 불가피하게 보였다. 다민족국가에서는 '주도민족'(state people)과 '소수민족'(the minorities)을 나누고, 주도민족에게는 정부 설립권과 주권을, 소수민족에게는 소수민족 조약(minority treaties)을 통한 예외적인 법적 보호를 인정하려 했다. 이 조약에 따르면 결국 다민족 국가에서 우선적으로는 국가 속에서 정부를 설립할 수 있는 주권자로서 민족인 주도민족 그리고 그보다는 규모가 작으나 다수를 이룬 다른 민족(체코슬로바키아에서는 슬로바키아인이, 유고슬라비아에서는 크로아티아인과 슬로베니아인이 여기에 해당)이 구분되었다. 다른 민족은 정부의 동등한 파트너라고 가정되었으나 실제로는 그렇지 않았다. 그리고 이들 범주에 들어가지 않으며 주도민족의 통치를 수동적으로 받아들여야 하는 소수민족으로 구분되었다. 그들 간에 지배와 예속의 관계를 용인했고, 이 관계에서 발생할 수 있는 폭력이나 억압의 문제를 예외적인 법적 보호로 해결하고자 했다.

소수민족 조약은 사실상 주도민족의 지배와 소수민족의 예속 관계를 받아들일 수밖에 없게 했다. 그래서 소수민족은 진정한 자유와 해방 그리고 주권은 완전한 민족 해방으로만 쟁취할 수 있었다. 자국 정부가 없는 민족은 인권을 박탈당한다는 사실이 굳게 확신되었다. 이런 확신의 근거는 프랑스 혁명이 인권 선언을 주권과 결합했기 때문이기도 하고, 소수민족 조약 때문이기도 하다. 소수민족 조약은 지역에 정착하여 산다는 이유로 자신의 국가를 세우지 못한 민족의 권익 보호를 국제연맹에 맡겼다. 그러나 소수민족은 주도민족을 믿지 못한 만큼 국제연맹도 신뢰하지 않았다.[6]

2.

아렌트는 소수민족의 조약에서 시민과 국민(nation)의 관계 그리고 국가와 민족과 법의 삼각관계에 내재한 근대 민족국가의 숨겨진 전제를 발견한다. 이 전제는 국민국가 체제 속에서는 민족 혈통이 같은 사람들만이 법제도의 완전한 보호를 누릴 수 있으며, 다른 민족에 속한 사람들은 자신의 민족적 기원과 완전히 결별해 새로운 민족에 완전히 동화될 때까지는 예외적인 법의 지배를 받게 된다는 것이다.

정치인들은 자기 국가의 법이 다른 민족이기를 주장하는 사람들에 대해서는 책임질 필요가 없다는 것을 당연시했다. 그러므로 그들은 국가가 법의 도구에서 민족의 도구로 전환하는 것을 기정사실로 했다. 이런 생각을 입증할 기회는 무국적 민족들이 등장할 때였다. "민족은 국가를 정복했고 히틀러가 '독일 국민에게 좋은 것이 옳은 것'이라고 선언하기 훨씬 전에 민족의 이익이 법보다 우선권을 가지게 되었다." 근대 국민국가는 이처럼 국가를 주도하는 국민의 도구가 되었고, 이는 법을 중심으로 국가가 운영되는 공화국의 이념보다는 다수 집단이 국가를 이끌어가는 방식으로 국가가 전환되었음을 의미한다. 이것은 한 국가의 법이 자신의 영토에 있는 다른 민족의 성원에게는 어떤 보호도 제공하지 않아도 된다는 점에서 "민족의 이익이 법보다 우선권을 가지게 되었"음을 의미한다.[7] 민족국가체계 속에서 시민, 국민, 민족, 법 사이에 불가분의 관계가 형성되고, 이 관계에서 벗어나 존재하는 이들이 권리의 법적 보호 밖으로 내몰리게 된다.

3.

아렌트는 소수민족 문제와 소수민족 조약의 도입 속에서 민족국가 체계 속에 숨겨진 전제들과 연관하여, 무국적자(the stateless)의 존재에서 근대 인권 개념의 한계를 발견하며 '권리를 가질 권리'의 작용에 주목한다. 20세기 초의 무국적자들은 국적을 보유하는 가운데 거주와 노동의 권리와 같은 기본권을 보장받는 소수민족보다 더 열악한 상황에 있었다. 이 무국적자들은 전쟁 이후 본국 송환을 거부한 이들, 귀화한 시민으로 살아가다가 귀화가 취소된 이들, 혁명이나 급격한 사회적 변화가 발생한 국가에서 추방당해 국적을 박탈당한 이들 그리고 자발적으로 무국적자가 된 경제이민자들 등 다양한 이유로 국적이 없는 이들이었다.

아렌트는 무국적자들이 현대 정치의 징후를 가장 잘 드러내는 집단이라고 규정한다. 그 이유는 무국적자를 발생시킬 수 있는 여러 요소가 현대 정치에 잠복해 있기 때문이고, 일단 이 요소가 무국적자들의 등장으로 표면화된 이후에는 정치 상황이 변화하더라도 이들의 존재가 정상화되지 못했기 때문이다.

무국적자를 대량 발생시킨 현대 정치의 잠재적 요소란 첫째, 동일화를 강제하는 국가구조의 존재다. 국가 내에서 어떤 반대도 허용하지 않으며, 다른 생각을 하는 시민과 더불어 사느니 차라리 이들을 버리는 것이 낫겠다고 생각할 때 대규모 국적 박탈이 가능해진다. 둘째, 국적, 귀화, 추방 등 거주와 시민적 권리를 결정할 절대적 권한이 국가 주권 개념과 연결되어 있다는 점이다. 국가 주권의 행사를 제약할 수 있는 것은 국가 간의 우호적 관계뿐이며, 만일 그런 관계가 소멸하면 국가 주권을 제한할 방법은 없다. 이는 현실주의적인 국제관계 개념이 지배적인 세계에서 어떤 국제기구나 제도도 국적 박탈에 대한 국가 주권의 권한을 제약할 수 없음을 의미한다.

국민국가가 확립된 것은 입헌정부가 설립되었을 때였다. 국민국가와 입헌정부가 함께 등장한 것은 정부가 자의적 행정과 전제정치에 반대하며 법에 의한 통치에 그 기초를 두었음을 의미한다. 그런데 국민과 국가 사이에 틈이 발생하고, 민족의 이익이 법제도와 균형이 깨졌을 때, 정부와 국민의 조직은 서로 멀어지게 되었다. 이처럼 국민국가의 분열은 민족자결권이 유럽에서 폭넓게 인정받은 시기에 시작되었다. 국가를 이루는 국민, 좀더 구체적으로는 한 국가의 중심이 되는 민족이 주권을 가진 국민이 되었을 때, 그 국민의 의지가 추상적인 법과 국가 제도보다 우선한다는 의식이 형성되기 시작한 것이다.

국민국가 안에서 국적을 갖지 못한 자는 법적 보호와 권리를 요구할 수 없다. 이들에게 보호막이 될 초국가적 제도를 구축하려는 시도가 헛수고라는 까닭은 국민국가 체계를 현실로 경험하고 살아가는 존재들에게 인간의 권리가 국가의 주권에 절대적으로 의존적이고, 주권에 의해 조건 지어질 수밖에 없기 때문이다. 히틀러가 유대인 문제를 해결한 방식이 바로 이러한 점을 이용한 것이었다. 히틀러는 나치 운동으로 국민의 힘을 모았다. 그리고 그 힘을 이용해 국가를 통치했다. 히틀러는 먼저 독일의 유대인을 독일 내 소수민족으로 만들었다. 이후 유대인은 국경 밖으로 내쫓겼고 무국적 민족이 된다. 무국적 민족이 된 유대인은 죽음의 수용소로 보내졌다. 죽음의 수용소에 이른 유대인의 운명은 국민국가의 주권의 힘에 의해 결정되었던 것이라고도 말할 수 있다.

다수 국민이 한 국가 안에서 주권을 갖게 되었을 때 법 앞에서 만민의 평등이라는 원칙은 효력을 잃게 되었다. 민족과 국가 주권이 결합할 때 국가 주권은 민족의 의지가 요구하는 자의적 판단에 따라 작동될 수 있다. 법의 평등 원칙이 효력을 잃게 된 국가에서 법은 권리와 특권으로 나뉘게 된다. 법적 권리를 갖지 못한 사람들은 경찰의 통제를 받게 된다. 국가 안에서 무국적자들이 많아질수록 그에 비례해서 경찰의 권력은 강화되었고, 심지어 정부의 통제권에서 벗어난 권력까지 가질 수 있었다. 이런 때 국가가 무국적자를 인간적으로 대우할 수 없는 상태가 되고, 경찰은 무국적자들에 대한 비인간적인 자의적 지배력을 강화하기에 이른다. 아렌트는 이런 상황에서는 국가가 모든 시민의 법적 지위를 박탈하고 그들을 강력한 경찰의 힘으로 통치하려는 유혹에 저항하기가 어려워진다고 경고한다.

4.

18세기에 있었던 인권 선언은 역사의 전환점이 되었다. 인권 선언의 의미는 신의 명령이나 관습이 아니라 인간이 법의 근원이 된다는 것이다. 기독교적 세계에서는 인간의 권리가 신의 뜻에 따라 보장받을 것으로 생각했다. 하지만 세속화된 세계에서는 신의 뜻에 따른 보장을 신뢰할 수 없었다. 그것은 정치질서 밖에서 보장되는 것이어서 권리를 완전히 보장하려면 정부와 헌법을 통해야만 한다고 생각한 것이다. 그래서 19세기에 들어와서는 인간이 어떤 자의적인 힘에 공격을 받을 때 인권의 이름으로 보호받아야 한다는 생각을 널리 하게 되었다.

이제 인권은 양도할 수 없는 권리가 되었고, 다른 어떤 권리나 법으로도 그것을 되돌릴 수 없으며, 다른 어떤 것에 근거하여 추론되는 결과물로 여길 수 없었다. 따라서 인권을 확립하기 위해 다른 어떤 권위에도 호소하지 않았다. 국가에서 국민이 주권자로 통치하는 것처럼, 법의 문제에서 유일한 주권자는 인간(Man)인 것처럼 보였다. 그래서 국민의 주권은 보편적 인간(Man)에 근거하는 것처럼 보였다.

하지만 이것은 다른 관점에서 보면, 개별자로 삶을 살아가는 개인으로서 인간(man)은 신적 질서와 같은 것과 무관하게 내면에 고유한 존엄성을 지닌 독립적인 해방적 존재로는 거의 여겨지지 않았다. 인권 선언에서 인간은 오직 추상적 인간으로만 생각되었을 뿐이다. 이런 추상적 인간은 어디에도 실존하지 않는다.

그 어떤 개인도 구체적인 공동체 속에서 산다. 공동체가 해방되어 인권을 누리지 못한다면, 즉 어떤 형태로든 주권을 가지지 못한다면 인권은 보장되지 않는다. 인권은 국민의 해방된 주권, 민족의 자주권과만 함께하는 것으로 생각되었다. 인류라는 개념은 국가로 구성된 가족과 같은 것이라는 이미지를 사람들이 프랑스 혁명 이래 가졌기 때문에 인권과 연관해서도 인간이라는 이미지는 개인이 아니라 국민이라는 이미지와 함께했다.

국민과 정부는 구분되었고, 인권은 정부가 함부로 할 수 없기에 '양도할 수 없는 것'으로 정의되었다. 그런데 자기 정부가 없어지고 자신의 권리를 보호해줄 권위가 없어지자 사람들은 자신의 최소한의 권리를 보장해줄 제도도 사라진다는 것을 알게 되었다. 소수민족의 경우 정부가 자신의 권리를 침해했을 때, 국민으로서 권리가 사라졌을 때 인권 상실이 발생한다는 것이 분명해졌다. 인권의 실현은 필연적으로 국민의 권리에 따라다니는 것임을 인식하게 된 것이다. 따라서 인권은 양도할 수 없는 것이라 추정되었음에도 주권 국가의 시민이 아닌 사람들은 항상 인권이 보장되지 않을 뿐 아니라 요구할 수도 없는 것이라는 점이 드러나게 되었다.

5.

인권을 잃게 되면 다른 권리들도 함께 상실하게 된다. 아렌트는 권리를 잃은 자들이 겪게 될 중요한 두 가지 상실을 지목한다. 첫째는 고향의 상실이다.

권리를 잃은 자들이 제일 먼저 겪는 것은 고향 상실이다. 사람은 어떤 사회 환경에서 태어나고 그 안에서 자신을 위한 세상으로 하나의 분명한 장소를 구축한다. 그런데 고향 상실은 이런 사회 환경 전체를 잃는다는 것을 의미한다. 이런 재난이 역사상 전례가 없었던 것은 아니다. 오랜 역사를 회고해볼 때, 개인이나 한 민족 전체가 정치나 경제적 이유로 살던 곳을 떠나야 하는 일은 비일비재했기 때문이다. 전례가 없는 것은 고향의 상실이 아니라 새로운 고향을 찾기가 불가능하다는 점이다. 극심한 제약 없이 이민을 갈 수 있는 장소, 동화되어 살 수 있는 나라, 자신들만의 새로운 공동체를 이룰 수 있는 영토가 이 지구상에서 갑자기 사라진 것이다. 더욱이 이것은 과잉 인구라는 물질적 문제와는 거의 아무런 관계가 없었다. 그것은 공간의 문제가 아니라 정치 조직의 문제였다.[8]

다민족 국가들에서 한 민족이 주권을 장악하고 다른 민족이 축출된다는 것은 '순수한 혈통'을 가진 국가라는 환상을 오랫동안 유지해온 한국인에게는 생소한 사건일 수 있다. 하지만 유럽의 경우 국민국가를 형성하기 전에 다민족들이 함께 살아온 지역이 국민국가로 형성되고 그와 더불어 국민주권 개념이 형성되면서 발생한 소수민족과 무국적자들 문제는 유럽과 중동 지역에서 오늘날까지도 여전히 논란이 되고 있다. 시리아와 예멘의 난민을 갑자기 받아들인 우리가 처한 적절한 인식이 요청되는 상황이기도 하다.

권리를 잃은 자들이 겪는 두 번째 상실로 아렌트가 지적하는 것은 '정부 차원의 보호 상실'이다. 이는 자기가 머물던 국가에서만이 아니라 모든 국가에서 법적 지위를 잃는 것을 의미한다. 법적 지위의 상실은 범법행위로 법적 처벌을 받는 것보다 더 심각한 상황을 맞이하게 된다. 처벌을 받는 자는 처벌과 더불어 보호를 받는 부분도 동시에 가지지만, 법적 지위를 갖지 못한 이들은 아예 법의 영역 밖에 존재하기 때문이다.

전쟁 기간 군인은 생명에 대한 권리를 상실하고, 범죄자는 자유의 권리를 상실하며, 긴급 상황에서 모든 시민은 행복 추구 권리를 제한받는다. 그런데 권리를 상실한 사람들이 당하는 재난은 이러한 권리들을 상실한다는 것이 아니라 그 어떤 공동체에도 속하지 않는다는 점이라고 아렌트는 지적한다.

그들의 곤경은 그들이 법 앞에서 평등하지 않다는 것이 아니라 그들을 위한 어떤 법도 존재하지 않는다는 것이고, 그들이 탄압을 받는다는 것이 아니라 아무도 그들을 탄압조차 하려 하지 않는다는 것이다. 단지 긴 과정의 마지막 단계에 가서 비로소 그들의 생명권이 위협을 받는다. 그들이 완전히 '잉여적이' 될 때, 어느 누구도 그들에 대해 어떤 요구도 하지 않을 때, 그들의 생명은 위험에 처하게 된다. 나치조차 유대인에게서 먼저 모든 법적 지위(2등 시민권의 지위)를 빼앗고 그들을 게토나 강제 수용소로 한데 몰아넣어 살아 있는 사람들의 세상으로부터 차단하는 단계를 밟으면서 서서히 유대인 멸절을 시작했다. 그리고 가스실을 작동시키기 전에 신중하게 그 근거를 조사했고, 만족스럽게도 어떤 국가도 이 사람들의 반환을 요구하지 않는다는 것을 알게 되었다. 요점은 생존권이 도전받기 전에 완전한 권리 상실의 조건이 이미 갖추어졌다는 것이다.[9]

인권을 빼앗긴 사람들은 이와 같은 극단적인 궁지에 몰린 것이다. 축복과 저주 가운데 무엇이 그들에게 닥칠지는 전적으로 우연에 달렸다. 그들에게는 무엇을 할 권리 자체가 존재하지 않는다. 이처럼 행위를 하고 의견을 말할 수 있는 정치적 구조에서 산다는 것이 의미하는 권리가 '권리를 가질 권리'다. 조직된 정치 공동체에 속할 권리를 상실하고 다시 얻을 수 없게 되면서 우리에게는 이러한 '권리를 가질 권리'가 존재한다는 사실을 깨닫게 된다.

6.

국민의 권리를 상실하면 곧 인권의 상실을 초래하게 된다는 예를 아렌트는 1950년대 팔레스타인 사례에서도 동일하게 발견한다. "최근의 사례인 이스라엘 국가가 입증하듯이, 인권의 복구는 지금까지는 국민적 권리의 확립이나 복구를 통해서만 이루어져왔다."[10] 『전체주의의 기원』에서 제국주의에 대한 논의가 끝나고 전체주의에 대한 논의로 진입하기 직전의 시점은 유대인이 국민적 권리를 상실하고 멸절의 운명을 향해 나아가기 직전의 시간에 해당한다. 여기서 아렌트는 유대인이 국가를 건설하면서 바로 그 팔레스타인 지역에서 발생한 일, 즉 유대인이 주도국민이 되면서 그 지역에 살던 팔레스타인 사람들과 아랍인이 인권을 유린당하는 상황에 빠지게 되었음을 지적한 것이다. 이런 촌철살인하는 언급은 아렌트의 지성의 예리함과 타협 없음을 잘 드러내는 것이다.

인권 개념은 인간 자체(a human being as such)라는 것이 존재한다는 가정을 전제로 한다. 그런데 실제로 무국적자들을 만났을 때, 즉 모든 구체적인 자질과 특수한 관계들을 잃어버리고 오직 인간이라는 사실 하나만 남은 사람들을 만났을 때, 인권 개념은 파괴되었다. 완전히 벌거벗은 순전한 인간 존재에서 사람들은 그 어떤 신성한 것도 발견하지 못했다. 인권의 토대인 인간 개념은 객관적·정치적 조건이 붕괴되었을 때 아무런 해결책도 제공해주지 않았다. 이런 인간은 야만인과 다름없는 존재였다.

인간이 정치적 지위를 상실했을 때 만일 양도할 수 없는 인권이 작동한다면, 인간은 보편적 인권이 선언하는 권리들의 환경 속에 존재할 수 있어야 한다. 그러나 현실은 그와 반대이며, 아무런 권리도 지니지 않은 벌거벗은 상태에 놓이게 된다. 벌거벗은 인간에 불과하게 된 사람은 다른 사람들이 그들을 동료로 여기는 특성을 상실하고 있다. 이것은 법적 인격의 문제다.

야만인의 비극은 그들이 지배당하는 자연의 힘 속에 살면서 자기 삶의 흔적을 남기지 않는 데 있다. 그들은 공동의 세계를 만들지도 않고 거기에 기여하지도 않은 채 살다가 죽는다. 정치 공동체에서 쫓겨난 무국적자들은 이러한 야만인의 상태로 내던져진 것이다. 이들은 사실상 야만인이 아니었다. 이들은 자신의 출신국에서 수준 높은 교육을 받은 사람들에 속했다. 그들은 야만에서 벗어난 현대 사회에서 인간이 다시 야만을 산출하는 문명의 퇴보가 가능함을 보여주는 예가 되었다.

7.

공동체 안에서 자기 자리를 잃어버린 이들, 법적 인격을 잃어버린 인간은 사적 생활의 영역에서만 숙달될 수 있는 자질만 가진 채 남겨져 있고 공적 사안에 대해서는 아무런 자격도 갖추지 않은 실존으로만 존재하는 사람이 된다. 이런 벌거벗은 실존으로 존재하는 사람은 우정이나 호의와 같은 예상할 수 없는 우연한 손길에 의해 또는 신의 무한한 은총의 사랑에 의해 다룰 수 있다. 모든 개인이 지닌 다른 모습, 세상에 단 하나뿐인 존재로서의 모습은 사적 영역에 속한다. 보편적인 차이와 구분의 법칙이 근거하는 것은 사적 영역이다. 이에 반해 공적 영역은 모든 인간이 평등하게 되는 영역이다. 평등은 우리에게 사실로 주어지는 것이 아니다. 우리는 평등하게 태어나지 않았다. 정치 공동체 속에서 사람들이 서로 동등한 권리를 보장하겠다고 결정하고 그에 따라 집단이 구성될 때 그 구성체 안에서 인간은 평등하게 되는 것이다.

고대나 현대의 국가 공동체가 동질성을 강조하는 것은 가능한 한 눈앞에 항상 보이는 자연적 차이와 구분을 해소하려는 것이다. 차이와 구분의 영역은 인간이 어떻게 할 수도 없고 바꿀 수도 없는 부분이다 보니 그런 자연적 차이와 구분을 제거하기를 원하기 때문이다. 문명이 발달할수록 인간은 자기 손으로 만들지 않은 것에 대한 적개심이 더욱 커진다. 차이는 차별을 불러일으키며, 증오를 불러일으키게 된다. 이런 차이에 대해 인간은 파괴적 경향을 보인다. 아렌트는 백인 공동체에서 살아가는 한 흑인을 예로 든다. 그 흑인이 평등한 동료 시민으로가 아니라 단지 흑인이라는 실존으로만 대우받는다면, 그는 평등한 권리와 더불어 인간의 모든 고유한 행위의 자유를 상실하게 된다. 그 흑인이 하는 행위는 그저 흑인이라는 특성이 낳는 어떤 필연적 결과로만 간주된다. 정치적 권리를 상실한 이들도 이와 마찬가지다. 평등한 시민으로서의 행위는 불가능하게 되며 그가 하는 행위는 모두 그의 벌거벗은 실존의 특성에 따라 행위를 한 결과일 뿐이게 된다.

공동의 세계 밖에서 살도록 강요받은 사람들의 벌거벗은 실존에 발생하는 가장 큰 위험은 그들이 문명의 한가운데에 있음에도 자연 상태에 머물게 된다는 것이다. 그들은 자연에서 받은 단순한 차이와 구분만 있는 존재로 남겨지는 것이다. 그런 차이를 넘어서 서로를 평등하고 균등하게 보이게 하는 시민이라는 현상이 그들에게는 없다. 그들은 인간이 만든 세상에 참여하지 못하기 때문에 단지 특별한 동물 종에 속하는 것처럼 인간종에 속한다.

이런 사람들의 존재가 증가할 때 인간이 평등을 위해 만든 인위적 세상인 정치적·공적 영역은 위협을 받는다. 야만인들은 자신이 이해할 수 없는 것을 파괴했다. 그런 야만인은 더는 존재하지 않지만, 벌거벗은 실존인 인간의 수가 증가할수록 문명의 한가운데로부터 야만인의 조건인 상황으로 나아가게 된다. 이런 상황에 대해 아렌트는 전체주의 정권의 출현도 우리 문명의 밖이 아닌 안의 현상이 된다고 말한다.

제9장 전체주의의 이해

1. 전체주의 개념

1.

아렌트는 전체주의라는 말을 매우 엄격하고 특정한 방식으로 사용한다. 사실상 전체주의라는 용어는 처음으로 널리 사용된 1940년대 이래 매우 다의적으로 사용되었다. 전체주의라는 말은 파시즘 또는 제국주의와 동의어로 사용되기도 하고, 독재와 동의어로 사용되기도 한다. 이런 용어상 혼란은 동서양 학자들이나 우리의 일상적 표현에서 흔히 일어나지만 아렌트는 전체주의를 정확히 규정하여 사용한다.

아렌트의 전체주의는 반셈주의와 같은 인종주의와 더불어 제국주의라는 역사적 과정을 거쳐 발달해 나치스와 더불어 나타난 새로운 현상을 말한다. 내용으로 본다면, 전체주의는 테러와 이데올로기를 두 축으로 하여 총체적 지배를 추구하는 체제다. 전체주의는 20세기에 들어와 발생한 새로운 현상이며 독재나 파시즘, 전제정치, 제국주의 등과는 본질에서 구분된다. 제국주의가 붕괴하고 난 뒤에야 비로소 전체주의는 제국주의와 분명히 구분되었고, 그제야

제국주의가 아니라 전체주의가 정치적 논의의 중심에 등장했다.[1]

2.

『전체주의의 기원』 초판 서문에서 아렌트는 전체주의가 역사적으로 형성된 내적 메커니즘에 대해 다음과 같이 서술한다.

> 정치적·정신적 세계의 모든 전통적 요소가 용해되어 하나의 거대한 덩어리—거기서 모든 것은 특정한 가치를 상실해버렸고, 또 인간의 이해력으로는 불가해한 것이 되었으며 인간적 목적을 위해서는 사용 불가능하게 되어버린 것 같다—를 이루어간 과정에서 작용한 은밀한 메커니즘을 발견할 수 있다는 확신에서 이 책은 쓰였다.[2]

이러한 '은밀한 메커니즘'에 대해 아렌트는 1967년에 쓴 '제1부 반셈주의에 대한 서론'에 다음과 같이 서술한다.

> [나중에 새로운 전체주의적 현상으로 결정화된 모든 요소는] 학자들의 식견이나 대중들의 견해를 통해서도 거의 주목을 받지 않았는데, 이는 그 요소들이 유럽 역사의 저변에 흐르는 한 지류에 속했기 때문이다. 거기서 그 요소들은 대중의 시선과 계몽된 이들의 주의를 받지 못한 채 전혀 예상치 못한 독성을 축적할 수 있었다.
> 결정화를 이룩하는 최종적 재앙만이 이러한 저류들(subterranean trends)을 드러내어 대중의 주목을 받게 했기 때문에 전체주의를

그의 요소들(elements) 및 기원들(origins)과 단순 동일시하는 경향이 있었다. 마치 반셈주의나 인종주의 또는 제국주의의 모든 분출이 '전체주의'와 동일시될 수 있기나 한 것처럼 말이다.[3]

비유로 사용된 '결정화'(crystallization)란 말은 반드시 이루어지는 결과로 나타났다는 뜻이 아니라, 반드시 그렇게 되지 않을 수도 있었던 것이 그런 결과로 나타나게 된 것을 표현한다. 마치 탄소가 크리스털로 될 수도 있고 다이아몬드로 될 수도 있고 석탄으로 될 수도 있는 것처럼, 다른 것으로 될 수 있었던 어떤 요소들이 어떤 특정 과정을 거치게 되고 어떤 특정 계기를 만남으로써 '전체주의'라는 결과로 역사에 등장했다는 것이다. 다시 말하면, 반셈주의와 인종주의, 제국주의와 국제주의 그리고 그밖에 여러 요소가 18세기와 19세기의 사건들을 거쳐 20세기에 히틀러와 나치스에 의한 수용소와 유대인 학살이라는 재앙을 낳은 전체주의가 그 모습을 드러냈다는 말이다.

아렌트의 『전체주의의 기원』은 전체주의라는 전례 없는 '새로운' 결과물을 놓고, 그 결과로 '결정화'된 '요소들'을 분석해낸 뒤, 그 요소들이 각각 '저류'로 어떠한 과정을 거쳐 '하나의 거대한 덩어리'를 형성하게 되었는지를 보여주는 책이다. 저류란 물의 표면에서는 눈에 띄지 않은 채 물밑에서 흐르는 물살이다. 저류가 점차 강화되어 거친 파도로 나타날 때는 감당하기 어려운 힘을 보여준다.

'결정화'라는 비유가 의미하는 것처럼, 전체주의로 이어진 요소들이 마땅히 전체주의로 귀결되어야만 했던 것은 아니다. 그래서 제롬 콘은 "아렌트는 인종주의나 다른 전체주의의 요소들이 히틀러나 스탈린 정부의 원인이 되었다는 것을 말하는 것이 아니라 그런 숨은 요소들, 즉 반셈주의, 국민국가의 쇠퇴, 팽창을 위한 팽창, 자본과 폭민의 동맹 등이 그들의 정부를 발생시킨 운동으로 결정화되었다는 것을 말한다"[4]라고 했다. 아렌트는 이런 전체주의의 요소들을 명료하게 드러내 보임으로써 우리가 우리 시대의 바닥에도 흐르는 저류를 살펴보아 다시는 전체주의가 우리 삶을 지배할 수 없도록 도움을 주는 것이다.

3.

아렌트의 『전체주의의 기원』은 사실상 단편적인 이야기 모음집이라고 할 수 있다. 이 책의 각 장은 하나의 논문처럼 과학적 분석으로 결론을 끌어내지 않으며, 거대한 사건들의 흐름을 논리적 연관성 중심으로 서술하지도 않는다. 아렌트는 단편들로서 이야기에 집중하여 우리에게 역사에서 다른 가능성에 주목하게 하며, 역사적 필연성을 넘어 인간적 자유를 볼 수 있게 해준다.

전체주의에 대해 이해를 요구함으로써 아렌트는 전체주의에 관한 이야기 안에 판단을 개입시키며, 나아가 독자들에게도 판단을 요구하게 된다. 아렌트의 이야기는 논증을 제시하고 입증하려는 구조를 갖지 않고 오히려 내 처지로 들어와 생각하게 만드는 초대의 성격을 가진다. 아렌트는 한편으로는 서술 내용에서 내가 대상의 관점에 들어가게도 하지만, 다른 한편으로는 그렇게 서술하는 자신의 관점 속으로 우리가 들어가도록 함으로써 관점의 공유를 통한 의사소통을 가능하게 한다. 이러한 판단 과정은 이성의 기능만이 아니라 감성의 기능을 적극적으로 도입하는 것으로, 전인격적 성격을 갖추고 있다. 이로써 아렌트는 인간에 대한 깊은 이해와 인정으로 삶의 온전함을 이루어가고, 또 함께 살아가는 세계를 더 낫게 만들어가려는 지향성을 우리의 학문적 담론 속으로 도입한다.

2. 전체주의의 대중

1.

나치 전체주의 정권은 항상 계급을 대중으로 전환하고 정당 체제를 일당 독재가 아닌 대중 운동으로 대체한다. 아렌트는 전체주의가 대중에 의한 것이라는 데 주목한다. 이때 대중은 우리가 현대 사회를 말할 때 '대중사회'라고 하는 대중 개념과는 같지 않다. 유럽 전체주의의 대중은 그것이 형성되는 20세기 초의 역사와 더불어 살펴야 하고, 이 대중에 대해서는 앞서 여러 차례 언급한 폭민 개념과 연결해서 이해해야 한다.

앞서 우리는 폭민에 대해 중세 이후 근대로 들어오면서 계급이 다양하게 분화되는 가운데 어느 계급에도 속하지 못한 사람들임을 언급했다. 폭민은 유럽 근대 이후의 역사 속에서 형성된 사람들의 집단을 지칭하는 표현인데, 그 규정은 계급사회를 전제로 한다. 계급사회에서 사람들은 자신이 속한 계급적 이해를 중심으로 사회적 · 정치적 견해를 수립한다. 폭민은 어느 계급에도 속하지 않았기 때문에 그런 계급적 이해와 무관하게 행동한다. 그런데 20세기에 들어서면서 계급사회는 근본적으로 흔들린다.

계급사회는 근대사회의 틀을 말하는 것으로, 부르주아를 중심으로 사회적으로 다양하게 분화된 여러 계층이 있고 또 그 계층에 속한 사람들이 전통적 계급의식을 지닌 모습을 하고 있다. 근대는 부르주아가 중심이 된 계급사회였으나 20세기에 들어와 이런 계급사회는 붕괴했다. 그리고 그 계급사회의 폭민은 이제 대중으로 그 모습이 변한다. 전체주의의 대중은 폭민의 특성을 이어받는다.

전체주의는 대중의 지지를 기반으로 한다. 히틀러는 이 지지를 받고 다수결의 원칙에 따라 권력의 중심에 올랐다. 이것은 법 자체로 보면 합법적이라고 할 수 있다. 하지만 대중에 의존하는 전체주의와 오늘날 시민을 의미하는 대중의 정치인 민주주의는 같은 것이 아니다.[5]

2.

대중과 폭민은 두 집단이 모두 정상적인 대의정치의 외부에서 영향력을 행사한다는 점에서는 외양상 비슷하다. 그런데 폭민의 경우에는 개인의 정체성과 개인적 차원의 영웅적 행동에 대한 기대와 같은 것이 완전히 사라지지 않았지만, 전체주의에서 대중은 그런 개인성의 차원이 영구히 사라졌다. 전체주의 대중에게서 나타난 특수한 심리적 현상은 자기 자신을 크게 문제 삼지 않는 일종의 무욕(無慾) 심리였다. 이는 개인적 차이들을 소멸시키고 운명을 위해 자신을 희생할 수 있다는 것이었다. 대중은 일상사에는 관심이 없는 반면 오랜 역사에서 이룩되는 이데올로기에 관심이 있었다. "자기 이익의 철저한 상실, 죽음 또는 다른 개인적 파국에 대한 냉소적인 또는 권태로운 무관심, 삶을 안내하는 아주 추상적인 관념들을 향한 열정적인 성향, 가장 명백히 상식적인 규칙에 대한 일반적 경멸"[6] 등이 전체주의 대중의 특징이었다.

3.

개인은 전체주의 대중의 한 사람이 됨으로써 대국적으로 생각하고 세기적인 시대적 느낌을 가졌다. 대중 중심의 운동 분위기에 교양이 높은 자들도 매료되었다. 이들이 대중 운동을 막기는커녕 오히려 고무하는 현상도 나타났다.

이런 대중 운동의 등장에 앞서 사회적 원자화와 극단적 개인화가 먼저 나타났다. 대중 운동은 개인주의적 이유로 사회적 유대나 의무를 인정하지 않으려 한 전형적인 방관자들을 끌어당겼다. 이런 대중적 인간상은 정상적인 사회관계를 맺지 못하고 고립 가운데 빠지면서 형성되었다. 그리고 이들은 곧 폭력적인 국가주의에 빠졌다.

대중적 인간은 야만과 퇴보가 아니라 고립과 정상적 사회관계의 결여를 특징으로 한다. 대중은 국가주의(nationalism) 감정을 장착한 국민국가의 계급 지배 사회에서 왔기 때문에 새로운 상황에 속수무책으로 스며들었고, 그래서 자연스럽게 폭력적인 국가주의로 기울었다. 대중 지도자들은 순전히 선동을 위해 자신들의 본능과 목적에 반하여 폭력적인 국가주의의 유혹에 굴복했다.[7]

전체주의 운동은 대중을 조직하려 하며, 대중 조직에 성공할 때 비로소 성공하게 된다. 정당은 특정 계급에 속한 사람들의 지지를 받게 마련이므로 그들의 계급적 이익을 위해 노력한다. 그러나 이제 전체주의 운동은 그런 계급적 이익에 초점을 맞추지 않는다. 전체주의 운동은 수에 집중하므로 공공의 사안에 관심이 있는 시민을 목표로 하지 않고 대중에 주목한다. 대중은 특수한 계급의식이 없고, 시민들의 관심 대상인 공적 사안에 관한 관심도 없다. 대중은 정당에 참가하지 않고 통상적으로는 투표에도 참여하지 않을 정도로 정치에 무관심하다. 따라서 대중 운동은 특정한 공동의 관심사를 중심으로 대중을 조직하거나 단체를 만들지 않는다. 다만 이데올로기가 제시하는 목표에만 충실할 뿐이다. 따라서 전체주의의 대중은 정치적 지향성은 일관되게 유지하고 그 방향성에 반응하는 가운데 공적 사안의 내용을 따져 자신의 정치적 견해를 정하는 방식으로는 작동하지 않는다.

4.

대중은 당 체제 밖에 존재할 뿐 아니라 나아가 스스로 집결하여 정치적 세력을 형성할 때 당 체제에 대항한다. 전체주의 운동이 대중 형성에 성공했을 때 당시 유럽 정당 체제의 전제가 환상이었음이 드러났다. 아렌트는 그 전제를 다음과 같이 두 가지로 설명한다.

첫 번째 환상은 대다수 국민은 공공 업무에 능동적으로 참여하며 또 모든 개인은 특정한 정당에 동조한다는 것이었다. 이에 반해 전체주의 운동에서는 정치적으로 무관심한 대중이 민주적 국가에서 쉽게 다수가 될 수 있으므로, 민주주의는 소수가 적극적으로 인정하는 규칙을 따라 작용한다. …… 두 번째 환상은 정치적으로 중립적이며 무관심한 이 대중은 별로 중요하지 않으며, 그들은 진정으로 중립적이기 때문에 국가의 정치적 삶에서 불분명한 배경에 불과하다는 것이었다. 이제 운동은 다른 어떤 기관도 보여주지 않았던 것, 즉 민주 정부가 그 나라의 분명하고 공적인 제도 및 조직에 의존하는 만큼 불분명하고 무관심한 대중의 암묵적 동의와 관용에도 의존함을 보여주었다.[8]

　이러한 아렌트의 지적은 당시 정당정치를 분석한 가운데 민주주의 전제의 문제점을 지적한 것이다. 그런데 오늘날 전체주의적 면모를 보이는 나라에서도 눈에 띄지 않던 대중이 갑자기 등장하여 정치적 분위기를 바꾼다는 점에서 아렌트의 이 같은 지적은 오늘날에도 여전히 유효하다. 대중이 운동의 중심을 이루어 다수결 중심의 민주주의 국가 내에서 숫자로 정치를 좌지우지할 때, 의회 내의 다수가 실제 국민 전체를 대변하지 않음이 드러나고 또 민주주의를 이끌어가고 그 중심을 이루는 다수 시민이 실제 다수가 아님이 드러나게 된다. 이처럼 대중 운동은 의회 밖에서 그 세력을 드러내고 의회와 대적하여 의회 정치를 무력화한다.

　전체주의의 대중 운동은 민주적 다수결 원칙의 토대 위에서 자신의 세력을 형성하고 강화하여 결국 민주주의의 자유를 폐지해버리게 되고 민주주의 체제를 소멸시킨다. 공화적으로 형성된 헌법에 대해서도, 다수로 구성된 대중은 헌법 외부에서 큰 숫자로 형성된 정치적 힘을 대립시켜 결국 헌법의 힘을 무시한다. 민주주의는 시민들이 적절히 대표되어 정치적 질서를 형성하는 곳에서 제 기능을 한다. 전체주의 시기 유럽에서 계급적 환경이 변화되고 정당이 대표 기능을 제대로 하지 못하게 된 가운데 개인은 정치 참여에서 멀어져 전쟁 같은 국가 비상사태가 발생해 한 사람의 국민으로서 기능해야 할 때가 아니면 공적인 일에 직면하지 않았다. (이런 점은 당시 유대인에게는 더더욱 사실이었다. 유대인을 위해 조직적으로 정치적 활동을 국가 안에서 수행한 경우가 없었다. 헤르츨의 시온주의 운동이 이미 작동했으나 그것은 이러한 정치적 활동은 아니었다.) 아렌트는 여기에서 현대 서구 사회를 향한 경고를 던진다.

히틀러 이전 시대 독일 상황은 서구 세계의 발전에 내재한 위험을 암시한다.[9)]

3. 전체주의 운동

1.

전체주의 국가에서는 선전과 테러가 동전의 양면을 이룬다. 테러는 공포(fear)와는 다르다. 테러는 공포를 유발하는 행위이며, 일반인의 일상적 삶의 모든 영역에 다가오는 공포 유발 행위다. 사람들이 한시도 안심할 수 없게 만드는 상황이 총체적 공포다. 전체주의 운동은 테러를 일상 속에서 만연하게 하는 가운데 선전을 일삼고 선전으로 사람들을 교화한다. 전체주의가 확고하지 않은 사회에서는 선전에 초점을 두지만, 전체주의적 절대 통제권을 확립한 사회에서는 선전을 통한 교화가 중심이 된다.

선전 내용은 전체주의의 축을 이루는 이데올로기의 주장 내용,

즉 이데올로기의 교의(dogma)를 중심으로 만들어진다. 예를 들면, 나치가 동유럽을 점령한 뒤 폴란드에서는 반셈주의를 선전의 핵심으로 삼아 대중을 확고히 장악했다. 폴란드 지식인들을 제거할 때는 폴란드인은 지성을 소유하지 못했다는 이데올로기적 교의를 기초로 삼아 선전과 행위를 진행했다. 그리고 폴란드인 사이에 퍼진 '게르만의 피'를 구원한다는 기치 아래 금발에 눈이 푸른 아이들을 유괴하여 독일로 데려왔다. 뉘른베르크에 보관된 기록문서에 따르면 제9군단은 1944년 6월에 아이 4만~5만 명을 유괴해서 독일로 이송했다. 이런 행위는 폴란드인은 지성을 갖지 못한다는 선전과 함께 이루어졌다.

선전은 심리전쟁을 위한 것이다. 선전을 통해 심리전의 목표가 체제 안에서 완전히 성취되면 테러가 진행된다. 선전은 전체주의가 비전체주의 세계를 다루기 위해 사용하는 가장 중요한 도구다. 전체주의가 성취되면 테러가 통치의 중심이 된다. 강제수용소 내부는 테러에 의한 통치가 완벽하게 실현되는 곳이며, 전체주의 통치에는 강제수용소가 반드시 필요하다.[10]

2.

전체주의의 선전은 상업적 선전과 유사한 점이 많다. 둘 다 정도 차이는 있지만 기만과 설득을 목표로 하기 때문이다. 상품을 선전할 때 그것을 과학적이라 하며 광고 또한 과학성에 기초를 둘 것이다. 전체주의의 선전도 과학성에 기초를 둔 것처럼 한다. 그런데 차이는 명백하다. 상업적 선전의 경우에는 과학적 근거가 상품의 본래 성격과 연결되어야 하며, 과학적 근거의 타당성이 입증되지 않거나 부작용을 숨기면 법적으로 문제가 되고 처벌을 받을 수 있다. 모든 단계에 책임이 따르기 때문이다. 그런데 전체주의의 전선에서 과학성은 합리성과 논리에 초점을 두며, 일단 설득하기만 하면 과학성에 대한 집착은 변한다. 전체주의는 과학자들의 명성을 자신의 권력 쟁취에 활용하지만 일단 권력을 장악하면 그들은 불필요한 존재가 된다.

전체주의자들이 과학성을 강조한 이유는 과학적 예견력에 있었다. 과학자들은 자신이 예언자라고 하거나 예언자처럼 말하지 않지만, 전체주의자들은 과학성에 근거를 두는 논리를 구사하여 예언적 발언을 일삼는다. 그들이 주장하는 과학성은 인종주의와 역사주의의 이데올로기에 기초했으므로 사실상 사이비과학성에 불과하다. 그런데도 그들은 그런 근거를 이용하여 자기주장의 확실성을 강조하고 예언하며 대중의 마음을 사로잡는다. 이때 전체주의 운동가들은 이데올로기 교의를 단지 선전으로만 사용하는 것이 아니라 자신도 확고하게 믿은 확신범들이었다.

전체주의자들은 이데올로기의 과학성과 예언적 진술의 기법을 최대한 활용하여 선동했지만, 방법적 효율성이나 내용의 부조리함은 극치를 달렸다. 과학성은 실증적 방식으로 확증되어야 하는데, 전체주의 선전의 과학성과 예언의 내용은 공리주의와 무관하며 대중의 이익과도 모순되었다. 통상적인 이데올로기, 즉 이념은 공리주의적 관점이 핵심을 이루거나 대중의 이익에 호소하지만, 전체주의 이데올로기는 이런 기대에 반해 펼쳐졌다.

히틀러의 비윤리성은 전쟁 때문에 불가피하게 도입된 것이 아니라 나치 이데올로기에 따른 살인 계획의 특성일 뿐이었다. 전체주의가 역사적 필연성이라는 이념과 인종주의 이데올로기를 사용할 때 공리주의적 계산, 계급의 이익, 국가의 이익 같은 것은 근본적으로 고려 대상에서 제외된다. 전체주의자들은 오류 불가능한 역사와 인종 이데올로기에 대한 절대적 맹신의 바탕에서 그 이데올로기가 요청하는 목표를 이루려고 예언적 과학성의 언어로 표현되는 내용의 실현에 헌신했을 뿐이다.

3.

전체주의 이데올로기는 과학성을 표방하지만 결국 거짓말의 세계를 형성할 뿐이다. 일관된 거짓말이 진실보다 인간의 마음에 더 호소력이 있는 이유는 거짓말은 사람들이 듣고 싶어 하는 말이기 때문이다.

> 이 [일관된 거짓말의] 세계는 현실 자체보다 인간 정신의 욕구에 더 적합하다. 뿌리 뽑힌 대중은 이 거짓말의 세계를 고향처럼 느낄 수 있고, 또 거짓말의 세계 안에서는 현실의 삶과 실제의 경험이 인간과 그들의 기대에 가하는 끝없는 충격을 피할 수 있다.[11]

아렌트는 전체주의의 세계는 결국 허구, 즉 거짓말의 세계라고 지적하는데, 거짓이 작용하는 심리적 동인에 대해 그가 이후에 쓴 『공화국의 위기』에 수록한 「정치에서의 거짓말」에서 더욱 명료하게 설명한다.

기만은 결코 이성과 갈등을 일으키지 않는다. 왜냐하면 거짓 말쟁이가 주장하는 것처럼 일이 실제로 그렇게 되었을 수 있었기 때문이다. 거짓말은 종종 현실보다도 더 그럴듯하며 이성에 더 호소력을 갖는다. 왜냐하면 거짓말쟁이는 자신의 거짓말을 듣게 될 사람들이 듣고 싶어 하는 것이나 기대하는 것이 무엇인가를 사전에 알고 있다는 큰 강점을 갖기 때문이다. 거짓말쟁이는 자기의 이야기를 대중이 받아들이도록 그럴듯하게 만들기 위해 조심스러운 눈으로 준비하는 반면, 현실은 우리가 미처 준비하지 못한 예상치 않은 일을 대면하게 하는 당혹스러운 습성을 갖고 있다.[12]

거짓의 세계가 현실에서 작용하려면 허구가 진실이라고 믿게 하는 조건이 작용해야 하며, 또 개개인이 현실에서 겪는 경험이 주는 감각적 타당성을 덮어버리는 무엇인가가 작용해야 한다. 전체주의의 테러가 바로 그런 역할을 했다. 테러만이 허구를 존립시킨다.

그러나 전체주의는 결국 현실과 사실의 힘 앞에서 무너진다. 「정치에서의 거짓말」에서 아렌트는 "거짓말쟁이가 몇몇 거짓말을 감쪽같이 해치울 수 있을지 모르지만, 원칙적으로 그가 거짓말로 살아남기란 불가능할 것이다. 이것이 바로 전체주의의 실험, 그리고 거짓 능력에 대한 전체주의적 통치자의 섬뜩한 확신에서 배울 수 있는 교훈 가운데 하나다"[13]라고 말한다. 거짓말이 일시적으로는 효과적이라도 현실과 사실은 아니므로 그 효과가 한계에 도달하는 지점이 곧 오기 때문이다.

[폭력 수단을 소유한 사람이라고 해도] 그들이 계속 기만을 일삼을 수는 없다. 거짓이 비생산적으로 되는 지점이 언젠가는 도래하기 때문이다. 이 지점에 도달하면 거짓말의 대상자들은 생존을 위해 참과 거짓의 경계선을 전적으로 무시해야만 하게 된다.[14)]

거짓말 능력의 한계에 대한 아렌트의 이러한 통찰은 체계적인 거짓말을 본질로 하는 전체주의의 붕괴가 필연적이라는 주장을 의미한다. 이 주장은 역사적으로 입증되었다. 거짓말의 효력이 임계점에 도달했을 때 전체주의는 순식간에 무너진다는 아렌트의 통찰이 구소련과 동구권 공산주의 체제의 붕괴로 입증되었기 때문이다.

4.

나치의 선전 이데올로기의 가장 중요한 허구는 반셈주의와 관련되어 있는데, 특히 유대인의 세계 장악 음모가 작용한다는 것이 그 핵심을 이룬다. 나치 선동가들은 항상 반셈주의를 중요한 무기로 활용했다. 그래서 만일 정당이나 어떤 기관이 유대인 문제를 다루기를 회피한다면, 대중은 그 정당과 기관의 배후에서 유대인이 손을 쓰고 있으며, 유대인이 진정한 권력의 소유자라고 점점 더 믿게 되었다. 그들이 활용한 포스터에는 유럽의 경제적 권력과 정치적 권력을 장악하고 금발 여성을 손아귀에 쥔 사악한 유대인이 그려지기도 했다. 20세기에 들어와 유대인은 사실상 경제적 · 정치적 영향력을 거의 갖지 못하는 상황에 있었다. 유대인은 국민국가 시절에는 여러 형태로 사회 안에서 활동할 수 있었지만, 그 이후 유대인의 힘과 지위는 사실상 현저하게 약해졌다. 유대인이 배후 권력자라는 주장은 사실상 음모였다.

나치 선전의 가장 효과적인 허구는 유대인의 세계 음모에 대한 것이었다. 이는 드레퓌스 사건 이래 널리 유포된 것으로, 18세기 말 국민국가와 유대인의 사업 사이에 있었던 밀접한 관계가 사람들 사이에 알려지면서 만들어졌다. 유대인은 악의 화신이라고 믿었던 중세기에서 유래된 미신과 계몽주의 시기 이후에 해방된 유대인이 유럽 사회에서 담당했던 모호한 역할이 결합되어 음모론적 생각이 만들어지고 확산된 것이다.

유대인 음모론에서 핵심 역할을 한 것은 「시온장로의정서」라는 문서였다. 이 문서는 유대인이 서구 기독교 문명을 뒤흔들어 세계를 지배하려는 자라는 내용을 담고 있다. 체제전복적인 시온주의 지도자들이 1897년 스위스 바젤에서 모여 만든 회의록이 바로 「시온장로의정서」라는 것이며, 여기에는 유대인 세계국가 수립 계획이 담겨 있다. 그런데 이 문서는 차르 시대 러시아 정부가 유대인 학살을 정당화하기 위해 당시 러시아 비밀경찰이 거짓으로 조작해서 배부한 허위문서였다. 러시아의 볼셰비키 혁명을 피해 도망친 사람들이 「시온장로의정서」를 서유럽으로 가져왔는데, 나치 이데올로기를 만든 알프레트 로젠베르크(Alfred Rosenberg, 1893~1946)가 그 문서를 자기 방식으로 편집하여 1923년 출간했다. 히틀러는 이것이 유대인의 진짜 음모를 기록한 문서라고 굳게 믿었다.[15]

나치는 「시온장로의정서」를 출판하여 유대인을 비난하려는 목적으로 사용했지만, 이와 동시에 미래 독일 대중을 조직하는 모델로도 이용했다. 사람들은 유대인의 세계통치에 대해 그것이 어떻게 이루어질 수 있는지에 관심을 두기는 했으나 거기에 위협을 느끼지는 않았다. 이 문서에 대중적 관심이 기울여진 것은 유대인에 대한 증오보다는 감탄과 배우려는 열망 때문이다.

이 문서에 담긴 내용을 정치적으로 볼 때 유대인은 민족주의에 반하는 태도를 보이며 국가를 토대로 세계 제국을 지향한다. 한 국가 내의 혁명에 만족하지 않고, 세계정복과 통치가 목적임을 드러낸다. 세계정복의 성취는 국가의 인구나 영토 또는 국력이 아니라 조직을 바탕으로 가능하다고 한다. 나치는 이 문서에서 독일이 추구한 세계 지배의 선구자를 보았고 그의 환상의 토대가 되었다. 의정서는 세계정복을 실천 가능한 것으로 서술했는데, 결국 조직을 바탕으로 어떻게 이룰 것인가 하는 문제이지 국가가 처한 객관적 조건은 문제가 아니라고 믿게 했다. 나치는 이 모든 전망을 민족 공동체(Volksgemeinschaft) 개념 속에 집중했다.

나치의 민족 공동체 개념은 모든 독일인의 절대 평등에 기초를 두었다. 이때 평등은 권리의 평등이 아니라 독일인의 본성에 따른 평등이었으므로 모든 인간의 평등을 선포한 것은 아니다. 평등한 독일인의 공동체는 다른 민족이 이룬 공동체와는 절대적 차이가 존재한다. 민족 공동체는 나중에 아리안족의 사회로 나아가는 전초 역할을 한다. 의정서에 나타난 유대인의 세계 음모는 유대인이 세계를 지배하려 하니 그것을 막아내려면 반음모(counter-conspiracy)가 필요하다는 나치 주장의 근거로 사용되었다. 음모에 대항하여 그에 반하는 음모가 요구된다는 것이다. 인종주의 이데올로기인 반셈주의는 나치 정치조직의 위계질서를 만들어내는 데 이처럼 철저히 활용되었다.

5.

나치 전체주의 선전은 결국 대중 조직을 향해 나아간다. 대중 조직은 폭력 수단을 소유하지 않고도 권력을 축적하는 것과 같은 성격을 갖는다. 일시적인 선동의 성공이 아니라 선전을 통해 살아 있는 조직을 만들어내는 것이 목표다.

전체주의 조직은 과거에는 존재하지 않던 모습을 했다. 전체주의 조직의 목적은 전체주의 이데올로기의 허구가 만들어낸 거짓말들을 현실로 만들어내는 것이다. 나치 전체주의 조직은 권력을 잡기 전과 그 이후 그리고 체제가 지속되는 과정 가운데 지속해서 변화했다.

전체주의가 권력을 잡기 이전 단계에서는 우선 일선 조직이 창설되고, 당원과 지지자들이 구분되었다. 독재체제에서처럼 한 사람이 최고 권력을 독점하고 그 최고 권력자가 상부의 간부들을 결정하며 그 간부들에게 권위와 책임감이 나뉨으로써 권력의 위계가 형성된다. 일단 이런 위계가 형성되고 조직이 안정되면, 조직이 아무리 권위주의적으로 운영되더라도 최고 권력자의 자의적 의사가 안정화된 조직에 제한되는 상황이 발생한다. 최고 권력자의 절대명령 실현이 전체 위계질서에 의존하게 되기 때문이다. 이런 상황은 전체주의에 부합하지 않는다. 최고 지도자의 권력은 그 자체가 국가의 최상위 법이 되어야 하기 때문이다. 따라서 이를 제한할 수 있는 어떤 제도나 조직도 허용되지 않도록 조직은 안정성을 유지할 수 없게 작용한다.

조직화 작업은 익명성을 특징으로 한다. 조직 구조가 어디서 시작되고, 누가 동조자들을 결집하여 일선 조직을 만들자고 했는지

등은 전혀 알려지지 않았다. 그와 관련하여 알려진 유일한 것은 선전으로 만들어진 대중은 동조자와 당원 두 범주로 분리되어야 한다고 맨 처음 말한 자가 히틀러였다는 것이다. 이런 구분이 필요한 이유는 다수에 해당하는 동조자는 단순한 이론적 인식을 넘어 행동하기에는 너무 게으르고 비겁하며, 신념을 위해 투쟁하는 자는 오직 소수에 불과하기 때문이다. 따라서 히틀러는 먼저 동조자층을 꾸준히 확대하는 정책을 고안했고 당원 수는 엄격하게 제한했다. 또한 동조자는 소수 당원을 보호하도록 했다. 이후 동조자층은 일선 조직의 형태로 만들어졌는데, 이들은 당원만큼이나 중요하게 여겨졌다.

일선 조직은 운동 요원들을 장벽처럼 에워싼다. 이 장벽은 운동 요원들의 신념과 외부의 정상적인 사람의 신념 차이에서 발생하는 충격을 완화하는 기능을 한다. 이 장벽이 없으면 운동 요원은 자신의 신념이 정상적 세계의 모습에 비추어 얼마나 허구적인지를 곧바로 깨달을 것이다. 일선 조직의 기능은 운동 요원이 직면하는 세계의 역할을 한다. 운동 요원은 실제 세계를 만나지 않고 일선 조직이 만들어낸 세계를 만난다. 일선 조직은 운동 요원과 외부 세계 사이에 벽을 만들고 그들이 만나는 세계가 정상적인 것처럼 만들어 결국 운동 요원의 정신세계를 보호하는 기능을 한다.

또한 일선 조직은 전체주의 운동을 세계에 전달하는 역할을 한다. 세계는 이들을 통해 전체주의 운동을 처음 접하게 된다. 비전체주의적 사회의 사람들은 해롭지 않아 보이는 이 일선 조직의 사람, 즉 운동의 동조자들을 한 가지 목표에만 집중하는 광신주의자로 보기는 어렵게 된다. 동조자들이 형성하는 분위기 때문에 전체주의의 거짓말은 더욱 온건하고 점잖은 형태로 확산되게 된다. 운동 요원과 일선 조직 그리고 외부 세계의 이러한 관계로 기만은 확산되고 운동 요원의 열성은 강화된다. 일선 조직의 동조자들은 전체주의 운동이 정상적이며 점잖은 것처럼 보이게 연막을 치고, 운동 요원들은 일선 조직과 접하면서 외부 세계의 진정한 모습을 보지 못하는 기만을 당하며, 외부 세계는 운동의 진정한 성격을 알지 못하게 된다. 이러한 외부와 핵심의 관계는 운동 내부의 다양한 차원에서 반복적으로 형성된다.

6.

전체주의는 조직을 항상 유동적 상태로 유지하며, 꾸준히 새로운 층을 원래의 조직 질서 속에 투입하여 새로운 전투적 조직을 만들어냈다. 1922년에 창설된 돌격대(SA)는 당보다 더 전투적이었던 최초의 나치 부대였다. 1926년 나치 친위대(SS)가 창설되는데 이는 나치 돌격대의 엘리트 부대로 만들어진 것이다. 나치 친위대는 1929년 돌격대에서 떨어져 나와 하인리히 힘러(Heinrich Himmler, 1900~45) 휘하로 들어갔다. 이후 돌격대에서 돌격 전문부대(Verfügungstruppe)가 창설되고 나중에 또 해골부대(또는 강제수용소 수비대)가 창설된다. 해골 부대는 나중에 해체되고 무장 친위대로 다시 태어난다. 이후 다시 공안부가 창설되고 인종 문제를 다루는 관청이 나온다. 이 모든 기관은 일반 친위대에서 등장하는데, 새로운 조직들이 등장하면서 일반 친위대는 고위 지도자 군단을 제외하고는 민간 업무를 담당하는 선으로 내려온다. 맨 처음 나왔던 일선 조직의 동조자와 당원의 관계는 나치 돌격대와 나치 친위대의 관계, 당원과 나치 돌격대의 관계, 일반 친위대와 거기서 나온 모든 새로운 조직의 관계와 동일한 양상을 가지고 있었다. 이런 양상은 비밀을 다루는 기관에서도 마찬가지로 나타난다. 통제하는 자들을 위한 새로운 통제 조직이 지속해서 형성되는 것이다.

하나의 조직에서 새로운 층이 생겨나면, 기존 조직은 더 일반적 단계로 내려가는 방식으로 조직이 분화되었다. 이것이 나치 조직의 유동성의 양상이다. 더 오래된 조직은 자동으로 일선 조직에서 밀려나고 운동의 중심에서 멀어지는 것이다.

7.

나치 조직에서 엘리트 집단은 준군사 조직의 성격을 가졌다. 전체주의의 목적을 이루기 위해서는 잘 훈련된 군대보다는 호전적 성격의 가짜 군대가 유용했다. 나치 돌격대와 나치 친위대는 자의적인 폭력과 살인을 위한 시범적 성격의 조직이었다. 이들은 정규군은 아니지만 군복을 입었고, 군복 덕분에 살인자가 마땅히 느낄 양심의 가책을 상당히 면할 수 있었다. 나치 돌격대 대장이었던 에른스트 룀(Ernst Röhm, 1887~1934)은 나치가 권력을 장악한 뒤 자신의 나치 돌격대를 독일군에 흡수시키려고 하다가 히틀러에게 죽임을 당했다.

조직 내 엘리트 조직의 준군사적 성격은 다른 어떤 집단보다도 더 철저하게 정상적 세계로부터 멀어진 탓에 조직의 목적대로 잘 기능할 수 있었다. 돌격대는 일상적 임무를 담당하지 않고, 갱단을 모델로 조직되어 조직적 살인에 이용되었다. 이들은 대중에게 공공연히 모습을 드러냈고 나치 상부 조직으로부터 공식적으로 인정받았다. 일선 조직은 전체주의 운동의 외양이 점잖아 보이게 만들어 일반인의 신뢰를 얻으려 했지만, 준군사적 성격인 돌격대의 모든 조직원은 일상적인 세계에서 아예 벗어나 존재하며 자신들이 저지른 범죄를 지시한 자들의 인정을 받았다. 이런 엘리트 집단은 자신의 당원들을 외부 세계로부터 보호하기 위해 조직적인 폭력을 사용했는데, 이런 폭력 행사가 조직 내부의 요원들에게는 안전감을 주어 조직의 지속성을 강화하는 기능을 했다.

8.

전체주의는 비밀결사의 성격을 활용했다. 비밀결사체는 조직에 충성하는 정도에 따라 위계질서를 형성했다. 이 조직은 비밀을 전수받지 않은 대중을 기만하기 위해 끊임없이 기만적인 거짓 책략을 채택하는 가운데 항상 신비에 둘러싸인 지도자에 대한 무조건적 복종을 요구했다. 이 조직은 완전히 입교한 자와 반쯤 입교한 자로 구성되는 이중 조직을 두었다. 후자는 완전 입교자들에게 적대적인 일반 사회와 완전 입교자 사이에서 완충지대 역할을 했다. 비밀결사체는 세상 사람들을 피로 뭉친 동지들과 불구대천의 원수로 편 가르기를 하고, 그 둘 사이에 절대적인 적개심이 작동하게 만들었다.

나치의 비밀결사체는 그 조직에 명백히 포함되지 않은 사람들은 모두 다 배제한다는 원칙을 가동하여 그 조직에 들어와 있는 입교자들에게 심리적 자격과 같은 것을 부여했다. 이 조직에 가입하려는 자들은 자기 집안에 유대인 혈통이 개입되지 않았음을 입증해야 했는데, 이는 결국 모든 독일인에게 자신이 비유대인 가계에 속함을 밝혀야 하는 분위기와 여건을 형성했다. 이런 조사로 비밀결사 입교자들은 물론 그밖의 모든 독일인도 자기가 가상의 부적격 대중과 대치하는 내부자 집단의 일원이라는 의식을 갖게 되었다.

나치의 비밀결사체는 의식(儀式)을 바탕으로 결속을 추구했다. 나치 의례에는 붉은 나치 깃발을 앞세웠고, 뉘른베르크 전당대회에서는 규모가 엄청나게 큰 숭엄한 의식과 같은 행사들을 진행했다. 그들은 비밀을 공유하기보다는 비밀의식을 공동으로 경험함으로써 더욱 강하게 단합했다. 일반적인 비밀결사 조직은 자기 비밀을 외부로 알리지 않고 비밀을 잘 지키는 것을 중요시했다. 하지만 비밀결사 내부에서는 비밀 준수의 필요성을 요구하지 않았다. 그 비밀은 사실상 모두가 공유하는 이데올로기였다.

4. 전체주의 국가와 경찰

1.

전체주의 운동이 권력을 장악하게 되면 불가피하게 딜레마에 빠지게 된다. 권력을 장악한 전체주의 통치자는 이중적 과제에 직면한다. 한편으로 그는 허구세계를 일상의 현실로 만들어내야 하며, 다른 한편으로 그 세계가 안정되는 것을 막아야 한다.

권력을 장악했다는 것은 곧 국가 기구와 법적 체제로 안정되어야 함을 의미한다. 하지만 포괄적 이데올로기를 가지고 범세계 운동의 성격을 갖는 전체주의 운동이 그런 안정을 누리게 되면 운동은 종료된다. 법과 제도는 본질적으로 사회의 안정을 가져오며 운동을 멈추게 하는 기능을 하기 때문이다. 또한 운동이 국가 기구 내부에 정착되면 운동은 경직될 테고, 운동이 한 국가 내부로 갇히면 운동은 국경에 갇히게 된다. 운동은 유동적으로 작용하며 끊임없이 팽창할 때 작동할 수 있다. 전체주의 운동이 국가의 제도로 안정되면 그 국가는 영토와 국민과 역사적 전통의 맥락 가운데 들어가게 된다. 그러한 하나의 국가는 다른 국가들과 국제법을 통한 관계를 맺는 방식으로 관계를 정립해야 한다. 이는 전체주의 운동이 지향하는 바와는 거리가 먼 것이다.

전체주의 국가를 에워싸고 있는 비전체주의 국가들에서 쏟아져 들어오는 사실에 기반한 정보들 자체가 전체주의 국가에 위협이 된다. 사실(facts)에는 전체주의가 근거한 이데올로기적 허구를 무너뜨리는 힘이 있기 때문이다. 예를 들면, 나치의 인종차별주의에도 불구하고, 1936년 베를린올림픽에서 많은 흑인 선수가 육상 경기에서 다양한 메달을 획득했다. 이 사실 자체가 인종차별주의의 허구를 드러낸다. 따라서 전체주의 정부는 현실의 사실성을 위장한 시스템을 구축하려 하고, 세계통치를 추구하면서 전체주의 운동을 지속하려 한다.

개인에 대한 완전한 지배(domination)는 전체주의가 세계를 지배하는 상황에서 가능하게 된다. 전체주의 정권은 이런 지배 가능성을 시험할 실험실을 만든다. 따라서 전체주의 국가는 우선 현실을 부단한 허구로 전환하는 국내 실험의 집행자와 그 지지자로 비밀경찰 체제를 구축한다. 또 절대적 지배를 직접 실험해볼 특수한 실험실로 강제수용소를 구축하게 된다.[16]

2.

전체주의가 추구하는 지배는 총체적 지배다. 여기서 먼저 지배라는 개념을 검토해보자. 이 개념이 다의적으로 사용되기 때문이다. 우리말 '지배'를 영어로 옮기면 ruling, governing, domination 등의 단어를 선택할 수 있다. rule은 명사로 '법' '규칙'을 의미하며 동사로는 '지배한다'는 의미가 있다. ruler는 자[尺]를 의미하기도 하지만 지배자를 의미하기도 한다. ruling은 다스림과 법적 지배를 의미하므로 ruler는 폭압적 통치자나 군주제의 통치자만 의미하는 것이 아니라 민주사회의 지도자를 의미하기도 한다. 이 개념에는 법과 규칙이라는 의미가 기본적으로 전제되어 있기 때문이다.

둘째, governing의 경우 그 주체는 governor가 될 수도 있고 government가 될 수도 있다. governor는 식민지 지배체제의 총독을 의미하지만 government, 즉 정부는 현대 민주사회에서 통치의 주체가 된다. 이런 이중적 성격을 지닌 단어인 governing을 민주적으로 선출된 대통령의 역할로 본다면, '지배' '통치'로 옮기기보다는 좀 더 민주적인 우리말 표현이 필요할 것으로 보인다. 대통령이 '통치한다'거나 '지배한다'고 말하기에는 너무나 비민주적으로 들리기 때문이다. 흥미롭게도 우리말에는 민주적 방식의 governing을 표현하는 적절한 단어는 없어 보인다. 그래서 때때로 그냥 '정부 역할을 한다'라고 풀어서 번역하기도 했다.

셋째, domination의 경우 주체는 주인(master)이다. 이 단어는 라틴어의 지배(dominium)에서 왔는데, 이는 주인(dominus)이 노예에 대해 행하는 지배를 의미하기 때문이다. 주인이 노예에 대해 행하는 지배는 전적인 지배인데, 전체주의가 추구하는 지배는 바로 이 지배를 의미한다. 전체주의적 지배는 총체적 지배(the total domination)다.

우리말에서 '지배'라는 단어를 영어로 번역한다고 할 때 위의 세 단어로 모두 번역이 가능하고, 우리말의 의미에서도 이 세 경우 모두를 포괄한다. 이처럼 우리말의 '지배'라는 단어의 정치철학적 의미는 상당한 혼란 가운데 있다. 그래서 민주적 의미에서의 리더십과 시민의 역할을 고려한 대통령의 역할을 담은 새로운 단어가 필요하다고 생각한다. 여하튼 우리의 맥락에서는 전체주의와 관련한 지배는 전적이고 총체적인 지배(domination)를 의미하는 것으로 고정해서 이해해야 한다. 다른 의미로 '지배'를 사용하면 영어 단어를 병기하여 의미를 구분해야 한다.

3.

전체주의 국가에서도 헌법은 폐지된 적이 없다. 나치가 권력을 잡은 뒤에도 바이마르공화국의 헌법은 그대로 유지되었다. 공무원 조직도 그대로 유지되었다. 이 때문에 나치 정부에서도 당의 권한이 제한되고 국가 조직이 신속하게 정상화되리라는 기대가 형성되었다. 하지만 나치는 입법 활동으로 국가를 안정화·정상화하는 데는 아무런 관심이 없었다. 비밀경찰과 나치에 의해 탄생한 많은 새로운 조직체를 법과 규정의 제정으로 다 담을 수 없었다. 그래서 실질적으로는 무법 상태가 지속되었다. 이렇듯 헌법은 철저하게 무시되었지만 폐지되지는 않았다.

국가 행정 조직의 기능은 당 조직에서도 똑같이 수행했다. 따라서 관직은 이중 구조를 가지게 되었다. 국가와 당의 이중적 권위가 공존하여 때로는 갈등도 발생했지만, 당이 항상 승리했다. 국가와 당의 관계는 허울뿐인 권위와 진정한 권위의 관계였다. 정부 기구는 당의 진정한 권력을 감추고 보호하는 무력한 외관일 뿐이었다.

나치가 본격적으로 힘을 행사하면서 유력한 인물들이 국가의 공식적 지위에 올랐을 때도 이 관계는 변화되지 않았다. 오히려 당원이 공식적 경력을 시작하려고 비당원이 되었을 때 실질적 권력을 상실하게 되었다. 예컨대, 빌헬름 프릭(Wilhelm Frick, 1877~1946)이 내무부장관이 되고 알프레트 게르트너(Alfred Gertner)가 법무부장관이 되었지만 이들의 영향력은 곧바로 떨어졌고, 조직상 자신의 지휘하에 있는 경찰국장 힘러의 지배를 받는다. 힘러는 나치 친위대 지도자였고 제도상 힘러가 내무부장관 휘하에 있었다. 외무부도 마찬가지였는데, 나치가 권력을 장악한 뒤에도 외무부는 존속하고 직원들도 유임되었다. 하지만 당은 외무 사무소를 만들어 로젠베르크를 책임자로 삼았는데, 이 사무소가 동유럽과 발칸반도의 파시즘 조직과 접촉하는 역할을 했고 서구 국가와의 외교 문제도 다루었다. 이처럼 모든 중요한 행정 관직은 이중적으로 운영되었다.

표면적 정부와 진정한 정부라는 이 이중성은 법과 합법성을 무시하는 전체주의의 근본 태도에서 나온다. 전체주의 체제에서 이처럼 비전체주의 세계의 기준이 무력하고 무능하게 된다.

전체주의 국가에서 누구나 다 확실히 아는 단 하나의 규칙은 더 많이 알려진 통치 기구일수록 권력은 더 작고, 그 존재가 드러나지 않으면 않을수록 더 큰 권력을 가지고 있다.[17]

4.

전체주의 국가 조직의 이중성은 단순한 이중 구조에 머물지 않고 복합화된 상태로 존재한다. 이중적 구조로라도 그대로 고착된다면 이는 다시 조직의 안정성을 유발하고 나름의 어떤 법적 규제가 작동하게 될 테니 말이다. 어떤 의미에서는 이 조직에는 무형성(shapelessness)이 존재한다고 할 수도 있다. 전체주의는 모든 구조를 파괴해야 하므로 당과 국가 기구라는 이중 구조만으로는 충분치 않은 것이다. 결국 이중 구조는 여러 조직이 겹쳐 나타나게 되어 복잡한 모습으로 드러난다. 예컨대, 나치 돌격대와 나치 친위대의 지역 단위는 달랐고, 또한 히틀러 청년 조직의 구획과도 일치하지 않았다. 따라서 일반 국민은 공무원, 당, 나치 돌격대, 나치 친위대 등 서로 경쟁하는 권력들의 동시적이면서 상충하는 권위 아래에서 살아야 했다. 그러다보니 국민은 어떤 순간에 누구에게 복종하고 누구 말은 무시해야 하는지를 정확히 알 수 없었기 때문에 육감(the sixth sense)이 필요했다.

지시하고 명령을 내리는 위치에 있는 자들도 같은 어려움을 겪었다. 그들은 명령을 의도적으로 모호한 상태로 내렸는데, 이때 명령자는 명령 수행자가 자기 의도를 파악해 알아서 행동하리라 기대했다. 어쨌든 가장 근본적으로는 모든 명령으로 지도자, 즉 히틀러의 의지를 집행해야 한다는 정신이 작용했다.

지도부는 끊임없이 실질적인 권력의 중심을 다른 조직으로 이동시켰지만, 권력을 빼앗긴 조직을 해체하지 않았고, 공개적으로 탄핵하지도 않았다. 예컨대, 나치 초기의 권력은 돌격대에 있었지만 이후 친위대로 넘어갔고, 다시 공안부로 넘어갔다. 그러나 어느 권력 기관도 자신들이 지도자의 의지를 수행하는 척하는 권한을 빼앗기지는 않았다. 이런 식으로 전체주의 지배 장치 안에서 운동은 지속해서 유지되었다. 은밀한 실권 기관과 밖으로 드러난 표면상의 대표들로 끊임없이 새롭게 구분되는 가운데 실권이 어디에 있는지는 규정상 비밀이었고, 지배자 집단의 구성원들도 자기 위치가 어디쯤인지를 정확하게 알 수 없었다. 자신이 누구에게 복종해야 할지, 어떤 위계질서가 확실한 질서인지가 분명히 드러나고 그 질서가 정착된다면, 전체주의에 부합하지 않는 안정성이 발생하게 될 테니 말이다. 이런 무형성이 지도자 원칙을 실현할 수 있는 이상적 도구로 작동한 것이다.

5.

전체주의 조직의 무형성의 한 예가 반셈주의에 대한 과학적 연구 기관인 유대인문제연구소다. 1933년에 뮌헨에서 발터 프랑크를 소장으로 하는 유대인문제연구소가 설립된다. 유대인문제연구가 나치 통치에 중요한 요소로 여겨졌기에 이 연구소는 곧 독일 역사 전체를 연구하는 학술연구소로 확대되었다. 1940년에 프랑크푸르트에는 로젠베르크를 소장으로 하는 또 다른 유대인문제연구소가 설립되었다. 두 소장 가운데 로젠베르크가 당내에서 지위가 더 높았으므로 뮌헨의 연구소는 그림자 역할로 전락한다.

프랑크푸르트의 연구소는 유럽 유대인에게서 약탈한 많은 물품을 기증받아 광범위한 영역을 다루는 유대교 도서관을 설치하려고 했다. 그러나 그 물품이 독일에 도착했을 때 프랑크푸르트가 아니라 베를린으로 이송되었다. 힘러의 게슈타포가 유대인문제 청산 부서를 베를린에 신설했기 때문이다. 뮌헨대학의 역사학과 배후에는 뮌헨연구소가 있었고, 또 그 배후에는 프랑크푸르트의 연구소가 있었다. 이 모든 장치가 숨기고 보호했던 진정한 권력 중심지는 제국 안전본부, 즉 게슈타포의 특별부서였다. 이 부서는 유대인 문제를 청산하기 위한 특별부서였고 그 부서장이 바로 아이히만이었다.

6.

전체주의 국가에서 권위는 하나의 위계를 거쳐 내려오는 것이 아니다. 위계질서는 그 자체로 권위를 가지게 마련인데, 전체주의 체제에서는 이러한 권위적 계통을 인정하지 않는다. 전통적으로 권위는 자유를 제약하기는 해도 자유 자체를 말살하지는 않는다. 하지만 전체주의 지배는 자유의 제한이 목표가 아니라 자유의 말살, 심지어 인간의 자발성 자체의 제거가 목표다. 따라서 전체주의 시스템에서 권위는 존재할 수 없다.

전체주의 체제의 중간단계들은 각각 자기 몫의 권위를 갖고 있지 않았다. 지도자의 의지는 모든 곳에서 언제나 구현될 수 있어야 하며, 중간단계 지도자들은 자신들이 발휘하는 권위가 위계질서의 중간단계 없이 곧바로 히틀러에게서 파생한다는 것을 알고 있었다.

나치 전체주의 체제에서는 무혈 쿠데타가 전혀 없었다. 히틀러는 개인들을 원자화하여 고립 상태로 만들어 이를 전체주의 지배의 대중적 토대로 삼았다. 이런 현상은 대중 사이에서뿐만 아니라 지배구조 전체에 퍼져 있는 특징이었다. 히틀러는 권력과 권한을 끊임없이 이동시켰고, 주변의 가까운 친구들을 수시로 바꾸어 파벌 형성을 막았으며, 이로써 자신과 함께 권력을 장악했던 동지들 사이에 존재했던 연대감이 곧 사라지게 했다. 히틀러는 신의가 없는 사람이었기에 파벌처럼 오래 지속할 수 있는 집단을 통솔할 수 없었다. 공직자들 간의 상호관계는 존재하지 않았다. 정치적 위계 내의 상하관계 또는 동등한 서열자들은 히틀러를 향한 충성심으로 뭉쳐 있었다.

7.

나치 초기 단계에서는 집단적 범죄 의식이 응집력을 형성했다. 하지만 전체주의 체제가 지속되면서 이런 공범 의식은 권력을 바탕으로 전 주민에게 확산되었고, 결국 전체주의 지배하의 모든 국민은 유죄가 되었다.

아렌트는『전체주의의 기원』을 쓰기 전인 1945년 1월에 쓴 「독일인의 범죄」라는 글에서 모든 독일인의 유죄성을 주장했다. 이때는 아직 전쟁이 끝나기 전이었지만 아렌트는 전쟁의 종료를 생각하면서 독일인의 죄를 논의했다. 이 글의 핵심은 나치와 독일 국민 사이에는 아무런 차이가 없으며 전쟁범죄라는 죄명이 적용되지 않을 사람은 없으므로 전쟁범죄자를 처벌한다는 연합국 규정은 공허한 위협이 되리라는 것이었다.

나치는 전체 독일 국민과 나치를 적극적으로 일체화했으므로 나치 치하에서는 조직적인 지하운동을 할 가능성이 없을 정도였다. 누가 나치인지 아닌지를 알 수 없었다. 반나치라는 사실이 공개적으로 알려지면 그가 누구든 처형을 당했다. 독일에서 반나치 지하운동을 하는 사람이라도 평소에 나치처럼 행동하고 말하지 않는다면 더 빨리 발견되어 죽음을 맞이했을 것이다. "반나치주의자라는 것은 나치가 그를 교수형에 처했을 때만 유일하게 확인할 수 있다. 그밖에는 신뢰할 만한 징표가 없다."[18]

8.

전체주의의 조직적 장치는 효과적으로 작동한다. 모든 명령은 반드시 시행된다. 명령은 다양한 통로로 전달되며, 부하들의 생각에 방해받지 않고 언제나 신속하게 수행된다. 하지만 여기에는 이면이 있다. 여러 조직이 중복해서 존재하므로 각 조직 단위에서 형성될 수 있는 책임성과 전문성이 형성되지 못한다. 지도자의 명령이 전달될 때까지 자율적으로 일을 진행해서는 안 되고 지연해야 하므로 결국 실질적인 생산성은 저해된다. 또한 모든 일은 정치적 결정에 달려 있으며, 주어진 사안마다 그 배후에 있는 지도자의 의도가 무엇인가에 좌우된다. 끊임없는 이동, 좌천, 승진 등은 조직 내부의 확실한 팀워크를 형성하지 못하게 한다. 게다가 이데올로기는 업무의 생산성과 무관하게 작동한다.

이데올로기의 허구적 성격 때문에 이데올로기 추종자들은 이상주의자처럼 보이게 된다. 이데올로기에 대한 신념이 확고하면 할수록 그들은 더더욱 이상주의자가 된다. 이상주의자는 현실의 이익에 집착하는 실용주의적 태도를 경멸하고, 조직에서 발생하는 권력은 비물질적·비공리주의적 목적을 추구했다. 이러한 점은 조직 체계의 무정형성과 더불어 전체주의 체제를 예측 불가능한 것으로 만드는 데 결정적으로 이바지했다.

9.

전체주의 체제의 배후에서는 비밀경찰의 부서들이 핵심 역할을 했다. 군대가 경찰보다 겉으로는 더 큰 권력을 가진 것처럼 보였지만 실제로는 군대는 경시되었고 경찰이 유일한 권력 기관으로 작용했다.

전체주의 정권의 초기 단계에는 비밀경찰과 당의 엘리트 집단이 과도하게 잔인한 방법으로 숨어 있는 적을 색출하고 반대파들을 추적했다. 이 첫 단계에서는 통상 모든 주민을 징발하여 일선 조직을 만들고 옛 당원들에게 정탐 업무를 시켰다. 이런 조직이 잘 갖추어지면 반나치 분자에게는 경찰 요원보다 이웃이 더 위험한 존재가 된다. 이 단계는 어떤 형태의 조직적 저항도 가능하지 않도록 공개적 또는 비공개적 방식으로 저항의 싹을 제거하면서 끝난다. 독일의 경우 이 단계는 1935년경에 마무리된다.

실질적인 적이 제거된 뒤에는 이른바 '객관적인 적'(objective enermies)에 대한 추적이 시작된다. 객관적인 적은 실제로 정권에 위협이 되는 적을 의미하는 것이 아니라, 정권의 이데올로기에 따라 만들어지는 가상의 적이다. 전체주의 통치자는 지속해서 특정 부류의 사람들을 지목하고 모욕함으로써 결국 그를 공공연하게 적으로 만든다. 그렇게 되면 그를 죽이는 것은 언제든지 정당화되게 된다.

객관적인 적은 상황에 따라 새롭게 만들어질 수 있다. 나치에게 최초의 객관적인 적이 된 이들은 유대인이었다. 그런데 유대인 절멸이 완료되리라 예상했던 시점에 들어서면 나치는 폴란드인을 객관적인 적으로 삼아 제거하려고 필요 조치를 시작했다. 객관적인 적이라는 범주는 자의적으로 결정해서는 안 되었는데, 이는 해외 전체주의 운동을 선전하는 목적에도 부합해야 하므로 그럴듯한 존재가 잠재적인 적으로 선택되었다.

전체주의 비밀경찰의 업무는 범죄를 적발하고 처벌하는 것이 아니었다. 전체주의 지도자가 특정 범주 사람의 체포 결정을 기다리며 대기하는 것이 주된 임무였다. 이렇게 비밀경찰에 의해 객관적인 적이 추적되고 또 잠재적인 적이 마련되는 가운데 전체주의 사회는 서서히 총체적 지배(the total domination)가 이루어졌다.

비밀경찰은 객관적인 적을 박해하면서 전체주의를 위한 복무를 시작했다. 객관적인 적 선정의 독단성은 효과적으로 인간의 자유를 부정했다. 의견의 자유는 자기 목숨을 거는 사람에게는 부정될 수 없다. 하지만 그런 형벌이 자유를 추구한 개인에게만 주어지거나 그의 자살로 끝나지 않고 완전히 무고한 사람들의 처벌로 나아간다면 이야기가 달라진다. 자신의 자유 때문에 무고한 타인까지 치명적인 해를 입는다면, 그가 자유를 추구하기는 어렵게 된다.

비밀경찰은 범죄자들과 바람직하지 않은 존재를 달리 다룬다. 범죄자는 형벌을 받지만, 바람직하지 않은 존재는 지상에서 사라진다. 바람직하지 않은 존재가 남긴 유일한 흔적은 그들을 알고 사랑했던 사람들의 기억뿐이다. 비밀경찰은 바로 이 기억조차 확실하게 지우려고 했다. 사라진 자들은 더는 존재하지 않는 자로 끝나지 않고, 심지어 존재한 적이 없는 자가 되었다.

살인자는 시체를 남긴다. 설령 그가 자기 신분의 흔적은 없앤다 해도, 희생자의 정체를 살아남은 세상의 기억에서 지울 힘은

없다. 하지만 비밀경찰의 작전은 희생자를 이 세상에서 전혀 존재하지 않은 인물로 만들어버린다.[19]

5. 총체적 지배

1.

전체주의가 이루려는 지배는 총체적 지배다. 이 지배는 단지 외적 자유만 없애는 것이 아니라 내면세계에까지 주인과 노예의 관계와 같은 지배관계를 이루는 것을 말한다. 이를 위해 전체주의 체제는 무수히 많고 다양한 인간을 모두 하나의 개별자인 것처럼 조직하려 한다. 각 개인이 같은 자극에 같은 반응을 하는 동일자로 축소되어 다른 개체들과 언제든 임의로 교환될 수 있는 정도까지 되었을 때 총체적 지배는 가능하게 된다. 이때 개체화된 인간은 오직 종족 보존만을 유일한 자유로 갖게 된다. 이러한 총체적 지배는 이데올로기의 주입과 테러를 통한 공포정치로 이룩된다.

전체주의가 세계를 지배할 때 이러한 총체적 지배가 실현될 수 있겠지만, 그전에도 전체주의 국가는 강제수용소를 만들어 거기서 절대적인 공포정치로 이데올로기를 주입함으로써 총체적 지배가 가능하다는 것을 보여주었다. 수용소는 과학적으로 통제된 조건 아래에서 인간 행위의 기본 조건인 자발성 자체를 제거하고, 인간을 단순한 사물로 만들어버린다. 이런 일은 정상적 상황에서는 결코 일어날 수 없다. 자발성은 자유뿐만 아니라 인간이 살아 있다는 가장 단순한 사실과도 연결되어 있기 때문이다. 그런데 수용소는 자발성 자체를 제거할 수 있는 유일한 장소였다. 아렌트는 이 수용소가 전체주의 권력과 조직의 중심 제도라고 말한다. 수용소는 모든 것이 가능하다는 전체주의의 기본 신앙을 실증할 수 있는 실험실이었다.

모든 것이 가능하다는 말은 흔히 적극적 사고방식을 불러일으키는 말로 사용되지만, 전체주의 체제하에서는 완전히 다른 의미로 사용되었다. 인간적인 제약이 작용하지 않고 그 어떤 비인간적인 일도 다 가능함을 의미한다. 이는 인간이 만들어내는 최악의 상황이다.

총체적 지배는 전체주의 체제가 상당히 성숙한 단계에서 추구된다. 초기 단계에서는 반대파를 무찌르고 또 다른 반대파가 발생하지 않도록 싹을 자르는 활동에 주력하지만, 반대파의 등장을 더는 염려하지 않을 단계에도 전체를 향한 테러는 여전히 지속된다. 이제 테러는 목적을 이루는 수단이 아니라 그 자체가 목적이 된다.[20]

2.

강제수용소는 전체주의 지배를 위해 반드시 존재해야 했다. 그 안에서는 인간의 육체가 파괴되지 않고도 영혼이 파괴될 수 있었다. 개인의 성격 또는 개성의 붕괴는 빠르거나 느림의 차이는 있어도 그 결과는 생명력 없는 인간으로 변환하는 것이다. 인간은 그저 일개의 반응 덩어리로 축소되고, 정신병자처럼 극단적으로 자기 자신과 인격·성격은 분리되었다.

이러한 수용소를 경험하고 난 전후 시대는 전쟁과 정치적 투쟁의 새로운 기준을 만들어낸다고 아렌트는 주장한다.

전후의 평화주의와 같은 정치적 결단은 전쟁에 대한 일반적인 두려움에서 나온 것이지 전쟁 경험의 결과는 아니다. 현실성이 없는 평화주의를 만드는 대신 두려움에 이끌려 현대의 전쟁 구조에 대한 통찰을 얻으려 했다면, 전쟁을 피할 것인지 말 것인지를 구분하는 유일한 기준은 사람들이 더는 살고 싶지 않은 그런 조건에 대항하여 투쟁할 것인지 말 것인지가 된다. 전체주의 수용소라는 고통스러운 지옥의 경험은 우리에게 그 같은 조건이 실제로 가능함을 분명히 가르쳐준다. 그러므로 강제수용소에 대한 공포와 그 결과로 얻어진 전체주의 지배에 대한 인식은 좌파나 우파와 같은 모든 진부한 정치 구분을 무효화하고 우리 시대의 사태를 판단하는 가장 중요한 정치적 척도를 그 옆에 그리고 그 위에 세운다. 즉, 사태가 전체주의 지배에 이로운지 아닌지라는 척도를.[21]

아렌트가 평화주의에 반대하려는 것은 아니다. 다만 평화주의 주장이 무의미해지는 조건이 있다는 것이다. 곧 전체주의 지배에 이롭게 되는 것이라면 반드시 싸워야 한다는 것이다. 전체주의는 인간이 인간으로 존재할 수 없는 세상을 만들어낸다. 평화주의자라도 어떤 전쟁은 반드시 싸워야만 하는데, 그것은 전체주의 지배와의 전쟁이라는 말이다.

3.

독일의 수용소에는 여러 범주의 사람이 있었다. 북유럽인은 나치에 노골적으로 반대했지만 인종적 고려로 다른 민족들과는 다른 대접을 받았다. 북유럽인이 아닌 다른 민족들은 범주에 따라 구분되어 있었다. 첫 번째 범주에는 즉각적으로 말살되어야 하는 대상인 유대인이 속했다. 폴란드인, 루마니아인, 우크라이나인은 예측 가능한 미래에 제거될 사람들이었다. 프랑스인이나 벨기에인은 절멸 대상이 아니었다.

수용소에서 살인은 마치 모기를 죽이는 일처럼 전혀 인간적인 면모가 없었다. 체계적인 고문으로, 생체 실험으로, 굶주림으로 또는 인원이 너무 많아서 숫자를 조절하려고 죽일 수도 있었다. 죽어가는 과정도 길게 늘임으로써 죽는 과정을 방해하는 일도 있었다. 여기에는 정치적 기준도, 역사적 기준도, 단순한 도덕적 기준도 없었다. 오직 인간의 냉혹한 파멸만이 존재했다. 아렌트는 이런 상황을 '근본악'(the radical evil)이라고 불렀다. 아렌트는 수용소의 삶에 대해 다음과 같이 썼다.

강제수용소의 삶에 견줄 만한 것은 아무 데도 없다. 강제수용소의 참상을 인간의 상상력만으로는 완전히 이해할 수 없는데, 이는 강제수용소가 삶과 죽음의 외부에 존재하기 때문이다. 그 참상은 완전히 전달될 수도 없는데, 생존자가 산 자들의 세계로 돌아왔지만, 이 세계는 생존자가 자신의 과거 경험을 믿지 못하게 만들기 때문이다.[22]

생존자들이 돌아왔을 때 그들을 맞은 사람들은 생존자가 들려주는 이야기를 믿을 수 없었다. 강제수용소의 삶은 인간 세계와 완전히 분리되어 작동했으므로 세계의 관점에서는 전혀 현실적이지 않았기 때문이다. 강제수용소의 피수용자들은 신체에 대한 아무런 권리도 지니지 못한 채 절대적 고문과 절대적 지배하에 있었다. 그들은 인간의 시야와 보호에서 완전히 벗어나 있었다. 그들은 언제나 다른 이들과 대체될 수 있는 물건과 같은 존재였고, 전적으로 쓸모없는 존재로 간주되었다.

강제수용소는 노동력을 산출하기 위해서나 전쟁물자를 생산하기 위해 존재한 것이 아니었다. 오히려 경제적 관점이나 공리주의적 관점에서라면 이런 수용소는 존재하지 않았어야 했다. 제2차 세계대전 중에 건축 재료와 차량이 부족한 상황에서도 규모가 어마어마한 절멸 수용소를 만들었고, 수백만 명을 이리저리로 수송하는 비용도 마다하지 않았다. 군사적 편의와 경제적 관점과도 충돌하는 강제수용소는 전체주의의 비현실적 분위기를 그대로 갖고 있었다.

4.

총체적 지배로 나아가는 데는 세 가지 단계가 존재했다. 첫 번째인 본질적 단계는 '인간에게 있는 법적 인격'(juridical person in man)을 살해하는 것이다. 우선 일정한 범주의 사람들에 대해서는 그들에게서 법적 보호와 국적을 박탈하는 방법이 사용되었다. 정상적인 법적 절차를 떠나 사람들을 골라 강제수용소에 가두는 방식이었다. 유대인, 정치범, 반사회적 인물, 종교 범법자 등은 수용소로 보내서 정상 행위 또는 범죄 행위조차 할 수 없도록 만들었다. 이른바 보호감호와 같은 개념이 적용된 것이다.

그런데 수용소가 반사회적인 분자들을 위해 존재한다는 선전에 설득력을 부여하려고 범죄자들도 포함했다. 원래 범죄자는 수용소에 속하지 않고 감옥에 가야 했다. 하지만 전체주의 국가가 사회의 편견에 부합하는 인상을 수용소에 부여하기 위해 일종의 타협을 한 것이다. 그 결과 범죄자들은 역설적으로 수용소에서 귀족과 같은 지위에 속하게 되었다. 그들은 적어도 왜 수용소로 왔는지 알았고, 그런 점에서 법적 인격의 자취나마 그들에게는 남아 있었다.

나치 수용소의 가장 큰 집단은 유대인이었는데 그들은 완전히 무고했다. 그러나 그들은 완전한 자의적 처우의 대상이었다. 수용소에 수용된 여러 범주의 사람은 표를 붙여 구분되었다. 피수용자를 범주에 따라 분류한 것은 조직적으로 다루려는 취지에서였고, 희생자를 자의적으로 선발한 것은 수용소 제도의 본질적 원칙이었다. 점차 정치적 반대자의 수가 줄자 1938년 이후 수용소는 무고한 유대인으로 가득 찼다.

수용소의 자의적 체제의 목표는 주민의 시민권 박탈에 있었다. 그들은 국가의 법률적 보호를 박탈당해 무국적자나 고향을 떠나 떠돌아다니는 사람들과 같은 신분이 되었다. 법적 인격의 살해는 곧 인권의 파괴를 의미하는데, 이는 인간을 완전한 지배 가운데 놓는 필요조건이었다. 그리고 이는 유대인이나 반사회분자들에게만 적용되지 않고 전체주의 국가의 모든 주민에게 일어날 수 있는 일이었다.

어떤 특정한 부류의 사람들, 즉 특정 종교나 정치적 견해 등을 가진 사람만 대상이 된다면, 이 범주에 대한 새로운 법이 도입됨으로써 수용소가 불필요해질 수 있다. 따라서 전체주의 운동은 매일 새로운 집단을 강제수용소에 넣을 수 있도록 새로운 자격 규정을 만들었다. 그래야 수용소가 지속되어 인간의 권리를 계속 박탈할 수 있기 때문이다.

5.

총체적 지배를 향한 두 번째 단계는 '인간에게 있는 도덕적 인격(the moral person in man)의 살해'다. 도덕적 인격에 공격을 받으면 사람들은 차라리 내가 희생자가 되고 말겠다는 양심적 생각으로 저항할 것이다. 하지만 이런 개인주의적 대처의 길을 전체주의는 차단해버린다. 전체주의는 인간의 양심적 결정을 모호하게 만든다. 만일 어떤 이가 처자식을 죽게 하거나 아니면 무고한 친구를 죽게 만드는 것 가운데 택일해야 한다면, 내가 자살해서 도덕성을 지키려 할 경우 내 가족도 모두 죽는다는 협박을 당한다면, 세 자녀 가운데 누구를 죽일지를 선택하라고 강요받는다면, 이런 상황에서는 그 어떤 양심적 선택도 불가능하게 되며, 어떤 선택으로도 이 딜레마에서 벗어날 수 없다.

전체주의는 양심이 부적절해지는 조건, 선을 행하는 것이 전적으로 불가능한 조건을 만든다. 이런 상황이 만들어졌을 때, 전체주의 체제의 모든 사람은 의식적으로 범죄에 조직적으로 가담하게 되었고 이런 공모 관계는 희생자들에게까지 확대되었다. 이로써 도덕적 인격 살해 상황은 진정으로 총체적 상황이 되었다. 나치 친위대는 강제수용소의 피수용자들까지도 범죄에 연루시켜 행정 업무를 책임지게 했다. 선과 악의 구분이 점차 흐려지는 딜레마 상황이 총체적으로 전개되면서 전체주의 체제 아래 인간의 도덕적 인격도 점차 파괴되었다.

6.

　총체적 지배를 향한 세 번째 단계는 개성(individuality)의 파괴다. 법적 인격과 도덕적 인격이 파괴된 이후에도 완전히 파괴되지 않은 인간의 마지막 보루는 개인의 차별화된 개성, 개인의 유일한 정체성이다. 인간이 권리와 더불어 양심까지 상실해서 스스로 고립 속으로 도피한다 해도, 개성을 보존한 채 남아 있는 것은 가능하다. 그런데 이러한 개성, 인간 고유성의 파괴가 신체적 존엄의 파괴와 더불어 가능하게 된다. 유대인은 발가벗긴 채 서로 완전히 달라붙은 상태에서 며칠에 걸쳐 수용소로 이송당했고, 수용소에서는 삭발당하고 수용소 복장이 입혀져 죽지 않을 정도로 육체적 고문을 당했다. 그리고 신체에 대한 냉혹하고도 체계적인 파괴가 지속해서 이루어졌다. 인간 육체에 대한 이러한 조작과 파괴는 개성을 파괴하려 계획된 것이었고, 궁극적으로 인간 존엄성의 파괴를 목적으로 한 것이었다.

　인간 존엄성의 최후 보루인 개성의 파괴는 자발성의 파괴를 낳는다. 이는 어떤 새로운 일을 할 수 있는 인간의 능력 자체를 파괴하는 것이다. 주어진 환경과 사태에 대해 단순한 반응을 넘어 인과율로 설명될 수 없는 어떤 것을 새로 시작할 힘, 즉 자유의 능력을 파괴하는 것이다.

　이렇게 이루어지는 총체적 지배는 오직 수용소에서 죽어가는 사람들 사이에서만 가능하다. 전체주의는 자발성의 파괴로만 가능하며, 비정치적인 자발성조차도 철저하게 파괴함으로써만 가능하다. 전체주의 정권은 무제한적 권력을 추구하는데, 이런 권력은 모든 사람을 모든 측면에서 총체적으로 지배할 때만 가능하다.

7.

전체주의에서는 결국 세상을 전체적으로 지배하기보다는 인간이 완전히 무용지물이 되는 시스템을 가지려고 노력한 것이다. 이런 전체주의의 시도는 현대사회에서 사람들이 자신은 잉여적 존재라고 느끼게 되는 현대 대중의 경험을 반영한다. 이런 대중은 인간으로서 자신의 존엄성을 귀중히 여기지 못하며, 자신이 우리가 더불어 사는 세계의 공동 건설자라는 사실을 깨닫지 못한다.

전체주의 이데올로기는 세계의 변형과 사회의 혁명적 변화를 추구하는 것이 아니라 인간의 본성 자체를 바꾸려고 했다. 강제수용소는 인간 본성의 변형을 시험하는 실험실 역할을 했다. 수용소에서는 모든 것이 파괴될 정도로 모든 것이 가능하다는 전체주의 신앙이 입증된 것처럼 보였다. 그러나 이 실험은 인간을 변화시킨 게 아니라 단지 인간 파괴에만 성공했다. 모든 것이 가능하다는 전체주의 신앙은 결국 모든 것이 파괴될 수 있다는 것만 증명한 것이다.

전체주의 정권이 모든 걸 가능하게 만들면서 저지른 죄악을 아렌트는 '처벌할 수도, 용서할 수도 없는 절대악(the absolute evil)'이라고 불렀다. 이 절대 악은 인간의 이기심이나 탐욕 따위의 동기로는 설명할 수 없다. 따라서 이 악은 분노로 복수할 수도 없고, 사랑으로 참을 수도 없으며, 우정으로 용서할 수도 없는 것이라고 아렌트는 말한다. 아렌트는 이런 악을 유발하는 전체주의적 해결책이 지금도 다시 등장할 수 있다고 경고한다.

전체주의의 해결책은 강한 유혹의 형태로 전체주의 정권의 몰락 이후에도 생존할 것이다. 즉 인간다운 방식으로 정치적·사회적 또는 경제적 고통을 완화하는 일이 불가능해 보일 때면 언제나 나타날 강한 유혹의 형태로 생존할 것이다.[23]

6. 테러와 이데올로기

1.

전체주의가 권력을 잡았을 때 나타나는 정치 제도는 전적으로 새로운 형태의 것으로 보인다. 그 나라에 있는 기존의 사회적·법적·정치적 전통은 모두 파괴되고 사회 계급이 대중으로 전환되며 정당 체제가 대중 운동으로 대체된다. 또 권력의 심장부가 군대에서 경찰로 옮겨지고 공개적으로 세계 지배를 지향하는 대외 정책을 확립하게 된다.

이런 전체주의 체제는 일당 독재나 전제주의와 같은 독재체제인가, 아니면 동시대에 등장한 파시즘과 같은 체제인가? 아니면 그런 것들과는 구분되는 전적으로 새로운 정치 현상으로 보아야 하는가? 또는 전체주의가 대중 운동을 기반으로 한다면, 역시 대중의 정치인 민주주의와는 무엇이 다른가? 그리고 전체주의를 이끄는 근본적 경험 또는 대중적 정서의 본질은 무엇인가? 전체주의에 대한 논의를 마무리 짓는 이 시점에서 우리는 아렌트와 더불어 이런 질문들에 대한 답을 정리해야 한다.

우선 전체주의가 대중의 운동으로 작용한다는 점은 민주주의가 대중을 기반으로 한다는 것과 무엇이 다른지를 명백하게 알아야 한다. 자칫 대중 기반 민주주의의 작용이 전체주의로 오해되는 것은

전체주의의 대중성과 민주주의의 대중성을 명료하게 구분해서 이해하지 못할 때 발생하는 현상일 것이다.[24]

2.

전체주의적 운동의 중심인 대중은 역사의 특수한 상황에서 형성되었다. 대중은 폭민의 형성으로 이어졌고, 폭민은 유럽 계급사회의 변동 속에서 형성된 집단이다. 대중은 20세기에 들어와 유럽 사회가 전체적으로 계급 질서가 무너진 사회로 전환되는 가운데 등장했다. 대중은 노동자나 자본가 또는 부르주아 등 계급성을 반영하지 않은 사람들이었고, 민주주의적 개인의 의식을 형성하지 못한 자들이었다. 대중은 제국주의적 쟁투와 제2차 세계대전 등의 사회적 여건과 더불어 정치에서 멀어진 가운데 전체주의적 운동의 대상이 되었다.

오늘날 민주주의가 기반을 두는 대중은 시민으로서 자각을 가지고 정치적 주체로서 인식을 가진 개인들의 집합을 의미하는 때도 있다. 이런 시민으로서 대중은 시민불복종 운동을 일으키기도 하고, 때로는 혁명적 역할을 감당한다. 물론 오늘날에도 외양이 민주주의적인 국가의 대중이 전체주의적으로 행동할 수 있다. 전체주의적 대중과 민주주의적 대중은 숫자로 환원되는 개인이냐 아니면 공동행위(action-in-concert)를 끌어낼 수 있는 자각적 개인이냐의 차이에 따라 달라진다.

알렉시스 드 토크빌(Alexis de Tocqueville, 1805~59)은 민주주의가 대중 독재로 넘어갈 수 있다고 경고했다. 이는 개인성을 형성하지 못한 대중의 다수결에 따르는 위험을 경고한 것이다. 민주주의는 다수결을 중심으로 하는 제도이므로 토크빌의 경고는 민주주의를 표방하는 제도에 항상 도사리고 있다. 그러나 이런 위험 때문에 엘리트 중심의 정치체제나 현명한 자에 의한 철인왕 통치와 같은 것을 지향하는 것이 바람직한지는 별개 문제다. 아렌트는 『인간의 조건』 서론 말미에서 다음과 같은 말을 한다.

> 매일 대답은 주어지는데, 그런 대답은 실천적 정치의 문제이며, 다수의 동의에 달려 있다. 마치 오직 하나의 대답만이 가능한 것처럼, 대답들이 이론적 고찰이나 한 사람의 의견에 놓여 있는 것은 결코 아니다.[25]

아렌트는 민주주의의 다수결 원칙 자체를 부정적으로 보지 않고, 오히려 바로 거기에서 길을 찾아야 한다고 주장한다. 다수를 움직이기 위해 대화하고 설득하는 과정을 수행해가면서 민주주의는 성숙해지는 것이다.

전체주의와 민주주의는 둘 다 수적 다수를 가동한다. 이 둘이 형식적으로 유사하다고 해서 같은 것은 아니다. 대중이 실제로 어떻게 작용하는지를 살피는 것이 중요하다.

전체주의 대중은 일당 체제 안에서 당의 선전의 영향을 받아 운동에 참여한다. 전체주의 운동은 철저하게 원자화되고 고립된 개인들을 대중으로 조직한다. 전체주의 운동은 개인에게 총체적이고 무제한적이며, 무조건적이고 변함없는 충성을 요구한다. 보통의 경우 충성심은 특정한 이익이나 내용을 중심으로 하게 마련이다. 하지만 전체주의 운동은 내용과 상관없는 충성을 요구하며, 따라서 구체적인 내용을 모두 비워냄으로써 완전한 충성을 요구한다.

민주주의의 대중은 다양한 계층의 이해가 상충하는 가운데 진행되는 민주적 과정에서 움직인다. 이해관계를 의식하면서도 동시에 공익 또는 공동선이 무엇인지를 고민하고, 자아를 의식하는 가운데 공동의 실천을 이루어낸다. 민주주의적 대중은 법과 도덕을 고려하며, 공리주의적으로 사고한다. 이들은 서로 예측 가능한 방식으로 움직이며, 내용이 있고 조건적인 방식으로 움직인다.

아렌트가 전체주의 대중을 비판하고 대중 운동이 폭력적으로 돌변하는 모습을 경계하지만 대중을 혐오하는 것은 아니다. 아렌트는 대중을 통한 사회 변화에 대한 신뢰를 버리지 않았으며, 그런 점에서 대중 설득의 중요성을 강조한다. 선전과 설득의 차이는 자명하다. 중요한 것은 우리가 대중의 한 사람으로서 받는 것이 선전과 선동인지 또는 설득과 대화의 요청인지 구분하는 것이다. 또한 하나의 목소리가 집요하게 들려지는지 또는 나의 독립적 생각과 판단의 공간을 열어주는지도 중요하다. 전체주의 대중에 대한 아렌트의 비판은 결코 민주주의에 대한 비판이 아니다.

3.

과거의 정부 형태를 고려한다면 전체주의는 현대적 형태의 참주제(tyranny)라고 생각하기 쉽다. 참주제는 독재적 지도자 한 사람이 자의적으로 권력을 활용하는 체제를 말한다. 참주제에서는 법의 제한이 이루어지지 않고, 지배자의 이익에 따라 국가 권력이 행사되며, 피지배자의 이익은 보장되지 않고 적대적으로 다루어지고, 공포심이 사람의 행위를 지배한다.

전체주의 체제는 권력의 운영이 합법적이냐 불법적이냐의 구분을 넘어선다. 전체주의 정부는 실정법을 폐지하지 않는다. 하지만 실정법의 존재가 무의미할 정도로 그것을 무시한다. 전체주의 정권은 법을 따르지도 않으나 자의적이지도 않다. 실정법은 무시해도 그 기초가 되는 자연법이나 역사법칙을 엄격하고 확고하게 따른다고 주장하기 때문이다.

전체주의의 주장은 이렇다. 실정법의 중요성은 그것에 정통성을 부여하는 근본적 권위에 달렸다. 따라서 주목해야 할 것은 실정법 자체가 아니라 근본적 권위다. 즉 법의 근원이 되는 초인간적 힘 또는 역사법칙, 자연법칙에 주목하여 그것이 제시하는 바에 주목할 것을 요구한다. 그러므로 전체주의는 실정법이 아니라 더 높은 형태의 정통성에 근거한다고 주장한다. 전체주의의 적법성은 사소한 합법성에 의존하지 않는다. 전체주의가 의거하는 옳고 그름의 기준은 보편적이고 예측할 수 없이 무한히 많은 경우에 적용되지만, 구체적인 개별 사안이나 특정한 정황은 이런 기준에서 벗어나므로 무시될 수 있다고 본다.

전체주의가 주장하는 정통성은 법이 어떤 하나의 정치 공동체에 적용되어 의미를 갖는 수준을 넘어선다. 법적 합의(consensus iuris)에 대한 마르쿠스 툴리우스 키케로(Marcus Tullius Cicero, 기원전 106~기원전 43)의 개념에 따르면, 법은 민족을 형성하며 전시에도 국제 관계의 토대가 된다. 그러나 전체주의의 법 개념은 이러한 법적 합의 개념을 파괴한다. 전체주의적 법의 성취는 인간의 모든 행위와 의지에서 벗어날 것을 기약하며 법적 합의 없이도 지닐 수 있다고 한다.

실정법은 상황에 따라 변화해왔고 또 변화할 수 있지만 변화 속도는 현실의 변화 속도보다 느리다. 바로 그런 이유로 실정법은 현실에 안정성을 부여하는 역할도 할 수 있다. 하지만 전체주의의 모든 법은 운동의 법이 되어야 하므로 안정성은 오히려 방해된다. 전체주의 체제에서는 이처럼 법의 의미가 달라진다. 법은 인간의 행동과 운동이 일어날 수 있는 안정된 틀을 표현하는 용어에서 운동 자체를 표현하는 용어로 전환된다.

4.

아렌트는 파시즘의 목표가 "단지 권력을 장악하고 그 나라 전체에 대한 명백한 통치자로서 파시스트 엘리트를 확립하는 것"이라고 정의한다. 파시스트는 사람들을 내면으로부터 지배하는 데 관심이 없고 다만 폭력 수단을 통한 지배에 관심이 머물러 있다.

전체주의 지배는 대중의 운동으로 이루어지며 대중의 내면세계를 지배하려고 한다. 전체주의적 지배의 이상은 단지 폭력으로 성취될 수 없으며, 끊임없는 운동으로 정신세계를 포함한 인간 삶의 모든 영역을 항구적으로 지배하려 한다. 파시즘의 경우, 폭력 수단을 통한 권력의 장악이 그 목표이지만, 전체주의의 경우 그것은 자기 목표에 이르는 수단일 뿐이다. 전체주의 운동의 목표는 가능한 한 많은 사람을 운동으로 끌어들여 조직하는 것이고, 그 운동을 지속하는 것이다. 이 운동을 멈추게 할 정치적 달성 목표는 전체주의 내부에 존재하지 않는다. 이런 점에서 전체주의와 파시즘은 다르다.

5.

　정부가 구성되면 실정법에 따라 체제를 운영하게 된다. 자연법이나 신의 법과 같은 추상적 이념도 실정법으로 구체화해야 정치적 실체로 역할을 한다. 그런데 전체주의 정부는 실정법을 무시하면서도 법적 강제를 이루어낸다. 총체적 테러(the total terror)가 법적 강제를 위한 장치로 활용된다.

　총체적 테러는 역사의 법칙 또는 자연의 법칙을 현실의 대중 운동으로 실현하기 위해 고안되었다. 처음에는 반대파를 제압하는 데 테러가 사용되었다. 그러나 반대파의 위협이 더는 존재하지 않는 상황에서도 전체주의는 테러를 계속 유지한다. 테러가 일상이 될 때 국가의 전체주의적 통치가 가능하게 된다. 테러는 아무런 외적 방해를 받지 않고 역사의 법칙과 자연의 법칙에 방해되는 사람들을 골라낸다. 이때 적은 실질적인 적이 아니라 객관적인 적이며 임의로 설정된 적이다. 이때 유죄와 무죄의 법적 또는 일상적 구분은 무의미해진다.

　유죄와 무죄는 무의미한 개념이 된다. 즉 '열등 인종'에 관해, '살기에 부적합한' 개인들에 관해, '멸망해가는 계급과 퇴폐적인 사람들'에 관해 판결을 내리는 자연의 과정이나 역사 과정의 행로를 막는 사람이 '유죄'다. 테러는 이런 판결을 집행한다. 법정 앞에서 모든 당사자는 주관적으로 무고하다. 살해된 자는 체제에 반대하는 일을 전혀 하지 않았기 때문에 무고하다고 생각하며, 살인자들은 실제로 무고한 살인을 범한 것이 아니라 좀더 높은 법정에서 선고된 사형선고를 집행할 뿐이기 때문에 무고하다고 생각한다. 지배자는 스스로 정의롭다거나 현명하다고 주장하는 것이 아니라 단지 역사법칙이나 자연법칙을 집행한다고 주장할 뿐이다. 그들은 법을 적용하는 것이 아니라 운동의 고유한 법칙에 따라 운동을 수행하는 것이다. 법이 어떤 초인간적인 힘, 즉 자연이나 역사의 운동 법칙이라면 테러는 합법적이다.[26]

입헌정부에서 실정법은 국가 구성원 사이에 의사소통이 가능한 채널을 구축한다. 실정법이 제공하는 안정성은 한편으로는 새로운 시작을 가능하게 하는 보루가 되는 동시에 예측 불가능한 미래를 열어가는 인간의 자유를 보장하는 장치로도 작용한다. 또한 실정법은 새로운 세대가 등장하기 전에 존재했던 공동의 세계를 보장하고 그 세대를 넘어서는 연속성을 갖게 하는 장치가 된다. 총체적 테러는 이런 법이 형성하는 자유의 토대를 무너뜨리고, 오직 자의적인 무법상태를 남겨놓는다. 결국 총체적 테러는 인간에게서 자유를 빼앗아 간다.

6.

총체적 테러는 개인들 간의 경계와 의사소통 채널을 철로 만든 하나의 끈으로 대체한다. 철로 만든 끈이라는 아렌트의 비유는 전체주의 체제가 인간을 하나의 전체로 만들어 결속하는 것을 의미한다. 이 끈으로 사람들이 너무나 단단히 묶이기 때문에 인간의 복수성은 사라져버리고 인간은 하나의 거대한 덩어리처럼 뭉쳐 보인다. 실정법은 무시되어 법의 테두리 안에서 누리던 자유의 공간은 파괴되고, 자유가 살아 있는 정치 현실은 형성되지 않는다. 아렌트는

"법이 인간들 사이에 설치한 공간은 살아 있는 자유의 공간이다"[27) 라고 말한다.

총체적 테러는 압제를 사용하여 무법이 판치는 황야와 같은 공간조차 없애버리고 인간의 공간을 사막으로 만들어버린다. 사막은 자유가 완전히 사라진 공간이다. 거기에는 오직 공포에 이끌린 운동과 의혹으로 가득 찬 행위만 존재하게 된다. 총체적 테러는 사람들끼리 서로 압박하게 하여 그들 사이에 공간이 생길 수 없게 한다. 자유는 인간들 사이 공간을 필수조건으로 요구하는데, 이 정치 공간을 완전히 파괴함으로써 자유를 향한 운동의 역량 자체를 없애는 것이 총체적 테러다. 그러나 자유 자체가 인간에게서 근원적으로 부정되지는 않는다.

> 자유는 인간이 태어난다는 사실과 같은 것이고, 그들 각각이 새로운 시작(a new beginning)이며 또 세상을 새롭게 시작한다는 사실과도 같은 것이다.[28)

인간은 무에서 유로 태어난 존재이므로 항상 새로운 시작을 할 가능성이 있다. 인간의 탄생성(natality)은 아렌트가 쓴 박사학위논문인 『사랑 개념과 성 아우구스티누스』에서부터 주목했던 개념이다. 모두에게 새로운 시작이 가능하다는 것은 인간은 모두 자유롭다는 것을 의미한다. 바로 이런 이유로 전체주의 체제는 총체적 테러로 인간의 능력 속에 주어진 자유의 근원을 제거하려 한다. 테러가 유발하는 공포라는 강철 끈은 다양한 모습으로 존재하는 인간들을 하나로 묶어내 역사와 자연의 진행 과정의 한 부분으로 만든다.

테러는 여기에 부적합한 인간들을 파멸하려고 바로 그 자리에서 사형을 집행한다.

테러의 강철 끈이 이렇게 모든 사람을 단 하나의 인간 덩어리로 만들어내지 못한다면 전체주의 정부는 이데올로기를 현실화하는 힘을 발휘할 수 없게 된다. 이처럼 총체적 테러는 전체주의 정부의 본질이 된다. 총체적 테러로 이룩하게 된 총체적 지배 상태에서 국민이 따라야 할 행위의 원칙과 방향이 제시된다. 이를 위해 준비된 것이 이데올로기다.

7.

오늘날 이데올로기라는 말은 다양한 뜻으로 사용된다. 전체주의의 이데올로기는 지지자들이 만족할 정도로 모든 일을 단 하나의 전제에서 추론하여 설명할 수 있는 이념 체제를 말한다. 물론 이데올로기가 다 전체주의적인 것은 아니다.

본래 이데올로기는 그것과 연관된 사태의 경험적 요소를 중요시한다. 이데올로기의 이념적 내용은 그것과 연관된 정치적 경험과 상호 영향을 주고받는 관계를 맺어야 한다. 즉 이데올로기는 현실을 이해하고 변화시키는 이념으로 기능하지만, 그와 동시에 현실의 경험을 반영하여 이데올로기 자체가 변하기도 한다. 그러나 전체주의 이데올로기는 운동을 일으키기만 할 뿐 스스로는 변하지 않는다. 아렌트는 전체주의 이데올로기의 세 요소를 다음과 같이 설명한다.

첫째, 이데올로기는 총체적 설명의 기능을 수행하면서 존재하는 것에 대해서보다는 생성되는 것에 대해, 즉 움직이고 변화하는 것에 대해 설명한다. 총체적 설명은 모든 역사적 사건의 설명을 약속하며, 과거에 대한 완전한 설명, 현재에 대한 완벽한 지식, 미래에 대한 믿을 만한 예측을 제공한다.

둘째, 이데올로기는 모든 경험에서 독립해서 존재한다고 주장한다. 이데올로기는 경험에서 아무것도 배우지 않으며, 모든 지각 가능한 사물 뒤에 감추어진 '더욱 진실한' 현실을 주장할 뿐이다. 전체주의 운동이 권력을 잡으면, 이데올로기에 따라 현실을 바꾸기 시작한다.

셋째, 이데올로기가 어떻게 인간 사유가 현실의 영향력을 받지 않도록 하는지를 설명해준다. 이데올로기는 현실 자체를 바꿀 힘이 없다. 이데올로기는 논증 방법을 핵심적으로 사용한다. 논리가 사실을 해명하는 데 사용되는 것이 아니라, 사실이 논리적 절차에 귀속되게 한다. 이 논리적 절차는 공리처럼 자명한 전제에서 시작하여 여기서 모든 것을 연역한다. 이데올로기적 사유는 불가능할 정도의 일관성을 갖고 제시된다. 연역은 일반 논리적으로 진행될 수도 있고 변증법적으로 진행될 수도 있다. 이런 연역 과정은 초인간적 과정 또는 역사 과정의 운동을 이해할 수 있도록 제시된다.

인간의 정신은 과학적으로 수립된 운동의 법칙을 모방한다. 이런 모방으로 정신은 초인간적 과정이나 역사 과정에 대한 이해에 도달한다. 그리고 이 모방 과정에서 정신은 운동에 포섭된다. 전체주의 이데올로기는 경험에서 생겨나지 않고 스스로 생성한다. 또한 이데올로기의 논증은 경험된 현실에서 가져온 요소를 공리적 전제로 만들어 추후의 경험에서 완전히 분리한다. 경험된 현실에서 취해진 요소가 전제로서 기능하여 출발점 역할을 하면 경험은 이제 이데올로기적 사유를 방해할 수 없게 되고, 또 현실로부터도 아무것도 배울 수 없게 된다.

이데올로기의 강제성은 이데올로기가 사용하는 논증의 논리성에서 나온다. 현실에서 영향을 받지 않는 이데올로기는 인간에게 이데올로기가 제시하는 논리에 부합하도록 요구한다. 소비에트의 전체주의에서 사용된 예를 들어 말하면 이런 식이다. 당은 항상 옳으며 역사적으로도 항상 옳았다. 역사의 법칙에 따르면 역사는 변증법적으로 발전하여, 이런 발전을 위해서는 역사의 법칙에 반대하는 집단이 있어야 하고, 그와의 모순과 대립 관계가 형성되어야만 한다. 이처럼 논리를 현실에 적용하게 되면, 당이 처벌해야 하는 죄가 반드시 범해져야 하고, 이를 위해 범죄자가 반드시 필요하다. 범죄자를 처벌하는 것은 범죄자를 확보하는 것보다 더 중요하다. 왜냐하면 처벌 없이 역사는 진보하지 못할 것이기 때문이다. 따라서 당신은 죄를 짓든지 아니면 범죄자 역할을 해야 한다. 어느 경우든 당신은 당의 객관적인 적이 된다. 당신이 자백하지 않으면 당신은 당을 통해 역사를 돕는 일을 하지 않는 것이 되고, 당신이 자백하게 되면 당신은 진짜 적이 된다.

8.

이 모든 강요 과정은 논리성에 근거한다. 논리는 독재성(the tyranny of logicality)을 갖는다. 논리의 독재성에 대항할 수 있는 것은 아무것도 없다. 논리의 독재성은 인간이 생각할 때 따르는 사고 과정에 스스로 복종할 때 시작된다. 인간이 논리적으로 사유해야 하는 당위는 사유를 진행하는 동안 반드시 준수해야 하며 인간이 논리의 독재성에서 벗어날 수는 없다. 전체주의 이데올로기는 이런 논리성을 이용하여 인간을 이데올로기에 얽매이게 만든다.

체제는 전체주의를 지속하려 인간의 의지력이 역사와 자연법칙의 거대한 운동의 한 부분이 되게 하고, 인류가 그 거대한 운동의 과정에서 재료가 되게 하며, 개인의 탄생과 죽음을 알지 못하게 하면 된다. 총체적 테러는 이렇게 인간들을 단단히 묶어서 역사에 이바지하게 한다. 그리고 고립 속에 살아가는 개인은 논리의 자기 억압적 힘을 따른다.

논리의 자기 억압적 힘에 대해 아렌트는 새로운 것을 시작하는 인간의 능력만이 대항할 수 있다고 한다. 그런데 인간은 새로운 시작을 할 능력을 갖추었다. 새로운 시작은 새로운 논리적 연쇄의 실마리를 열어낸다. 인간은 새롭게 시작하는 논리의 과정을 만들 수 있기에 전체주의 이데올로기의 논리성에서 벗어날 가능성이 있는 것이다. 이런 새로운 시작을 다른 말로 정치적 자유라고 부르며, 이는 사람들 사이에 공간을 만들어냄으로써 가능하게 된다.

인간의 내적 능력으로서의 자유는 시작의 능력과 같다. 이는 마치 정치적 실재로서의 자유가 인간들 사이에 존재하는 움직일 수 있는 공간과 같은 것과 마찬가지다. 어떤 논리나 어떤 타당한 연역도 시작을 넘어서는 그 어떤 힘도 가질 수 없다. 왜냐하면 연역의 과정은 새로운 시작을 전제의 형태로 가정하기 때문이다.[29]

그렇다면 우리가 전체주의의 이데올로기에서 벗어나려면 물리적으로 새롭게 태어나야 한다는 것일까? 그럴 수 없다. 탄생성의 능력은 인간에게 내장되었고, 그것이 발현되는 것은 사유에 의해서다. 연역을 만들어내는 논리의 독재적 과정에 대항하는 인간의 능력은 바로 사유(thinking)에서 나온다. 마치 한 아이가 태어나서 세상에 자신이 태어났음을 알리는 울음소리가 세상에 들리지 않게 하려면 폭력이 필요한 것처럼, 인간이 사유를 시작하지 않도록 하려면 논리를 가진 자기 억압적 힘이 작용하도록 해야 한다. 논리를 넘어 사유를 여는 것이 방법이라는 말이다.

모든 인간 활동 가운데 가장 자유롭고 순수한 활동인 사유는 연역의 억압적 과정과 정반대의 것이다.[30]

7. 전체주의 시대의 고독과 자유

1.

전체주의는 외로움이라는 인간의 기초적 경험에 기반을 둔다. 테러가 절대적 지배를 행사할 수 있는 대상은 고립되어 사는 사람들이다. 따라서 전체주의 정부는 개인들을 고립시키는 데 온 힘을 쓴다. 고립은 테러가 작동할 수 있는 가장 좋은 토양이지만, 동시에 테러의 산물이기도 하다. 고립되고 무기력한 사람들은 정치적 의미를 지닌 접촉을 하지 못하게 되고, 이에 따라 행동을 하고 권력을 추구하는 인간의 능력은 파괴된다. 물론 생활 속에서 하는 경험은 일상적으로 이루어지게 마련이고, 제작이나 노동이 이루어지며 생각할 수 있는 사생활 영역은 여전히 남아 있다. 그러나 총체적 지배의 강철 끈은 이런 사생활을 위한 공간조차 남겨놓지 않으려 하고, 이 가운데 전체주의 이데올로기의 논리성은 경험과 사유 능력도 파괴하려 한다.

고립(isolation)과 외로움(loneliness)은 같은 것이 아니다. 나는 고립되어 있지만 외롭지 않을 수 있다. 내가 고립당해도 나와 뜻을 같이하는 동지가 있다면 외롭지 않다. 이와 반대로 나는 고립되어 있지 않더라도 외로움을 느낄 수 있다. 다른 사람과 함께 어울려도 생각이나 뜻이 완전히 다름을 스스로 인식하게 된다면 나는 홀로 있지 않아도 외로움을 느낀다.

정치적 고립은 사람들이 공동의 관심사를 추구하면서 함께 행동하는 삶의 정치 영역이 파괴되었을 때 발생한다. 하지만 고립은 생산 활동에 온전히 집중할 때는 꼭 필요하다. 정치적 존재로서 인간은 고립되지 않고 다른 사람들과 함께 있으려 하지만, 제작인(homo faber)으로서 인간은 정치 영역에서 떠나 잠정적으로 고독하려는 경향이 있다.

그런데 생산 영역에서도 인간의 창의성이 억압받아 생산물에 자기 개성을 더할 수 없게 될 때는 고립은 참을 수 없는 것이 된다. 개인의 개성이 자기 작업의 산물에 들어갈 수 없게 될 때, 여기에는 순전한 노동만이 남는다. 인간 세상은 생산물로 형성되며 인간의 순전한 함께함으로 형성된다. 정치적 행위의 영역에서 쫓겨난 사람들은 정치적으로 고립되지만, 생산 영역에서는 고립 가운데 살 수 있도록 허용된다. 이런 형태의 고립된 삶은 전체주의를 유지하는 삶의 방식이 된다.

따라서 고립은 정치적 삶에서만 문제가 되지만 외로움은 인간의 삶 전체와 연관된다. 독재 체제는 개인의 공적·정치적 영역을 파괴함으로써 존속한다. 이 점은 전체주의 체제도 마찬가지다. 하지만 전체주의 체제는 정치적 고립만 추구할 뿐 아니라 사생활도 파괴하려 한다. 전체주의는 사람에게 철저한 외로움을 경험하게 한다. 사람들이 세상에 속하지 않는다고 느끼게 하는 것이다.[31]

2.

외로움은 현대의 대중이 뿌리뽑힘을 당해 더는 불필요한 존재가 된 현상과 밀접하게 연관된다고 아렌트는 말한다. '뿌리 뽑힘'(uprootedness)이라는 현상은 다른 사람들이 인정하고 보장하는 자리를 이 세상에 더는 갖지 않음을 의미한다. 뿌리 뽑힘은 잉여(superfluousness)의 예비조건이 된다.

타인과 더불어 살아가는 삶은 인간 조건의 기초이자 인간적인 삶의 기본 조건에 해당하는데, 외로움은 이와 정반대되는 경험이다. 우리 삶은 다른 사람과 접촉하면서 그들과 공통의 감각(the common sense)을 유지하면서 영위된다. 이 공통 감각이 없다면 우리가 다른 사람들과 더불어 같은 세상에서 산다는 감각을 가질 수 없게 된다. 한 사람이 아니라 여러 사람이 지구에서 함께 살기에 우리는 우리의 직접적인 여러 감각을 신뢰할 수 있다. 그런데 우리가 이 세상의 모든 사물과 모든 사람에게서 버려졌다는 경험을 하는 것이 외로움의 경험이다. 이 경험을 실감하려면 이 세상은 지속되는데 우리는 불필요하다는 사실만 인식하면 된다. 이러한 외로움의 경험이 곧바로 잉여성의 경험이 된다.

3.

외로움은 고독(solitude)과 다르다. 고독은 혼자 있기를 요구하지만, 외로움은 다른 사람과 함께 있을 때 가장 날카롭게 그 모습이 드러난다. 다른 사람과 함께 있을 때 느끼는 외로움이 가장 강력한 외로움이기 때문이다. 외로운 사람은 타인과 관계를 맺지 않으며 타인을 향해 적개심을 노출할 수 있다. 이와 반대로, 고독한 사람은 혼자 있으면서 자신과 관계를 맺는다. 외로움 속에서 나는 다른 모든 사람에게 버림받고 사실상 홀로 있게 된다. 이와 반대로 고독 속에서 나는 나 자신과 함께 있으며, 하나인 내 안에서 둘(two-in-one)을 이룬다. 하나 안에서 둘이 되는 것은 스스로 대화하는 관계가 된다는 것이며, 사유한다는 말이다. 모든 사유는 나와 나 자신의 대화이며, 고독 속에서 이루어진다. 이 대화 안에서 나는 다른 사람과의 접점을 잃지 않는다. 사유 가운데 나의 동료 인간들이 이미 나 자신 속에 들어와 있기 때문이다.

고독 속에서 진행되는 사유는 하나 안에서 둘을 이룬다. 이 둘은 근본적으로 하나이지만 동시에 완전히 같은 하나는 아니다. 대화가 되려면 다름의 요소가 있어야 하는데, 하나 안에 존재하는 둘은 같지 않으므로 대화가 될 수 있다. "내가 왜 이렇지?"라고 스스로 질문할 때 질문하는 나와 질문을 받는 나는 같은 모습이 아닌 것이다. 질문을 던지는 나는 내가 아는 모든 사람이 들어와서 형성된 보편적 자아다. 이런 대화로 나는 다른 사람들과 구별되는 나 자신의 정체성을 형성하게 된다. 고독 속에서 이루어지는 사유로 정체성이 형성되면 우리는 대체할 수 없는 한 개인이 된다.[32]

사유 속에서 자신의 이중성과 모호성을 경험하고 의심에 빠질 때, 우리는 친구들을 매개로 거기서 벗어날 수 있다. 자아 정체성이 사유 속에서 형성되려면 타인과 신뢰할 수 있는 교제가 필요하다. 이 교제를 내면화할 때 자아의 모습을 구체화할 수 있다. 그런데 이런 자아 형성을 하지 못하고 자아 상실을 경험하게 되면 고독은 외로움으로 전환된다. 자아 상실 상황에서 우리는 사유의 동반자인 자기 자신에 대한 신뢰를 상실하게 되며, 이런 신뢰의 상실은 다시 우리가 세상으로 나아가 새로운 경험을 하게 하는 기초적 확신을 상실하게 만든다.

4.

논리적 추론은 자아나 타자, 세상도 필요 없는 정신 능력이다. 논리적 추론은 사유에서 독립되어 있으며, 경험과도 무관하다. 논리적 추론은 인간이 공동의 세계에서 경험하며 살아가고 또 무엇인가 아는 데 필요한 공통 감각을 잃었을 때 인간이 의존할 수 있는 유일한 것이다. 외로움에 빠진 상황에서 논리적 추론은 지성의 수단으로 활용되는 선을 넘어서 스스로 생산적으로 되어 마치 사유가 작용하는 것처럼 작동한다.

전체주의적 지배는 사람을 홀로 유폐하지 않는 한 결코 혼자 내버려두지 않는다. 사람들 사이의 모든 공간을 파괴하며 서로를 압박하게 만들어 고립이 생산적인 잠재력을 갖지 못하도록 말살한다. 그리고 외로움 가운데 진행되는 논리적 추론을 가르치고 미화함으로써 외로움이 고독으로, 논리가 사유로 전환할 기회를 사라지게 한다. 아렌트는 이런 상황을 사막의 모래바람으로 비유한다. 사람들이 사는 지구 곳곳을 뒤덮어버릴 수 있는 모래바람을 일으킬 방법이 바로 여기에 있다는 것이다. 아렌트는 이 외로움이 조직화되는 것은 더욱 위험하다고 지적한다. 조직적인 외로움은 전체주의의 동력이다. 이 힘의 작용으로 우리 세상은 유린되며 새로운 시작이 등장할 시간을 갖지 못하게 만들기 때문이다.

5.

시대가 낳은 위기에 외로움의 경험이 결합하여 이 세상에는 전적으로 새로운 형태의 정부, 즉 전체주의 정부가 등장했다. 이제 전체주의 정부는 소멸했지만, 전체주의는 여전히 우리에게 항상 존재하는 위험으로 남아 있다고 아렌트는 경고한다.

그러나 아렌트는 인간에게는 새로운 시작을 할 능력이 있으며 여기에 희망이 있다고 말한다. 새로운 시작의 정치적 의미는 인간의 자유다. 자유는 마음속의 자유, 내면의 자유만 말하는 것이 아니라 정치적 자유로 나타나는 자유를 말하는 것이다. 사람들 사이에 정치 공간을 만들 수 있는 자유이며, 그 공간 안에서 누릴 수 있는 자유다. 인간이 새로이 태어난다는 사실이 바로 이런 시작을 보장한다. 아렌트는 『전체주의의 기원』을 다음 구절로 마무리한다.

> 이 시작[정치적 시작]은 각각의 새로운 시작으로 보증된다. 사실상 모든 각각의 사람이 그 시작이다.[33]

6.

『전체주의의 기원』은 반셈주의의 연원을 역사적으로 분석하고, 동시에 제국주의의 발생과 전개 과정을 상세히 논하면서 이 둘이 나치 전체주의로 어떻게 수렴되어 작용하는지를 보여주었다. 이 책에 담은 전체주의에 관한 아렌트 주장은 많은 논쟁을 불러일으켰다. 그중 하나는 독일의 나치즘과 구소련의 스탈린주의를 싸잡아 전체주의라는 하나의 범주로 넣은 것이었다. 유대인 학살이라는 인륜적 범죄를 자행한 히틀러의 나치즘을 마르크스주의의 변종인 스탈린주의와 같은 전체주의로 다루는 것이 좌파 지식인들에게는 거북했기 때문이다.

아렌트는 독일 나치즘과 구소련의 스탈린주의의 표면적 차이를 넘어 이 두 체제가 공유하는 조직과 문화면의 동일성을 지적하는 것이 더욱 중요하다고 생각했다. 정치 지도체제의 관점에서 보면, 나치 독일과 스탈린의 구소련은 개인의 자발적 참여보다 대중 동원을 유도하고 일당독재를 시행했다는 점에서 같다. 또한 양자는 구체적 방법은 달랐어도 궁극적으로는 국가를 제국으로 확장하려는 열망을 수행했다는 점에서도 같다. 그리고 양자가 반셈주의를 활용한 방식은 달랐지만, 사회 계급 간의 심각한 부조화라는 사회적 문제를 해결하기 위해 지배와 탄압의 대상을 명확히 하려는 목적으로 반셈주의를 활용했다는 점은 같다.[34]

나치 독일과 스탈린의 구소련은 이데올로기를 이용하여 사람들을 통제하고 지도하려 했다. 이데올로기는 비록 논리적이고 체계적이지만 현실에서 완전히 유리된 것이었다. 이데올로기는 현실에 기반을 두지 않은 이론적 체계화의 결과물일 뿐이므로, 국가 권력으로 국민을 체계적으로 기만하려는 수단에 불과하다. 즉, 이데올로기는 그 본질상 거짓말인 셈이다. 마치 아무리 잘 짜인 거짓말도 언젠가는 현실과의 괴리 때문에 들통날 수밖에 없는 것처럼, 아렌트는 이데올로기 지배체제 역시 언젠가 붕괴하리라고 주장했다. 이러한 아렌트의 예견이 옳았음은 동구권과 구소련의 붕괴로 입증되었다. 아렌트의 전체주의의 본질에 대한 이해와 통찰은 옳았던 것이다.

독일의 나치즘은 일찍이 역사 속으로 사라졌고 이데올로기에 근거한 구소련도 결국 붕괴했다. 그러나 흥미롭게도 『전체주의의 기원』의 가치는 여전히 유효하다. 반셈주의의 기원과 이를 다루는 반셈주의 세력과 유대인의 문제점에 대한 분석, 제국주의 분석에 담긴 경제주의와 관료적 자본주의의 비판은 현대사회를 날카롭게 비판하는 힘을 지녔기 때문이다. 제국주의가 역사의 전면에 등장한 것은 정치에 무관심한 채 경제력 향상에만 몰두했던 부르주아들이 경제위기를 해결하려 국가 권력과 결탁하면서였다. 이러한 부르주아들을 '인생을 좀더 부유해지려는 항구적 과정으로 이해하는 사람들'[35]이라고 하는 아렌트의 규정은 시대를 넘어 돈 벌기에 몰두한 현대인에게 적용하기에 전혀 문제가 없다.

제10장 아이히만 재판

1. 아이히만 재판

1.

한 사람의 재판에 대해 아무리 봐도 철학 저서라고는 말할 수 없는 저서가 쓰였고, 이 책에 대하여 엄청나게 많은 철학 논문과 저술이 나왔다. 아렌트가 쓴『예루살렘의 아이히만』에 대해서는 이런 묘사가 가장 어울린다고 오랫동안 생각해왔다.「악의 평범성에 대한 보고서」라는 부제목이 붙은『예루살렘의 아이히만』은 1960년 5월 아르헨티나에서 이스라엘 비밀조직에 잡혀 이스라엘로 비밀리에 압송된 나치의 전범 아돌프 아이히만(Adolf Eichmann, 1906~62)에 대한 재판 기록이다.

아이히만은 압송 이후 정신과 진료, 검찰 조사 등의 재판 준비 과정을 거친 뒤 1961년 6월 29일부터 8월 14일까지 총 114회 재판을 받았고, 4개월간 휴정을 거친 뒤 같은 해 12월 11일에서 12일까지 이틀에 걸쳐 진행된 총 244개 항목의 판결문이 낭독된 다음 사형선고를 받았다. 아이히만은 곧 항소했고, 이듬해 3월 22일 시작하여 5월 29일까지 진행된 대법원 항소심에서 원심확정 판결을 받았다. 그리고 이틀 뒤인 31일 사형집행을 받았으며, 시신은 독일이 인도를 거부했기 때문에 화장해서 지중해의 이스라엘 수역 밖에 뿌려졌다.

아이히만 체포 소식을 들은 아렌트는 그에 대한 재판이 이스라엘에서 진행될 것임이 분명해지자 잡지『뉴요커』의 편집장 윌리엄 숀(William Shawn, 1907~1992)에게 연락하여 자신이 특파원이 되어 재판 기록을 정리해『뉴요커』기사로 내도록 하겠다고 제안했다. 숀은 이 제안을 받아들였고, 아렌트는 1961년 빡빡한 일정을 조정한 뒤 이스라엘로 갔다. 이스라엘 일정은 한스 블루멘펠트와 논의했고, 뉴욕에 있는 남편 하인리히 블뤼허(Heinrich Blücher, 1899~1970)와 독일에 있는 카를 야스퍼스(Karl Jaspers, 1883~1969)와도 긴밀한 연락을 유지하면서 재판을 참관했다.

재판 기록은 주간지『뉴요커』에 1963년 2월부터 3월까지 총 5회에 걸쳐 게재되었다. 그리고 이 글은 같은 해 바이킹출판사에서 단행본으로도 출간했다. 이후 아렌트는「후기」를 덧붙이고 몇 가지 추가로 확인된 사실을 수정해 1965년 재출간했는데, 이 재출간본이 지금 유통되고 있는 판본이다.

『예루살렘의 아이히만』에 대한 반응은 충격적이었다. 유대인 사회는 아렌트에게 극단적인 거부감을 표명했고, 아렌트는 가까운 친구들에게서 절교를 당하는 일도 있었다. 예를 들면 오랫동안 가까운 친구였던 한스 요나스는 아렌트에게 절교를 선언했다. 요나스는 여러 해 동안 아렌트와 만나지도 않았으나 아렌트와 가까웠던 자기 아내의 요청으로 아렌트를 사적 모임에서 다시 만나기는 했다. 그러나 아렌트와 다시는 철학적 대화나 토론을 하지 않는다는 조건으로 사적 관계를 이어갔을 뿐이다. 마르가레테 폰 트로타 감독이 만든 영화 「한나 아렌트」를 보면 아렌트가 자기 견해를 밝히는 연설을 뉴욕 맨해튼에 있는 뉴스쿨의 강당에서 하는 모습이 나오고 요나스가 그 강당에서 아렌트에게 강한 실망감을 표하는 장면이 나온다. 그러나 이 장면은 허구이며 이 시기에는 아렌트와 뉴스쿨 사이에 아무런 관계가 없었다. 아렌트는 1968년에 와서야 뉴스쿨과 관계를 맺었다.

평생 아렌트와 깊이 교류했던 한스 블루멘펠트도 마찬가지였다. 아렌트는 1965년 5월 초 병상에 있는 블루멘펠트를 만나려고 나홀간 이스라엘을 방문했는데, 블루멘펠트는 아렌트에게 깊은 실망감을 표현하며 다시는 찾아오지 말라고 했다. 블루멘펠트는 같은 달 21일 사망했다. 아렌트 전기를 쓴 엘리자베스 영-브륄(Elisabeth Young-Bruehl)에 따르면 아렌트는 이런 식으로 우정이 끝나는 것을 두려워했다고 한다. 블루멘펠트 주위 사람들은 이 관계를 절교로 해석했으나 아렌트 남편 블뤼허는 아렌트와 블루멘펠트의 관계를 그런 식으로 다룬 글을 공개하는 데 분노했다.[1]

2.

아이히만은 아렌트와 같은 해인 1906년에 출생했다. 고등학교를 중퇴한 그는 주로 판매직으로 직장생활을 했다. 그는 1932년 4월 이후 제국안전부 본부의 수장이 되는 에른스트 칼텐브루너(Ernst Kaltenbrunner, 1903~46)의 권유를 받아 비밀 나치당에 입당하고 친위대(SS)에 들어갔다. 당시 친위대에 가입한 이들은 모두 정규 직장에 근무했는데, 아이히만은 다음 해 4월 오스트리아 잘츠부르크로 전임되었다. 가족과 함께 오스트리아로 간 아이히만은 독일 여권을 소지한 채 오스트리아 국적을 취득했다.

아이히만은 1934년에 힘러가 창단한 친위대 제국지휘관 소속 보안대에서 자리를 얻었다. 그는 유대인을 담당하는 부서에서 유대인 추방 업무를 맡았다. 특히 1938년 이후에는 유대인 강제 이주를 주 업무로 담당했는데, 이 시기에는 유대인이 추방당하기 전에 필요한 서류를 갖추게 하는 것이 큰 문제점이었다. 이민자들은 이주하기 전에 많은 문서를 취득해야만 했는데, 그 문서들은 각각 유효기간이 짧았고, 필요한 서류들을 다 취득하기 전에 그 유효기간이 끝나는 경우가 빈번했다. 아이히만은 이 문제를 해결하려고 협동작업 라인을 만들었다.

강제로 이주당하게 될 유대인은 재무부, 국제청, 경찰청, 유대인 공동체 등 관련 기관들을 찾아다니며 서류를 만들 필요가 더는 없게 되었다. 관련 부서들이 한 건물에 모이도록 해서 이주를 위해 여권 서류를 제출하면 곧이어 다른 문서가 제출되는 방식으로 해서 한자리에서 이 모든 일을 차근차근 처리하게 되었다. 마치 자동화된 공장과 같은 시스템 아래에서 재산이 있는 유대인은 그곳에서 나올 때면 출국에 필요한 돈 몇 푼과 비자, 2주일 이내에 이 나라를 떠나지 않으면 수용소로 보내진다고 쓰인 여권을 받았다. 이런 시스템을 창안할 정도로 아이히만은 문제 해결에 탁월한 역량을 발휘했다.[2]

3.

아이히만은 독일이 패망하기 직전 에른스트 칼텐브루너가 있는 오스트리아의 알트오세로 도망갔다. 거기서 종전 이후까지 머물다가 미군에 체포되어 친위대원 수용소에 수감되었으나 신분을 숨겼다. 칼텐브루너는 1945년 11월 시작된 뉘른베르크 전범재판에서 사형을 선고받고 교수형을 당했다. 그러나 아이히만은 수용소의 심문 과정에서 정체가 드러나지 않았다. 비록 다른 수감자들은 아이히만의 정체를 알았으나 아이히만은 정체가 드러나지 않도록 조심했다. 그는 가족에게 편지도 쓰지 않아 가족이 자기가 죽었다고 믿게 만들었다.

뉘른베르크 재판에서 아이히만이라는 이름이 자주 언급되고 심지어 아이히만에 대한 증언도 나오자 아이히만은 다른 수감자들의 도움을 받아 수용소에서 탈출했다. 그는 함부르크에서 90킬로미터 정도 떨어진 시골에서 가명으로 벌채 노동자로 일하며 4년 동안 숨어 있었다. 1950년 초 그는 친위대 퇴역군인 비밀조직인 오데사와 연락이 닿았고, 그 조직의 도움으로 같은 해 5월 오스트리아를 거쳐 이탈리아로 넘어갔다. 그곳에서 아이히만은 자기 정체를 아는 한 프란체스코파 신부의 도움을 받아 리하르트 클레멘트라는 이름으로 망명자 여권을 만들어 아르헨티나 부에노스아이레스로 탈출했다.

아이히만은 부에노스아이레스에 도착한 뒤 리카르도 클레멘트라는 이름으로 신분증과 노동 허가를 받아 정착했다. 이후 생활이 어느 정도 안정되자 아이히만은 자신이 아이히만의 동생인 것처럼 아내에게 친필 편지를 보내 생존 사실을 직접 알렸고, 1952년 여름 아내와 아이들을 그곳으로 오게 했다. 아이히만은 안정적인 직업을 얻었고, 아내와 위장으로 재혼 과정을 거쳐 1960년 체포되기 전까지 그곳에서 살았다.

아이히만은 아르헨티나에서 나치 요원들과 끊임없이 관계했고 1955년에는 과거 친위대 요원이었던 네덜란드 언론인 빌렘 S. 자센과 인터뷰하기도 했다. 자센은 아이히만의 동의를 얻어 이듬해 이 내용을 미국 잡지『타임 라이프』특파원에게 제공했으나 그 내용은 아이히만이 체포된 이후인 1960년 7월에 독일 잡지『슈테른』과 같은 해 11월과 12월에 미국 잡지『라이프』에 공개되었다. 아이히만이 다른 이름으로 아르헨티나에서 산다는 사실을 이스라엘 정보부가 알게 된 것은 1959년 8월이었다고 알려졌는데, 위의 내용을 고려해보건대 정보부가 이렇게 늦게야 정보를 입수한 점이나 그 정보를 러시아 정보부에서 얻었다고 공표했던 점은 수수께끼다.

아이히만은 1960년 5월 11일 저녁 6시 30분 직장에서 귀가하던 도중 세 사람에게 납치되었고, 저항 없이 그들을 따라가 부에노스아이레스 외곽의 가옥에서 8일 동안 억류되었다가 비행기로 이스라엘로 옮겨졌다. 이 사실은 당시 이스라엘 수상 다비드 벤구리온(David Ben-Gurion, 1886~1973)이 1960년 5월 23일 이스라엘 국회에 보고함으로써 세상에 알려졌다. 이스라엘 정부는 아이히만을 데려온 사람들이 '사적 복수자'라고 공표하면서 정부 요원이 납치한 것은 아니라고 주장했으나, 이는 벤구리온이 아이히만의 존재를 알게 된 것은 이스라엘 정보부였다고 말한 사실과 어긋난다.[3]

4.

아이히만에 대한 경찰심문은 6월 초에 시작되었고, 그로부터 6주 후 이스라엘 정부의 허락에 따라 아이히만은 자신을 도울 변호사로 가족이 추천한 로베르트 세르바티우스(Robert Servatius, 1894~1983)를 선임했다. 세르바티우스는 여러 보조원의 도움을 받아 재판에 임할 것이라는 예상과 달리 거의 혼자서 재판 과정에 참여했다. 아이히만에 대한 공판은 1961년 6월 29일에 시작되어 같은 해 8월 14일에 마지막 공판인 114회 공판을 연 뒤 4개월 동안 휴정에 들어갔고, 12월 11일 선고공판이 열려 이틀 동안 다섯 차례로 나누어 총 244개 항목의 판결문이 낭독되었다.

아이히만은 15개 기소 항목에 대해 모두 유죄판결을 받아 사형이 선고되었다. 기소 항목은 모두 세 개 범주로 이루어져 있다. 첫 번째 범주는 '유대인에 대한 범죄'이며 여기에는 1. 유대인 수백만 살상, 2. 그들을 살상으로 이끈 상황을 만든 일, 3. 유대인에게 심각한 육체적·정신적 손상을 끼친 일, 4. 테레지엔슈타트에서 유대인 여성의 출산을 금지하고 임신을 방해한 행위가 포함되었다.

두 번째 범주는 '인류에 대한 범죄'이며 여기에는 5. 히틀러의 1941년 명령 이전에 행한 유대인 살상, 6. 인종적·종교적·정치적 이유에 따른 유대인 처형, 7. 유대인의 살인과 연관된 그들의 재산 약탈 행위, 8. 이런 일들이 전쟁범죄로 수행된 점(이상은 유대인 관련 범죄), 9. 폴란드인 수십만 명 추방, 10. 유고슬라비아에서 슬로베니아인 1만 4,000여 명 추방, 11. 집시 수천 명을 아우슈비츠로 이송한 일, 12. 하이드리히 암살사건에 따른 리디체 주민학살 이후 그들의 자녀 93명의 이송에 대한 책임(이상은 비유대인 관련 범죄)이 포함되었다.

세 번째 범주는 '범죄조직에 가입된 요원 확인'이며 13, 14, 15항목 모두 전후에 있었던 뉘른베르크 재판에서 범죄적 조직으로 분류된 집단에 아이히만이 소속되어 있음을 확증하는 부분이다.

아렌트는 1심 판결에서, 아이히만이 자신은 여러 범죄를 교사하기는 했으나 살인 행위를 공공연히 자행한 적이 없었다는 주장에 대한 법원의 판결에 각별히 주목했다. 아이히만이 직접 살상을 수행하지 않은 것은 맞지만, 이 경우 대부분은 살상 수행자가 수감자였던 유대인 자신들이었기 때문이다. 일반적 범죄의 경우에는 누가 직접 살인했느냐가 중요하지만, 아이히만의 범죄는 희생자 규모가 클 뿐만 아니라 가해 행위 또한 집단적으로 했다는 점에서 그 범죄의 전개 방식과 구조에서 일반적인 살인과는 구별된다고 법정은 판단했다. 그래서 실제로 살해 현장에 직접 있었는지, 실제로 누가 방아쇠를 당기고 가스 밸브를 조작했는지가 살상에 대한 책임 유무를 결정할 수는 없다고 보았다. 그래서 아렌트는 판결문의 다음 구절에 주목한다.

살상 도구를 직접 사용한 사람으로부터 멀리 떨어져 있을수록 살상에 대한 책임의 정도는 그만큼 더 커진다.[4]

아렌트는 이와 같은 범죄에 대한 책임의 기준이 현장에서부터 떨어진 거리와 반비례한다고 설정한 판사들의 판단에 공감을 표했다.

아이히만은 즉각 항소했고, 3개월 후인 1962년 3월 22일 이스라엘 대법원에서 항소심이 열렸다. 1주간 심리한 뒤 두 달간 휴정했으며, 1962년 5월 29일에 원심 확정판결을 받았다. 그날 변호사의 충고에 따라 준비된 아이히만의 아내와 가족의 친필 사면청원서가 이스라엘 대통령 이츠하크 벤즈비(Yitzhak Ben-Zvi, 1884~1963)에

374

게 전달되었다. 세계 여러 곳에서 왔으며 다양한 이유가 붙은 사형 면제 호소 편지 등도 대통령에게 전달되었다. 이틀 뒤 대통령은 모든 청원을 거부했으며 바로 그날 자정 직전에 아이히만은 교수형에 처해졌다. 독일 정부가 그의 시신 인도를 거부했으므로 시신은 화장되었고, 재는 지중해의 이스라엘 수역 밖에 뿌려졌다.

5.

1심 판결에 대해 피고 측의 항소이유서는 믿을 수 없으리만치 엉망진창이었다. 항소이유서에서 제기한 반론 가운데 특히 세 가지가 주목할 만했다. 첫째는 아이히만의 행위가 국가의 명령에 따른 것이었고, 이런 행위는 국가를 위해 일하는 모든 이에게 일어날 수 있는 행위임에도 독일 정부는 스스로 책임을 지지 않고 국제법에 어긋나게 아이히만을 예루살렘 법정으로 넘겨버렸다는 반론이었다. 둘째는 독일에서는 사형제도가 폐지되었으므로 아이히만에게 사형이 선고되어서는 안 된다는 반론이었다. 셋째는 1심에서 거론된 리디체 아이들에 대한 유죄항목에 대해서는 예루살렘 법정이 재판할 권리가 없다는 반론이었다. 이 반론 각각은 국가의 명령에 따른 개인의 책임 문제, 사형제도 문제 그리고 예루살렘 법정의 재판권 한계 문제 등이 관련된 중요한 사안들이다.

항소심에서는 첫째 반론에 대해 아이히만이 단순한 수하가 아니라 상관으로서 역할에 충실했으며, 유대인 학살에 대해서는 누구보다도 중요한 역할을 한 적극적 행위자였기 때문에 피동적 수행자로서 면책이 가능하지 않다는 점을 지적했다. 하지만 나머지 두 문제는 미진한 상태로 남겨두었다.

아렌트로서는 첫째 반론에는 항소심 판결에 동의했다. 둘째 반론에서 제기된 사형선고 문제에 대해 아렌트는 아이히만이 사형되는 것이 합당하다고 보았다. 아렌트는 사형제도 찬반에 대한 논의를 전개하지는 않았지만 적어도 아이히만의 경우에는 사형할 수 있다고 보았다. 셋째 반론은 아이히만이 저지른 여러 범죄 가운데 작은 한 측면에 대한 시비이며, 예루살렘 법정이 이스라엘 국가에서 이스라엘 법에 따라 수행한 재판이라는 점에서 정당한 반론이 될 수는 있다. 하지만 그 사안에 대한 아이히만의 유죄성이 판결에 영향을 주지 않도록 제외한다고 해도 다른 중대한 범죄행위로 사형선고가 불가피하므로 사실상 무의미한 반론이 된다고 했다. 다만 이 반론은 예루살렘 법정의 재판권 한계 문제를 건드렸으므로 생각해볼 것이 있다.[5]

6.

아렌트는 사형제도에 동의했을까? 아이히만의 경우에 아렌트는 명백히 그의 사형에 동의했다. 심지어 아렌트는 사형제도 반대자들이 이 사안에 대해 아무런 목소리를 내지 않은 점을 지적하기도 했다. 아렌트는 사형제도 반대자들이 이 사안이 사형제 반대를 위해 싸울 만한 좋은 사례라고 생각하지 않았던 것 같다고도 했다.

아렌트의 조교였던 제롬 콘을 만나 여러 가지를 물어볼 기회에 아렌트가 사형제도를 어떻게 생각했는지 물었다. 사형제도를 찬성했는지 반대했는지 물은 것이다. 콘은 아렌트가 강의 시간에 사형제도에 대해 비판적이었는데, 그 이유는 오심 가능성 때문이었다고 대답했다. 아렌트는 사형제도에 대한 윤리학적 논변을 펼치는 데 관심이 없었지만, 일반적으로 그 정도 견해를 유지했다. 그럼에도 아이히만의 경우 범죄행위 규명에 대한 논란이 없으며, 사형 여부를 판단하는 문제만 남았기에 사형선고에 대한 명확한 의견 표명이 가능했다고 보인다.

7.

아이히만 재판과 관련해 몇 가지 문제가 제기되었다. 과연 아이히만 납치는 부당한 것이 아니었던가? 납치 자체의 부당성을 가장 먼저 문제시해야 하지 않았던가?

아이히만이 체포될 당시 그는 아르헨티나에 거주했기 때문에 그에 대해 재판하려고 예루살렘으로 납치해 온 것은 이스라엘이 자국법을 자신의 영토 범위를 넘어 적용한 행위로 볼 수 있다. 이는 속지주의를 위반하는 국제법적 잘못이라고 할 수 있다. 이런 이유에서 이스라엘 정부는 아이히만을 납치하여 강제 이송한 자들이 정부 요원이 아니라고 끝까지 부인해야 했다. 하지만 민간인이 자행한 일이라 하더라도 국제법적으로 분쟁 소지는 여전히 있다. 이 때문에 이스라엘 정부는 은밀한 방식으로 아르헨티나 정부의 협조를 구했던 것 같다. 그 결과가 이스라엘 정부와 아르헨티나 정부 간의 공동성명이다. 국제법이 성문법으로 존재하지 않을뿐더러 이 사건에 대해 양국이 합의했으므로 더는 문제로 작용하지 않았다. 그러나 아렌트는 사안의 적법성 자체는 여전히 문제라고 보았다.

이스라엘 정부가 아이히만의 소재를 파악한 뒤 아르헨티나 정부에 요청했더라면 그의 소환이 가능했을까? 그렇지 않았을 것이다. 당시 아르헨티나는 과거 전쟁과 관련된 혐의는 15년간만 유효하다는 법적 효력 적용 기한을 정해두었으므로 독일이 패망한 날부터 15년이 되는 날인 1960년 5월 7일이면 송환이나 재판이 불가능해진다. 아이히만이 체포된 날은 그해 5월 11일이었다. 또 당시 아르헨티나 정부는 전범 송환을 거부한 전례도 있었다. 유대인 생체실험으로 악명이 높았던 요제프 멩겔레(Josef Mengele, 1911~79) 소환을 독일에서 요구했을 때 아르헨티나 정부는 끝까지 협조하지 않았다.

결국 아이히만 납치를 정당화하는 논리는 그가 처벌받아야 할 엄청난 범죄를 저질렀음에도 납치가 아니면 처벌할 수 없는 상황을 이해하는 문제다. 그의 범죄가 납치를 해서라도 법적 판단을 받아야 할 정도인가가 관건인 셈이다.

8.

아이히만 재판을 승자의 법정에서 했으니 공정한 재판을 기대할 수 있느냐는 문제가 있었다. 아이히만 재판이 의거하는 법은 1950년 제정된 '나치스와 나치스 협력자들에 대한 (처벌)법'이며 이 법은 뉘른베르크 재판을 선례로 하여 제정되었다. 예루살렘 법정은 뉘른베르크 재판을 선례로 받아들였다.

뉘른베르크 재판은 1945년 8월 8일 미국, 영국, 소련, 프랑스의 대표가 런던에 모여 유럽 추축국의 '전쟁범죄인 소추 및 처벌에 관한 협정' 그리고 그 부속인 '국제군사재판조례'에 서명하여 이른바 '런던 헌장'을 만들어낸 런던협약에 따라 이루어졌다. 런던 헌장은 뉘른베르크 재판에서 '평화에 대한 범죄' '전쟁범죄' '인류에 대한 범죄'를 재판하도록 규정했다. '평화에 대한 범죄'는 공격전을 범죄로 규정한 것이고, '전쟁범죄'는 포로 학대와 민간인 공격 문제를 다루며, '인류에 대한 범죄'는 전례가 없었던 새로운 규정으로 유대인 학살과 관련한 것이었다.

나치 전범에 대한 재판이 뉘른베르크에서 열린 이유는 그곳에서 유대인에 대한 인종 차별법이 발표되었고, 나치 전당대회가 열렸으며, 히틀러가 사랑한 도시였기 때문이다. 순수 유대인만이 아니라 혼혈인도 그 정도에 따라 세밀하게 유대인을 구분하고 그에 대한 차별을 규정했으며, 독일인이 유대인과 성교를 하지 못하게 하는 법률이 이곳에서 공표되었다. 나치 전당대회는 1927년부터 줄곧 뉘른베르크에서 열렸는데, 이를 위해 만든 전당대회장은 전쟁 이후에도 나치 비판 교육을 하기 위해 보존되고 있다. 이곳은 규모가 웅장해서 당시 전당대회의 정치선전 효과를 느낄 수 있을 정도다.

전후 진행된 나치 전범재판은 이런 악행을 정면으로 상쇄하기 위해 악행의 중심지 뉘른베르크에서 열렸다. 뉘른베르크 법정은 승자의 법정이었다. 만일 승자의 법정에서 이런 죄들을 다루는 것이 부당하다고 주장하려면, 두 세력이 단순한 무력 경합을 벌인 끝에 판가름 난 승부에 따라 한쪽이 다른 쪽을 심판해야 한다. 전쟁 상황에서 저지른 전쟁범죄로부터 양측이 모두 완전히 자유롭지 않을 수는 있지만 나치 독일의 행태는 그 수준을 넘어 범죄적 국가의 범죄적 세력이 시작한 전쟁 행위였으므로 이를 단지 패자의 굴욕으로 치부할 수는 없다.

실제로 전승국들이 전쟁범죄 문제에서 전적으로 자유로운 것은 아니었다. 특히 러시아의 경우 핀란드를 공격한 일이나 1939년 폴란드를 강제로 분할한 일은 공격전에 해당한다. 또 폴란드 장교들을 카틴숲에서 학살한 사건이나 일본에 원자폭탄을 투하하여 민간인들을 다수 죽게 한 일도 전쟁범죄에 해당한다. 물론 이런 사례들을 뉘른베르크 재판에서 다루지 않은 것은 그것이 전승국에서 한 재판이었기 때문이기는 하다. 그럼에도 뉘른베르크 재판은 독일이 일으킨 전쟁이 범죄적 전쟁이었으므로 독일군의 불필요한 잔인함을 대상에 포함했다. 이는 전대미문의 잔혹함, 민족의 전멸, 원주민 청소 등 그 어떠한 군사적 필요에 따랐다고 해도 인정할 수 없는 범죄 그리고 전쟁과 무관하게 평화 시에도 지속된 체계적 살인 정책 때문이라고 아렌트는 지적한다. 따라서 뉘른베르크 재판이 승자의 재판이므로 부당하다고 비판받을 사안은 아니다.

예루살렘 법정은 승자의 법정일 수 없으며 오히려 피해자의 법정에 해당한다. 홀로코스트, 즉 유대인 학살은 전쟁범죄와는 다른 범주에 속할 수 있다. 이는 전쟁을 성공적으로 수행하려는 전략과는 무관하게 진행되었을 뿐 아니라 심지어 전쟁 수행의 효율성을 저해하는 형태로도 진행되었다. 이 때문에 뉘른베르크에서는 이 범죄가 전쟁범죄와는 다른 범주에서 다루어져야 한다고 판단해서 '인류에 대한 범죄'라는 개념을 도입했지만, 그 개념의 내용은 명확하지 않았다.

9.

예루살렘 법정이 피해자의 법정이라면, 아이히만을 이스라엘에서 재판하는 것은 일종의 보복이 되지 않겠는가. 여기에 대해 아렌트는 아이히만 재판 과정에서 재판관들이 지켜준 실질적 공정성에 의미를 부여한다. 검사는 유대인의 처지에서 재판에 임해 아이히만의 유죄를 입증해야 했지만, 판사들은 판결의 공정성과 정의로운 재판을 위해 노력했다. 이는 검사와 판사의 역할 차이에 충실했던 것뿐만 아니라, 예루살렘 법정의 판사들은 실질적으로도 공정성을 기했다는 것이다.

사실 형사재판은 민사재판과는 성격이 다르다. 민사재판은 보복과 같은 보상 개념이 중심을 이루지만, 형사재판은 그 법이 적용되는 공동체의 공적 질서가 중심이 된다. 민법과 형법은 기본 정신이 다르다. 형법에 따라 재판하는 것은 해당 행위가 공동체의 질서를 어지럽히고 해를 끼치기 때문이다. 아렌트는 아이히만의 재판과 처벌 등 일련의 과정은 개인적이거나 민족적 차원의 보복이 아니라, 유대인과 인류 공동체의 근본을 해친 행위를 처벌하는 과정이라고 보는 것이 바른 시각이라고 한다. 즉 이는 공적 차원의 문제로 보아야 한다는 것이다. 아렌트가 예루살렘 재판과 사형에 정당성을 부여한 근거가 바로 여기에 있다고 생각한다.

10.

아이히만에게 적용된 법들은 아이히만이 행위를 할 당시에는 존재하지 않았다. 일반적으로 존재하지도 않았던 법을 소급 적용하는 것은 잘못이다. 따라서 아이히만의 범죄에 대한 소급적 법 적용은 부당하지 않은가? "법률이 없으면 범죄도 없고, 법률이 없으면 형벌도 없다"라는 명제가 이런 반론의 근거가 되는 원칙이다.

아렌트는 예루살렘 법정이 이 원칙에 대해 단지 형식적으로만 범할 뿐 실질적으로는 범하지 않았다고 말한다. 왜냐하면 이 원칙은 법을 세운 사람들이 생각할 수 있는 범위 내에서의 범법 행위에 적용하는 원리인데, 만일 상상도 할 수 없었던 범법 행위에 대해서라면 법을 새로 만들어 소급 적용하는 것이 가능하다는 주장이다.

문제는 아이히만의 범죄, 나아가 유대인에게 저질러진 홀로코스트라는 범죄가 이전에는 알 수 없었던 전적으로 새로운 범죄, 전례가 없어서 누구도 그에 관한 법을 만들 생각도 하지 못했던 범죄라는 사실이다. 이런 경우에는 이를 적용할 법이 존재하는지를 찾아 적용하는 것이 불가능하다. 그래서 아렌트는 판단 개념을 소환한다.

존경받을 만한 사회 전체가 이러저러한 방식으로 히틀러에게 굴복했기 때문에 사회적 행위를 결정할 도덕적 준칙들과 양심을 인도할 종교적 계명들('살인하지 말라')은 사실상 소멸해버렸다. 옳고 그름을 여전히 구별할 수 있었던 그 소수의 사람은 실로 그들 자신의 판단을 따라서만 나아갔고, 그래서 그들은 아주 자유롭게 행했다. 그들이 직면하고 있는 개별 사건들을 적용할 수 있는, 그들이 지켜야 할 규칙들은 존재하지 않았다. 그들은 각각의 일들이 일어날 때마다 결정을 내려야 했다. 왜냐하면 선례가 없는 일에 대해서는 규칙이 존재하지 않았기 때문이다.[6]

아렌트는 아이히만 사건을 가까이서 대하면서 판단 문제를 고민하게 된다. 아렌트는 판단에 대한 이론을 죽기 전까지 고민했다. 1975년 12월 아렌트가 사망한 뒤 그의 서재에서는 『정신의 삶』의 1부와 2부의 초고가 발견되었고, 3부는 제목과 더불어 글 앞에 붙이는 인용구문만 타이핑된 종이 한 장만 남아 있었다. 아이히만을 만난 뒤 아렌트는 오랫동안 뒤로했던 철학적 사유를 가져와 정치적 사유를 위해 활용하기 시작한 것이다.

예루살렘 법정은 인류에 대한 범죄에 대해 대량 학살이라는 정도의 이해에서 크게 벗어나지 않았다. 예컨대 종족 개념과는 무관하게 자행된 폴란드인과 집시들 살해도 인류에 대한 범죄에 포함했다. 하지만 아렌트는 이웃한 국가들에 피해를 주는 행위인 추방이나 종족 개념이 들어가지 않은 대량 학살과 달리, 종족 대량 학살이 아이히만 행위에 나타난 새로운 요소였으며, 이것이 인류에 대한 범죄를 구성하는 핵심이라고 지적한다.

> 새로운 범죄, 즉 ('인간의 지위에 대한' 또는 인류의 본질 자체에 대한 범죄라는 의미에서의) 인류에 대한 범죄가 나타난 것은, 독일 국민이 어떠한 유대인도 독일에 있는 것을 원하지 않을 뿐만 아니라 유대민족 전체를 지구상에서 사라지게 하기를 바란다는 것을 나치 정권이 선언했을 때였다.[7]

종족 개념이 핵심적이라는 점에서 이 범죄는 "인류의 다양성 자체, 즉 그것이 없다면 '인간종족'(mankind) 또는 '인류'(humanity)라는 말 자체가 의미를 잃게 되는 '인간적 지위'의 특징에 대한 공격"[8]으로 이해된다. 이 범죄는 인류 자체를 없애는 것으로 '인류에 대한 범죄'라는 표현이 적합하다.

예루살렘 법정은 유대인 학살을 단지 규모가 큰 대량 학살로만 이해했지만, 아렌트는 여기에 종족 개념이 포함되므로 유대인에 대한 범죄를 넘어서는 "유대민족의 몸에 범해진 인류에 대한 범죄"[9]

로 규정하는 것이 적절하다고 생각했다.

이처럼 아이히만의 범죄가 이전에는 존재하지 않았던 새로운 범죄이므로 그에 대한 재판에서 그의 행위 이후 나온 법에 따라 판결을 내렸다 해도 소급 적용 금지 원칙을 위배하지 않는다는 것이 아렌트의 판단이다.

11.

예루살렘 법정은 아이히만 재판을 담당할 정당한 자격이 있는가. 아이히만에 대한 재판권과 관련해서는 세 가지 원칙이 관련되어 있다. 첫째는 '수동적 속인주의'(the principle of passive-personality)로, 희생자가 유대인이므로 유대인이 재판 자격을 갖는다는 견해다. 둘째는 '보편적 재판권 원리'(the principle of universal jurisdiction)로, 아이히만은 인류의 적이므로 해적 재판처럼 누구나 재판할 권리가 있다는 견해다. 셋째는 '속지주의 원칙'(the territorial principle)으로, 학살이 일어난 국가에서 재판하거나 재판권이 있는 국제형사재판소에서 재판해야 한다는 견해다.

수동적 속인주의의 원칙에 대해 아렌트는 형사재판에서는 공적 질서와 법이 부각되어야 하며 희생자를 위한 보복을 중심으로 해서는 안 되므로 이를 주장한 이스라엘 검찰의 노력은 정당화될 수 없다고 보았다. 아렌트는 보편적 재판권 원칙이 예루살렘 재판정의 의견에 가까웠다고 보았다. 그런데 아이히만이 나치 독일의 이름으로 일했다는 점에서는 국가 없이 자신만을 위해 일한 해적과는 근본적으로 다르므로 아렌트는 이 견해가 정당화될 수 없다고 말한다.

아렌트는 예루살렘 법정이 속지주의 원칙을 변형함으로써 아이히만의 경우에 적용하기 가장 적합한 논리를 만들어냈을 거라고 본다. 속지주의 자체는 적용할 수 없지만, 속지주의에서 말하는 '속지' 개념을 재정의하여 이를 단순히 지정학적 개념이 아니라 정치적이고 법적인 개념으로 설명함으로써 "해당 집단 개인들 사이의 공간과 연결"[10]되는 것으로 이해한다면 적용 가능하다고 아렌트는 생각했다.

아이히만의 범죄가 인류에 대한 범죄라는 점에서는 예루살렘 법정이 아니라 국제재판소에서 재판받아야 한다는 주장도 가능하다. 아렌트 스승인 야스퍼스가 주장한 것이다. 야스퍼스는 예루살렘 법정이 스스로 판결 자격 없음을 공표한 뒤 자신의 권리를 철회하고 아이히만을 국제형사재판소에 넘겨주어야 한다고 주장했다.

아렌트는 야스퍼스 의견에 기본적으로 동의한다. 다만 야스퍼스의 주장 그대로는 수용하기가 어렵고, 그의 주장을 응용한다면 실현 가능한 방법을 제시할 수 있다고 한다. 아렌트가 생각하는 재판 과정은 이렇다. 일단 아이히만 재판은 시작되었으며, 법정의 재판권 자체는 재판 개시 전 결정되어야 하는 점을 고려하여 예루살렘 법정의 재판권을 인정하면서 재판을 진행하고 판결을 내린다. 그리고 재판 과정에서 발견된 일부 내용은 선례가 없었음을 명백하게 하고 이 일은 이스라엘이 판결할 권리가 없음을 인정한 뒤 최종 판결을 보류한다. 이후 재판 과정에서 나온 증거를 이용해 유엔에서 국제형사재판소를 구성할 것을 긴급히 주장하여 이스라엘에 억류한 아이히만에 대해 국제적 논의를 불러일으킨다. 아렌트는 이렇게 한다면 이스라엘은 재판권과 관련하여 권위를 유지할 수 있고, 또 항구적인 국제형사재판소의 필요성에 대한 세계적 동의를 이끌어 낼 여론이 형성될 것으로 생각했다.

물론 아렌트는 일이 자기가 생각한 것처럼 진행되기 어렵다는 것을 알았다. 이미 유엔이 국제형사재판소 신설을 두 차례나 거부한 사례가 있어서 아렌트 생각처럼 일이 진행될 거라고 합리적으로 기대하기 어려운 상황이었다. 또한 다수 유대인 지도층은 이스라엘의 권한이 훼손되고 유대인에 대한 반감을 국제적으로 촉발할 수 있다고 우려했으며, 이스라엘이 아이히만에 대한 재판권을 행사하는 것이 아니라 단지 검사 역할로 그칠 것을 우려했다는 점도 장애요인이 될 것이다. 유대인은 이미 유대인 국가를 건설했으므로 오랫동안 누리지 못했던 자기 민족 문제에 대한 주체적 지위를 포기하지 않을 것이라는 점도 아렌트는 고려했다.

이 점에 대한 예루살렘 법정의 견해와 그 판결에 대해 아렌트는 비판적이다. 우선 형법의 존재 이유에 근거해서 본다면 아이히만을 국제형사재판소로 보내는 것이 맞다. 국가에 고용되어 대량 학살을 저지른 주범이 재판을 받아야 하는 이유는 그가 수백만이나 되는 사람들을 죽였기 때문이 아니라 인류 질서를 위반했기 때문이다. 즉 그는 "전적으로 다른 질서가 붕괴되고 또 전적으로 다른 공동체가 훼손되었다는 것"[11] 때문에 형법에 따라 판결받는 것이다. 따라서 이스라엘 법정에서 인류에 대한 범죄의 핵심을 정확히 파악하지 못하고 아이히만의 범죄를 단순히 개인을 대량으로 살해한 것으로 본 일은 잘못이라는 것이다.

이 문제를 다룰 때 아렌트는 예루살렘 법정의 재판관들에게 아쉬움을 느꼈다. 그럼에도 아렌트는 그들을 비난하지 않았다. 그들이 재판관으로서 이스라엘 법과 일반적 법관념에 따라 최선을 다해 판결했다고 생각했기 때문이다.

12.

철학자 마르틴 부버(Martin Buber, 1878~1965)는 아이히만에 대한 이스라엘 법정의 판결을 비판했다. 이 재판이 아이히만을 처형함으로써 결국 독일 청년들이 마땅히 가져야 할 죄책감을 해소하는 결과를 가져올 것이므로 이는 역사적 실수라는 것이다. 부버의 이러한 판단은 아이러니하게도 아이히만이 스스로 공개 처형을 요청한 취지로 독일 청년의 '죄책감을 덜어주기 위해'서였다고 말한 것과 공명한다.

아렌트는 부버가 이 재판에서 보아야 했던 중요한 문제를 놓쳤다고 비판했다. 부버는 대중적 죄책감이라는 기만적 개념에 빠져 있다는 것이다. 아이히만의 행위는 국가의 명령에 따라 수행된 범죄라는 형식을 띤, 유대인의 몸에 범한 인류에 대한 범죄를 말한다. 당시 독일 정부나 공공기관 사람들은 죄책감을 느끼지 못했지만, 청년들은 히스테리컬한 죄책감을 분출하고 있었다. 그런데 아렌트는 이런 죄책감이 독일 청년들이 취업난과 현실적인 문제들이 주는 부담으로부터 값싼 감성으로 도피하려고 애쓰는 것일 뿐이라고 보았다. 그런데 부버는 이 점을 직시하지 못한다는 것이다.

결국 아렌트는 아이히만에 대한 사형 판결에 동의한다. 그러나 자신의 분석에 따라 아이히만 사형의 근거를 설명하며 자신의 판결을 다음과 같이 덧붙인다.

피고가 대량 학살의 조직체에서 기꺼이 움직인 하나의 도구가 되었던 것은 단지 불운이었다고 가정을 해봅시다. 피고가 대량학살 정책을 수행했고, 따라서 그것을 적극적으로 지지했다는 사실은 여전히 남아 있습니다. 그리고 (마치 피고와 피고의 상관들이 누가 이 세상에 거주할 수 있고 없는지를 결정할 어떤 권한을 가지고 있는 것처럼) 이 지구를 유대인 및 수많은 다른 민족 사람들과 함께 공유하기를 원하지 않는 정책을 피고가 지지하고 수행한 것과 마찬가지로, 어느 누구도 즉 인류 구성원 가운데 어느 누구도 피고와 이 지구를 공유하기를 바란다고 기대할 수 없다는 것을 우리는 발견하게 됩니다. 이것이 바로 당신이 교수형에 처해져야 하는 이유, 유일한 이유입니다.[12]

이처럼 아이히만의 사형에 대해 아렌트는 적극적으로 동의를 표한다. 아렌트는 『예루살렘의 아이히만』 이후 저술한 「폭력론」에서 범법자란 스스로 공동체 법의 예외적 존재로 만드는 자이기 때문에 그들에 대한 처벌은 그들을 법의 밖에 두는 것, 공동체에서 추방하는 것이 되어야 하는 것이라고 설명한다. 그것이 법에 따른 처벌의 정신이라는 것이다.[13] '인류에 대한 범죄'를 저지른 아이히만은 인류의 삶을 보존하는 법을 위반한 것이므로 인류 공동체의 외부로 보내져야 하는 처벌을 받아야 하며, 이것이 실질적으로는 교수형이라는 형태로 표현된다는 것이다. 이것이 아이히만 사형을 정당화하는 근거가 된다.

2. 악의 평범성

1.

악(惡)과 선(善)은 윤리적·종교적 맥락에서 쓰이는 말이다. 악의 문제는 아우구스티누스가 철학적으로 본격적으로 다루었는데, 그는 이를 종교와 윤리의 맥락에서 살펴보았다. 칸트 역시 종교와 윤리의 맥락에서 근본악 개념을 활용했다. 아렌트는 악이라는 개념을 처음으로 정치철학적 문제로 거론했다. 악이라는 개념은 나치의 유대인 말살 정책을 표현하면서 제2차 세계대전 이후 널리 활용되었는데, 아렌트는 이를 정치철학의 영역으로 가져왔다. 홀로코스트의 과정과 결과가 상상을 초월한 엄청난 것이었기 때문이다.

아렌트는 1945년 프랑스어로 출간되고 영어로 번역된 데니스 드 루즈몽(Denis de Rougemont)의 저서 『악마의 몫』(*The Devil's Share*)에 대한 서평에서 악의 문제를 처음 거론했다. 여기서 아렌트는 악의 개념이 사상사에 근본 문제가 될 것으로 예견했다.[14] 아렌트가 그렇게 생각한 이유는 우리와 같은 인간인 나치스가 인간이 할 수 있는 일의 극단까지 보여주었다는 점에 있다. 악몽 같은 사실은 그런 일을 범한 자들이 우리와 같은 인간이라는 것이다. 그래서 아렌트는 악을 행한 인간의 능력에 의문을 품지 않고 사회제도 차원에서 문제를 풀어가려고 하거나 악행자의 악마성과 같은 것에 주목하려는 것은 책임 회피와 같다고 생각했다. 실제로는 아렌트의 예견처럼 악의 문제가 중요한 관심을 받지는 않았다.[15]

악의 문제는 인간의 문제다. 이렇게 생각해보면 우리는 '인간의 본질'(human nature)이라는 개념을 떠올릴 수밖에 없다. 『인간의 조건』에서 아렌트는 인간에게 불변의 본질과 같은 어떤 것이 있다는 생각은 잘못이라고 분명히 지적한다. 그러나 아렌트는 인간에게 본질과 같은 것이 없다고 말하지는 않는다. 인간의 삶을 조건 짓는 것이 바로 그런 것이겠다.

2.

아렌트가 1948년에 쓴 「강제수용소」에 악에 대한 주목할 만한 글이 나온다. 이 글은 이후 『전체주의의 기원』 1958년 개정판에 수정해서 실었는데, 여기에 절대악(the absolute evil)이라는 표현이 등장한다.

> 수용소에서 살인은 모기를 짓눌러 죽이는 것만큼 비인격적이며, 수용소가 초만원이 되어 정리했을 때처럼 단순한 처리기술의 문제일 뿐이다――또는 수인들이 고문에 굴복했을 때처럼 우연한 부산물과 같은 것일 뿐이다. 체계적인 고문과 체계적인 아사는 항구적인 죽음 분위기를 만들었는데, 여기서는 삶뿐만 아니라 죽음도 효과적으로 방해받을 수 있었다.
> 어떤 탈출도 허용하지 않는 절대악(the absolute evil)에 대한 두려움 속에서 이것이 변증법적인 진화와 발전의 종국이라고 생각되었다. 이는 근대 정치가, 엄격하게 말해서 정치로 결코 들어와서는 안 되는 문제, 즉 전부가 아니면 아무것도 아니라(all or nothing)는 문제 주변을 돌고 있음을 알려준다. 전부라는 것은 무한한 가능성이 가득한 인간사회이며, 그것이 아니라면 정확히 아무것도 아니라는 것으로 이는 인류의 종말을 말한다.[16]

여기서 절대악이란 거대한 악을 의미하는 것으로, 즉 악의 크기에서 절대성을 말한 것이다. 인간의 궁극적 탈출구인 죽음도 방해받을 정도로 편히 죽지도 못하는 체제, 어떠한 탈출도 허용되지 않는 최악의 지경이라는 말이다. 이 개념과 관련하여 아렌트는 정치라는 어휘를 등장시킨다. 수용소는 정치가 완전히 중지된 곳이며, 인간이 인간이기를 멈춘 것은 정치의 중지와 직결된 것이기 때문이다.

절대악 개념은 1951년 출간된 『전체주의의 기원』 초판에서 명확하게 정의된다.

절대악의 실제적 모습을 눈앞에서 보면서도 그것을 이해하기가 아무리 어렵다고 해도, 그것은 모든 인간이 똑같이 잉여로 여겨지는 체계의 발명과 밀접하게 연관되어 있는 것 같다.[17]

여기서 절대악이란 악한 동기로 이해되거나 설명이 가능한 것이 아닌 것으로 묘사된다. 바로 그 때문에 절대악은 용서하거나 응징할 수 없다. 절대악은 인간의 악한 동기와 무관하므로 인간의 죄성으로 이해할 수 없을뿐더러 그 범위를 초월하기 때문이다. 절대악의 내용은 '인간을 잉여적 존재, 불필요한 존재로 만드는 것'이며 또한 인간을 그렇게 만드는 '체계'와 연결된다.

절대악에 대한 아렌트의 언급은 1958년 간행된 『전체주의의 기원』 재판에서 수정된 형태로 나온다.

모든 것이 가능하다는 전체주의 신앙은 이제까지 모든 것이 파괴될 수 있다는 것만 증명한 것처럼 보인다. 그러나 모든 것이 가능하다는 것을 증명하려는 과정에서 전체주의 정권은 스스로 인식하지 못한 채 처벌할 수도 용서할 수도 없는 죄가 있다는 사실을 발견했다. 불가능한 것을 가능하게 만들 때, 그것은 처벌할 수도 용서할 수도 없는 절대악이 된다. 절대악은 이기심, 탐욕, 시기, 적개심, 권력욕이나 비겁함 같은 사악한 동기로 이해할 수도 없고 설명할 수도 없는 것이다. 그래서 분노로도 복수할 수 없고 사랑으로도 참을 수 없으며 우정으로도 용서할 수 없다.……

　우리가 '근본악'을 이해할 수 없는 것은 우리의 철학 전통 전체의 고유한 속성 때문이다. 이는 악마에게도 천상의 혈통을 인정했던 기독교 신학에도 해당되며, 자신이 만들어낸 '근본악'이라는 말로 적어도 이런 악의 존재를 짐작했던 유일한 철학자인 칸트에게도 해당된다. 물론 그는 즉시 그것을 '도착된 사악한 의지'라는 개념으로 합리화했고, 이 의지는 이해 가능한 동기로 설명할 수 있었을 것이다. 그래서 실제로 이 현상을 이해하기 위해 기댈 수 있는 것이 아무것도 없다. 그런데도 이 현상은 압도적 현실로서 우리를 대면하며 우리가 알고 있는 모든 기준을 붕괴시킨다. 식별할 수 있는 것이 단 하나 있다. 즉 우리는 근본악이 모든 인간이 똑같이 잉여적인 존재가 되는 시스템과 관련하여 출현했다고 말할 수 있다.[18]

　아렌트는 과거에 사용하던 절대악 개념에 이어 근본악(the radical evil)이라는 개념을 사용한다. 이것이 칸트의 용어임을 밝히지만, 아렌트는 이 말이 칸트의 개념으로도 이해할 수 없는 근본성

392

을 가진 것이라고 한다. 칸트는 근본적으로 합리성의 범주 안에서 악을 해명하려고 하면서 '도착된 사악한 의지'라는 개념으로 악을 설명하지만, 아렌트가 이 맥락에서 사용하는 근본악은 더욱더 근본적인 문제점이 있다는 것이다. 아렌트는 근본악이 인간을 잉여적 존재로 만드는 체제에 주목한 것이다.

3.

『예루살렘의 아이히만』에서 아렌트가 절대악 또는 근본악 개념을 쓰지 않고 평범한 악이라는 개념을 쓴 것은 홀로코스트의 원인으로 인간의 악을 지목하면서 했던 생각이 바뀌었음을 의미한다.

아이히만 재판이 끝난 뒤 아렌트는 약속대로 『뉴요커』에 재판 참관기를 연재했다. 연재 기사 제목은 「전반적인 보고: 예루살렘의 아이히만」이었고 악의 평범성이라는 표현은 제목에 나타나지 않았다. 악의 평범성이라는 말은 연재된 다섯째 글의 에필로그 직전에 오직 한 차례, 아이히만의 처형장 모습과 함께 나왔다. 아이히만은 교수대 앞에서 죽음을 앞두고 꼿꼿한 모습으로 마지막 말을 남기는데, 그 말이 아이히만의 실체를 드러낸다고 썼다. 아이히만은 형장에서 "잠시 후면, 여러분, 우리는 모두 다시 만날 것입니다. 이것이 모든 사람의 운명입니다. 독일 만세, 아르헨티나 만세, 오스트리아 만세. 나는 이들을 잊지 않을 것입니다"라고 말했다. 이 말은 통상 장례식장에서 산자가 죽은 이를 위한 연설에서 사용하는 상투어인데, 아이히만은 의기양양한 모습으로 자기 자신의 장례식을 앞두고 내뱉은 것이다. 이 모습을 두고 아렌트는 다음과 같이 서술했다.

이는 마치 이 마지막 순간에 그가 인간의 연약함 속에서 이루어진 이 오랜 과정이 우리에게 가르쳐준 교훈을 요약하고 있는 듯했다. 두려운 교훈, 즉 말과 사고를 허용하지 않는 악의 평범성(banality of evil)을.[19]

여기서 단 한 번 언급된 악의 평범성이라는 표현이 전체 보고서를 대변하게 되었다. 아렌트는 1965년에 이 글을 단행본으로 출간했다. 책에는 사실적 내용에 대한 수정이 있었고 에필로그 이후 「후기」를 추가해서 『예루살렘의 아이히만: 악의 평범성에 대한 보고』라는 제목을 붙였다. 아렌트는 여기에 새로 덧붙인 「후기」에 악의 평범성을 한 차례 더 언급한다.

재판 자체뿐 아니라 피고와 그의 행위의 본질이 예루살렘에서 고려된 문제들보다 훨씬 넘어서는 일반적 본질에 대한 문제를 제기하고 있다는 점은 물론 의심할 여지가 없다. 나는 이러한 문제들 가운데 일부를 단순한 보고에 그치지 않는 에필로그에서 다루려고 시도했다. 만일 사람들이 내가 다룬 것을 적절치 않다고 생각하더라도 나는 놀라지 않았을 것이다. 그리고 나는 사실 전체의 일반적 중요성에 대한 토론을 환영했을 것이다. 토론에서 구체적인 사건들이 보다 더 직접적으로 지칭되었더라면 그 토론은 더욱더 의미심장했을 것이다. 나는 또한 진정한 논쟁이라면 이 책의 부제에 대한 것이어야 했다고 생각할 수 있었다. 나는 재판에 직면한 한 사람이 주연한 현상을 엄격한 사실적 차원에서만 지적하면서 악의 평범성에 대해 말한 것이다.[20]

악의 평범성이라는 말은 『뉴요커』에 게재된 보고서에서 단 한 번, 그리고 책으로는 본문의 「에필로그」와 새로이 더해진 「후기」에서 각각 한 차례씩, 부제목에서 한 차례 사용되어 모두 세 번만 등장한다.

4.

아렌트는 「후기」에서 아이히만의 세 가지 특징을 지적했다. 첫째, 아이히만은 윌리엄 셰익스피어(William Shakespeare, 1564~1616)의 비극적 등장인물인 맥베스나 리처드 3세와 같은 존재가 아니었다. 아이히만의 행위가 악한 동기나 악한 의도로 설명되는 것이 아니다. 둘째, 아이히만은 어리석지 않았다. 그의 인지 능력이나 업무 처리 능력에는 문제가 없었다. 셋째, 아이히만의 특징은 '순전한 무사유'(sheer thoughtlessness)였다. 특히 세 번째 지적과 더불어 우리는 아렌트의 유고집으로 출간된 『정신의 삶』에서 악의 평범성을 '근원이나 동기 추적을 불가능하게 하는 천박성'으로, 그리고 그 성격에서는 '부정적 성격', 즉 사유 없음으로 설명하는 데 유의할 필요가 있다.[21]

아렌트는 악한 의도처럼 긍정적 방식으로 설명되는 것보다 결핍이라는 부정적 차원의 설명으로 해명되는 것이 파멸 원인을 더 잘 설명한다고 보았다. 그래서 아렌트는 악의 평범성이 주는 교훈의 중요성을 다음과 같이 정리한다.

이처럼 현실로부터 멀리 떨어져 있다는 것과 이러한 무사유가 인간 속에 아마도 존재하는 모든 악을 합친 것보다도 더 많은 대

파멸을 가져올 수 있다는 것, 이것이 사실상 예루살렘에서 배울 수 있는 교훈이었다.[22]

아렌트가 악의 문제에 대해 사용한 개념들을 바꾸었는데, 그럼 실질적 생각까지 바꾸었을까? 사실 아렌트가 근본악이라는 표현을 사용한 것은 '인간을 잉여적 존재로 만드는 문제'를 지적하려는 의도에서였다. 그런데 악의 평범성이라는 표현을 사용할 때는 무사유가 강조되므로 결국 판단의 무능성을 지적한 것이다. 이렇게 본다면 아렌트가 평범악과 근본악을 논할 때 그 의도가 다른 것이었다고 할 수 있다.

아렌트는 거숌 숄렘(Gershom Scholem, 1897~1982)과 논쟁하면서 악에 대한 생각이 바뀌었고, 자신이 더는 근본악에 대해 논하지 않는다고 말했다. 악은 근본적이지 않고 단지 극단일 뿐이라는 것이다. 이는 아이히만에게는 악마적 차원이 존재했던 것이 아니라는 지적과 연결된다. 아렌트는 오직 선만이 근본적일 수 있으며, 악에 대해 생각하는 순간 그 어떤 깊이도 드러나지 않는다고 말한다. 악에 대해서는 깊은 생각 자체가 불가능하다는 것이다. 이런 맥락에서 '악의 근본성'은 악이 어떤 실체적 근원을 지닌다는 것을 의미한다. 앞서 인용문에서 본 것처럼 『전체주의의 기원』에서 근본악 개념을 사용했을 때는 인간의 본성에 들어 있는 악을 다루려는 것은 아니었다. 아렌트가 더는 근본악을 논하지 않는다고 한 것은 인간의 본성에 들어 있는 악을 다루는 칸트의 관점을 따르지 않는다는 말로 이해할 수 있다.

우리는 아렌트가 악이라는 개념을 사용할 때, 시간이 지남에 따라 악에 대한 자기 생각을 더해갔다고 볼 수 있다. 아렌트는 평범악 개념을 들어 말과 사유의 불능 문제를 새로이 도입한다. 이것은 물론 아이히만을 지켜보며 얻게 된 통찰이다. 이 통찰은 아렌트 정치사상의 발전에서 중요한 역할을 한다. 바로 이 통찰을 바탕으로 아렌트가 『인간의 조건』에 나타나는 활동가 중심의 정치행위론에서 관찰자 중심의 정치판단론으로 넘어가기 때문이다.

아렌트는 결핍으로서 악의 개념, 즉 무사유라는 악의 평범성으로 야기되는 정치적 판단의 상실을 문제 삼는다. 이는 정치에서 책임 문제를 끄집어낼 실마리를 제공한다. 구체적인 사태에 대해 정치적·윤리적 책임을 물을 수 있는 실마리를 발견한 것이다.

5.

악의 문제가 악마나 신의 문제가 아니고 인간의 문제라면 악의 문제는 인간의 악행 문제다. 이는 곧 악한 행위의 문제이며, 정치적 행위의 문제다. 아이히만의 행위에 대해 악의 평범성이라는 개념이 사용되었을 때, 이는 곧 모든 현대인의 문제라는 방식으로 보편화의 길을 열어놓는 문제설정이 된다. 아이히만을 괴물로 규정하고 특별한 존재로 만들어버리면 유대인 학살은 아이히만이라는 개인의 문제로 끝나게 된다. 그래서 아렌트는 그렇게 하지 않고 현대인에게서 발견되는 일반적 문제의 차원을 아이히만에게서 발견하려고 했다.

이러한 아렌트의 문제설정이 의미가 있으려면 악의 평범성이 오늘의 현대인 누구에게나 열려 있고, 무사유 문제는 개인의 책임으로 돌려져야 한다. 책임의 보편화는 책임 회피와 동일한 것이므로 책임의 문제는 개인의 문제로뿐 아니라 더 나아가 개별 행위의 문제로 포착되어야 한다.

아렌트는 무사유를 설명하면서 그것을 말하기의 무능성, 생각하기의 무능성 그리고 타인의 처지에서 생각하기의 무능성이라는 세 가지 무능과 연결한다.[23] 그리고 이 세 가지는 서로 긴밀하게 연결되어 있다고 한다. 이것은 다시 "정치적인 것"[24]에 대한 이해와 연결되어 있다. 아렌트는 정치적인 것이 진리 주장으로부터 자유로우며, 정치 영역은 의견의 영역이라는 점을 도처에서 강조한다. 그리고 정치 영역은 '전례 없음'(unprecedentedness)을 핵심으로 하므로 정치 영역에는 거기서 발생하는 일들을 체계적으로 처리할 원칙이나 기준이 존재하지 않는다. 하지만 정치적 사안들은 상대성이나 회의주의의 그림자 안에 있지 않고, 나름의 보편성을 지닌 채 다루어진다. 우리에게 놓인 것은 사건마다 포함된 새로움의 요소를 생각하고 거기에 적절한 보편성을 생각해내면서 그 개별 사안에 필요한 판단을 수행하는 것이다. 이것이 사유와 판단 사이의 긴밀한 관계가 된다. 아울러 사유가 자신과의 대화인 한에서 언어로 하며, 판단이 '타인의 처지에서 생각하기'인 한에서 타인과 공유된 언어를 바탕으로 한다는 점을 인정할 때, 말하기의 무능성이 다른 두 무능성과 연결되는 지점이 분명해진다.

아렌트가 악의 평범성 개념을 "말과 사고를 허락하지 않는"[25] 것이라고 표현하면서 의도한 점이 있다. 나치스의 만행이 특수한 지정학적 배경에서 나온 게 아니라는 것, 아이히만의 무사유는 현대인 누구에게서나 가능한 일이라는 것, 정치적 행위의 바탕이 되는 사유와 판단의 작용 없이도 사회 내에서 자기 역할을 잘 감당하는 것으로 보일 수 있다는 사실을 보여주려는 것이었다. 또한 인간의 한계를 넘어서는 흉악한 일이 누구를 통해서도 가능한 일이라는 것, 그러한 일이나 책임을 조직이나 사회가 아니라 그 안에서 생각을 멈추고 기계처럼 자신에게 주어진 일에만 충실하며 살아가려는 사람들에게 물어야 한다는 것을 지적하려는 것이었다. '악'(evil)이란 말이 지칭하는 나쁨의 크기가 우리의 평범한 삶의 일상성과 직결된다는 사실을 보여주는 단어가 '악의 평범성'이다.

6.

'평범성'은 영어 banality를 번역한 말이다. banal는 '평범한' '진부한' '범속한' 등으로 번역될 수 있으며, 그 유사어는 commonplace, hackneyed 등이다. 너무 익숙할 정도로 평범하여 진부하다는 정도의 뜻으로 이해할 수 있다. 나는 번역에 앞서 이 책을 읽고 여러 사전을 펼쳐보면서 내용을 잘 전달하려면 어떻게 번역해야 좋을지 고민했다. 그러던 중 선택한 단어가 '평범'이다. 이후 일본어 번역본에서는 '진부'라는 말로 번역한 것을 알았다. 어느 쪽이든 좋겠지만 우리말의 어감상 악의 평범성이 더 적절하다고 생각한다.

악의 평범성 개념은 2016년 말에 발생하여 박근혜 대통령을 탄핵에 이르게 한 국정농단과 관련해 큰 주목을 받았다. 뛰어난 역량을 갖춘 이들이 권력의 줄에 서서 생각 없이 자신에게 주어진 역할에만 충실했던 행태를 보면서 많은 이는 악의 평범성을 떠올렸다. 그들은 자신이 하는 일이 옳은 일인지 그른 일인지, 자기 행위의 결과가 어떤 것인지에 대한 고민 없이 그저 주어진 일에만 충실했다. 그들의 행위에 아이히만을 떠올린 데는 평범성이라는 번역어가 진부성이라는 번역어보다 더 좋은 매개가 되었다고 생각한다.

3. 악의 평범성과 사유

1.

600만 유대인의 학살을 열정적으로 실행에 옮긴 아이히만은 자신의 행위에 대해 양심의 가책을 받지 않았을까? 이 질문에 아이히만은 재판정에서 자신이 월급을 받으면서도 명령받은 일을 성실히 수행하지 않았다면 양심의 가책을 느꼈을 것이라고 대답했다. 명령받은 일은 물론 "수백만 명의 남녀와 아이들을 상당한 열정과 세심한 주의를 기울여 죽음으로 보내는 것"[26]을 말한다. 또한 아이히만은 전쟁이 끝날 무렵 자신의 부하들에게 "나는 내 무덤에 웃으며 뛰어들 것이다. 5백만 명의 유대인들의 죽음에 내 양심이 거리낀다는 사실이 나에게 대단한 만족감을 주기 때문"[27]이라고 말하기도 했다. 이 말에 대해 아렌트는 전적으로 아이히만의 허풍일 뿐이라고 지적했다. 양심이라는 말에 대한 아이히만의 허풍스러운 태도뿐만 아니라 '일반인'이라면 느꼈을 법한 양심의 가책을 받은 징후를 아렌트는 한 번도 발견한 적이 없다.

아이히만의 양심은 언제부터 작동하지 않았을까? 혹시 아이히만에게는 양심이 아예 없었던 것은 아닐까? 또는 도덕심이 아이히만에게는 없었던 것은 아닐까? 아렌트는 아이히만의 양심에 대해 특히 반제회의에 주목한다.

반제회의는 1942년 1월 베를린 교외 반제(Wannsee)호수 근처에 있는 하이드리히 별장에서 열린 국가차관회의를 말한다. 1941년 6월 22일 히틀러가 소련 공격을 개시했는데, 7월 31일 라인하르트 하이드리히(Reinhard Heydrich, 1904~42)는 헤르만 괴링(Hermann Göring, 1893~1946)에게서 유대인 문제를 해결할 최종해결책을 보충할 만한 제안을 하라는 명령을 받는다. 최종해결책이란 유대인을 죽여 없애는 방법을 말한다. 이때 유대인을 절멸하려는 히틀러의 의중이 나치들에게 본격적으로 하달되었다. 하이드리히는 차관들이나 관계 전문가들 가운데 나치가 아닌 사람도 있었으므로 과연 유대인 대량 학살에 대해 능동적인 도움을 받을 수 있을지 걱정했다.

하이드리히는 차관들과 주요 관계자들을 초청해 최종해결책을 실행하기 위한 모든 역할을 조정하려고 했다. 아이히만은 최하위 계급 참석자로 회의록을 작성하는 서기 임무를 맡았다. 그는 자신이 존경하는 상관들이 유대인을 죽음으로 몰아넣는 이 피투성이 계획을 어떻게 생각하는지 궁금했다. 물론 아이히만 자신도 이 계획에 의구심이 있었다. 하지만 이 회의를 계기로 자신이 가졌던 모든 의구심을 해소했다. 아이히만은 회의가 어떻게 진행되었는지를 간결하게 묘사했다.

이 회의의 목적은 최종해결책 실행을 위해 모든 노력을 조정하는 것이었다. 반쪽 유대인, 그리고 혼혈 유대인의 처리 문제, 즉 이들을 살해할 것인가 아니면 단지 단종시킬 것인가와 같은 '복잡한 법적 문제들'을 중심으로 다루었다. 이어서 '이 문제에 대한 가능한 다양한 유형의 해결책들'에 대한 솔직한 토론이 이루어졌는데, 이것은 여기서는 다양한 살해 방법을 의미하는 것이었고, 여기에 대해 '참여자들은 유쾌한 동의' 이상의 것을 이루었다. 최종해결책은 모든 참석자에게서 '각별한 열광'과 함께 환영을 받았는데 …… 회의는 한 시간 내지 한 시간 반밖에 진행되지 않았고, 이어 음료가 제공되었으며, 점심식사를 했다.[28]

아이히만은 이처럼 많은 고위직과 사교모임을 한 적이 없기 때문에 좋은 기회로 생각했다. 더욱이 이들이 최종해결책이라는 피투성이의 문제를 놓고 서로 주도권을 쥐기 위해 경쟁하는 모습을 자기 눈과 귀로 확인할 수 있었다. 이 모습을 보면서 아이히만은 "당시 나는 일종의 본디오 빌라도의 감정과 같은 것을 느꼈다. 나는 모든 죄로부터 자유롭게 느꼈기 때문이다"[29]라고 말했다. 아무 죄가 없는 예수에게 자신을 둘러싼 유대인의 청을 받아들여 십자가 사형선고를 내린 본디오 빌라도가 판결 이후 손을 씻으며 나는 이 일과 무관하다며 스스로 면책했던 것처럼, 아이히만은 유대인 학살이라는 실무를 진행해야 하는 죄를 회의에 참석한 고위직 탓으로 돌리며 스스로 죄책감으로부터, 즉 양심으로부터 자유로워졌다. 이 회의 이후 아이히만은 모든 일이 점점 더 쉬워지고 일상적인 것이 되어버렸다.

2.

양심은 사유와 연결되어 있다. 우리는 자신이 한 일을 돌아보면서 스스로 받아들이지 못할 때가 있다. 또는 자기가 하려는 일을 자신이 동의하지 못하는 경우도 있다. 이때 우리는 생각 속에서 자기와 자기가 서로 대립하는 모습을 발견하게 된다. '내가 왜 이럴까?' 하는 자기는 그 생각과 어긋나는 일을 한 자신과 다른 존재가 아니다. 소크라테스는 이런 모습을 하나-가운데-둘(two-in-one)이라고 표현했다. 분명히 하나의 의식이지만 그 안에서 '돌아보는 자기'와 '돌아보아지는 자기' 사이에 구분이 생긴다. 이 둘이 서로 모순을 일으킬 때 양심의 가책이 일어난다. 그래서 소크라테스는 "스스로 모순을 범하지 말라"라고 우리에게 가르친다.[30]

도덕의 문제는 자기와의 일치 여부 또는 자기와 자기와의 모순됨의 여부라는 논리적 문제로 환원된다. 사유는 논리로 작용하지만 자신을 돌아보는 자기의식 속에서는 도덕의 길을 열어준다. 다시 말해 도덕은 사유에서 나온다. 그리고 사유는 언어와 밀접하게 연결된다. 생각은 말이라는 벽돌로 이루어진 건축물과 같다.

아렌트는 말하기의 무능성, 생각하기의 무능성, 타인의 처지에서 생각하기의 무능성 등 세 가지 무능성을 동시에 언급한다. 아이히만의 문제점에 대한 위와 같은 규정이 맨 처음 나오게 된 것은 아이히만이 '타인의 관점에서 사물을 바라볼 수 없다'(inability to look at anything from the other fellow's point of view)고 판단했기 때문이다. 우리는 타인의 설명을 들으면서 자기 관점에 대한 집착에서 벗어나 다른 사람의 관점을 고려할 수 있다. 그런데 아이히만에게는 그런 능력이 없었다.

아이히만이 태어날 때부터 그런 능력이 없었던 것은 아니다. 아이히만에게 스스로 돌아보며 사유하는 능력이 중지된 결정적 계기가 반제회의였다. 물론 이런 계기가 있다고 해서 기계의 스위치를 바꾸어 상황이 돌변하듯 인간이 변화되지는 않는다. 아이히만의 출

세 욕구는 그를 서서히 변화시켰다. 그리고 그 과정에서 반제회의
는 하나의 결정적 기능을 했다. 그전과 그 이후는 그렇게 달랐다.

3.

사유와의 연관성을 이해했던 아렌트는 아이히만의 성격적 결함
을 그의 이상한 언어 습관에서 찾았다. 아이히만은 빈에서 있었던
일을 설명하면서 상투어와 관용어, 선전 문구 등을 늘어놓았다. "함
께 노력하고" "가슴을 털어놓고" "그들의 모든 슬픔과 비애" "욕구
했고" "양쪽 모두에게 공정" "너무나 변한 시대" "그들의 감정을 상
하게 하고 싶지 않다" 같은 표현이 그 예들이었다. 이러한 표현들이
왜 희극적으로 들리는지는 번역어를 나열하는 것만으로는 확인할
수 없다. 이 점은 영어로도 마찬가지다.

아이히만은 법정에서 독일어를 사용했는데, 이러한 표현은 독일
어에서 '관용적 표현'(edensarten), '선전 문구'(Schlagworte), '날개
달린 말들'(geflügelte Worte, 고전에서 인용한 유명한 구절을 사용하는
독일어의 일상어법) 등으로 불리는 것들이다. 이런 말들이 번역될 때
원래 느낌은 전적으로 소멸된다. 아렌트는 아이히만의 이런 행위를
심리학자들이 보면 마치 금광을 찾아낸 것과 같을 거라고 했다.

예루살렘 법정의 재판관들은 모두 독일어를 잘했지만 그런 그
들도 이 관용어들이 사용되는 본래적 맥락을 잘 알지 못하면 말뜻
을 이해하지 못한다. 그래서 한 판사가 어떤 표현의 의미를 다른 말
로 설명해달라고 요구했지만 아이히만은 그것을 다른 언어로 표
현하지 못했다. 아이히만은 여기에 대해 사과하면서 "관청용어
(Amtssprache)만이 나의 언어입니다"라고 말했다. 여기에 대해 아렌

트는 "관청용어가 그의 언어가 된 것은 그가 상투어(clichés)가 아니고는 단 한 구절도 말할 능력이 없었기 때문"이라고 지적했다. 아이히만이 상투어만 사용했다는 것은 그가 상투어의 의미를 일상 언어로 표현할 수 없었다는 것을 의미한다.

관청용어를 사용하는 것, 상투어로만 말하는 것이 판사들에게는 공허하게 느껴졌다. 그래서 판사들은 아이히만이 내실 있는 말을 피하려고, 즉 재판의 목적인 사실 규명을 회피하려는 의도로 그렇게 말한다고 생각했다. 하지만 아렌트는 아이히만이 그러한 상투어들을 일관성 있게, 단어 하나도 틀리지 않고 반복했다는 사실에 주목했다. 아이히만이 아르헨티나에서 덴마크 출신의 한 기자와 인터뷰했을 때, 예루살렘에서 쓴 회고록에서, 경찰 심문 과정에서 그리고 법정에서 이러한 상투어들을 동일하게, 즉 같은 표현과 같은 단어로 반복한 것이다. 이는 명백히 말에 대한 무능성(inability to speak)이고, 곧 사유의 무능성(inability to think)과 연결된다.[31]

상투어 사용 습관은 처형장에서도 반복되었다. 교수대에 서서 최후의 말을 남기는 순간에 그의 머릿속에 떠오른 것은 장례식장에서 사용되는 상투어였다. 자신의 인생을 돌아보며 자기 생각에서 나온 최후의 말을 내뱉는 대신 그는 "우리는 모두 다시 만날 것입니다." "독일 만세, 아르헨티나 만세, 오스트리아 만세. 나는 이들을 잊지 않을 것입니다"라고 말했다. 이러한 말들은 죽은 사람들 앞에서 산 사람들이 하는 말이지 결코 죽음을 눈앞에 둔 자에게서 기대할 수 있는 말이 아니다. 이런 모습에서, 이런 인간의 모습에서 아렌트가 찾아낸 교훈이 바로 "말과 생각을 허용치 않는 악의 평범성"[32]이다.

4.

말의 능력과 연관하여 독일 개신교 목사인 그뤼버 감독의 이야기가 흥미롭다. 그는 독일인으로는 유일하게 검찰 측 증인으로 예루살렘 법정의 증언대에 섰다. 그는 유대인을 구하기 위해 아이히만과 협상을 벌이거나 기독교로 개종한 유대인에게 사태의 위험성을 알리는 등의 일을 했다.

아이히만의 변호사 세르바티우스는 그뤼버 감독에 대한 반대심문에서 그에게 "당신은 그에게 영향력을 발휘하려고 애를 써보았습니까? 목사로서 당신은 그의 감정에 호소하고, 그에게 설교하고, 그에게 그의 행위가 도덕성에 모순된다고 말하려고 시도해보았습니까?"라고 물었다. 여기에 대해 그는 "행동이 말보다 더 효과적입니다." "말해봤자 쓸데가 없었을 것입니다"라고 대답했다. 이 대답에 대해 아렌트는 그뤼버 감독이 상투어를 사용했다고 지적한다. 그리고 아렌트는 단순히 말을 하는 것 자체가 행동일 수 있으며, 또한 목사로서 그의 임무는 말이 쓸모가 있는지(the uselessness of words)를 시험해보는 것이었다고 지적한다.[33] 아렌트는 말의 쓸모가 무엇이라고, 즉 말이 어떤 역할을 할 수 있다고 생각했을까? 이 질문에 대한 대답을 우리는 나치의 언어 규칙의 역할에서 찾을 수 있다.

5.

나치스는 최종해결책을 추진하면서 유대인 학살과 관련한 언어 규칙을 만들었다. 이 언어 규칙이란 학살이나 유대인 이송과 같은 표현을 그대로 사용하지 않고 우회적 표현법을 만들어 사용한 것을 말한다. 예컨대 학살은 최종해결책, 완전이동(소개), 특별취급으로, 유대인 이송작업은 재정착, 동부지역노동 등으로 불렀다.

언어 규칙을 사용해야만 하는 사람과 사용하지 않아도 되는 사람들은 구별되었다. 후자는 히틀러로부터 유대인 학살에 대한 명령을 직접 들은 사람들로 이른바 '비밀을 가진 자'라고 불렀다. 그런데 이들은 암호화된 언어를 사용하지 않을 수 있었지만, 일상의 업무 수행과정에서는 자신들 간에도 암호화된 언어를 사용했다.

언어 규칙의 효과에 대해 아렌트는 "자신들이 하는 일들에 대해 다른 사람들이 모르도록 하는 것이 아니라, 살상과 거짓말에 대한 그들의 오랜 '정상적'(normal) 지식과 동일시하지 않도록 만들기 위한 것"[34]이라고 보았다. 이렇게 함으로써 그들은 "이 문제를 다루는 데 본질적이었던 수많은 아주 다양한 협조체제를 이루어가는 데, 질서와 정신을 유지하는 데 엄청난 도움을"[35] 받았다는 것이다. 여기서 말이 하는 역할은 현실의 참모습을 알게 하는 것이다. 말은 우리를 현실과 연결한다. 나치스가 언어 규칙을 만든 이유는 암호화된 언어를 사용함으로써 현실에 대한 사람들의 감각을 마비시키려는 것이었다.

말은 현실의 힘을 우리에게 전달해서 생각으로 이어지게 한다. 아이히만의 상투어 사용으로 공허감을 느꼈을 때 판사들이 그에게서 바란 것은 사실에 충실한 언어였다. 공허하다는 것은 현실의 힘이 결여되었다는 것이다. 아이히만의 의식에 가득 찬 상투어들은 아이히만이 현실의 힘을 느끼지 못하도록 막았다. 상투어들은 아이히만이 심지어 죽음의 힘조차 느끼지 못하게 만들었다.

아렌트는 그뤼버 감독이 아이히만에게 말을 해야 했다고 한다.

말의 유용성은 말로써 현실의 실체를 깨달아 생각과 삶에 변화를 가져오는 것이다. 그래서 아렌트는 목사의 임무가 말이 과연 쓸모가 없는지 알아보는 것이라고 했다. 아렌트는 목사가 영향력 있는 존재라면, 그 영향력은 바로 말에서 나온다고 생각한 것이다.

4. 논란들

1.

아렌트는 『뉴요커』에 재판 보고서를 쓴 뒤 유대인에게서 상당한 저항을 받았다. 흉악무도한 아이히만에게 어떻게 '평범'이라는 단어를 쓰는가, 유대인의 비참한 경험을 의식이나 하며 글을 썼는가, 자신을 유대인이라고 생각하기나 하는가. 이런 의문과 비판이 아렌트를 향해 쏟아졌다.

아이히만 재판 당시 아렌트는 1950년 초 발간한 『전체주의의 기원』으로 이미 학자로서 인정과 주목을 받았고, 또 그전부터 팔레스타인에서의 건국과 관련하여 많은 글을 발표함으로써 유대인 사회에서 인지도가 상당했기에 그의 '보고서'는 더더욱 관심의 대상이 되어 있었다. 따라서 『뉴요커』에 재판 보고서를 실으면서 일어난 논쟁은 충분히 예견된 일이었으며, 책이 나오기 전부터 유대인 사회에서 아렌트에 대한 거부감이 나타났다.

아렌트에 대한 공격의 포문은 당시 히브리대학 교수로 유대교 신비주의인 하시디즘의 연구가로 명성을 얻은 시온주의자 거숌 숄렘이 열었다. 그의 독일 이름은 게르하르트 숄렘이었으나 이스라엘로 들어간 뒤 이름을 히브리식으로 바꾸었다. 1963년 5월 단행본으로 출간된 『예루살렘의 아이히만』을 받은 숄렘은 같은 해 6월 23일자로 편지를 보내 아렌트를 비판한다. 이 글에서 그는 비난에 가까울 정도의 거친 표현으로 실망감을 나타냈다. 아렌트와 숄렘은 이미 서로를 잘 알고 있었다. 아렌트는 숄렘이 낸 개정판 『유대교 신비주의의 주요 흐름들』(*Major Trends in Jewish Mysticism*)에 대해 1948년 「유대인의 역사, 수정판」(Jewish History, Revised)[36]이라는 제목의 논평문을 써서 높은 평가를 아끼지 않았다. 그리고 아렌트와 숄렘 사이에는 서로 각각 친분이 있던 발터 벤야민을 매개로 한 간접적 관계도 있었다.

2.

숄렘이 아렌트를 비판한 글은 체계가 잘 갖추어진 것은 아니다. 동일한 논지가 분산되어 서술되기도 하고 감정적인 평가어가 곳곳에 등장한다. 그의 글은 크게 세 가지 내용을 다룬다. 첫째는 동족으로서 배신감을 강하게 표현하면서 그 배신감을 뒷받침하는 주장을 펴는 부분이다. 둘째는 역사적 사실의 활용과 판단의 적합성에 대한 문제 제기다. 셋째는 아렌트가 『예루살렘의 아이히만』에서 수행하는 여러 판단이 전제한 관점을 비판한다.

첫째, 숄렘이 아렌트에게 느끼는 배신감은 글 곳곳에 등장한다. 이는 아렌트가 민족애를 결여한 사람이라는 지적으로 수렴된다. 숄렘은 유대인으로서 마땅히 유대민족을 사랑해야 하는데, '독일 좌파'의 지적 전통에 서 있는 아렌트에게는 이러한 사랑이 결여되었다고 지적했다. 그리고 "저는 당신을 온전히 우리 민족의 딸로 생각

하지, 결코 달리 생각하지는 않습니다"라고 덧붙였다.[37]

숄렘의 아렌트 비판 두 번째 부분은 유대인 학살과 관련한 서술에서, 존경받을 만한 유대인 이야기를 많이 소개하거나 그러한 사례들을 소개함으로써 유대인이 자긍심을 가질 수 있도록 해야 했다는 것이다. 나아가 아렌트가 당시 죽음의 기로에 놓였던 유대인과 같은 장소에서 그들과 같은 고민을 해보지 않았으니 그들의 정치적 행위 부재를 판단할 자격이 없다고 했다.

숄렘의 아렌트 비판 세 번째 부분은 홀로코스트 과정에서 유대인이 했던 역할에 따르는 책임을 물을 수는 없다는 항변이다.

3.

숄렘에 대한 아렌트의 응답은 단호하고 분명하다. 숄렘의 첫째 비판에 대해 아렌트는 민족애의 정치적 의미를 비판적으로 검토하면서 독립적 사상가로서 자기 견해를 강조하는 방식으로 대답한다. 아렌트의 대답을 자세히 보면,『예루살렘의 아이히만』출판 과정에서 이 책을 읽어본 사람들 십수 명 가운데는 숄렘과 같은 방식의 비판을 예상한 사람은 아무도 없었음을 알린다. 아렌트는 숄렘과 같은 시온주의자들이 자신들이 익숙한 논리와 주장이 아니면 도무지 귀를 기울여 들으려고 하지 않는 태도에 근본적 문제가 있다고 지적하면서, 오히려 자신의 주장이 친이스라엘적이라고 얘기한 사람도 있었다고 말한다. 다시 말해, 아렌트는 자신이 어느 편에도 서지 않으며, 그런 의미에서 자신은 독립적인 사상가라고 분명히 말한다.[38]

이 대답은 자신을 '유대민족의 딸'로 지칭한 것에 대한 대답과 직결된다. 즉 아렌트는 "사실, 저는 저 자신과 다른 어떤 존재인 척해 보지 않았으며, 자신이 존재하는 모습과 다른 방식으로 존재하는 척하지도 않았습니다……. 제가 만일 그랬다면 저는 여자가 아니라 남자라고 하는 것과 같을 것이며, 이는 정신 나간 일일 것입니다"[39] 라고 말한다. 자신을 있는 그대로 한 개인으로 봐야지, 어디에 속한 존재로 또는 어떤 특정한 정체성을 가진 집단의 한 구성원으로 간주해서는 안 된다고 주장한 것이다. 이는 아렌트가 유대인의 정체성보다 더 근본적으로 개인적 정체성에 주목해달라며, 자기 사상의 독자성을 인정하라고 요구한다는 것을 의미한다. 이는 '인간의 복수성'에 대한 그 자신의 주장과 일치하는 것이며, 민족적 특수성의 요구보다 더 철저한 특수성의 요구다.

또한 아렌트는 유대민족에 대한 사랑을 언급한 부분을 철학적으로 받아들일 수 없었다. 우선 유대민족에 대한 사랑이 유대인 사이의 전통이었다는 점에 동의할 수 없다고 한다. 유대민족의 전통은 오히려 유대인의 유일신에 대한 사랑에 있으며, 민족에 대한 사랑이 신에 대한 사랑보다 앞서는 것은 결코 유대의 전통이 될 수 없다는 것이다.

이와 연관해 아렌트는 여성 정치가 골다 메이어(Golda Meir, 1898~1978)와 나눈 대화를 소개한다. 시온주의자이자 사회주의자인 메이어는 나중에 이스라엘 총리가 되기도 한다. 아렌트와의 대화에서 메이어는 자신이 사회주의자로서 신을 믿지 않지만, 유대민족을 믿는다고 말한다. 아렌트는 이 대화에서 받은 충격을 언급하면서 신앙의 대상인 신을 대신해서 그 자리에 하나의 민족이 자리잡을 수 없으므로 그런 의미에서 유대민족을 믿고 또 사랑한다는 것을 받아들일 수 없다는 점을 명백히 천명한다. 즉 "이런 의미에서 나는 유대인을 '사랑'하지 않으며, 그들을 '믿지'도 않습니다. 저는 당연한 사실로서 논쟁과 논증을 넘어, 그들 가운데 단지 속해 있을 뿐입니다"[40]라고 말한 것이다.

아렌트는 사랑이 정치 영역에서는 부정적 기능을 한다는 점을 이미 자신의 저서 곳곳에서 언급한 바 있다. 아렌트의 박사학위논문인 「사랑 개념과 성 아우구스티누스」에서는 기독교적 사랑의 개념이 심층적으로 분석된다. 나아가 『인간의 조건』에서 아렌트는 사랑이 무세계성(the worldlessness)을 본질로 갖고 있으며, 따라서 사랑은 "비정치적일 뿐 아니라 반정치적이다"라고까지 말한다.[41] 사랑이 정치 공동체 내에서 핵심 원리가 될 때 개인 간에 비판적 토론이 자리 잡을 수 있는 정치적 공간이 허용되지 않음으로써 결국 파시즘과 같은 위험한 결과를 낳게 되기 때문이다. 아렌트는 이 같은 사례를 프랑스 혁명 과정에서 가난한 자에 대한 사랑으로서 동정이 야기한 문제가 결국 프랑스 혁명을 실패한 혁명으로 만들어버렸다는 데서 찾을 수 있다고 『혁명론』에서 분석했다. 물론 유대인의 한 사람으로서 유대민족에 대한 사랑도 있으니 유대민족이 잘못하는 일에 대해서는 다른 민족의 일에 비해 더 마음이 괴로운 것이 사실이지만, 그렇다고 해서 그러한 '마음'(heart)이 정치 영역에서 어떤 역할을 한다면 그것이야말로 대단히 미심쩍은 일이 되어버릴 것이라고 말한다.[42]

이러한 아렌트의 반론에는 민족주의에 대한 아렌트의 견해도 아울러 나타난다. 단적으로 말해 민족이 이즘의 대상이 될 수는 없는 것이다. 이것이 아렌트가 시온주의를 비판하는 기본 논거 가운데 하나다. 그리고 유대인 정체성의 문제가 여기서는 민족의 정체성으로서의 중요성을 인정하는 방식이 아니라 한 개인이 생래적으로 갖는 특징으로서 한 민족에 속하는 것으로서의 귀속성이 강조되는 것으로 이해될 수 있다. 그뿐만 아니라 유대인으로서의 정체성이 작용하는 방식도, 한 개인이 귀속되는 민족으로서가 아니라 오히려 생래적으로 규정되어 한 개인의 삶으로 표현되는 방식으로 작용한다. 즉 개인이 민족에 귀속되는 것이 아니라 민족이 개인 속에 나타나는 방식으로서 정체성의 중요성이 인정될 수 있다는 말이다.

4.

숄렘이 아렌트를 두고 시온주의를 조롱한다고 한 부분에 대해 아렌트는 도무지 이해할 수 없다고 말한다. 이 부분에 대해 말하면서 아렌트는 단순한 부정 이상으로 자기 의견을 표명한다. 숄렘을 포함하여 시온주의자들의 근본적 문제점을 완전히 비꼬아 비판한 것이다.

제가 시온주의자 집단에 있는 수많은 사람이 관습적인 데서 벗어나거나 자신의 이데올로기와 일치하지 않는 의견이나 논거는 잘 알아듣지 못하게 되어버렸다는 점을 알지 못했다면, 어떻게 당신이 제 책을 두고 '시온주의에 대한 조롱'이라고 생각하게 되었을지는 완전히 미스터리였을 것입니다.[43]

시온주의자들은 늘 해오던 생각에 사로잡혀 새로운 상황과 생각을 받아들이지 못하고 있다. 시온주의도 하나의 이데올로기가 된 것이다. 시온주의자인 숄렘 또한 말귀를 전혀 알아먹지 못하게 되어버린 것을 아렌트는 혹독하게 비판했다. 이 글에 뒤이어 아렌트는 레싱의 말인 '독립적 사유'(Selbstdenken)를 언급하면서 독자적으로 생각하고 사유하는 것이 중요하다고 강조한다. 그리고 아렌트 자신은 그 길을 가고 있다고 선언한다.

5.

유대인이 스스로 죽음의 길로 걸어 들어갔으며, 결국 유대인에게 자기 죽음에 대한 책임이 있다는 식으로 말했다는 숄렘의 비판에 아렌트는 유대인이 자발적으로 자멸의 길로 걸어갔다고 말할 수는 없지만 유대인 지도층에는 문제가 많았다고 분명히 지적한다. 아렌트의 초점은 그들이 영웅적 행위를 해야 했다는 것이 아니다. 그들은 차라리 아무것도 하지 않는 선택을 할 수 있었음에도 행동을 취함으로써 오히려 상황을 악화시켰다는 것이다. 그들은 임박한 위협 속에 있지 않았으며, 비록 제한적으로나마 그들에게는 선택할 여지가 있었다는 것이다.

> 우리가 정치에서 영웅이나 성자가 아니라 인간들(men)을 다루므로, 만일 우리가 체제가 아니라 개인을, 그의 선택을, 그의 논거를 판단하기 시작한다면 이때 결정적인 것은 이러한 '불참여'(nonparticipation) 가능성이다.[44]

유대인 지도자들에 대한 아렌트의 비판과 대안적 성찰은 이러한 참여하지 않을 가능성을 염두에 둔 것이다.

숄렘이 비판한 아이히만 사형 논거에 대해 아렌트는 자기주장의 타당성을 다시금 간략히 재정리하는 방식으로 답한다.[45] 이 비판과 대답에서 우리는 두 사람이 놓인 상황에 주목할 필요가 있다. 숄렘은 아렌트가 보편주의적 견지에서 아이히만을 비판함으로써 아이히만의 재판이 가진 유대인 문제의 특수성이 무시되었다고 지적한다. 아렌트는 아이히만 재판이 아이히만 개인과 관련되었으므로 아이히만과 관련된 사례 중심으로 말할 수밖에 없었다고 한다. 숄렘과 논쟁한 이후 나온 판본에 추가된 「후기」에는 이 점이 더욱 분명하게 서술되어 있다. 아렌트는 다음과 같이 말한다.

> 내 책 자체는 슬프리만치 제한된 주제를 다루고 있다. 재판의 보고서는 재판 과정에서 다루어지거나 또는 정의를 위해 다루어졌던 문제들만을 논의할 수 있다. …… 이 책은 유대인에게 주어진 심각한 재난의 역사를 다루는 것이 아니고, 전체주의에 대한 설명이나 제3제국의 독일 국민의 역사를 다루는 것도 아니며, …… 악의 본질에 대한 이론적 연구도 아니다. 모든 재판의 초점은 개인의 역사, 특질과 고유성, 행동 유형, 상황 등 항상 독특성을 지닌, 살과 피를 가진 한 인간인 피고의 인격에 있다. …… 피고가 접촉하지 않은 모든 것, 또는 그에게 영향을 주지 않은 모든 것은 재판 과정에서 생략되어야 하며, 따라서 그에 대한 보고서에서도 생략되어야 한다.[46]

과연 아렌트의 말처럼 유대인이 겪은 고난의 역사에 대한 위로를 기대하는 유대민족의 뜻과 상관없이 아렌트가 이처럼 오직 아이히만이라는 개인에 집중해서 보고서를 쓰는 것은 정당한가. 아렌트는 그렇게 하는 것이 정당할 뿐만 아니라 그렇게 해야만 한다고 주장한다. 재판은 정의의 실현에만 집중해야 하며, 아이히만이라는 개인과 관련된 정의가 재판의 보고서인 자신의 저술에서 중심이 되어야 한다는 것이다.

아렌트가 말하는 개인이란 '살과 피를 가진' 인격체를 말한다. 이는 숄렘이 말하는 보편주의적 관점과는 거리가 멀다. 민족의 목적을 위해 개인에 대한 재판을 활용하는 것이 아니라 재판은 당사자 개인에 더 주목하고 초점을 맞추어야 한다는 것이 아렌트의 생각이다. 물론 아이히만의 범죄 성격이 유대민족에 대한 범죄라는 점을 아렌트도 충분히 인정했다. 그러기에 그는 아이히만을 재판하는 데 예루살렘 법정이 적절하다고 주장한 것이다.[47] 하지만 아렌트는 이 재판이 유대민족을 다룬다고 해서 재판이 유대민족의 고통에 집중하거나 반셈주의 비판, 독일 문제로 나아가서는 안 된다고 생각했다. 주목되어야 할 것은 정의(正義)이며, 이 재판의 유익성도 "그것이 정의를"[48] 행하는 데 있다고 아렌트는 생각한다. 이렇게 볼 때 아렌트가 추구한 것은 아이히만 개인에 대한, 피와 살을 가진 인격으로서 아이히만에 대한 정의의 재판이었다. 이는 특수한 개인과 보편적 정의에 대한 동시적 요구다.

유대인의 정체성 문제에 대해 아렌트는 시온주의와 민족주의 모두에 부정적이었다. 민족적 정체성이 개인의 정체성에 앞서 우선시될 수 없고, 판단은 개인에 대한 것이어야 하며, 나아가 정치적 행위의 주체 또한 개인이어야 하기 때문이다.

제11장 대화

1. 리처드 J. 번스타인 인터뷰

2017년 10월 11일 수요일 오후 3~4시
New School for Social Research, 10층 번스타인 교수 연구실

나: 최근 아렌트 철학이 한국에서 유행하고 있습니다.

번스타인: 한국뿐만이 아닐 것입니다. 전 세계적으로도 아렌트는 유행하고 있습니다. 이 유행 때문에 저는 작은 책을 준비하고 있는데, 제목이 『우리는 왜 한나 아렌트를 읽는가』(*Why have to read Hannah Arendt*)입니다. 이는 일반 대중을 위해 쓴 책으로, 아렌트를 단지 소개만 하는 게 아니라 그의 주제들이 현시대에 얼마나 적실성이 있는지 보여주려고 합니다.

나: 2016년 아렌트에 관한 다큐멘터리 영화 「비타 악티바」(Vita Activa)가 나왔습니다. 여기에 교수님도 출연하시더군요.

번스타인: 이 다큐멘터리 영화는 아주 신중하게 만들어진 작품으

로 아마존에서 구매할 수 있습니다. 트레일러에 제가 말하는 장면이 나오기도 하는 아주 좋은 다큐멘터리입니다. 이 다큐멘터리를 만든 감독을 잘 아는데, 여기 나오는 내용 가운데 70% 정도가 사실입니다. 여기에 제롬 콘, 주디스 버틀러 등도 함께 나옵니다. 이것은 다큐멘터리이자 아렌트 이야기라고 할 수도 있습니다.

나: 아렌트와 개인적 인연이 깊으시죠?

번스타인: 아렌트는 아주 판단적(judgmental)이었고 아주 비판적인 사람이었죠. 제가 40세 때인 1972년 아렌트가 먼저 제게 다가왔습니다. 아렌트가 죽기 3년 전이었는데, 그때 아렌트가 당시 제가 교수로 있던 하버포드대학에 강연차 왔습니다. 그곳은 작은 리버럴아츠칼리지입니다. 그때까지 저는 아렌트를 만난 적이 없었어요. 그런데 그가 저를 만나고 싶다고 연락해서 깜짝 놀랐죠.

아렌트는 당시 이미 제가 쓴 『실천과 행위』(*Praxis and Action*)라는 책을 읽고 아주 좋아했다고 했습니다. 그리고 그 책에 대해 강의하려 1972년 뉴스쿨로 오라고 했어요. 그때 저는 상대적으로 젊은 학자층에 속했고, 또 널리 알려진 사람도 아니었죠. 게다가 제 책은 아렌트를 다루지도 않았어요. 각주에서 조금 언급했을 정도였죠. 제 책이 행위(action)를 다루긴 했지만 아렌트의 행위 개념은 다루지 않았는데, 그 점에 대해 아렌트는 아주 관대했어요. 그는 어떤 흥미로운 문제를 다루는 사람이라면 나이와 상관없이 동료로 여겼고 또 동료로 대했어요. 아랫사람으로 대하지 않고 말이죠.

김 교수가 기억할지 모르겠지만 제가 한국에서 강연할 때 어떤 분이 제가 쓴 『사회정치이론의 재구성』(*The Restructuring of Social and*

Political Theory)의 불법 복제판을 가지고 온 적이 있었죠. 제가 뉴스쿨에 갔을 때 아렌트는 제게 어떤 문제에 집중하고 있느냐고 물었어요. 그때 저는 국가지원(National Endowment)을 받아 그 책을 저술하고 있다고 말하고 그 책의 계획서를 보여주었죠. 아렌트는 그것을 읽고 나서 자기 책을 출간하는 출판사인 하코트 브레이스 요바노비치(Harcourt Brace Jovanovich, Inc.)의 편집장에게 보여주었죠. 이후 다 함께 점심을 먹자고 해서 나갔는데 그 출판사에서 책을 출판하겠다고 하더군요. 그래서 결국 거기서 1976년에 나왔습니다. 그런데 이 책에서도 아렌트 사상은 크게 다루지 않고, 아주 조금 언급했을 뿐이죠.

나: 저술 계획서만 보고 출판사에서 바로 출판하겠다는 말을 듣는 것은 학자들에게는 꿈같은 이야기 아닙니까?

번스타인: 그렇죠. 그런데 사실 저는 많이 주저했습니다. 실제로 책이 어떤 모양으로 나올지 모르니 글을 완성하면 다시 이야기하자고 했지요. 어쨌든 저는 책을 곧 완성했고, 거기서 출간되었죠.

나: 당신이 아렌트 사상에 관한 단행본을 쓴 것은 한참 뒤의 일이죠?

번스타인: 그렇습니다. 당시 저는 아렌트 저술을 많이 읽지 않았죠. 게다가 아렌트는 마르크스에 대해 아주 비판적이었는데 저는 헤겔과 마르크스 사상을 무척 좋아했죠. 그러니 제가 아렌트를 그렇게 좋아했던 것은 아닙니다.

1972년 토론토에서 콘퍼런스가 있었죠. 그때 아렌트는 제게 발표를 하나 해달라고 말했어요. 그 이후 저는 아렌트를 읽고 글도 썼습니다. 지금은 아렌트가 아주 유명하지만 그땐 이 정도는 아니었습니다. 저는 대학원에서만 아렌트 강의를 했는데, 학부에서도 아렌트를 강의해달라는 요청이 많아 지금은 학부에서도 강의합니다.

나: 그동안 한국에서는 아렌트에 관한 관심이 시민의 정치참여나 시민불복종, 직접 참여민주주의 등과 같은 사상을 중심으로 많아졌는데, 최근에는 아렌트가 유대인 문제에 관해 쓴 저술에도 관심이 있는 사람들이 나옵니다. 그런데 흥미로운 것은 그런 이들이 다소 급진적 정치 성향을 보인다는 점입니다.

번스타인: 참으로 흥미로운 점입니다. 아렌트는 아주 다양한 관점에서 독서가 가능하죠. 그리고 사실은 방금 말씀하신 것이 아주 놀라운 내용은 아닙니다. 아렌트의 초기 저술들, 특히 아렌트가 독일에서 탈출해서 '유대인으로 저항하고 유대인으로 싸워야 한다'고 했던 당시의 저술들을 살펴보면 급진성이 나타나죠.

나: 그렇습니다. 아렌트의 '의식적 파리아' 개념이 특히 그렇다고 봅니다.

번스타인: 맞아요. 의식적 파리아 개념이 그렇습니다. 몇 달 전 한 덴마크 학자가 와서 최근에 아렌트의 「난민 유대인」(Jewish as refugees)이라는 글을 번역해서 소개했다고 했습니다. 최근 유럽에서 발생한 난민 문제와 관련하여 생각할 점이 많았다고 하더군요. 아렌트의 생각이 오늘에도 바로 적용된 한 사례라 생각합니다.

나: 한국에서는 촛불시위가 있었습니다. 2016년 10월에 시작해서 다음 해 3월 초 대통령이 탄핵될 때까지 지속되었습니다. 그 집회는 합법적으로, 평화롭게 진행되었는데 많은 사람이 이를 혁명이라고 부르고 싶어 합니다. 합법적 시위를 혁명이라고 부르는 것을 어떻게 생각하시나요?

번스타인: 아렌트의 관점에서 혁명을 이야기해봅시다. 아렌트가 혁명에 대해 정확한 개념을 제공했다기보다는 아렌트가 혁명이라는 말을 사용했을 때 그 의미가 분명해졌다고 말하는 것이 더 적절해보입니다. 『혁명론』에서 프랑스 혁명과 미국 혁명을 비교한 부분에 주목해보죠. 아렌트가 강조한 것은 저항 행위가 아닙니다. 그 행위가 정치체를 창출해냈다는 점에 주목한 것이지요. 미국 혁명과 관련해서 아렌트가 자유(freedom)와 해방(liberation)을 명확하게 구별한 것을 생각해봅시다. 자유는 참여(participation)를 말하고, 이는 다시 새로운 세속질서(novous ordo secularium 또는 new world order)에 참여하는 것을 말하죠.

저는 한국 사정을 자세히는 모르지만 한 정권을 허물었다는 것만이 아니라 새로운 정권을 창출하고 새 질서를 만드는 데 성공했다면 그것은 혁명이라고 하겠지요. 아렌트는 새로운 질서를 만들어내는 경우에만 진정한 의미에서 혁명이라고 말합니다. 그런 점에서 미국 혁명만이 진정한 혁명이라고 한 것이죠. 그 질서는 헌법으로 나타나는 것이고요.

나: 한국에는 이미 오래전부터 민주적 헌법이 존재했지요. 문제는 권력을 잡은 사람이 그것을 제대로 준수하지 않은 것입니다. 촛

불시위와 그 이후 일련의 과정을 두고 사람들은 '헌정질서 회복'이라고 말하지만, 사실은 헌정질서가 제대로 준수된 역사는 아주 짧기에 '회복'이라는 말을 사용하는 것은 적절치 않고, 오히려 '헌정질서 수립'이라고 표현하는 것이 더 낫지 않을까 생각합니다.

번스타인: 아렌트가 항상 강조한 것이 공적 자유(public freedom)였습니다. 그는 대의민주주의에 상당히 비판적이었지요. 사람들이 모이고 서로 논쟁하고 토론을 일삼는 것, 이런 것들이 중요한 문제였지요. 그리고 프랑스 혁명과 러시아 혁명과 관련하여 아렌트는 혁명적 행위가 비폭력적이어야 한다는 점을 아주 중요하게 생각했어요. 혁명은 권력(power)을 포함하는 것이지 폭력(violence)을 포함하는 것이 아니잖아요. 새로운 질서의 창출, 정치적 자유의 형성 등이 포함되어야 혁명적 경험이라고 말할 수 있죠.

아렌트가 강조했던 위원회의 경험을 생각해보죠. 동구권의 붕괴, 소련의 붕괴에서 시민들이 모이고 행동했지만 비폭력적이었던 점을 기억해야 합니다. 아렌트는 근대성에 대해 고민했다고 볼 수 있는데 그 중요한 부분이 혁명적 경험입니다. 부다페스트 혁명, 파리코뮌 등이 있죠. 아랍의 봄의 경험에서 나타난 시민들의 자발적 모임 형성 등도 주목할 만하죠. 물론 혁명에는 어두운 점이 있습니다. 모든 혁명은 전문적 혁명가들에 의해 붕괴되었다는 것입니다.

나: 최근 (2017년 10월) 미국 대통령 트럼프가 북한과 관련하여 긴장을 높이는 것에 많이 우려하고 있습니다. 오늘 아침에 미국 공영방송(NPR) 뉴스에서 알게 된 사실인데, 트럼프 행정부가 북한과 전쟁을 준비하고 있다는 것입니다.

번스타인: 정말 우려스럽습니다. 정말 겁나는 일이 아닐 수 없습니다. 미국이 북한과 전쟁을 한다면 그 희생자는 남한일 것입니다. 트럼프 대통령에 대해 가장 두려운 점은 그가 예측 불가능하다는 것입니다.

나: 정치적 용서라는 주제는 어떻게 생각하십니까?

번스타인: 이 주제에는 아주 조심스럽게 접근해야 합니다. 아렌트 사상이 흥미 있는 지점이기도 한데, 아렌트는 행위와 권력에 대해 많은 이야기를 했습니다. 그 가운데 하나가 행위는 예측 불가능하다는 것입니다. 행위를 하지만 그것이 실제로 가져올 결과는 우리가 예측하기 어렵습니다. 그래서 용서가 필요하죠. 그런데 용서 개념은 아주 쉽게 오용(abuse)될 수 있습니다. 아렌트는 어떤 때 용서가 적절하고 어떤 때 적절하지 않은지 명백하게 서술하지는 않았습니다. 이론적 수준에서 거론했을 뿐 실천적 수준은 거론하지 않은 것이지요.

나: 과거 정권들을 보면 폭력을 일삼고 많은 사람을 죽음에 이르게 하곤 했습니다. 이제 그 정권들이 범했던 폭력과 타락상이 드러나고 있습니다. 그런 타락상이 정권 교체의 원인이 되기도 합니다. 그런데 이제 와서 일부 사람들은 그들에 대한 용서를 언급하면서 함께 살아가는 길을 모색해야 한다고 주장합니다.

번스타인: 남아프리카공화국의 경우 진실과 화해위원회가 작용했던 점에 주목해볼 수 있습니다. 자크 데리다도 용서에 대해 글을 쓴 적이 있고 저도 논문을 썼습니다. 용서는 아주 중요한 개념이지

만 종종 오용됩니다. 예를 들면 강대국이 대화가 필요하다고 말할 때 그 의미는 상대편이 내 말을 들어야 한다는 것입니다. 유대인 문제와 관련해서도 용서라는 주제가 많이 등장했죠. 중요한 것은 상대를 지속적으로 혐오할 수는 없다는 것입니다. 다만 아렌트는 용서를 정말 조금만 언급했기 때문에 우리가 용서에 대해 말하려면 콘텍스트를 잘 살펴야 합니다.

나: 우리는『예루살렘의 아이히만』에서 아렌트가 아이히만의 사형선고에 동의했다는 것을 압니다. 물론 그만의 이유를 책에 명시했고요. 그런데 아렌트가 사형제 자체에 대해서는 비판적이지 않았는지 궁금합니다.

번스타인: 아렌트는 사형제 자체에 대해서는 글을 쓴 적이 없어요. 그 주제가 논란거리라는 것을 잘 알고 있었고, 또 어떤 경우에는 사형제를 정당화할 수 있다는 점도 잘 알았죠. 제가 쓴『폭력에 대하여』라는 책이 있어요. 거기에 아렌트에 관해 썼고 프란츠 파농에 대해서도 썼어요. 아렌트는 파농에 대해 비판적이었는데, 그 부분에 대해서는 제 글이 보충적 읽을거리가 될 것입니다.

나: 저는 박사논문을 쓸 때 워싱턴 D.C.에 있는 국회도서관에 가서 아렌트의 친필 글과 미출간 원고들을 본 적이 있습니다. 그 가운데 일부는 유고 형태로 제롬 콘이 책을 여러 권 만들어냈죠. 다른 소소한 자료들도 흥미 있게 볼 수 있었습니다.

번스타인: 그 모든 자료가 디지털화되어 아카이브로 구축되어 있습니다. 미 의회도서관, 뉴스쿨도서관, 바드칼리지 그리고 독일 베

를린에 있는 아렌트센터에서 이 아카이브를 접할 수 있습니다. 모두 온라인으로 연결되어 있지요. 이곳 뉴스쿨에는 아렌트 아카이브에 접근할 수 있는 컴퓨터가 따로 마련되어 있습니다. 의회도서관에 있는 모든 자료가 접근 가능하며 프린트도 가능합니다. 제롬 콘과 제가 이곳에 마련했죠. 바드칼리지에 가본 적 있으시죠?

나: 2010년에 간 적이 있는데 그때 거기서 제롬 콘과 우술라 루즈(Ursular Ludz)를 만났습니다. 곧 다시 가려고 합니다.

번스타인: 바드칼리지에 가면 반드시 아렌트 라이브러리를 보아야 합니다. 거기 있는 아렌트 관련 자료들도 모두 디지털화되어 있습니다. 아렌트가 책에 써놓은 메모도 모두 볼 수 있습니다.

나: 그런 자료들을 누가 또는 어떤 단체에서 살피는지요?

번스타인: 바드칼리지의 자료들은 그곳 총장인 레온 봇스테인(Leon Botstein)이 책임지고 있습니다. 아렌트는 죽기 전에 자신의 책들과 모든 자료에 대해 메리 메카시(Mary McCarthy)에게 권한을 위임했습니다. 메카시가 죽은 뒤 레온이 책임을 맡았지요. 레온은 아렌트의 학생이었습니다.

나: 선생님의 사무실 벽에 아렌트 사진이 걸려 있군요.

번스타인: 그렇습니다. 아렌트는 자신의 책상 위에 남편 사진과 하이데거 사진을 항상 두고 있었지요.

나: 긴 시간 함께해주셔서 감사합니다.

2. 제롬 콘 인터뷰

2018년 2월 7일 수요일 오전 11시~오후 2시 15분
장소: 뉴욕 맨해튼 이스트 사이드 베트남 식당

나: 그간 안녕하셨습니까? 작년 가을에 바드칼리지의 아렌트 콘 퍼런스에서는 만나지 못했습니다. 그러고 보니 2010년에 만나고 8년 정도 만에 다시 뵙는 거네요. 오늘은 사전에 질문지를 드리지 않고 이렇게 대화를 나누게 되었습니다.

콘: 정말 오랜만입니다. 대화 전에 질문을 받아 미리 준비하는 것이 언제나 좋은 것은 아닙니다. 아렌트는 '자연스레 나타내기' 또는 자발성(spontaneity)을 중요시하기도 했습니다.

나: 먼저 『예루살렘의 아이히만』에 대해 질문하겠습니다. 이 책은 한국에서는 2006년에야 겨우 번역 출간되었습니다. 만시지탄이지만 지금도 많이 읽힙니다.

콘: 이 책은 아무리 늦게 나오더라도 아주 늦은 책이 되지는 않을 것입니다. 이 책의 전반적인 내용은 아직도 제대로 이해되고 있다고 볼 수 없습니다. 이 책에 대해서는 찬반이 많은데, 아렌트에 반대하는 사람들뿐만 아니라 심지어 옹호하는 사람들에게서도 이 책을 제대로 이해하지 못한 모습을 종종 볼 수 있었습니다. 사람들이 '악의 평범성'의 참된 의미를 깊게 묻지 않는 거죠. 심지어 세일라 벤하비브(Seyla Benhabib)도 '아렌트는 정말로 악이 평범하다고 말한

적은 없다'고 하기에 "세일라, 도대체 무슨 말을 하는 거야?"라고 지적한 적이 있습니다.

나: 최근 미국은 트럼프 대통령에 대해 논란이 많은 것 같습니다.

콘: 트럼프가 대통령이 된 이후 저는 미국 헌법과 독립선언서를 읽었습니다. 또 『페러럴리스트 페이퍼』(*Federalist papers*)도 읽었습니다. 이런 것들을 읽을 때마다 '미국인으로서 나는 누구인가'라는 생각을 하게 됩니다. 요즈음은 거짓이 판을 치는 세상입니다. 이런 것은 도대체 이해할 수 없어요. 아렌트도 이런 세상을 도대체 이해할 수 없다고 말할 것입니다.

나: 미국에서는 많은 사람이 저항을 생각하는 것 같습니다. 아마 아렌트가 이 시대를 살았더라면 거리로 나가지 않았을까요? 데모를 했을 것 같기도 합니다.

콘: 아, 그건 모르겠지만 한나는 그런 데모를 분명히 지지했을 것입니다. 아렌트는 사실 그다지 나이가 들지 않았는데 죽음에 이르렀습니다. 아렌트는 눈이 아주 아름다웠는데, 나이를 먹어 얼굴이 수척해졌음에도 형형한 눈으로 세상을 바라보았지요. 아렌트는 살아가는 동안 보아야 할 것을 보아야 한다고 했습니다. 그런데 이제는 우리가 들어야 할 것을 제대로 들어야 한다고 말할 것 같습니다.

나: 한국에는 『사유의 일기』 모두가 번역되어 있지 않고, 당신이 편집한 책 『정치의 약속』 끝부분에 일부 편집되어 수록된 것이 알려져 있을 정도입니다. 이 책에 관심이 많으시다고요?

콘: 그렇습니다. 저는 그 책의 영어본을 만들고 싶은데 그 작업이 전혀 만만하지 않아요. 독일어로 두 권 분량인데, 그중 절반 정도는 아주 학술적인 주석으로 채워져 있습니다. 독일어로 쓰인 이 책에 아렌트의 생각이 생생하게 드러나는데, 여기서는 '독일적'이라고 하는 것이 아렌트의 마음을 채우고 있음을 보여줍니다.

이 책에서 아렌트는 고대 그리스 문헌들을 많이 인용하는데, 그 언어는 고전적 그리스어입니다. 예를 들어 아렌트가 플라톤을 인용하는 부분이 있는데, 번역 없이 그리스어 원문을 그대로 사용합니다. 거기에는 주석도 달려 있는데 아렌트는 그 주석을 그리스어로 달아놓았어요. 그 책에서 인용한 플라톤, 아리스토텔레스, 호메로스 등에 대해 시중에 나와 있는 번역문을 찾아 옮겨놓으면 도대체 이해할 수 없습니다. 그것들을 아렌트가 직접 번역하면 시중의 번역본과는 완전히 다른 내용이 됩니다. 이것을 보면 아렌트는 사유 자체를 고전 그리스어로 한 것을 알 수 있지요.

아렌트가 제게 이렇게 말한 적이 있습니다. "내가 나 자신에게 자부심을 느끼는 것이 두 가지가 있는데, 그중 하나는 언어를 배울 필요가 없다는 것이고, 또 하나는 자료를 복사할 필요가 없다는 것이에요. 그냥 보면 내용을 알게 됩니다." 그는 대화 중에 호메로스를 그리스어 원문 그대로 줄줄 외우기도 했습니다. 플라톤이나 아리스토텔레스도 마찬가지였고요. 그냥 책에 있는 문장을 입으로 말하곤 한 것이죠. 그리스어로 말입니다. 참으로 놀라운 일이었어요.

아렌트의 『사유의 일기』를 영어로 번역하는 것은 내가 생전에 꼭 하고 싶은 일입니다. 독일어본에서 아주 학술적으로 달아놓은 각주들은 빼고 작은 책으로 만들고 싶습니다. 아렌트의 생각을 독자들이 잘 살펴보도록 말이죠. 죽기 전에 꼭 하고 싶은 일입니다.

나: 엘리자베스 영-브륄의 아렌트 전기인 『한나 아렌트 전기』가 한국어로 번역되어 있습니다. 아렌트 삶의 많은 부분을 상세히 기술했더군요.

콘: 네, 참 좋은 책입니다. 아렌트의 탁월성을 잘 보여주지요. 엘리자베스가 일찍 죽어 참으로 안타까운데, 그 책은 여전히 아주 많은 자료를 제공한다고 할 수 있습니다. 저도 특정한 날짜를 찾거나할 때 항상 그 책을 봅니다. 그런데 그 책은 다른 측면도 있습니다. 전기에는 사상의 내용만이 아니라 그 사람이 누구인지를 드러내는 것도 중요하죠. 특히 아렌트와 관련해서는 그렇습니다. 아렌트는 『인간의 조건』에서 어떤 사람에 대해 그가 누구됨(whoness)과 무엇됨(whatness)을 구분했죠. 그런데 엘리자베스 저술에서는 아렌트의 누구됨이 잘 드러나지 않습니다.

아렌트가 했던 마지막 연설인 소니그상(Sonnig Prize) 수상 연설문을 보면 끝부분에 '같다고 확인할 수 있지만 같지는 않은'(identifiable but not identical)이라는 표현이 나옵니다. 음성을 통해 그 사람의 누구됨, 즉 그의 페르소나가 나오거든요. 아렌트는 종종 다르게 이야기하기도 하고, 또 생각이 바뀌기도 했습니다. 어떤 경우는 정반대되는 것을 말하기도 했습니다. 어떤 것을 말한 뒤 10년이 지나서는 다르게 말하기도 했고요. 사유라는 것은 참과 거짓, 진리와 허위의 문제가 아니라 항상 의미의 문제입니다. 이것이 내가 『사유의 일기』를 번역하려는 취지입니다. 아렌트 모습을 드러낼 수 있도록 말이죠.

엘리자베스는『왜 아렌트인가?』(Why Arendt Matters?)라는 책도 썼는데 글을 너무 서둘러 끝맺은 것 같았습니다. 아쉬움이 많은 책입니다.

나: 아렌트의 생애를 다룬 책 가운데 엘즈비에타 에팅거의『한나 아렌트와 마틴 하이데거』라는 책이 있죠? 이 책이 그리는 두 사람 관계의 전반적 성격에 동의하기가 좀 어려웠습니다. 제가 유학을 마치고 한국에 갔을 때 어느 방송국과 제 책을 가지고 인터뷰한 적이 있는데, 두 사람의 애정사에 과도한 관심을 보여 좀 불편했습니다. 엘즈비에타의 책은 좀 편향되어 있다고 생각했지요.

콘: 엘즈비에타는 자기가 엘리자베스 영-브륄의 책을 대신할 수 있는 전기를 쓰겠다고 항상 말하곤 했지요. 그는 로자 룩셈부르크에 대해서도 글을 썼어요. 그런데 이 책에서 사실 로자에 대해 별로 말하지 않습니다. 그 글은 오히려 엘즈비에타 자기 이야기라고 해야 합니다. 자기 생각을 거기서 말한 것이지요. 아렌트에 관한 책도 마찬가지입니다.『한나 아렌트와 마틴 하이데거』에서 엘즈비에타는 실은 자기에 대해 말합니다. 아렌트와 하이데거의 연애 사건을 다루지만, 엘즈비에타 자신이 나이 많은 교수와 연애했으나 나치가 폴란드에서 득세한 뒤 그 교수에게 배신당해 수용소로 가야만 했고, 전쟁이 끝난 뒤 그를 다시 만나 결혼하고 아이까지 낳았는데 결국 폴란드와 그 남자를 떠나 미국으로 망명했지요. 그런 자기 이야기를 아렌트에 투영해서 쓴 것입니다. 그 남자를 하이데거로, 자신을 아렌트로 만들어버린 것이죠.

전에 하버드대학에서 콘퍼런스가 있어서 우르술라 루즈와 함께

간 적이 있는데, 돌아오는 길에 엘즈비에타를 방문했습니다. 그때 엘즈비에타는 의자를 두 개 가져와 우리를 앉게 하고, 자기는 긴 소파에 드러누워 이야기했죠. 우리는 황당하면서도 불쾌했습니다. 그날 그는 일관되게 무례하게 행동했는데, 성격이 아주 강했어요. 그리고 제대로 연구하지도 않는 사람 같았습니다. 우르술라는 엘즈비에타가 조사를 제대로 한 뒤 책을 쓴 게 아니라고 아주 비판적으로 평가했습니다. 끔찍한 책이라는 것입니다. 우르술라가 엘즈비에타에게 앞으로 저술할 때는 더 많은 조사를 해야 할 것 같다고 말하자, 그는 조사하는 것을 아주 싫어한다고 대답하더군요. 우르술라가 재차 그에게 '아렌트에 대해 더 쓰려면 리서치를 하라'고 말하자 그는 "나는 리서치를 하지 않아요. 리서치를 하지 않는다고요"(I don't do research, I don't do research)라고 대답하더군요. 아주 강한 여성임은 분명하지만, 좋게 보이진 않았습니다. 엘즈비에타는 폴란드에서 교수 생활을 하다가 탈출했는데, 아마도 그런 강한 성격 덕분에 폴란드 공산주의 체제에서 살아남아 미국으로 올 수 있었는지도 모르겠지만요.

나: (대화 도중 식사를 주문했는데 콘이 돼지고기가 든 음식을 주문함) 당신은 유대인이 아닙니까? 돼지고기를 먹나요?

콘: 저는 사실 유대인이 아닙니다. 전통적으로 유대인은 모계를 따르는데, 내 모친은 유대인이 아닙니다. 아버지가 유대인이죠. 어머니는 기독교인이었습니다. 저는 종교적인 사람이 아닙니다. 내 자식들은 유대인으로 살아가는데, 그들에게 실제로 유대인이 아니라고 말해주었지만 그들은 신경 쓰는 것 같지 않았습니다.

나: 올해 10월 바드칼리지에서 있을 한나 아렌트 콘퍼런스에서 저는 한국의 촛불혁명에 대해 말하게 됩니다. 아렌트의 혁명 개념을 바탕으로 말하려고 합니다.

콘: 아렌트는 『혁명론』에서 혁명을 둘로 나누는데, 하나는 어떤 새로운 일의 시작(beginning something new)이고, 다른 하나는 새 시작을 하는 것(begin anew)입니다. 미국은 200여 년 전에 완전히 새로운 시작을 했으나, 지금은 새 시작을 해야 할 시점인 것 같습니다. 공공정신의 재탄생(re-birth of public spirit)이 필요하다고나 할까요. 그래서 당신이 말하려는 주제가 무척 흥미롭습니다.

나: 그동안 당신은 아렌트 유고들을 모아 책으로 내는 일들을 지속해왔는데 그렇게 하게 된 계기가 무엇인가요?

콘: 사실 그 계기는 아렌트 사후에 있었죠. 아렌트가 죽고 난 다음 저와 메리 메카시는 친구가 되었어요. 메리는 아렌트의 가장 가까운 친구였죠. 메리와 윌리엄 조바노비치와 함께 대화를 나누게 되었는데, 아렌트를 아주 존경한 조바노비치는 그동안 그의 책들을 출간했어요. 그런데 조바노비치의 출판사가 더는 존재하지 않게 됨에 따라 1988년에 이르러 아렌트 책을 지금의 출판사, 즉 쇼켄출판사에서 내게 되었습니다. 이런 논의를 하는 가운데 우리는 유고들을 출간할 생각을 하게 되었죠.

유고 출간은 원래 제 아이디어로, 아렌트의 여러 글을 A에서 Z까지 정리해 출간한다는 것이었는데, A는 반셈주의(Anti-semitism)이고 Z는 시온주의(Zionism)을 의미했습니다. 이렇게 주요 주제 순으로 정리하려 했죠. 그런데 글 양이 많아서 그 계획대로 진행할 수 없었습니다. 출판사의 댄 쇼켄과 의논하는 가운데 몇 권으로 정리해 내기로 했죠. 우선은 아렌트의 초기 글인 『이해의 에세이』 그리고 유대인 문제에 대한 책 『정치의 약속』 『판단과 책임』 『난간 없는 사유』가 그것입니다. 이 일을 위해 의회도서관을 많이 드나들었습니다.

나: 한나 아렌트를 다룬 다큐멘터리 영화 「비타 악티바」에서 당신은 아렌트의 남편인 하인리히 블뤼허가 사망한 뒤 아렌트 얼굴이 변했다는 말을 했습니다. 그것은 아렌트가 남편을 얼마나 사랑했는지를 보여주는 것이라고 했죠.

콘: 저는 아렌트의 남편 블뤼허를 만난 적은 있지만 잘 알지는 못했습니다. 그때 블뤼허는 병에 걸려 있었는데, 어쨌든 그는 아렌트를 무척 사랑하는 아주 열정적인 사람이었습니다. 블뤼허는 여러 여자와 관계를 맺었는데 아렌트는 이를 알면서도 그를 사랑했습니다. 블뤼허가 사망한 날 학교에서 아렌트가 갑자기 사라져버렸죠. 2주간 휴강하고 모든 연락을 끊어버렸어요.

나: 아렌트는 W.H. 오든과 많이 가까웠던 것 같습니다. 남편이 죽은 뒤 그에게서 청혼을 받았다는 이야기가 있더군요. 영-브륄의 전기를 보면 아렌트가 그 청혼을 받고는 웃었다고 했더군요.

콘: 블뤼허가 죽고 몇 년 뒤인 1973년 오든도 사망했죠. 오든이 죽은 지 얼마 지나지 않아 아렌트 사무실에 들렀는데 아렌트가 많이 낙담하는 것을 보았습니다. 많이 가슴 아파했던 것 같아요. 저는 아렌트가 우는 것을 딱 한 번 보았는데, 그때가 바로 그날이었습니

다. 정말 눈물을 흘리며 울었죠. 오랫동안 함께해온 사람을 잃는다는 것이 어떤 것인지 그 상실감을 보여주었습니다.

저는 오든과도 친했는데, 오든은 정말 위대한 시인이었죠. 아렌트가 시를 썼다는 것을 우리는 다 알고 있었어요. 다 같이 있을 때 아렌트는 우리에게 자기는 시를 쓰지 않는다고, 쓴 적이 없다고 말했어요. 아렌트가 시를 쓴다는 것을 우리가 다 아는데 말입니다.

아렌트는 오든에 대해 시를 정말 쉽게 쓴다고 말하곤 했습니다. 블뤼허가 죽은 후 오든 집에서 저녁 식사 모임이 있었어요. 저도 거기에 있었는데, 오든이 위로의 말을 했고 모두 함께 위로하는 분위기였죠. 오든은 즉석에서 짧은 시를 썼는데 정말 좋은 시였어요. 그것을 그 자리에서 낭송했고 모두 그 시로 즐거워했던 기억이 있습니다.

오든이 청혼했고 아렌트가 웃었다는 이야기는 영-브릴의 해석이 들어간 것이라고 보여요. 그들은 자주 만났고, 서로 잘 이해하고 좋아했어요. 아렌트가 남편이 죽은 뒤 감정이 많이 안 좋은 상태임을 알고 오든이 말했겠지만, 결혼이라는 단어가 들어간 것은 아닌 것 같고 기분을 좋게 해주려는 말이었던 것 같아요. 물론 아렌트가 그와 결혼할 생각을 전혀 하지 않았던 것도 사실이지만요. 영-브릴이 그런 식으로 기술한 것은 유감스러운 일이었습니다. 아까도 말했지만 오든이 죽은 뒤 아렌트가 운 것은 사실이에요. 그들은 그만큼 좋은 관계였죠.

나: 아렌트는 발터 벤야민과도 친했지요? 유럽을 벗어나려다 결국 비극적인 죽음을 맞이했지만 아렌트는 벤야민의 책을 영어로 출

간하는 데 결정적인 도움을 주었습니다.

콘: 그렇죠. 벤야민 이야기를 하려면 거숌 숄렘과 관계도 이야기해야 합니다. 아렌트는 숄렘과 친했습니다. 벤야민은 숄렘, 아렌트모두와 친했고요. 그러니 그들은 모두 좋은 관계였던 것이죠.

잘 아시다시피 『예루살렘의 아이히만』 출간 이후 숄렘과 아렌트사이에 심각한 서면 논쟁이 있었죠. 이후 두 사람 사이에 교환된 서신이 책으로 출간되기도 했고요. 숄렘은 유대 신비주의 역사가로아주 훌륭한 책을 썼습니다. 그런데 『예루살렘의 아이히만』 출간이후 있었던 논쟁으로 둘은 서로에게 아주 실망해 거리를 두었죠.

수전 손택(Susan Sontag, 1933~2004) 아시죠? 손택은 아주 지적인작가인데 아렌트가 사망하고 4~5년쯤 지나 손택과 대화한 적이 있습니다. 이때 벤야민을 두고 아렌트와 숄렘 사이에 있었던 흥미로운 이야기를 들려주더군요.

1970년대 초 손택이 예루살렘에 갔는데, 그때 손택은 미국에서,숄렘은 이스라엘에서 유명했으니 두 유명인이 만난 것이죠. 손택이숄렘 사무실을 방문했는데, 숄렘의 사무실은 아주 크고 벽들은 책으로 채워져 있었다고 합니다. 그런데 한 벽면은 하얀 벽이 그대로있고 거기에 사진이 든 큰 액자 한 개만 걸려 있었는데 그게 바로벤야민 사진이었다고 합니다. 숄렘과 대화하면서 손택은 큰 충격을받았는데, 아렌트를 아주 험한 말로 비판했기 때문입니다. 『예루살렘의 아이히만』에 대해서는 그렇다 치고, 벤야민과 연관해서도 아렌트에 대해 심하게 말하더라는 것이죠. 아주 심하게 말이죠.

뉴욕으로 돌아온 손택은 이 일을 아렌트에게 전하면서 뭔가를 해야 하지 않느냐고 말했습니다. 손택은 아렌트와 아주 가까운 사이

였거든요. 이때 아렌트가 놀라운 대답을 손택에게 했다는 겁니다. "나는 벤야민을 무척 사랑해요. 그런데 벤야민 말고도 제게는 가깝고 또 사랑하는 사람들이 많습니다. 그런데 숄렘에게는 벤야민 하나밖에 없어요. 그러니 벤야민을 숄렘에게 줘버리죠, 뭐"라고 말이죠.

이런 이야기를 손택과 하면서 우리는 아렌트의 너그러움에 공감했습니다. "Let Sholem have Benjamin"이라고 하다니 정말 놀라운 이야기죠.

아렌트가 사망한 뒤 그 소식을 한스 요나스가 숄렘에게 알렸습니다. 그랬더니 숄렘은 "저에게 한나 아렌트는 1963년에 죽었습니다"라고 대답했다고 합니다.

나: 당신 성 '콘'은 아렌트 모친의 성과 같습니다. 혹시 혈연관계인가요?

콘: 사실 아무런 관계도 없습니다. 아렌트 모계의 성은 Cohn이고 저는 Kohn이죠. 발음은 같지만 첫 글자가 다릅니다. '콘'이라는 발음의 성 가운데 10% 정도가 Cohn입니다.

나: 아렌트는 사형제를 어떻게 생각했을까요?

콘: 아렌트는 인류에 대한 범죄를 저지른 사람에게는 사형이 합당하다고 말했죠. 그런데 그 경우 외에는 사형제에 대해 말한 적이 거의 없습니다. 일반적으로는 아렌트가 사형제를 주장하지 않았다고 해야 합니다. 강의실에서 이를 간단히 언급하면서 수사와 재판 과정에서 오류 가능성을 배제할 수 없기에 반대한다고 말하는 것을

436

들었던 것 같아요. 아이히만은 그런 오류 가능성을 생각할 필요가 없는 아주 특별한 사례였다고 할 수 있습니다.

나: 아렌트의 강의 스타일은 어땠나요? 독일식 강의처럼 글을 써 와서 읽는 식이지 않았을까 하고, 의회도서관에 소장된 아렌트의 강의 노트를 보면서 생각했습니다.

콘: 실제로 아렌트는 강의 노트를 준비해서 읽는 경우가 많았죠. 그런데 강의를 위한 완벽한 노트를 마련하지는 않았어요. 강의 노트를 일부 읽다가 한참 설명하고 다시 노트를 읽는 방식으로 진행하기도 했습니다. 강의 초반에 노트를 읽은 뒤 학생들과 열린 토론을 진행하는 방식이었죠. 책을 여러 권 가지고 와서 여기저기를 찾아 읽기도 했습니다.

아렌트는 강의에 아주 진지했고 항상 긴장된 상태였습니다. 아렌트는 학생들이 수업 시간에 자기 이야기를 많이 하도록 이끕니다. 아렌트는 가끔 이런 말을 했습니다. "당신이 누구인가에 대해 염려하지 마세요. 당신이 세상에 나타내고 싶은 모습을 드러내도록 하세요. 그게 세상을 조금 더 낫게 만들어줍니다"(Never mind what you are. Appear as you like to be. And it will make the world a little better).

나: 긴 시간 여러 질문에 대답해주셔서 고맙습니다.
콘: 고맙습니다.

부록: 사랑 개념과 성 아우구스티누스

서론: 20대의 아렌트와 아우구스티누스

1. 아렌트의 박사학위

한나 아렌트는 대학 첫해에 하이데거와 연애 사건을 겪은 뒤 야스퍼스에게 와서 계속 공부하고 아우구스티누스에 대한 박사학위 논문을 쓴다. 아렌트는 18세인 1924년 마르부르크대학에서 하이데거를 만났다. 마르부르크에서 1년을 공부하고 잠시 프라이부르크로 가서 후설을 만난 뒤 바로 하이델베르크로 갔다. 박사학위논문은 1928년에 제출했고, 학위는 1929년에 받았다. 아렌트는 하이델베르크에서 박사학위를 받기까지 5년을 보냈으며, 이때 아렌트 나이는 23세였다.

23세에 철학박사라고 생각하면 한국인 관점에서는 무척 빠르다고 여길 수밖에 없다. 물론 아렌트가 뛰어나기는 했지만, 독일 학제가 지금 한국이나 미국과는 달라서 발생하는 차이도 있다. 당시 독일에서는 지금의 한국과 같이 석사과정이 박사과정에 진입하는 데 필수적인 것이 아니었다. 또한 반드시 몇 개 교과목을 듣고 필수 학점을 이수해야 박사논문을 쓸 수 있다는 등의 형식적 규정이 없었다. 따라서 우리가 보통 계산할 수 있는 것처럼, 대학 입학 후 적어도 몇 년은 지나야 박사가 가능하다는 식의 생각을 당시 독일에서는 할 필요가 없었다.

또한 독일에서는 박사학위를 마친 뒤 곧바로 대학에서 강의할 수 있는 것이 아니다. 대학에서 강의하려면 자격시험(Habilitation) 과정을 별도로 거쳐야 한다. 아렌트의 경우 『사랑 개념과 성 아우구스티누스』는 박사학위논문이고 『라헬 파른하겐』은 대학강사 자격시험을 위한 논문이었다.

아렌트는 어린 시절부터 철학을 깊이 공부했다. 칸트의 도시인 쾨니히스베르크에서 어린 시절을 보내면서 칸트를 일찍 접했고, 대학에 진입하기 전에도 베를린대학에서 세미나를 들으며 철학과 신학의 세계에 발을 들여놓았다. 마르부르크대학으로 진학하려고 마음먹은 것은 당시 독일 대학에 퍼져 있던 하이데거에 대한 소문을 들었기 때문이다. 아렌트는 그곳에서 하이데거의 철학뿐만 아니라 루돌프 불트만의 신학도 접했다. 그리고 여기에 야스퍼스에게서 받은 배움을 더해 박사학위논문을 쓴 것이다.

2. 1950년대의 수정본

우리의 진짜 관심은 아렌트의 박사학위논문이 왜 중요한가에 있다. 박사논문을 쓸 때 아렌트의 관심은 철학과 신학에 머물러 있었고, 오늘날 우리가 아렌트를 소중하게 여기게 되는 정치사상가로서 면모를 이 책에서 기대할 수는 없다. 아렌트가 나치를 피해 독일을 떠나 프랑스로 간 1933년까지는 정치적 의식이 형성되었으나 그 이전에는 정치철학적 문제의식을 거의 갖추지 않은 상태였다.

현재 우리가 읽는 『사랑 개념과 성 아우구스티누스』는 아렌트가 쓴 박사학위논문과 다른 판본이다. 아렌트는 1933년 독일을 떠나 파리로 갈 때 그리고 거기서 7년간 체류한 뒤 1941년에 스페인과 포르투갈을 거쳐 미국으로 망명했을 때 이 논문의 원고를 지니고 있었다. 그리고 1950년에 상당히 강도 높은 수정을 거쳐 1964년경 수정판을 낼 생각을 했다.

1950년대에 아렌트는 철학적으로 한창 성숙했다. 『전체주의의 기원』이 큰 성공을 거둔 뒤 아렌트는 그 책에서 미처 설명하지 못했던 여러 정치철학 개념을 명료하게 설명하기 위한 준비 과정을 거친다. 그리고 그 첫 번째 완성품이 1958년 『인간의 조건』으로 출간되는데, 이 시기 아렌트가 박사학위논문의 개작을 시도했다는 점은 의미심장하다. 따라서 젊은 아렌트와 원숙기로 접어든 아렌트가 만나서 협업한 결과가 『사랑 개념과 성 아우구스티누스』라고 할 수 있다.

만일 당시 아렌트가 박사학위논문과 사상 면에서 거리를 두려 했다면 이런 개작의 수고를 하지 않았을 것이다. 따라서 『사랑 개념과 성 아우구스티누스』에 담긴 아렌트의 생각을 살펴보는 것은 단지 아렌트가 박사논문을 쓰던 시절 어떤 생각을 했는지에 대한 고증적 관심을 기울이는 것과는 다른 차원의 의미가 있을 것이다. 그러나 『사랑 개념과 성 아우구스티누스』에서 아렌트 정치철학의 실마리를 발견하려 한다면 그것은 큰 오산이다. 오히려 이 책에 드러난 아렌트의 철학적 방향성과 이후 형성된 정치철학의 방향성이 얼마나 다른지를 읽어내는 것이 더 적합한 독서가 될 것이다.

아렌트는 수정본 출간을 결정하고도 결국 실행하지 않았다. 그러다가 조안나 스코트와 주디스 스타크의 공동작업으로 편집되어 1996년 출간되었다. 아렌트가 수정본 출간을 실행하지 않은 이유를 책 내용에서 짐작해보는 것도 독서 후 생각해볼 만한 주제일 것이다.

3. 아렌트 사상의 다층성

『사랑 개념과 성 아우구스티누스』 최종본을 출간한 조안나와 주디스는 해설논문에서 아렌트 주류 해석자들의 주장을 다음과 같이 정리한다.

> 아렌트가 아우구스티누스를 다루었던 방식을 진지하게 숙고하는 일도 이전에는 주류 아렌트 연구자들에게 수용될 수 없는 접근방식이었다. 그들 대부분은 독일 현상학에 몸담은 그녀의 스승들을 경유하는 가운데 아우구스티누스의 영향을 받았던 '초기' 아렌트와 후기의 '성숙한' 아렌트를 구분하며, 후기 아렌트는 기독교적 엑시스텐츠 개념보다 아리스토텔레스, 칸트, 토크빌에 영향을 받아 말과 행위를 주제로 삼은 공공철학을 위해 젊은 시절의 지적 낭만을 한쪽으로 밀어놓았다고 생각한다.[1]

그들은 뒤이어 따가운 지적의 말을 다음과 같이 덧붙인다.

> 그 규범으로 잰 초기 아렌트와 성숙한 아렌트의 차이라는 것은 역사적이고 문화적인 성격이며, 미국 학계의 적잖은 오만이 덤으로 얹힌 탓에 발행한 것이다.[2]

그들은 아렌트가 여러 얼굴을 가진 사상가이며, 공적 영역에만 몰두한 현상학자로만 고정해서 바라봐서는 안 된다고 한다. 그들이 보는 『사랑 개념과 성 아우구스티누스』의 중요성은 이 책에 담긴 내용의 중요성뿐만 아니라 아렌트 사상의 다층성을 잘 보여준다는 데서 나온다.

『사랑 개념과 성 아우구스티누스』는 세계성을 깊이 논의할 뿐 아니라 세계로부터 물러서기를 하는 인간의 실존적 태도와 세계 사이의 긴장 관계가 어떻게 형성되는지를 잘 보여준다. 아우구스티누스에게서 탄생성의 의미를 배우고, 이로써 죽음을 중심으로 실존을 바라보는 하이데거가 어떻게 극복되는지도 보여준다. 또한 이 책에는 아렌트 정치사상에서 중요한 역할을 하게 될 개념들도 등장하는데, 이 개념들은 『인간의 조건』 전체에 걸쳐 나타난다. 하지만 『사랑 개념과 성 아우구스티누스』에서 하는 역할은 『인간의 조건』의 경우와 아주 다르다. 이런 점을 무시하고 아렌트 박사학위논문의 가치를 폄훼하는 것은 아렌트의 학문적 담론의 범위와 성격을 축소하고 왜곡하는 결과를 낳을 수 있다. "도덕 판단, 전(前) 정치적 공동체의 형성, 종교와 정치에 관한 담론의 접합이라는 항목을 제외한 '정치 일변도'의 아렌트는 진정한 아렌트가 아니다"[3]라고 그들은 말한다.

아렌트가 파리로 도망치기 전에 가졌던 철학적 사유와 그의 완숙한 정치사상이 쉽사리 연결되지 않는다. 그런 까닭에 『사랑 개념과 성 아우구스티누스』를 나는 본문에 넣지 않고 부록에서 다루게 되었다. 하지만 조안나와 주디스의 말처럼 이 책은 그 자체로 곱씹어 생각할 내용이 많다. 차 한잔의 시간을 넘어서는 무게를 가진 문장도 종종 만날 수 있다.

4. 아렌트의 주제

아렌트를 정치사상가로 이해하는 사람들이 이 책을 만나면 당황하게 된다. 우선 이 책은 신학적 저서처럼 보인다. 아우구스티누스의 신학을 다루고 성서 내용을 다루기 때문이다. 하지만 아렌트는 자신의 작업이 신학적이 아니라 철학적이라고 주장한다. 신학적 교리와 신앙 신조를 철학적으로 분석하고 활용하기 때문이다.

아렌트는 '갈망으로서의 사랑'에 대한 논의로 시작한다. 사랑이라는 말을 표현하는 그리스어와 라틴어 단어는 여럿이며, 그 의미는 다양하게 분화되기도 하지만 서로 중복되기도 한다. 그런데 아렌트가 갈망으로서의 사랑에 대해 논의를 시작하는 이유는 아우구스티누스가 기독교적 사랑을 카리타스(charistas) 개념으로 설명하기 때문이다. 이 개념은 갈망이라는 요소를 담고 있다. 그리고 이와 상대되는 개념인 큐피디타스(cupiditas) 또한 갈망이라는 요소를 담고 있다. 아우구스티누스는 사랑이 근본적으로 갈망이라는 점에 주목하고, 종교적 사랑과 세속적 사랑의 공통분모도 갈망으로 여긴다.

사랑 개념을 이렇게 정의할 때 기독교에서 말하는 이웃 사랑의 자리는 무엇인가? 이 질문은 '이웃의 적실성'이라는 표현으로 정리된다. 아렌트는 이러한 개념 분석과 질문으로 '세계'와 같은 개념들을 끄집어낸다. 이제 우리 관심은 이런 설명을 하는 가운데 나타난 아렌트 사유의 색깔이 무엇이냐는 것이다. 우리는 아렌트와 대화를 추구하면서 위와 같은 사유의 줄기 가운데 나타난 아렌트 생각의 작은 동심원들을 추출해 독자들과 나누려 한다.

5. 아우구스티누스 해석의 난점

아우구스티누스를 다룰 때 취하는 태도를 아렌트는 '관점적 해석'(perspective interpretation)이라고 칭한다. 이는 해석자가 해석 대상을 자신의 주제를 중심으로 선별적으로 다루면서 그 대상의 내용을 구성해내는 것을 말한다. 이런 해석 결과에는 주관적인 면과 객관적인 면이 어우러진다. 주관적인 면은 해석자의 관점과 주제에 따라 내용을 취사선택하기 때문에 발생하고, 객관적인 면은 정해진 텍스트를 이용하되 주제를 통해 정리된 모습으로 나타남으로써 형성된다.

아우구스티누스를 이렇게 다룰 때 고려해야 할 난점을 아렌트는 세 가지 지적한다. 첫 번째 난점은 아우구스티누스의 여러 글에서 다양한 생각의 흐름이 서로 평행선을 긋기도 한다는 점에서 발생한다. 사고방식 자체도 서로 어울리기 어려운 것들이 뒤섞여 있고, 내용상으로도 하나의 체계로 담기 어려운 것들이 동시에 나타나기 때문이다. 그러므로 이런 내용을 어떤 하나의 관점에 따라 체계적으로 정리하는 일은 아주 어려울 뿐만 아니라 아우구스티누스의 저작을 다루는 방법으로 부적절할 수 있다.

두 번째 난점은 아우구스티누스가 나이가 듦에 따라 점차 교리적으로 경직되어갔다는 점이다. 아렌트는 사랑이라는 주제를 신학적으로 다루고 싶어 하지 않았으므로 성경과 교회의 권위를 교리적으로 용인하는 부분에는 거리를 두려고 한다. 문제의 본질에 초점을 두되 교리적으로 경직화하지 않겠다는 말이다. 그래서 아렌트는 자신의 탐구가 선(先)신학적 영역에 관한 것이라고 한다.

세 번째 난점은 아우구스티누스의 사상이 시기별로 발전해나간 과정을 여실히 보인다는 점이다. 아우구스티누스 저서에 다양한 사고가 혼재하는 것은 그가 다양한 사유의 전통을 두루 섭렵하면서도 끝까지 자신이 배운 다양한 철학적 질문과 사유의 끈을 놓지 않았기 때문이다. 아우구스티누스는 플라톤과 플로티노스(Plotinos, 205?~270) 그리고 로마 철학의 영향을 받았다. 기독교를 받아들이고 나이가 들면서 교리적 경직성이 강화되었지만 이런 철학적 영향력은 지워지지 않았다. 그는 철학적 반성과 종교적 순종 사이에서 어떤 근본적 선택을 하지 않았으며, 철학적 질문의 충동을 완전히 잃지 않은 상태로 끝까지 남았다.

6. 아우구스티누스와 아렌트

아우구스티누스의 저술들 가운데 나타나는 심각한 사상적 비연속성은 아우구스티누스 사상의 매력이기도 하다. 인간의 삶이 다면적이며, 그에 따른 생각도 자기 모순적일 때가 많아서 그런 문제가 나타난다고 볼 수 있기 때문이다. 여러 생각과 질문이 서로 섞여 모순되어 보이게 된 진술들이 오히려 우리 생각을 자극하는 매력점이 된다.

아렌트의 주제는 줄곧 '사랑'이다. 그러나 그는 사랑 개념 전체를 다룬 것이 아니라, 아우구스티누스가 수용하고 다룬 사랑 개념만 다룬다. 사랑은 자신을 향할 때와 신을 향할 때 그리고 이웃을 향할 때 그 성격이 모두 다를 수밖에 없다. 기독교는 이 셋을 연결한다. 기독교인은 신에 대한 사랑을 받아들인다. 신을 사랑한다는 것은 욕망을 추구하는 것과는 다르다. 신에 대한 사랑은 결국 자기 자신에 대한 관계를 변화시켜버린다.

예수는 "네 이웃을 네 몸과 같이 사랑하라"라는 분명한 명령을 내린다. 이 명령은 우리가 통상 알고 있는 사랑 개념을 비판적으로 보게 하고, 신과 인간에 대한 사랑을 각각 되돌아보게 만든다. 이런 사랑들이 서로 어떤 불연속성을 낳고, 또 그 불연속성이 어떻게 지양되고 다른 사랑으로 이행되는지 추적하는 것이 아렌트의 작업이다. 이 작업이 얼마나 성공적인지는 우리가 물어야 할 질문이지만, 이 과정 자체를 꼼꼼히 함께 생각하며 짚어보는 것은 아렌트가 하이데거와 야스퍼스에게서 배운 사유의 힘을 살펴본다는 관점에서 더욱 흥미 있을 것이다.

이렇게 부록으로 제공하는 글은 아렌트의 글을 정리한 것이다. 이따금 나의 코멘트가 포함되기도 했으나 대부분은 아렌트의 글을 새로 번역해 정리한 글이다. 그래서 이 글에는 별도로 인용 표시를 하지 않았으며 직접 인용한 경우에만 페이지 표시를 했다.

7. 이 정리본의 목차

『사랑 개념과 성 아우구스티누스』의 원래 목차는 다음과 같다.

서론
제1부: 갈망으로서의 사랑: 예기된 미래
1. 갈망의 구조
2. 카리타스와 큐피디타스
3. 사랑의 질서

제2부: 창조주와 피조물: 기억된 과거

1. 기원

2. 카리타스와 큐피디타스

3. 이웃 사랑

제3부: 사회적 삶

아래에 제공하는 나의 정리본은 새로운 제목과 번호를 부여했다. 나의 작업 취지대로 내용을 정리하여 세분했고, 세분한 내용에 대해 여기서는 해당 부분에 주제를 중심으로 제목을 달아놓았다. 숫자와 함께 붙어 있는 제목은 내용을 참조하여 새로 붙인 것인데, 독자에게 길잡이가 되기를 바라는 마음으로 작업했다.

원저의 '부'는 '장'으로 표현했다. 번호는 두 개 숫자를 사용했다. 첫째 숫자는 해당 장의 절 번호이고, 둘째 숫자는 각 장 내의 일련 번호다. 앞의 숫자는 장과 절에 따라 내용이 상승되고 전환되기 때문에 절 번호를 그대로 붙인 것이고, 뒤의 숫자는 변증법적 방식으로 논의가 전개되며 내용적으로 일관된 흐름을 가지기 때문에 부여한 것이다. 다만 3장에는 절 구분이 원래 없었기 때문에 하나의 숫자만 부여되어 있다.

제1장 갈망으로서의 사랑론

1-1. 사랑은 갈망이다

1-2. 소유와 영원

1-3. 갈망하는 사랑과 영원

448

제1장 갈망으로서의 사랑론

1-1. 사랑은 갈망이다

사랑이란 일종의 갈망이다. 이것은 아우구스티누스가 사랑에 대해 내린 기본적 정의다. 사랑은 무엇인가를 추구하는 것이므로 갈망하는 자세를 기본으로 하며, 욕구 또는 욕망의 형태로 나타난다.

갈망은 대상이 있어야 하고 그 대상을 목표로 추구한다. 그 목표는 우리가 소유하지는 않지만 그것이 무엇인지는 이미 알고 있는 어떤 것이다. 그것이 무엇인지 모른다면 그것을 추구하지 않을 것이며, 그것을 소유했을 때 우리가 그것을 제대로 소유했는지도 모를 것이다. 우리는 행복을 소유하지는 않지만, 행복이 무엇인지 알기 때문에 행복하기를 원한다.

우리는 가지지 않은 것을 욕구하고, 그것을 소유하게 되면 욕구는 끝난다. 하지만 소유와 더불어 상실의 공포가 시작된다. 상실의 공포는 자신이 소유한 것이 일시적인 것일 때 일어난다. 일시적인 것은 미래에 소멸할 것이므로 공포심을 유발한다. 그 공포는 미래의 일에 대한 것이지만 현재의 삶을 잠식하고 파괴한다. 그래서 우리는 소유하려고만 노력하는 것이 아니라 소유한 것을 안전하게 유지하려고도 노력한다. 인간이 안전에 유의하는 것은 필멸성(mortality)이 인간의 조건이기 때문이다.

아렌트는 여기서 '인간의 조건'이라는 표현을 사용한다. "인간이란 무엇인가?" 하는 질문은 철학의 가장 근본적 질문이다. 칸트는 철학의 근본 문제를 세 가지로 정리했다. 인간은 무엇을 알 수 있는가? 인간은 무엇을 할 수 있는가? 인간은 무엇을 희망할 수 있는가?

이 세 가지 질문을 하나로 축약한다면 그것은 곧 "인간이란 무엇인가?"라는 질문이 된다고 했다. 이 질문에 대답하는 방식은 다양하며, 그 대답 내용이 철학의 역사를 구성한다. 아우구스티누스의 사랑 개념을 다루는 아렌트의 근본 관심 가운데 하나는 바로 인간에 대한 질문이다. 그 질문을 나타내는 어휘가 '인간의 조건'이다.

인간 각자가 추구하는 것은 다르다. 하지만 모든 인간은 다 살아 있기를 원한다는 점에서는 근본적으로 동일하다. 지상에서의 삶은 죽음으로 상실될 수밖에 없다. 행복한 삶이 진정으로 행복한 것이 되려면 그 삶은 상실할 수 없어야 한다. 죽음이 없어야만 인간은 아무 걱정 없이 살 수 있다.

아렌트는 인간의 갈망 대상인 행복이라는 선이 아우구스티누스에게서는 두 가지 이질적 맥락으로 정의된다고 생각한다. 첫째, 선은 갈망의 대상, 즉 인간이 세상에서 찾을 수 있고 얻기를 희망할 수 있는 유용한 어떤 것이라는 정의다. 둘째, 선은 죽음에 대한 공포로, 즉 삶의 파괴에 대해 갖는 공포로 정의된다.

죽음도 두 가지 방법으로 해석된다. 첫째, 죽음은 삶 자체에 대한 인간의 통제력 없음을 나타내는 지표로 해석되고, 둘째, 죽음은 삶이 마주치는 가장 나쁜 악으로 해석된다. 최고악인 죽음은 살아 있는 자를 반드시 죽게 되는 자, 즉 필멸적 존재로 여기게 한다. 이런 점에서 삶과 죽음은 서로에게 속한다.

죽음을 인간의 통제력 결핍의 지표로 보는 관점은 사랑을 갈망으로 정의하는 관점과 모순된다. 갈망은 우리가 비록 실패할지라도 무엇을 성취하려고 끊임없이 애쓰게 만드는 것이기 때문이다. 이런 불일치가 아우구스티누스 사상에 나타나는 이유는 그가 이 문제를 다루면서 그리스 철학의 전통에서 나온 용어를 사용했기 때문이다. 죽음에 대한 두 번째 해석, 즉 죽음이 외부에서 와서 삶과 만나는 최고의 악이라고 보는 관점만 사랑이 갈망이라는 주장과 정합성을 이루게 된다.

1-2. 소유와 영원

이제 아렌트는 아우구스티누스의 그 유명한 시간론을 사랑 개념의 해석에 활용한다. 아우구스티누스는 『고백록』 11장부터 시간에 대한 이론을 전개하는데, 그에 따르면 과거는 '있었던 것'이고 미래는 '앞으로 있을 것'이다. 그리고 과거는 기억의 형태로 현재와 관련을 맺으며 미래는 우리의 예상과 기대, 즉 예기의 형태로 현재와 관련을 맺는다. 과거는 기억의 형태로 존재하고 미래는 예기의 형태로 존재하는 것이다. 존재한다는 말은 항상 현재의 존재를 말한다. 따라서 이 말은 시간이 과거와 현재와 미래로 존재하는 것이 아니라 기억과 예기의 형태로 현재와 함께 존재한다는 말이다.

그 대상이 무엇이든 소유는 상실이라는 공포의 지배를 받고, 소유하지 못할 때는 욕구의 지배를 받는다. 예기의 형태로 존재하는 미래는 인간의 현재 공포와 욕구의 지배를 받는다. 미래는 현재로 볼 때 '아직 아님'이지만 그 아직 아님을 성취하거나 위협한다. 미래의 성취에는 항상 그 끝에 죽음이라는 근본적 상실이 희미하게 어려 있다. 이는 '아직 현재가 아닌 것'에는 우리가 항상 두려워하는 것이 있음을 말한다. 미래는 근본적으로 현재에 대한 위협이다. 미래가 없다면 현재에는 위협이 없다. '미래 없는 현재' 안에서만 소유의 평온이 존재할 수 있다.

미래 없는 현재는 영원이다. 갈망이라는 사랑이 추구하는 것은 안정적이면서도 지상에서 사용 가능한 것인데, 그런 사랑은 항상 좌절을 경험한다. 이 좌절 속에서 사랑은 방향을 바꾸어 공포로부터의 자유만을 욕구하게 된다. 이 자유를 얻기 위해 사랑은 모든 추구의 대상인 구체적 선을 포기하게 되고, 그 사랑이 추구하는 선에는 구체성이 부정된다. 공포는 오직 완전한 평온 가운데서 소멸하는데, 이는 미래의 사건에 의해 흔들릴 수 없어야 한다. 이처럼 갈망이라는 사랑이 추구하지만 필멸하는 인간이 가질 수 없는 선은 '죽음 이후 다가올 절대 현재'로 투사된다. 이 절대 현재는 필멸하는 생명에게는 '절대 미래'이며 현재에는 결코 소유할 수 없는 것임에도 인간은 그것을 갈망하며 마치 미래에 소유할 수 있는 어떤 구체적인 선처럼 여긴다. 그렇지만 순수 고요와 공포의 순수한 부재가 갈망의 대상이 될 때, 갈망 자체가 무의미해져 버린다. 죽음이라는 관점에서 바라본 삶에는 소유의 의지나 무엇을 이용하고 처분하려는 의지 자체가 부조리하게 되기 때문이다.

아우구스티누스를 기독교로 돌려놓은 사건은 친구의 죽음이었다. 죽음이 아우구스티누스에게 문제가 되었을 때 그는 자기 자신에 대한 탐구로 나아갔다. 죽음에 대한 공포는 아우구스티누스를 육체적 쾌락에서 강력하게 불러들였다. 그리고 죽음이 사실이라는 점에 주목했던 사도 바울을 만났다. 인간의 삶은 지속되지 않으며, 인간은 매일 자기 삶을 상실한다. 우리는 세월을 통과해 살아가면서 쇠잔해져 결국 무에 이른다. 무엇이 존재하려면 현재에 실재해야 한다. 시간은 '아직 아닌' 곳에서 와서 '이미 아닌' 곳으로 사라진다. 우리 생명도 시간과 함께 그렇게 흐르는 것으로 보인다.

그런데 우리는 시간을 측정한다는 사실에 주목해보자. 우리가 시간을 측정하는 한 시간은 현존한다. 아우구스티누스에 따르면 시간이 측정될 수 있는 것은 우리의 기억 때문이다. 기억은 시간의 저장고다. 기억에는 '이미 아닌' 것이 현존한다. 이와 마찬가지로 기대 속에는 '아직 아닌' 것이 현존한다. 우리는 이미 아닌 것이나 아직 아닌 것 자체를 지금 다룰 수 없지만, 그것은 모두 기억과 기대 가운데서 다루어진다. 시간이 현존할 유일한 기회는 오직 현재 안에서이며, 따라서 현존하는 시간은 현재뿐이다. 현재는 시간을 앞을 향해 그리고 뒤를 향해 측정한다. 과거와 현재는 현재에서 만난다. 그런 의미에서 현재는 시간 자체라기보다는 시간 바깥에 있다고 할 수 있다. 어떤 흐르는 순간 가운데 과거와 미래는 동시에 존재한다. 그리고 과거는 기억 가운데 그리고 미래는 기대 가운데 있으며, 우리는 이 둘을 모두 기억 속에 저장한다. 시간이 마치 정지한 것처럼 '지금'이라는 흐르는 순간은 존재한다. 아우구스티누스가 영원의 모델로 삼았던 것은 바로 이러한 '지금'이다. 이때 지금은 영어로 the Now라고 표기된다. 즉 대문자로 표시하면서 특별한 방식으로 이해된 지금을 의미하는 것이다.

1-3. 갈망하는 사랑과 영원

인간이 무시간적 현재 속에서 살 수 없는 것은 인간의 생명 자체 때문이다. 생명은 정지해 있을 수 없다. 갈망하는 사랑이 단순한 욕구에 머물러 있다면 그 욕구는 공포에서 끝날 것이다. 그런데 사랑이 갈망하는 것은 단순한 욕구의 대상을 넘어서며, 결국 그 갈망의 대상이 삶 자체라는 것을 알게 된다. [삶과 생명은 모두 life를 옮긴 말이다.] 그리고 그 삶은 진정한 삶이어야 하며, 존재와 같아야 하고, 영원히 지속하는 존재여야 한다. 이러한 좋은 것은 지상에서는 얻을 수 없다. 인간은 이것을 영원으로 투사하여 마치 그것이 외부에서 와서 우리 앞에 놓인 어떤 것처럼 여긴다. 영원을 마치 영생하는 삶처럼 이해하는 것이다. 그런 가운데 인간은 그것을 소유 가능한 것처럼 여기며 갈망한다. 이는 모순이다. 사랑을 갈망으로 이해하기 때문에 빠지는 모순이다. 갈망의 대상은 내가 소유하고 즐길 수 있는 것이기 때문이다.

삶은 대상을 취하려고 욕구를 일으키기 때문에 아우구스티누스는 생명 자체를 그것이 갈망하는 대상을 통해 정의한다. 삶은 세상에 나타난 사물들을 갈망하는데, 이런 사물들은 삶에 비해서는 거의 영구적인 것처럼 보인다. 생명은 왔다가 사라지는데 세상에 존재하는 것들은 계속 존재하는 것처럼 보이기 때문이다. 인간의 생명은 지속하지 않고, 늘 같은 모습으로 있지 않으며, 늘 변화한다. 세상의 그 어떤 것도 이런 인간의 삶에 안정성을 부여하지 못한다. 죽음과 더불어 모든 것이 상실되기 때문이다.

인간은 세계 속의 사물들에 매달리다가 결국 죽음과 더불어 그것들을 박탈당한다. 그런 가운데 인간은 세계에 있는 사물들을 변화시킨다. 세계는 신이 만들었지만, 또한 세계를 사랑하는 사람들이 만들어낸 것이기도 하다. 인간은 세계를 자신이 사랑하는 것으로 바꾸어놓는다. 아렌트는 이렇게 말한다.

하늘과 땅(heaven and earth)을 변화 가능한 세계(the world)로 바꾸어놓는 것은 세계에 대한 사랑이다.[4]

인간은 죽음에서 도망하려고 하면서 삶을 지속하기를 갈망하는데, 그 가운데 인간은 죽음과 더불어 상실해버릴 것들에 매달린다. 이런 갈망은 사랑의 대상을 잘못 선택한 것이다. 올바른 사랑이 되려면 그것이 갈망하는 대상이 올바른 대상이어야 한다. 인간은 필멸하는 인간의 관점에서 세상을 바라볼 때 자신을 세상적인 것과 동일시하게 된다. 아우구스티누스는 세계에 대한 세속적인 사랑, 세계에 매달리면서 동시에 세계를 구성하기도 하는 사랑, 즉 잘못된 사랑을 가리켜 큐피디타스(cupiditas)라고 한다. 이에 반해 올바른 사랑이 추구하는 것은 영원이며 절대 미래다. 아우구스티누스는 이 올바른 사랑을 카리타스(caritas)라고 한다. 큐피디타스는 모든 악의 뿌리이며 카리타스는 모든 선의 뿌리다. 그러나 두 사랑에 공통되는 것은 모두 욕구라는 사실이다. 그래서 아렌트는 아우구스티누스를 다음과 같이 인용한다.

> 따라서 아우구스티누스는 이렇게 경고한다. "사랑하라. 그러나 당신이 무엇을 사랑하는지 조심하라"(Love, but be careful what you love).[5]

큐피디타스와 카리타스를 우리말로 어떻게 번역할지는 고민스러운 일이다. 이 책을 우리말로 번역한 서유경은 이를 각각 탐욕과 자애로 풀었다. 그런데 탐욕이나 자애는 대상에 따른 구별이라기보다는 사랑의 모습과 자세를 형용하는 표현에 가깝다. 탐욕적이라고 할 때는 거친 태도로 욕구를 추구하는 모습을, 자애라고 할 때는 자상하고 부드러운 방식으로 대하는 태도를 가리킨다. 이 번역어에는 대상의 차이가 극적으로 드러나지는 않는다. 탐욕은 물질적이고 세속적인 것을 대상으로 많이 쓰이기는 한다. 하지만 자애를 영원한 것을 추구하는 사랑으로 간주하기는 어렵다. 어머니가 자식을 대하는 태도를 나타내긴 해도 영원을 추구하는 사랑을 자애라고 표현하는 것은 어색해 보인다. 이런 이유에서 서유경의 번역어를 그대로 사용하기는 어려웠다.

대안을 찾던 중 각각의 사랑 대상에 한자어 '애'를 더하여 '세속애'와 '초월애'라고 번역하는 것을 고민해보았다. 그런데 이 번역어로는 사랑이나 갈망의 느낌이 다가오지 않았다. 결국 여기서 나는 '큐피디타스'와 '카리타스'라고 그대로 음차해서 썼다.[6]

2-4. 큐피디타스와 자유

카리타스와 큐피디타스는 감정의 종류는 다르지 않으며 그 뿌리는 갈망하는 욕구다. 다만 이 둘은 그 대상에 의해 구별된다. 욕구는 욕구의 주체를 사랑하는 자로 만들고 욕구의 대상을 사랑받는 것으로 만들어 주체와 대상 사이의 거리를 없앤다. 사랑의 주체와 대상 사이에는 거리가 소멸하기 때문이다. 그래서 사랑하는 자는 그 대상에 속한다. 우리는 카리타스 또는 큐피디타스 가운데 우리 거처를 정한다. 우리가 이 세상에 속할지, 다가올 세상에 속할지를 결정하는 것이다. 인간은 완전한 존재, 자기충족적 존재가 아니기 때문에 항상 자신의 외부에 있는 것을 욕구한다. 따라서 한 인간이 어떤 사람인지는 그가 욕구하는 대상을 보면 알 수 있다. 스토아학파는 욕구를 억제하라고 가르치지만, 어느 것도 사랑하고 욕구하지 않는 자는 아무도 아닌 존재(nobody)일 뿐이다. 각 사람은 자신이 사랑하는 바로 그것이다.

인간은 외부에 있는 사람이나 사물을 갈망하는데, 그 이유는 인간이 고립되어 존재하기 때문이다. 인간이 견디지 못하는 것은 고립이다. 그래서 큐피디타스나 카리타스를 통해 인간은 세계의 주민이 되든지, 절대 미래 안에 살면서 다가올 세상의 주민이 되려고 하든지 간에, 그 사랑을 매개로 고립에서 벗어나려는 충동에 이끌린다. 큐피디타스를 가진 자들은 이 세계를 자기 집으로 만들지만, 신앙을 가진 자들은 세계를 단지 광야로만 여긴다. 신앙인은 세상 가운데 집을 짓지 않고 일시적으로 거주하는 텐트를 칠 뿐이다. 그들이 세계를 사막으로 여기며 거기서 편히 살려고 하지 않는 이유는 큐피디타스로 얻는 것이 결국 행복 추구에 좌절을 가져다주기 때문이다.

사랑하는 자가 사랑의 대상과 함께 있을 때 욕구는 잠잠하게 된다. 고립은 소유에서 끝나며, 이 끝남이 바로 행복이다. 인간은 자신이 사랑하는 것을 즐길 때 행복하다. 행복은 소유로 이루어지는 것이 아니라 향유할 때 성취된다. 행복을 이루기 위해 사랑의 대상은 사랑하는 자의 존재 자체에 영원히 내재해야 한다. 큐피디타스를 하는 인간은 자기 자신이 아니라 세계를 원하고 세계를 소유하려고 하며, 그 세계의 핵심 요소가 되기를 욕구한다. 원래 인간은 세계의 부분이 아니다. 만일 인간이 세계의 한 부분이었다면 세계를 욕구하지 않았을 것이다. 욕구하는 사랑 가운데 인간은 고립에서 벗어나기 위해 자아와 분리된 어떤 것을 추구하는데, 이 과정에서 인간은 자기 자신을 놓치게 된다. 그리고 그 외부의 것의 노예가 된다.

아우구스티누스는 큐피디타스를 카리타스와 대립시키지 않고 자유와 대립시킨다. 큐피디타스는 자기 의지에 반하여 상실되어버릴 것을 사랑하므로, 자유를 가능하게 하는 선한 의지에 더 적대적인 것으로 여겨지기 때문이다. 나는 내 외부의 것에 속하는 과정에서 노예가 되어버렸고, 그 노예적 예속은 공포에서 드러난다.

2-5. 두 종류의 카리타스

아우구스티누스가 사랑을 욕구로 정의한 것은 플로티노스의 철학에서 영향을 받은 것이며, 기독교적인 것은 아니다. 아우구스티누스가 그렇게 한 이유는 인간의 상태가 한탄스럽기 때문이다. 플로티노스에 따르면, 밖으로 끌리는 욕구는 그 대상을 직면했을 때 자유롭지 못하다. 이는 세계에 대한 사랑에서나 신에 대한 갈망 모두에서 같다.

플로티노스는 자유란 욕구가 중지하는 곳에서만 존재한다고 일관되게 주장한다. 그는 자유가 현실의 삶에서 현실화하는 것은 인간의 정신에 의해서라고 한다. 밖으로 끌리는 욕구가 아니라 자신의 정신을 향하는 사랑은 카리타스다. 그런데 인간 정신의 주요 특징은 자기 자신과만 관계한다는 것이다. 인간 정신은 자기 충족성을 특징으로 하기 때문이다. 인간은 생명을 가지고 있으므로, 인간이 자기 자신과만 관계하는 상태는 죽음과 같은 상태다. 따라서 플로티노스에게 자유는 행위, 외적으로 이루어진 일 등을 지칭하는 것이 아니라 정신작용과 같은 내적 행위를 지칭한다.

아우구스티누스는 플로티노스와 달리 인간에게 최고선은 인간의 영혼일 수 없으며, 행복은 인간 자신의 능력에서 나오는 것이 아니라고 생각했다. 이는 기독교적 생각으로, 아우구스티누스가 기독교인임을 나타낸다. 인간에게 최고선은 신인데, 신은 신의 피조물인 인간의 내부에 존재할 수 없다. 아우구스티누스가 스토아학파나 신플라톤학파의 철학을 따라 기독교적 경험을 설명하려 할 때, 그의 이론은 비정합적 상태에 빠질 수 있다. 즉, 사랑이 갈망이라는 정의로는 행복이나 자유에 이르는 길을 설명할 수 없게 된다. 아렌트에 따르면, 아우구스티누스는 갈망이나 큐피디타스와는 무관한 사랑, 인간적 기원을 갖지 않은 사랑, 즉 플로티노스가 말한 카리타스와는 전적으로 다른 카리타스에 대해 말한다. 이는 『신약성서』의 로마서 5장 5절에 나오는 내용으로 신이 우리 마음에 부어준 사랑이다. "소망이 우리를 부끄럽게 하지 아니함은 우리에게 주신 성령으로 말미암아 신의 사랑이 우리 마음에 부음 바 됨이니."[7] 이 사랑은 창조주가 피조물에게 부어준 은혜다.

아우구스티누스는 아무리 자신의 마음을 다하고 정신 능력을 다 기울인다 해도 인간이 스스로 공포를 없애거나 자기 충족성을 이룰 수 있다고 생각하지 않았다. 욕구가 나쁜 것은 외부가 악하기 때문이 아니라, 원리적으로 볼 때 획득할 수 없는 것에 의존하여 인간을 노예로 만들어버리기 때문이다. 따라서 세계를 사랑하는 자들이 욕구를 통해 구성한 세계, 즉 인간의 집이 된 세계는 악이다. 이런 악을 위한 욕망은 세계 사랑으로 바뀐다. 이 악의 주요 특징은 그것이 외부의 것이라는 점이다. 외부 자체가 인간을 노예로 만들고 자유를 박탈한다. 자기 외부에 있는 것에 의존하는 자는 그 누구라도 공포에서 벗어나지 못한다. 그러나 카리타스는 공포를 몰아내기 때문에 자유로운 것이다.

2-6. 분산과 자아의 통일성

아우구스티누스는 인간이 세계에 속하여 자아를 잃어버리게 되는 것을 '분산'(dispersion)이라고 한다. 인간이 자기 외부에 있으며 자신이 아닌 것을 욕구하고 의존할 때, 자신을 흐트러지지 않도록 결합해주는 통일성을 상실한다. 이 통일성은 인간에게 "나는 존재한다"라고 말할 수 있게 만들어주는 것이다. 인간은 통일성을 상실함으로써 세계 속에 흩어지고 세속적 대상의 무한한 다양성 속에 자아를 상실한다. 이것이 분산이다. 그런데 분산은 자아 상실을 가져오기 때문에 공포 또한 잊게 만든다는 점에서는 장점이 있다. 공포의 상실이 자아 상실에서 비롯되지만 말이다.

자아 상실은 호기심에서 발생한다. 호기심은 세계의 사물들에 매료되는 눈의 욕망, 성서적 표현으로 '안목의 정욕'으로 일어난다. 이 눈의 욕망이라는 말은 『신약성서』 요한일서 2장 16절에 나오는 말이다. "이 세상에 있는 모든 것이 육신의 정욕과 안목의 정욕과 이생의 자랑이니 다 아버지께로부터 온 것이 아니요 세상으로부터 온 것이라."[8]

눈의 욕망에는 이상하게도 자아가 빠져 있다. 눈은 세계에 속한 사물들에 대해 알려고 하는데, 여기에는 자아에 대한 그 어떤 반성도 포함되어 있지 않다. 또 눈은 그 어떤 쾌락도 추구하지 않는다. 미(아름다움)가 눈에, 선율이 귀에, 부드러움이 촉각에, 향내가 후각에 즐거움을 주는 것처럼 쾌락은 무엇이든 감각을 즐겁게 하는 것을 추구한다. 그런데 시각은 단순히 미에 의한 매혹보다 훨씬 더 위험한 유혹을 알고 있다는 점에서 다른 감각들과 구분된다. 눈은 쾌락과 반대되는 것을 보려고 열망하기도 한다. 단지 알고 싶고 경험하고 싶다는 이유에서 말이다. 본다고 해서 그 어떤 유익이 있는 게 아니라도 여전히 보고 싶어 한다. 극장의 관중이 놀라운 광경 앞에서 모든 근심을 잊어버리는 것과 마찬가지로, 인간은 눈의 욕망 가운데 자아를 잃어버린다. 이것은 세계를 향한 비감각적 사랑이다.

"나는 존재한다"라고 말하기를 원하는 자, 그래서 자기 자신의 통일성과 정체성을 확립하고 이를 세계의 다양성과 복수성에 맞세우려는 자는 자기 자신에게로 즉 어떤 내적 영역으로 물러서서, 외부의 세계가 무엇을 제공하든지 그것에 등을 돌려야 한다.[9]

이러한 아우구스티누스의 태도는 스토아학파나 신플라톤학파와 유사해 보인다. 하지만 아우구스티누스는 자기 내면으로 돌아가 거기서 자기 충족성을 찾을 수 있다고 보지는 않았다. 분산을 통한 자기 상실에 이르지 않으려고 자기 내면으로 되돌아감으로써 그는 자기 자신에게 질문을 던지게 된다. 자기가 자기 자신에게 문제가 된 것이다.

아우구스티누스는 자기 자신에게 되돌아감으로써 질문 자체를 전환했다. 여기서 아우구스티누스는 자아가 자연보다 훨씬 더 이해하기 어렵다는 것을 발견했다. 이제 아우구스티누스가 신에게서 찾으려는 것은 "나는 누구인가?"에 대한 대답이다. 이전의 철학과 달리 이제 그가 신에게서 얻으려는 것은 우주의 신비나 존재 문제에 대한 답이 아니라 자기 자신에 대한 인식이다. 이렇게 자기 내면으로 돌아갔을 때 인간은 신의 안내를 받게 되며 그의 도움으로 자아를 발견하게 된다. 자아 발견과 신의 발견은 이렇게 일치한다. 내가 나 자신에게 되돌아감으로써 내가 세계에 속하는 것이 중단되기 때문이다.

2-7. 내적 영원과 절대 미래

내가 나의 신을 사랑할 때, 나는 무엇을 사랑하는가?(What do I love when I love my God?) 이는 아우구스티누스가『고백록』10장에서 던진 질문이다. 신은 최고 존재다. 내가 신을 사랑할 때 나는 인간의 몸의 아름다움, 시간의 찬란함, 멜로디의 아름다움을 사랑하지만, 그런 아름다움은 외부 세계 자체에 속한 것이 아니라 본질과 관련된 것이며 내 마음과 관련된 것이다. 신은 나의 내적 자아의 에센스이지만, 나의 내적 자아와 동일한 것은 아니다. 몸은 소멸할 수 있지만 아름다움은 소멸하는 것이 아니며, 소리는 사라질 수 있지만 음악의 달콤함이 소멸하지는 않는다. 사랑은 사랑하는 자가 어디에 속하는지 알려준다. 사랑은 사랑하는 자에게 소속을 부여한다. 내가 신을 사랑하면 내 본질은 신에 속한다. 신은 인간을 사랑하기 때문에 인간에게 속하며, 본질이 인간에게 속한다.

신을 발견할 때 인간은 자기가 결여한 영원한 본질을 신에게서 발견한다. 영원은 내면에서 나타난다. 이를 '내적 영원'(internum aeternum)이라고 한다. 내적 영원이 깃든 내적 인간은 신이 작용하는 적절한 장소인데, 이는 가멸적 인간에게는 보이지 않는다.

갈망하는 사랑은 소유, 즉 지속적 보유를 원하는 가운데 최고선 즉 자신의 본질인 신을 사랑하지 않을 수 없다. 인간 본질은 불변하지만 인간 실존은 항상 변화하고 결국 소멸하므로 이 둘은 심각한 모순 가운데 있다. 그래서 올바른 자기 사랑은 현재의 자아를 사랑하지 않고 영원히 살아 있을 자아를 사랑한다. 현재 삶에서 본질적 자아를 찾으려 하지만 자아란 변화가 가능하므로, 참된 자아를 찾으려는 탐구는 자기 자신을 초월해야 한다. 이 초월은 시간을 넘어서 영원을 잡으려고 애쓴다. 영원한 삶과 일시적인 삶이 대립하는 가운데 말이다.

일시적 존재인 인간은 영원을 절대 미래로만 이해할 수 있기에 영원을 위해서 현재를 근본적으로 부정한다. 이는 곧 현재의 자기에 대한 증오로 이어진다. 그리고 죽음 너머에 있는 절대 미래로 삶의 참된 목표가 투사된다. 하지만 갈망하는 사랑은 그 절대 미래를 소유하려 함으로써 현재 삶을 무시하려 한다. 최고선의 소유라는 말은 그 자체로 모순이다. 참된 자기애가 자기 증오로 현실화하는 것처럼, 최고선의 소유는 망각으로만 현실화할 수 있다. 미래를 열망하려면 현실을 잊어야만 하는 것이다. 현재가 미래를 향한 욕구로 가득 차 있다면, 인간은 시간이 없는 현재를 기대한다. 이는 신적 시간이며, 오늘이 영원인 시간이다. 인간이 세계를 갈망하는 가운데서 자기 자아를 잃는 것처럼, 인간은 신을 갈망하면서 자신을 잊는다. 이렇게 더 이상 자기 관계를 유지하지 않고 사랑을 추구함으로써 미래의 영원으로 이행한다. 이는 사랑을 갈망으로 이해할 때 다다르는 불가피한 결론이다.

인간 실존이 미래로 이행할 때 자신의 출발점인 기원(origin)을 망각한다. 이행을 통해 도달하는 절대적 미래는 인간의 활동으로 움직이는 것이 아니며, 인간의 필멸성과는 영원히 분리되는 것으로 남아 있다. 인간은 이 절대 미래를 희망 또는 공포를 기대하면서 대하게 된다. 카리타스에 의해서 신에게 속하게 된 사람들에게는 그것이 희망이지만, 죽을 수밖에 없는 이 세계에 속한 사람들에게는 그것이 공포가 된다.

아우구스티누스에게 존재와 시간은 상반된다. 인간은 존재하기 위해 실존의 시간성을 극복해야 한다. 사랑하는 자는 사랑하는 대상을 향하는 가운데 자기 자신을 망각하고, 필멸적 인간은 영원을 향하는 가운데 자신의 실존을 망각한다. 이 자기 망각과 인간 실존의 망각은 이웃 사랑하기를 자신처럼 하라는 기독교의 핵심적 요구를 거의 불가능하게 만든다. 절대 미래로의 이행은 자기 주위의 것을 넘어버리게 하기 때문이다. 이 난점은 사랑을 욕구로 정의하기 때문에 발생한다. 갈망의 모든 욕구는 그 대상에 따라 결정되고 그 대상에 의존하기 때문에 자기 부인과 자기 망각으로 끝나게 된다. 이런 결과를 낳는 기독교는 가짜 기독교다.

2-8. 향유와 이용

모든 욕구는 그 욕구를 반드시 이루려 한다. 성취는 보는 것으로 이루어진다. 듣거나 만지는 것은 대상의 소비로 이어지는데, 보는 것만으로는 아무런 변화도 일어나지 않는다. 보는 것은 순수한 향유를 가져다준다. 영원한 삶이 가져다주는 절대적 정적과 안정성 가운데서 인간이 신에 대해 가지는 관계는 봄으로써 누리는 영원한 기쁨의 관계다. 이것이 신에 대한 인간의 유일하게 적절한 태도다. 이것은 바울의 기독교와는 거리가 멀다.

바울에게 사랑은 성취를 갈망하는 것이 아니다. 사랑은 인간이 신과 결합되어 있음을 나타내는 표현이다. 믿음과 소망보다 사랑이 더 큰 이유는 사랑(카리타스)이 그 자체로 보상을 포함할 뿐 아니라 현세와 내세 모두에 존재하기 때문이다. 살아서나 죽어서나 인간은 같은 사랑으로 신을 사랑한다. 오직 사랑만으로 지상에서 인간의 본성 그리고 세속적 존재이자 세계에 속하는 인간의 모습이 극복될 수 있다. 이런 사랑이 어떤 대상을 추구하거나 그에 의존하는 것은 아니지만, 이런 사랑은 사랑하는 사람을 변화시킨다.

욕구의 성취와 목표는 향유(frui, enjoyment), 즉 즐김이다. 사랑은 향유를 목표로 하고 행복은 향유로 구성된다. 향유는 향유를 위한 관계에서 발생한다. 만일 수단으로 어떤 것을 활용한다면 이는 향유가 아니라 이용(uti, use)이다. 향유와 이용은 반대되는 것이다. 사랑은 궁극적인 것을 목표로 하므로 향유를 위해 존재한다. 사랑의 종점은 세계에 굴복하는 것이거나 모든 행위와 욕구가 중지되는 미래의 영원에 굴복하는 것이다. 하지만 세계에 굴복하는 것은 사랑의 목표가 될 수 없다. 세계 속에 존재하는 일시적인 것이 큐피디타스를 충족할 수는 없기 때문이다. 그렇지만 일시적인 것이라서 지속적으로 향유할 수 없을 때 인간은 그것에 더 애착을 갖고 빠지게 된다. 그럼에도 결국 모든 것은 죽음과 더불어 상실될 수밖에 없다.

지상에 존재하는 선들은 최종 목표인 최고선과의 관계에서만 상대적 가치를 가지므로, 이는 모두 '~을 위하여'의 형식을 갖는다. 최고선은 '~을 위하여' 존재하는 것이 아니라 '자기 자신을 위하여' 존재한다. 향유는 그 자체를 제외하고 다른 어떤 것과도 관계가 없지만, 욕구는 '~을 위하여'에 묶여 있다. 행복을 향한 여정은 욕구로 알려지지만, 이용을 통해 향유로 이어진다. 옳은 향유 대상이 옳은 이용 대상을 결정한다. 향유가 행복을 가져다주므로 이용 대상은 향유 대상을 향해야 한다.

카리타스는 최고선을 대상으로 하기에 세계가 최고선과 연관될 때만 세계와 연관을 맺는다. 세계는 신과 관계될 때만 의미가 있기에 그 독립적 유의성은 갖지 못한다. 세계에 대한 올바른 태도는 이용하는 것이다. 세계는 이용 대상으로 존재할 뿐 향유 대상으로 존재하는 것이 아니다. 카리타스는 '주님을 위하여'라는 말에서보다 그 의미를 더 명백히 드러낼 수 없다. 카리타스는 인간과 그의 궁극적 목표를 연결하는 길이다. 카리타스도 기본적으로 갈망이므로 그것은 보는 것과 향유를 욕구한다. 카리타스의 대상은 그 자체로 영원하므로 상실될 수 없지만, 지상의 삶에는 절대적 공포 없이 잠정적 형태로 나타난다.

영원에 대한 초월적 기대 속에서 죽음은 상대적으로 된다. 죽음이 죽어버리는 것이다. 죽음 없이는 상실의 공포가 없다. 공포 없음은 상실의 공포에서 자유로움을 의미한다. 그래서 카리타스는 공포의 노예 상태에 빠지지 않는다. 죽음은 큐피디타스의 지배를 받는 삶에는 최악의 것이지만, 카리타스의 지배를 받는 삶은 공포를 모른다. 이제 아우구스티누스에게는 죽음이 아니라 삶이 문제가 된다. 평정심을 갖고 죽는 것이 아니라 평정심을 갖고 살아가는 것이 중요한 것이다.

카리타스를 가진 인간은 삶과 세계를 자유롭게 이용함으로써 그에 묶이지 않고 받아들인다. 물론 이 자유는 임시적일 뿐인데, 이는 아직은 영원에 들어가지 않았기 때문이다. 큐피디타스에 빠진 인간은 신에 대한 믿음이 없으므로 신을 공포로, 즉 처벌에 대한 공포로 여긴다. 이 공포는 사랑에서 나온 것이 아니므로 가짜 공포다. 진정한 공포는 사랑을 갈망하는 대상을 잃을 것을 두려워하는 데서 나오며, 카리타스만이 진짜 공포를 갖는다. 진짜 공포는 악이 발생할 때 우리를 단념시키는 공포가 아니라, 잃어서는 안 될 선을 지키도록 우리를 이끄는 공포다. 진짜 공포는 카리타스를 가진 사람을 공포 없음으로 이끈다. 그래서 그는 자유를 얻는다. 큐피디타스가 주는 저주도 공포이지만 이 공포는 욕구하는 것을 얻지 못하는 공포이고 또 한 번 얻은 것을 다시 잃어버리는 데 대한 공포다.

3-9. 절대 미래의 관점

카리타스 안에서 예기된 미래의 자유는 현재 삶의 모든 일에 기준이 된다. 무엇을 욕구할지, 누구를 사랑해야 하는지는 미래를 기준으로 결정된다. 그래서 미래는 사랑의 척도이며, 이를 통해 사랑의 질서가 형성된다. 사랑을 베푸는 순서 또는 위계적 질서는 항상 존재해왔지만, 무엇을 사랑하느냐에 따라 그 순서가 달라진다. 세속적 질서는 세계 속에 있는 것들을 그 자체를 위해 사랑하고 욕구할 때 발생하지만, 카리타스에 따른 질서는 신을 위해 세상의 것을 사랑할 때 형성된다.

예기된 미래의 관점에서 볼 때 세계는 영원하지도 않고 그 자체를 위해 존재하는 것도 아니다. 따라서 세계에 대한 인간의 올바른 태도는 향유가 아니라 이용이다. 인간은 세계를 이용할 때 수단과 도구를 이용하는 주인의 태도를 가진 채 독립적인 자세로 세계를 자유롭게 이용해야 한다. 수단과 도구가 적실한지는 궁극적 목적에 비추어 결정된다. 따라서 세계는 목표를 위한 수단으로 상대적 중요성을 가진다. 수단과 목적을 결정하는 자는 인간이므로, 질서 형성은 세계에 의해 결정된다는 의미에서 '객관성'을 갖는 것이 아니라 인간 중심으로 결정된다는 의미에서 '주관성'을 갖는다.

인간이 신을 위해 있는 것처럼 세계는 인간을 위해 있다. 세계에 대한 사랑은 초월적 목적에 비해 이차적이며 파생적인 성격을 갖는다. 절대 미래의 관점을 지닌 인간은 세계를 더는 그 자체로 사랑하지 않는다. 인간은 절대 미래로부터 형성된 질서에 따라 세계에 있는 것들을 규제하며, 인간 자신의 실존 또한 세계에 있는 사물처럼 여긴다. 여기서 이루어지는 자기애, 즉 자기에 대한 사랑의 관계는 다가올 참된 삶을 위해 이용되는 다른 사물들과의 관계와 다르지 않다. 이는 아우구스티누스가 "나는 나 자신에게 문제가 되었다"라고 말할 때 맺게 되는 자신과의 관계와는 의미가 다르다.

3-10. 사랑의 질서와 이웃

절대 미래의 관점에서 형성된 질서에 따라 규정된 것은 그 현존하는 순전한 모습으로 나타난다. 규제하는 자는 세계와 자기 자신에게 관심을 두지 않는다. 각각의 대상에 부여된 적절한 질서에 따라 사랑받을 만큼만 사랑받게 된다. 이렇게 보면 "네 이웃을 네 몸과 같이 사랑하라"라는 계명은 자기 몸에 대한 사랑보다 큰 사랑으로 이웃을 사랑해서는 안 된다는 말로 이해된다. 자신보다 이웃을 더 사랑한다면 그것은 죄가 된다.

이런 맥락에서 아렌트는 사랑에 관한 아우구스티누스의 용어에 대해 언급한다. 그리스어 『신약성서』에는 사랑에 대해 세 개 단어, 즉 에로스(eros), 스톨게(storge), 아가페(agape)를 사용하는데 이들에 대해 라틴어 번역어는 아모르(amor), 딜렉티오(dilectio), 카리타스(caritas)가 각각 상응한다. 아우구스티누스는 이 용어들을 유연하게 사용했고 심지어 이들끼리도 동의어처럼 사용했다. 또한 아우구스티누스는 일관적이지는 않았지만 대체로 욕구와 갈망을 나타내기 위해 아모르를 사용했고, 딜렉티오는 자기와 이웃에 대한 사랑을, 카리타스는 신과 최고선에 대한 사랑을 나타내는 데 사용했다. 그러나 아우구스티누스는 합당한 카리타스와 부당한 카리타스라는 표현을 사용할 정도로 용어 사용에 일관적이지 못했다고 아렌트는 지적한다.

옳은 질서를 따르는 사랑은 더 이상 갈망과 욕구로 여겨질 수 없다. 그 사랑의 방향은 어떤 특정한 대상에 의해서가 아니라 존재의 일반적 질서에 따라 결정되기 때문이다. 이 질서에 따라 '우리 위에 있는 것' '우리 옆에 있는 것' '우리 아래 있는 것'이 구분된다. 우리 위에 있는 것은 가장 높으며 가장 큰 사랑을 받아야 하며, 우리 아래 있는 것은 가장 작은 사랑을 받아야 한다. 그밖의 것들, 즉 우리의 자아들, 이웃들, 우리 몸 등은 최고선과의 연관 속에서 적절한 만큼의 사랑을 받아야 한다. 그런데 이 절대 미래는 자기 자신의 미래 관점에서 보인 것이므로, 그로써 형성된 질서는 나와 관계있는 것만으로 형성된 것이다. 이 질서의 관계는 나와 가까운 이웃들의 공동체 안에서 형성된다. 이 공동체의 다른 말이 사회(societas)다.

내 위에 있는 것은 향유되고 내 아래에 있는 것은 이용되지만 내 옆에 나란히 있는 나 자신과 내 이웃은 향유되지도 이용되지도 않는다. 아우구스티누스가 말한 이용과 향유, 수단과 목적의 대립은 여기서 더는 작동하지 않는다. 이 사랑은 갈망이라는 사랑과는 전적으로 다른 맥락에서 설명된다.

이웃에 대한 내 사랑은 세계와 인간의 초월을 목표로 하는 한 부차적인 것으로 남아 있게 된다. 이 양자는 근본적으로 다르기에, 세계 초월이라는 목표를 위해 이용될 정도로만 이웃에 대한 사랑이 정당화될 수 있다고 생각할 위험이 있다. 아우구스티누스는 인간을 단지 목적을 위한 수단으로 강등할 위험을 알고 있었다. 아우구스티누스의 결론은 "우리가 누군가를 그 자신을 위해 사랑한다면 우리는 그를 향유하는 것이다. 만일 다른 어떤 것을 위해서라면 우리는 그를 이용하는 것이다"라는 것이다.

이웃 사랑은 욕구 또는 갈망으로 규정되지 않는다. 그렇지만 아우구스티누스는 갈망으로서의 사랑 개념을 이용하여 이웃 사랑을 설명해야만 했다. 그 결과 그는 사랑이 파생적이라고 선언해야 했고, 욕구 대상과 맺을 수 있는 관계는 이용과 향유 외에는 없다고 주장해야 했다. 이것은 명백히 사랑의 지위를 강등시키는 것이며, 아우구스티누스 사상에서 사랑이 차지하는 중심적 지위와 모순된다. 이웃 사랑 또는 일반적인 인간 존재 사이의 사랑은 욕구와 갈망과는 전적으로 다른 근원에서 도출된다. 따라서 다른 개념의 사랑이 등장할 필요가 있다.

제2장 근원으로부터 이해한 사랑

1-1. 기억의 기능

사랑을 욕구로 정의하면 "이웃을 너 자신과 같이 사랑하라"라는 계명은 인간에게 무의미한 것이 되고 만다. 갈망인 사랑은 행복을 목표로 하며, 이를 위해 절대 미래에 행복을 투사하여 전적으로 미래에 의존한다.

행복을 추구하려면 행복이 무엇인지를 미리 알아야 한다. 그래서 우리는 미래를 향해 행복을 추구하지만, 그것을 욕구하면서 행복에 대해 이미 우리에게 잠재한 지식을 늘 '되돌이켜 참조(되-참조)'해야 한다.

나는 내가 이미 알고 있는 것만 추구할 수 있다. 아우구스티누스는 그런 지식이 보존된 곳이 인간의 기억이라고 했다. 그리고 그는 기억을 자기의식 자체와 동일시했다. 기억은 정신이 자기 자신을 향해 현재화하는 것이며, 자기의식 현상과 같은 것이기 때문이다. 나는 내가 과거에 보았던 것을 떠올리기 위해 내 의지의 노력을 동원한다. 그런데 어디서도 본 적이 없는 것을 정신 안에서 떠올려내는 것은 경이로운 일이다. 예컨대 우리는 정의로움이 무엇인지 본 적이 없지만 정의를 추구하며 그것을 알려고 한다. 행복한 삶을 사는 실존이 어떤 것인지는 순수한 의식 속에 주어져 있기에, 우리가 미래에 행복한 삶을 만날 때 그것이 행복한 삶임을 알게 된다. 그 지식은 자기의식의 자리인 기억 안에 명확히 저장되어 있다. 이 지식은 과거를 향해 있다. 그래서 우리는 행복이 절대 미래로 투사될 때 그것은 절대 과거에 의해 보증된다고 말할 수 있다.

기억은 회상으로 작용한다. 행복한 삶을 기억 속에서 회상할 때 이것이 현재와의 접점을 상실한 채 순수하고 단순한 형태로 회상되는 것이 아니다. 행복한 삶이 기억되는 한, 그것은 현재의 한 부분이면서 우리의 미래 욕구와 기대를 고무한다. 예컨대 우리가 슬플 때 기쁨을 기억하는 것은 우리가 궁극적으로 기쁨으로 돌아가기를 희망한다는 것이며, 기쁠 때 슬픔을 기억하는 것은 우리가 슬픔이 다시 돌아올 것을 두려워한다는 것이다. 이처럼 '행복한 삶'은 특정한 잠재력으로 기억을 통해 현재의 부분이 되어 작용하는 한에서만 인간의 노력을 위한 궁극적 안내자가 될 수 있다. 이런 회상 가운데 현재는 초월된다. 현재를 초월하여 과거를 회상하고, 현재를 초월하여 미래를 안내한다.

행복한 삶이나 신을 찾을 때 나는 그것을 내 기억 공간 안에서 찾으며, 내 외부에서는 찾을 수 없다.

과거를 현존하게 만들면서 그 특별한 과거성을 박탈하는 것이 기억의 기능이다. 기억은 과거를 원상태로 돌린다. 기억의 승리는 과거를 현재화하면서 거기서 과거성을 박탈하는 가운데, 기억이 과거를 미래의 가능성으로 변형시켜버리는 것이다. 지나간 것이 다시 가능할 수 있다. 이것이 우리의 기억이 우리에게 희망과 공포 안에서 말해주는 것이다.[10]

따라서 우리가 행복한 삶을 이루려면 우리 갈망이 오롯이 미래만 향하는 것이 아니라 잊었던 참조점을 찾아 현재를 넘어 과거로 나아가야 한다. 우리의 의문은 미래가 아니라 과거로 향하고, '어디로'가 아니라 '어디에서'를 향하며, 욕구의 기능이 아니라 기억의 기능을 향하게 된다.

욕구는 현실을 넘어 미래를 향한다. 회상은 현실을 넘어 과거를 향한다. 과거를 향한다는 것은 인간 실존의 기원을 지향함을 의미한다. 회상은 분산된 자신을 모으는 기능을 한다. 우리는 회상을 통해 최고선을 향한 사랑의 욕구에 이끌리는 것이 아니라 욕구 대상이 될 수 없는 신의 사랑에 이끌린다. 기원에 대한 탐구는 분산으로부터 회상하는 것과 더불어 시작한다. 신에 대한 사랑(amor Dei)은 신의 사랑에 대한 사랑(amor amoris Dei)에 의해 이끌리는데 여기에는 신과의 관계가 이미 전제되어 있다. 분산된 자신을 다시 모으는 것은 고백과 같은 작업이다. 행복한 삶에 대한 욕구는 기억, 회상, 고백으로 이어지면서 실존의 기원에 대한 탐구, 나를 만든 근원적 존재의 탐구로 나아가게 된다. 그래서 절대 미래는 궁극적인 과거임이 밝혀지며, 거기에는 기억을 통해 도달하게 된다. 그 과거는 어디서 왔는가? 인간은 자신을 창조하지 않았으므로 자신의 과거 한계를 발견하게 된다. 그리고 여기에 인간의 의존성이 드러난다. 기억이 인간에게 행복을 욕구하도록, 또 영원히 지속하는 실존을 욕구하도록 고무한다.

1-2. 인간의 의존성과 그 결과

행복한 삶을 갈망하는 인간은 자신의 지상의 삶에서는 결코 경험할 수 없었던 행복의 관념에 의존한다. 더욱이 이 관념이 지상에서의 행위에 유일하게 결정적 영향을 미치는 요소가 된다면, 이는 인간 실존 자체가 우리가 알고 경험하는 인간 조건 외부에 있는 무엇에 의존하고 있음을 의미한다. '인간 조건 외부'라는 말은 '인간 실존 이전'을 의미한다. 신은 인간의 외부에 또 인간 이전에 존재한다. 신은 인간의 기억을 통해 인간 안에 존재한다.

인간 존재를 결정하는 요소는 기억 가운데 발견된다. 신이 인간을 창조한 이유는 창조 행위 이전에 존재했고 또 그 이후에도 존속하기 때문이다. 모든 구체적 사랑 행위의 이유는 근원적 시작을 되-참조함으로써 알게 된다. 그 근원은 영구적 성격을 갖는다. 이는 그것이 모든 가멸적 실존이 지속할 수 있는 궁극적인 불멸의 존재 근거이기 때문이다. 따라서 모든 피조물이 다 행복해질 수 있는 것은 아니다. 무에서 창조된 인간은 스스로 행복을 성취할 수는 없지만, 오직 자신을 창조한 신을 통해 행복해질 수 있다.

자기에게로 돌아오는 것은 회상의 행위이자 창조주에게 돌아가는 행위다. 인간이 자신을 사랑하고 자기 행복을 위해 노력하는 것은 자기 존재의 의미 있음을 창조주로부터 지각할 때다. 피조물은 자신의 근원이 없이는 그 어떤 것도 될 수 없으므로 그 근원과 관계를 갖는 것이 의식적 존재자가 되는 첫째 요소가 된다. 창조된 존재자의 경우 본질과 실존이 같지 않다. 창조주인 신으로의 귀환은 피조물이 자기 자신에게로 귀환하는 유일한 방법이다. 인간이 다른 피조물과 다른 점은 인간은 의식을 가지며 기억을 통해 자기 기원과 연결될 수 있다는 것이다. 그 기원과의 재연결로만 인간은 참으로 존재한다고 할 수 있다. 재연결은 인간의 자유의지 문제가 아니며, 창조라는 사실에 내재하는 인간의 의존성 인정으로 이루어지는 것이다.

인간을 의식하고 기억하는 존재로 규정하는 결정적 요소는 탄생성(natality), 즉 우리가 출생으로 세계에 들어왔다는 사실이다. 인간을 욕구하는 존재로 규정하는 결정적 요소는 필멸성, 즉 우리가 죽음으로 세상을 떠나게 될 것이라는 사실이다. 죽음의 공포와 삶의 부적절성은 욕구의 원천이다. 이와 대조적으로, 주어진 삶 자체에 대한 감사는 기억의 원천인데, 이는 삶이 불행 속에서도 소중히 여겨지기 때문이다. 죽음에 대한 공포를 궁극적으로 고요하게 하는 것은 희망이나 욕구가 아니라 기억과 감사다.

우리 존재는 창조주에게서 왔고 우리 존재가 그에 의존하기에 우리는 존재하기를 원한다. 존재의 근원은 나의 밖에서 내게로 온 것이다.

모든 상황에서도 존재하려는 이 의지는 인간 실존의 세속 초월적 근원에 대한 애착의 특징이다.[11]

존재하려는 의지는 의지력에 의존하는 것이 아니라 인간 조건의 특징이다. 그리고 욕구와 공포보다 훨씬 더 원초적이다.

창조된 것은 변화 과정에 있다. 인간은 불변의 존재가 아니라 되어지고 만들어지는 존재다. 라틴어 표현에 따르면, 되어진다는 것과 만들어진다는 것은 동의어다. 신은 변하지 않고 그대로 있기에 참으로 존재한다.

창조된 것이 실존하게 되는 것은 비존재에서 존재로 변화하는 것이다. 창조된다는 것은 최초의 변화다. 그리고 그 이후로 피조물은 변화의 지배를 받는다. 그의 양상은 존재도 아니고 비존재도 아니며 그 사이의 어떤 것이다. 그들은 단순하게 존재하는 것이 아니라 다른 어떤 것과의 관계 속에서 존재한다.[12)

신은 자기 안에 머물러 있지만 인간은 자신에게로 돌아가야 한다. 이것은 오직 인간만이 가진 능력이다. 인간의 삶은 실존하게 되고 소멸해가는 것으로서 전적으로 존재하는 것도 아니고 전적으로 존재하지 않는 것도 아닌 것으로 보일 때 관계의 양상 가운데 실존한다. 그리고 인간의 삶은 존재를 소유할 수 없다. 다만 존재와의 관련성 안에서만 실존한다. 인간은 일단 실존하게 되면 무로 변할 수 있다. 인간은 자기 충족적 존재가 되지는 못하지만 그렇다고 해서 아무것도 아닌 것은 아니다. 인간 실존은 행위를 하는 가운데 있고, 항상 운동 가운데 있다. 이런 실존의 양상에서도 인간은 참조점을 조회함으로써 실존한다.

근원에 대한 인간의 관계성은 모방으로 현실화한다. 모방은 의식적으로 살아가는 인간 삶의 특성이다. 심지어 악한 자도 신의 높음을 모방하려 하여 스스로 높아짐으로써 악하게 되는 것이다. 악은 신을 도착적으로 모방하는 것이다. 모방은 인간 행위를 규율하는 기본 구조에 속한다. 그런데 모방은 사랑을 통해 명백히 현실화한다.

1-3. 시작

아우구스티누스는 세상의 시작과 시간의 시작을 구별한다. 이 둘은 모두 인간의 창조 이전에 있었다. 세상의 시작은 최초(principium)라 하고, 시간의 시작은 시초(initium)라고 한다. 전자는 우주의 창조를 가리키고 후자는 인간의 시작을 가리킨다.

인간은 시간 안으로 창조되어 들어갔고, 시간 자체는 세계와 동시에, 즉 운동과 변화와 함께 창조되었다. 시간이 운동하는 피조물 없이 생각할 수 없는 것처럼, 운동도 흐르는 시간이라는 관념 없이는 생각할 수 없다. 시작이 인간과 더불어 창조된 것이므로 시간이나 우주가 목적 없이 쳇바퀴 돌듯하거나 그 어떤 새로운 것을 생겨나지 않게 하면서 스스로 순환할 수는 없다.

인간이 창조된 것은 새로움(novitas)을 위해서였다. 인간은 자신의 시작 또는 기원을 알 수 있고 의식할 수 있고 기억할 수 있기에 새로운 무엇을 시작하는 자로서 행위를 할 수 있고 또 인류의 이야기를 시작할 수 있다.

시작하는 모든 것에는 끝이 있다. 시작과 끝이 있는 것은 존재일 수 없다. 인간은 삶 속에도 있고 죽음 속에도 있다. 인간의 끝은 삶의 처음부터 인간 속에서 작용한다. 죽음에 다가가는 삶은 존재하면서도 동시에 존재하지 않는데, 그런 가운데서도 삶은 영원한 존재를 자신의 근원으로 가진다.

존재의 근원인 창조주는 항상 동일하게 있다. 엄밀히 말하면 창조주의 영원은 비(非)시간이다. 그가 하는 일은 모두 동시에 발생한다고 말할 수 있다. 따라서 그의 일은 시간의 간격을 통해서는 이해할 수 없다.

영원을 의미하는 비시간이라는 시간 이미지는 현재이면서 영원한 '오늘'이며 절대 현재다. 이는 절대 미래와 절대 과거와 일치한다. 인간 실존은 시간의 세 시제와 '실존으로 되었다'(fieri)는 사실로 결정된다. 인간은 기억과 기대를 통해서만 이 시간의 세 시제를 결합할 수 있다. 그렇게 해서 인간은 자기 자신의 실존을 하나의 전체로 통합하는데, 만일 그렇지 않으면 실존이란 단지 시간적 간격의 질서정연한 연속에 지나지 않을 것이다.

인간은 정신 집중으로 기억과 기대를 현재로 옮김으로써 절대 현재에 근접한다. 그런데 인간 실존에 통일성과 총체성을 부여하는 것은 기대와 기억 가운데 기억이다. 인간의 실존은 과거와 미래를 현재화하고 유지함으로써 현재 안에서 결정된다. 인간은 절대 근원을 향해 삶을 살아가면서 죽음으로 나아가므로 현재의 시간 안에 삶을 집중할 수 있고, 그 때문에 현재의 시간 안에서 행복할 수 있다. 인간이 영원한 존재 안에서만 행복할 수 있고, 또 시간에 대한 인간의 종속은 과거와 미래의 동시적 현재화 가운데 사라지기 때문이다. 기원을 탐색하며 과거를 현재화하는 일은 미래를 예기하면서 욕망하는 일로 변한다. 이렇게 삶의 시작과 끝은 서로 교체가 가능하게 된다.

1-4. 세계

존재에 대한 아우구스티누스의 이해는 그리스 개념에서 나왔다. 존재는 영속적이고 우주의 영원한 구조이며, 인간은 우주 구조의 일부분이다. 그러나 세계(mundus)에 대한 아우구스티누스의 이해는 기독교 가르침에서 나왔다. 세계는 창조된 것이고 지속적이지 않다. 세계는 우주와 다르며, 인간에 의해 구성되는 인간의 세계다.

아우구스티누스에 따르면 세계는 신이 만든 것, 하늘과 땅, 자연 전체 구조물의 이름일 뿐 아니라, 그 세계 거주자들의 이름이기도 하다. 또 세계를 사랑하는 모든 사람도 세계라고 불린다. 따라서 세계 개념은 이중적이다. 세계는 모든 것에 선행하는 신의 피조물(하늘과 땅)을 말하며, 동시에 거기에 거주하고 그것을 사랑함으로써 형성되는 인간 세계를 말한다. 우리는 의지를 통해 전자의 세계를 후자의 세계로 바꾼다.

이 세계에서는 그 어떤 것도 우연으로 생겨나지 않는다. 이것은 이루어진 것이다. 세계 안에서 이루어진 것은 신의 행위와 우리 의지로 함께 이뤄낸 것이다. 우리는 의지를 통해 세계 안의 사건들에 참여한다. 하지만 그것이 신의 행위의 결과이기도 하므로, 신이 우리와 우리 행위를 모두 포괄하는 영존하는 포괄자인 것은 아니다. 세계 안에서 일어나는 사건들은 세계에 거주하는 인간에 의해 부분적으로 구성되기 때문이다. 인간의 구성으로 인간 세계가 비로소 이룩되지만, 이는 창조처럼 무에서 이루어진 것은 아니다. 인간이 세계를 만들고 또 자신이 그 세계의 일부가 되는 것은 신의 작업의 산물인 피조물에 의해서다.

세계라는 말은 죄인들을 가리키는 말이기도 하다. 그들이 세계를 사랑해서 그 안에 머물러 있기 때문이다. 집처럼 우리는 그것의 제작자이자 거주민이다. 우리 의지는 세계에 대한 사랑(dilectio mundi)에 이끌려 신의 구조물을 인간의 집으로 바꾸어버리고 그 안에 거주한다. 인간이 태어나서 신의 피조물 안에서 자기 자리를 발견하고는 그것을 세계로 바꾸어버리는 것이다.

세계에 대한 사랑은 세계를 '세속적으로'(또는 세상적으로, worldly) 만들며, 인간을 '세계에 속하게' 한다. 신의 창조가 그 자체로 세속적인 것이 아니듯, 세계에 속한 인간이 그 자체로 세속적인 것은 아니다. 인간은 세계 속에서 편하게 지내려 하지 않을 수 있으며, 그래서 스스로 끊임없이 창조주를 되돌아보며 참조하려고 한다. 그런 인간은 신의 창조를 자신의 실존 안에서 발견하여 자신이 세계에 속하지만 그와 동시에 신에 의해 창조되었음도 알게 된다. 자신이 신이 창조한 부분임을 발견하는 되–참조 행위 가운데서 인간은 세계 안에서 편해지지 않는다.

인간은 세계 안에서 편안하게 될 때만 세계를 그 자체로 이룬 것이다. 인간은 자신의 모든 제작 행위가 창조된 세상에 의존함을 안다. 이 의존의 의미는 인간의 제작 행위에 앞서 세계가 사막으로 존재한다는 사실을 안다는 것이다. 세계는 독특한 생경함(strangeness)을 지니고 있다는 것이다.

신은 하늘과 땅, 즉 세계를 만들고 피조물을 창조하여 생명을 불어넣는 가운데 자신의 피조물과 근원적으로 연결된다. 그러나 인간은 무엇을 만들고 제작하더라도 오직 외부인으로만 자기 제작물을 대할 뿐 그 제작물과 본질적으로 연결되어 있지는 않다. 인간이 만든 산물은 그 제작자와 무관하게 세계 내의 사물로 발견된다. 제작자인 인간이 그 산물에서 물러선다고 해서 그 산물이 소멸되는 것은 아니다. 이처럼 인간은 자신의 산물 밖에 서 있으며, 그에 대한 본질적 권한도 갖고 있지 않다. 그래서 비록 인간이 제작으로 그 자신을 세계에 적합하게 만들지라도, 세계는 인간에게 근원적 생경함을 유지한다.

인간이 자신의 산물에 대해 갖는 이런 관계 때문에 인간 앞에는 두 가지 선택지가 주어진다. 첫째, 인간은 그 자신의 근원을 회상하여 세계에서, 즉 자기가 거주할 만하게 만든 세계에서 물러설 수 있다. 둘째, 인간은 욕구를 통해 세계를 한층 더 자기 것으로 만들려할 수 있다. 세계의 생경함을 끝장내고 인간을 세계에 속하게 하는 것은 '제작'(making) 자체가 아니라 세계에 대한 사랑이다. 오직 세계를 열망하며 바라봄으로써 세계 사랑을 통해 세계와 인간이 '세속적(또는 세상적)'으로 된다. 인간의 제작 활동과 세계 사랑을 통해 세계가 신의 피조성에 독립된 모습으로 나타날 때 인간은 비로소 세속적이 된다.

세계는 창조의 부분이다. 따라서 피조물이 자신의 참된 근원을 향할 때 세계에 속하게 된다. 피조물은 세계 안으로 창조되었으므로 그 자신의 존재(his own being)를 추구한다. 피조물의 존재성은 그 이후 따라 나오는 '세계 안에 있음'(being in the world), 즉 세계에 속한 존재보다 앞서며 그의 근원이다. 자기 존재를 향한 인간의 탐구는 인간 실존만이 지닌 독특한 것이다. 이런 탐구는 행복해지려는 소망에 의존한다.

아우구스티누스가 세계의 일시성을 언급할 때, 그것은 언제나 인간에 의해 구성된 세계를 말하며, 하늘과 땅으로서 세계를 말한 것이 결코 아니다. 통상 세속을 의미하는 라틴어 saeculum은 인간에 의해 구성된 세계(the constituted world)이며, 이것이 일시성을 가진 세계다.

1-5. 죽음과 근원

창조는 생성을 의미한다. 생성은 소멸로 이어지므로 모든 피조물은 일시성 구조를 갖는다. 모든 피조물은 '아직 아님' 상태에서 나와서 '더는 아님'을 향해 나아간다. '아직 아님'에서 탄생한 인간은 자기 존재를 탐색하면서 과거로 향해 자기 근원을 되-참조한다. 그와 동시에 인간은 '더는 아님'을 향하면서 죽음을 참조한다. 삶은 세계 안에서 '아직 아님'에서 '더는 아님'까지의 과정을 밟는다. 인간은 앞을 향해 묻고 또 되돌아 묻는 가운데 세계를 초월하여 탐구에 임한다. 세계는 부분적으로는 인간에 의해 이룩된 산물이기에 초월되어야 한다. 질문하는 피조물인 인간은 자기에게 속하지 않은 것, 즉 자신의 피조성(createdness)에 앞서 있는 어떤 것에 관해 물으면서 세계를 초월한다.

'아직 아님'과 '더는 아님' 사이에 삶이 놓인 우리는 세계 속으로 태어나서 죽음과 더불어 우리가 살던 세계를 떠난다. 우리는 '어디서' 와서 '어디로' 가는지를 묻는다. 이 두 질문은 '아직 아님'과 '더는 아님'과 연결되므로 모두 부정성을 갖지만, 이 두 '아님'은 서로 다른 성격을 갖는다. '아직 아님'은 삶의 근원을 지칭하고, '더는 아님'은 죽음을 지칭하기 때문이다.

피조물이 무에서 만들어졌기에 과거의 한계성은 사실상 비존재를 말한다. 그런데 피조물은 존재로 부름을 받았으므로 자기 종점에서 존재를 만난다. 따라서 정확히 말하면 피조물은 무에서 온 것이 아니라 제일 원리가 그 속성인 최고 존재(the Supreme Being)에서 온 것이다. 피조물이 실존하기 전에는 절대 무뿐만 아니라 최고 존재도 있었다.

'아직 아님'의 부정성은 삶에 대해 긍정적 의미가 있다. '아직 아님'에는 창조가 이어지기 때문이다. 피조물이 실존하게 되는 것은 그 자신의 '아직 아님'이 근원의 영원성과 연결되어 있기 때문이다. '아직 아님'에서 나온 삶은 존재하려는 경향을 보인다. 이 경향은 삶이 무에서부터 존재하게 되었다는 단순한 사실에서 생겨난다. 존재하려는 경향을 가진 삶은 시작을 가졌으므로 끝도 갖게 된다. 삶은 전적인 존재도 아니고 전적인 무도 아니다. 피조물은 존재하려는 경향성을 통해 살아가면서 끝이라는 종점을 향하게 되는데, 이는 피조물이 또 다른 비존재를 향해 살아감을 의미한다. 삶의 '아직 아님'은 무가 아니다. 그 근원은 삶을 존재의 긍정성 안에서 결정한다.

삶의 시작은 우리가 세계로 들어가는 것이고, 삶의 끝은 우리가 세계를 떠나는 것이다. 삶의 참조점은 세계 이전, 즉 세계에서의 삶 이전이다. '되-참조함'으로 알게 되는 것은 죽음의 경우와 다르다. 죽음은 피조물과 관계를 맺을 수 있는 어떤 존재가 아니다. 죽음은 그냥 최종적인 '더는 아님'일 뿐이다. 만약 삶이 일시적이지 않다면 '되-참조'는 필요하지 않을 것이다. 우리 삶은 시작과 더불어 주어진 종말을 가지고 있기에 자기 존재에 대한 탐색은 되-참조를 요구한다. 죽음은 우리의 근원, 즉 창조주에게서 최대한 멀어지는 것이다. 삶이 존재의 근원에서 멀어지면, 삶은 그의 존재를 죽음에 빼앗긴다. 인간의 파멸은 존재하려는 경향의 소멸이며, 되-참조의 실패다. 따라서 죽음은 신으로부터 절대적으로 영원히 소외되는 것이다.

인간이 자기 삶의 근원에 관심을 가지려면 죽음이 필요하다. 이것이 인간의 일시성 또는 피조물됨의 의미다. 삶은 죽음에 의해 자기 존재의 근원으로 되던져진다. 우리는 창조주를 존재로 만나게 하는 질문, 즉 죽음을 향한 질문을 통해 죽음에서 돌아온다. 처음에는 '아직 아님'으로 부정적으로 이해된 근원이 절대 존재로 전적으로 긍정적이 되도록 방향을 전환하게 하는 것은 죽음의 관점에 의해서다.

존재와 비존재 사이에 있는 인간의 위치 때문에 삶은 본질적으로 시간문제가 된다. 삶은 시간 그 자체다. 시간은 일시성의 지표일 뿐 아니라 시간 자체가 일시성이다. 한편으로 인간의 삶의 긍정적 가능성은 기억을 통해 과거에 의존하는가 하면, 죽음은 살아 있는 자들을 자신의 근원으로 되던진다. 죽음은 살아 있는 자들을 세계 이전, 그들의 세계로 등장하기 이전, 따라서 그들 자신의 '아직 아님'으로 되–던진다. 이러한 되–던짐 안에서 죽음은 인간들의 모든 개별적 차이를 없애고 모두를 똑같이(idem) 만들어버린다.

삶의 '끝'이라는 말은 이중적 의미가 있다. 하나는 삶이 결국 도달하게 될 종점으로서 삶의 일시성에 대한 최종적이며 가장 급진적인 지표를 말한다. 다른 하나는 삶이 그 끝에 놓고 살아가는 것, 즉 목표로 이해된다. 후자의 의미에서 끝(the end)은 삶이 영원과 만나는 지점으로 또는 영원 자체로도 정의될 수 있다. 영원은 마지막에 삶이 성취하려는 목표이기 때문이다. 전자의 의미에서 끝(종말)은 삶에 대해 도발적 의미만 지닌다. 후자의 의미에서 끝(목표)은 철저히 긍정적 의미에서 정지하는 지점인 영원이며, 느린 응시와 반성을 위한 고요를 권유하는 것이다. 삶은 자신의 근원으로 '되–던져짐'을 통해 자기 존재를 보았으나, 이제는 자신의 존재를 향한 질주로 이해된다.

여기서 시작과 끝의 상호 대체 가능성이 나타난다. 삶은 시작과 끝, 즉 탄생과 죽음의 의미를 통해 자기 존재에 대한 탐색을 진행하므로 세계를 초월한다. 삶은 세계에서 독립적이지 않고 세계도 삶에서 독립적이지 않다. 삶은 자신이 사는 세계가 형성되도록 도움을 준다. 삶은 세계 안에 탄생함으로써 실존하게 되고, 시작과 끝을 통해 구원되거나 소멸한다. 그런데 비록 인간이 세계를 형성하는 데 도움이 되긴 해도, 세계는 언제나 신의 창조로 이루어진 기초 그리고 인간의 실존 안에서 발견되는 기초 위에 형성된다. 시작에 존재했던 것은 끝에도 존재한다. 그래서 삶의 방향이나 목표는 그것의 근원과 동일하다.

삶의 끝이라는 통상적인 종말의 의미가 동시에 삶의 목표를 의미할 수 있는 것은 존재란 초월적인 것이며 삶과 세계를 포괄한다는 존재 개념에 기초했을 때다. 만약 인간이 존재에 속하는 자기 모습을 인식하지 못한다면, 죽음은 인간이 한갓 무에 불과하다는 것을 보여준다. 그러나 죽음은 인간이 한갓 무에 불과하다는 것을 보여줌으로써 인간에게 자기 근원이 무엇인지 알려주며 무, 즉 죽음에서 탈출할 수 있다는 것을 보여준다. 영원성에 의해 포섭된 삶은 끝뿐만 아니라 시작에서도 영원과 접한다. '무에서 옴'과 '무를 향해 달림'은 더는 의미가 없다. 죽음 자체는 그 의미를 상실했다.

죽음은 삶에 내재한 무성(無性, nullity)을 살아 있는 자에게 드러내 보임으로써 그들을 근원으로 되돌아가게 한다. 이때 죽음은 '세계 내 존재'의 무성을 보게 만들어 그들을 세계에서 떼어놓는다. 무성이란 존재에서 비존재로 변화하는 것을 말한다. 만약 삶이 영원의 시작에 포함되었다면, 죽음으로 삶에 깃든 무성은 회피될 수 있다. 이때 죽음은 긍정적 종료 지점이자 성취가 이루어지는 끝이다.

이제 삶의 실제 과정은 더는 비존재를 향하는 존재의 단일하고 불변하고 되돌릴 수 없는 과정이 아니다. 삶은 존재에서 존재로, 영원에서 영원으로 달려간다. 종말의 의미가 달라지면서 삶의 과정 자체는 평준화되어 시작과 끝이 더는 절대적으로 분리되지 않는다. 따라서 구체적인 삶의 과정이 긴지 짧은지는 중요하지 않게 된다. 삶의 시작과 끝의 상호 대체성은 삶 자체를 단순한 거리에 지나지 않는 것처럼 보이게 한다. 우리가 삶을 '죽음 이전'으로만 제한하지 않고 '죽음 이후'를 포함하여 보는 관점을 가지면, 죽음은 모든 삶을 동등하게 만든다.

2-6. 카리타스와 선택

우리 존재는 창조주에게 돌아가도록 구조적으로 형성되어 있다. 인간은 죽음에 의해 경각심을 갖게 되어 존재의 구조적인 면에 집중하게 된다. 신으로의 전환은 카리타스 안에서 성취된다. 그 전환이 상실되는 것은 큐피디타스의 귀결, 즉 탐욕의 결과다. 카리타스나 큐피디타스는 모두 인간을 영속적 존재로 여기며 자기 존재를 탐색하는데, 두 경우 모두 이 영속적 존재가 자신의 구체적이고 일시적인 실존을 포괄하는 것으로 여긴다.

카리타스와 큐피디타스는 각각 사랑하는 대상이 다를 뿐 아니라 선택 자체에서도 다르다. 세계를 사랑하는 것은 선택이라기보다는 자연스러운 것이다. 우리의 선택적 사랑은 되-참조로 세계를 초월하여 세계가 스스로 제공하지 않는 것을 얻으려 한다. 이 선택적 사랑 안에서 창조주가 인격적으로 접근한다. 카리타스 안에서 인간이 창조주를 선택할 때 인간은 자신을 피조물로 인식한다. 그의 실존은 인간의 선택에 앞서 존재하는 창조주에 전적으로 의존한다. 인간은 자신의 우선순위에 따라 선택하지만, 이 선택은 그에 앞선 창조주의 선택에 근거한다. 인간은 이러한 선택으로 자신이 세계가 아니라 신에 속한다고 이해한다.

카리타스의 역할 안에서 우리는 인간의 존재성의 드러남에서 죽음의 결정적 역할을 이해할 수 있다. 죽음은 신을 제외하고는 인간을 세계에서 벗어나게 하는 유일한 힘이다. 죽음의 공포는 세계에 대한 사랑에 따른 것이다. 죽음이 세계와의 모든 소유적 관계를 파괴하기 때문이다. 결국 죽음은 세계에 대한 인간의 사랑을 파괴한다. 물론 인간이 자기 존재로 다가가는 데 신은 긍정적 방식으로, 죽음은 부정적 방식으로 작동한다는 점에서 다르다.

사랑은 세계에 대한 우리의 죽음이고 신과 함께하는 우리의 생명이다. 영혼이 육체를 떠나는 것이 죽음이라면, 우리의 사랑이 세계에서 벗어날 때 그 또한 죽음이 아니겠는가? 따라서 사랑은 죽음만큼이나 강하다.[13]

세계 밖으로 나가는 선택은 신과 일치하여 사는 삶을 가능하게 한다. 이 '세계 밖의 존재'는 세계에서 파생된 인간의 개별화와 고립을 깨뜨린다. 인간은 카리타스 안에서 자신이 특정한 한 개인으로 가졌던 모든 것을 던져버린다. 인간이 추구하는 자신의 존재는 신이라는 순수존재와 동질적이지만 동일하지는 않다. 인간은 세계 안으로 창조되었으므로 신과 분리되며, 구체적 실존으로서 시간성의 지배를 받는다. 인간의 목표는 신과 같은 완벽성이지만 그것은 우리가 이룰 수 없는 목표다. 다만 신을 모방하는 가운데 그를 점점 닮아가는 것은 가능하다. 신을 닮고 그와 일치되는 방법은 율법 가운데 구체적으로 명시된다.

2-7. 탐심과 습관

율법이란 신이 창조주로서 자신의 피조물에게 요구하는 것이다. 율법이 요구하는 것은 인간이 스스로는 하려고 하지 않는 것으로, 인간이 자기 존재를 향해 나아가고 자신이 피조물임을 인정하라는 것이다. 율법은 인간에게 죄에 대한 인식을 준다. 율법의 구체적 요구는 "탐내지 말라"라는 것이다. 우리는 율법에서 탐욕에 대한 지식을 얻는다. 인간은 탐욕 때문에 세계를 향하여 세계를 욕구하며, 그런 가운데 창조주가 아니라 피조물을 사랑하게 된다.

창조된 모든 것은 창조주와의 원래 관계 안에 있을 때 아름답다. 신이 창조한 세계를 탐욕의 대상으로 만들어버리는 자는 세계를 사랑하는 자다. 인간이 세계를 사랑하여 새롭게 세울 때, 그는 자신을 세계에 속하는 자로 세운다. 자만심은 인간을 스스로 창조주로 상상하게 만들기 때문에 자만심을 가진 자는 신의 위대함을 자기가 이룬 것 같은 도착적 감정을 갖게 된다. 탐욕의 기초는 인간 자신의 의지, 즉 스스로 어떤 것을 할 수 있는 바로 그 가능성에 있다. 만일 인간이 자기 의지에 따라 자신을 사랑한다면, 그는 신이 창조했다고 깨닫게 되어 사랑한 것이 아니라 자기가 스스로 만든 것이므로 사랑한 것이다. 실상 인간은 자신을 실존하게 할 수 없고 무에서 어떤 것도 만들 수 없으므로, 세계를 사랑하게 된 인간은 세계가 사막이라는 것을 부정하고, 세계를 자기 영역으로 만든다. 이렇게 하여 인간은 피조물이라는 자신의 원래 지위를 도착(倒錯)시킨다.

자신의 올바른 근원으로 나아가는 길을 놓치게 하는 것은 습관이다. 마음은 습관으로 인해 자신의 의지에 반하여 끌려간다. 습관은 죄가 삶을 통제하도록 두는 것이다. 습관은 인간의 제2의 천성으로, 인간은 자신의 진정한 근원을 회상해야만 습관에서 벗어날 수 있다. 인간의 삶은 세계를 향하면서 신에 의해 결정되었는데, 이렇게 창조되었음을 부인하면 그 삶은 습관에 매달리게 된다. 습관은 인간이 세계를 향할 때 갖게 되는 위험을 감춘다. 죽음은 근원에 대한 인간의 의존성을 깨닫지 못할 때만 위험할 뿐이다. 죽음의 기능은 의존성을 드러나게 하는 것이다. 습관은 죽음이 우리 삶을 보는 관점을 막아서서 우리를 세계로 끌어내려 훨씬 더 확실하게 죽음에 이르게 한다.

습관은 과거에 매달리는 것이다. 습관은 영원한 어제로 거기에는 미래가 없다. 미래의 것도 습관은 과거에 종속시킨다. 습관은 과거에 선택한 것에 언제나 속하는 것이다. 습관은 오늘과 내일을 어제와 같은 것으로 만들어 과거에 매달리게 하는 가운데 잘못된 안정성을 부여한다. 습관에서 안정성을 얻는 이유는 세계가 형성된 뒤 존재하게 된 인간이 자신의 참된 근원이 아니라 잘못된 과거를 선택했기 때문이다. 언제나 과거에 매달리는 것은 인간 의지의 죄성(sinfulness)을 증명하는 것이다. 인간은 죽음을 통해 자신이 피조물이고 신에 의존하는 존재임을 상기하는데, 과거를 향한 의지는 그런 상기가 일어나지 않도록 습관을 안식처로 삼는다.

습관은 안정성을 추구하지만 율법은 양심을 촉구한다. 양심은 신에 속한 것이며, 피조물이 아니라 창조주를 가리킨다. "탐내지 말라"라는 율법의 명령을 통해 인간은 모든 창조된 것에서 그리고 가장 넓은 의미의 세계에서 분리될 것을 요구한다. 인간이 세운 세계 안에서 개인은 남들에게서 고립되어 자신의 기원과 관계 맺기보다는 오히려 다른 인간과 함께 공동으로 만든 세계를 누린다. 이 개인은 "나는 누구인가?"에 대한 대답을 신에 속한 양심이 아니라 다른 사람의 혀로 듣는다. 이 낯선 혀가 선과 악을 결정한다. 양심은 이 낯선 혀에 반하여 우리 자신에게 말하는데, 이 말을 들은 자가 피할 수 없게 만든다.

세계는 양심에는 사막이다. 양심은 인간에게 이 세계를 넘어서라고 요구하고 습관화에서 멀어지게 한다. 창조주의 목소리인 양심은 인간이 신에 의존함을 분명히 알린다. 세계로부터의 소외는 본질적으로 습관으로부터의 소외다. 인간은 습관 가운데 사는 동안 세계를 염두에 두고 살며 세상적 판단에 종속된다. 그러나 양심은 그를 신 앞에(coram Deo) 서게 한다. 양심의 증언 가운데 신은 선과 악의 유일한 심판자가 된다. 양심의 내적 증언 앞에서 세계와 자기 판단은 무너진다.

양심은 신의 율법에 이끌려 세계와 얽힌 인간의 삶을 말하고, 그의 근원과 대면하도록 신의 현존 앞에 그를 놓는다. 이 깨달음은 양심의 증언이 기초해야만 가능하다. 그리고 이것은 카리타스 안에서 실행된다.

2-8. 인간의 무능

인간이 율법을 온전히 지키지 못하는 것은 의지가 없어서가 아니라 능력이 없어서다. 율법에 대한 인간의 무능을 경험하는 것은 '의지하는 것'과 '할 수 있는 것' 사이의 간격을 경험하는 것이다. 신에게는 의지와 능력이 일치한다. 그 양자 사이의 거리가 피조물의 특징이다. 피조물은 능력의 결여로 또다시 결정적으로 창조주에게 더 의존하게 된다. 자기 자신의 존재에 대한 탐색의 성공 여부는 신에게 달렸다. 인간은 율법에서 죄에 대한 지식만 얻는다. 이 율법 때문에 무능성을 새롭게 느낌으로써 의존성이 형성되어 피조물은 다시 한번 그리고 새롭게 창조주를 경험하게 하는 겸손을 만나게 된다. 그리고 창조주는 능력을 주는 존재로 여겨진다. 이 과정에서 인간은 은총을 경험한다.

우리의 근원인 존재로 귀환하라고 명령하는 양심은 우리 내부에 있지만, 그렇게 할 수 있는 능력, 즉 신의 은총은 우리 외부에서 온다. 율법은 비록 신에 속하지만 우리 실존에 내재한 명령이며, 우리 안에 있다.

율법은 인간의 없앨 수 없는 죄성을 지적함으로써 창조주에게 새롭게 돌아가도록 한다. 이 전환은 신과의 단순한 관계를 향한 것이 아니라 신의 도움을 직접적으로 탄원하는 것이다. 이때 신의 역할은 창조주 역할에서 주는 자 또는 돕는 자 역할로 바뀐다. 은총이란 신이 스스로 만든 피조물을 다시 받아들이는 것이고, 그 피조물이 신에게 다시 돌아가 도움을 호소하는 데 대한 응답이다. 신이 피조물을 받아주는 것이 사랑이다. 이 사랑으로 신은 피조물을 인정하는데, 이는 새로운 창조에 버금가는 것이다. 그것은 오직 겸손한 자만이 알 수 있고 받아들일 수 있는 사랑(dilectio)이다. 이 사랑 안에서 신과 화해가 일어나는데 이는 언제나 피조물 자신의 신에서 파생한 그리고 그에 내재한 요구와 화해하는 것이다. 인간은 자신의 죄성으로부터 그리고 세계에 속하는 존재로부터 구원됨으로써 다시 창조된다.

비록 구원을 얻은 인간이 세계를 사막으로 이해한다 해도 더는 이 사막에서 길을 잃지 않는다. 인간은 이 세계에 살 수 있다. 신은 율법 안에서는 자신을 멀리 있는 것처럼 보여주지만, 은총을 통해서는 가까이 있는 것처럼 보여준다. 인간은 독립심 또는 자만심 안에서 자신의 '근원'을 놓친다. 카리타스만이 인간에게 '모든 권한'을 주는 자인 창조주의 도움을 받아들여 그 율법을 성취할 수 있게 해준다. 신의 은총을 받아야만 세계가 참으로 포기되기 때문이다.

율법은 카리타스 안에서 성취된다. 왜냐하면 카리타스 안에서 율법은 이제 더는 명령이 아니기 때문이다. 그것은 은총 자체다. 그가 신을 사랑할 때, 법의 강제와 공포는 중지된다. 인간은 세계로부터 신에게로 귀환한다. 인간의 자기 부정은 오직 카리타스 안에서만 성취될 수 있다. 왜냐하면 다른 어떤 것도 희생의 이유를 제공하지 못하기 때문이다. 오직 사랑으로만 인간은 그 자신의 의지를 포기할 수 있는데, 사랑에 근거한 이 포기가 은총을 선택하는 선행조건이다.

3-9. 자기 부인과 이웃 사랑

인간의 자기 부인은 세계를 향한 태도에서 나타난다. 자기를 부인할 때 인간은 신이 자신에게 부여한 중요성을 회복한다. 이 깨달음은 이웃 사랑이다. 이웃 사랑은 카리타스에서 솟아 나오는 이웃을 향한 인간의 태도다. 여기에는 두 가지 기본 태도가 깃들어 있다. 첫째로 신이 하는 것처럼 그의 이웃을 사랑한다. 둘째로 자기 자신을 사랑하는 것처럼 이웃을 사랑한다.

율법은 우리에게 서로 사랑하라고 명한다. 사랑은 율법의 본질이며 모든 계명의 본질이다. 각 계명은 사랑으로 성취된다. 사랑의 성취는 신의 은총에 달렸고, 자기 이웃을 사랑하는 힘은 신의 사랑에 달렸다. 신의 사랑을 받아들이면 인간은 자신을 부인하게 된다. 이제 인간은 신처럼 사랑하고 신처럼 증오한다. 인간은 자기를 포기함으로써 모든 세속적 관계를 포기한다. 인간은 자신이 수립한 모든 관계를 거부하는 가운데 자신을 오직 신이 창조한 것으로만 여긴다. 이때 친구나 적은 그 의미를 상실한다. 신처럼 사랑할 때 인간은 이웃을 신의 피조물 이외의 것으로 여기지 않는다.

인간은 자신의 근원에 묶여 있기에 이웃에 대한 사랑은 이웃을 위해서 또는 자기 자신을 위해서 하는 것이 아니다. 이웃 사랑은 사랑하는 자를 절대 고립 안에 남겨두는데, 이처럼 고립된 인간 실존에서 세계는 사막으로 남아 있다. 고립 안에서 사는 세계와 관련해서 볼 때 피조물의 고립이 파괴되지 않고 실현되는 것은 이웃을 사랑하라는 계명에 순종하는 것이다. 인간이 '신처럼' 이웃을 사랑할 때 모든 인간적 기준은 파괴되고 이웃 사랑은 그 어떤 세속적 사랑과도 분리된다.

그런데 이처럼 이웃 사랑을 자기 부인의 계명으로 읽는 것으로는 절대적 고립 속의 개인이 어떻게 이웃을 갖게 되는지를 설명하지는 못한다. 자신의 근원을 탐색하는 가운데 인간은 역사적이고 세계 내적인 모든 근원을 넘어선다. 인간의 역사적 근원은 세계성의 징표이며 세계 내 존재와 일치한다. 그러나 초월 과정에서는 역사적 근원이란 큐피디타스, 즉 세속적이며 잘못된 근원의 선택일 뿐이다. 그렇다면 우리 자신과 세계를 모두 부인하는 이 사랑 안에서 어떻게 다른 사람이 우리 이웃으로, 즉 우리와 특정하게 연결된 사람으로 간주되는가?

자기를 부인하는 사랑은 자신을 포기함으로써 하는 사랑이다. 이는 모든 사람을 차별 없이 완전하게 사랑하는 것이다. 이때 세계는 사랑하는 자에게는 사막일 뿐이다. 인간이 '신에게서' 왔고 '신에게로' 가기 때문에 인간은 신의 현존 안에 그 자신의 존재를 붙잡는다. 자기 자신의 존재를 되찾는 귀환과 그 안에서 성취된 고립이 이웃 사랑의 유일한 근원이다. 내 이웃에 대한 올바른 이해는 나 자신에 대한 올바른 이해를 선행조건으로 요구한다.

내가 내 이웃을 사랑한다는 것은 내 이웃도 피조물임을 알고, 이웃 안에도 존재하는 참된 존재 안에서 그를 사랑한다는 것을 의미한다. 이는 나 자신의 존재 진리에 대해 확신할 때만 가능하다. 그리고 내가 세계에 속한 가운데 만들어진 내 자아를 사랑하지 않는 것처럼, 내 이웃과의 구체적이고 세속적인 만남 속에서 내 이웃을 사랑하는 것이 아니다. 이웃에 대한 사랑도 고립으로의 부름, 신의 현존으로의 소환을 의미한다. 사랑하는 자는 사랑의 대상을 자신과 평등하게 여긴다. 모두가 신적 존재와 근원적 관계를 동일하게 갖기 때문이다. 내가 나 자신을 탐색하면서 나를 부인하는 것과 마찬가지로, 이웃의 진정한 존재로 나아가기 위해 그를 부인한다.

여기서 중요한 점은 나의 근원에 대한 적절한 경험이 자기 부인 안에 놓여 있다는 것이다. 자기 부인이란 충만한 의미로 자신의 실존을 이해하는 것이다. 그러나 타인에 대한 부인은 다시 탐색하는 과정의 끝이 아니라 시작이다. 타인에 대한 부정은 자기 부정을 위한 추진력을 제공하는 경향이 있다. 이웃의 근원적 존재는 그의 존재를 이해하는 부인에서 지적된다. 그러므로 이웃 사랑은 세계를 초월하는 자아의 근원에 대한 되-참조를 구체적으로 실현하는 것이다. 이로써 이웃 사랑은 이웃을 자기 존재의 거점이 되는 세계의 밖으로 밀어낸다.

이웃 사랑은 필멸성 안에 있는 모습으로 이웃을 사랑하는 것이 아니라 이웃 자신의 영원한 '근원'을 사랑하는 것이다. 이웃이 자기 자리를 신 가운데 확고하게 세우면 그들은 안정성을 얻는다. 이 안정성이 우리 사랑의 근원적 의미다.

죽음이 이루는 것은 사랑이 이미 이룬 것을 넘어서지 못하므로 이웃 사랑에서 죽음은 무의미할 뿐이다. 내가 이웃을 사랑하는 것은 그 안에 있는 존재이며, 그 존재는 그의 근원으로 그 안에 살아 있다. 이런 사랑에 대해 죽음은 적실성을 상실한다. 내가 적과 죄인까지도 사랑하는 자로 여겨질 때 사랑은 그 힘을 입증한다. 이런 이웃 사랑 안에서 사랑받는 것은 실제로는 이웃이라기보다는 사랑 자체다. 따라서 나와 이웃 사이의 거리는 극복되고 개인은 고립 안에 머물러 있게 된다.

제3장 이웃 사랑과 사회적 삶

1. 신앙공동체와 인간사회

지금까지 논의에서는 아우구스티누스 저술에서 나타나는 두 가지 서로 다른 사유의 흐름을 중심으로 사랑의 의미를 분석했다. 여기서 문제는 이웃 사랑의 참된 적실성이 해명되지 않는다는 점이다. 그런데도 그의 저술들에서는 이웃 사랑이 늘 중요한 위치를 차지한다.

앞의 논의에 따르면, 이웃 사랑은 신앙을 공유한다는 사실에 바탕을 둔 동료애에 기초한 것이었다. 여기서 우리는 신자들로 이루어진 사회(society)의 두 특성을 살펴볼 수 있다. 첫째, 신자 사회는 비세속적 지향성을 가지므로 세계의 기존 현실이 아니라 미래의 특정 가능성에 기초를 둔 공동체라고 할 수 있다. 둘째, 이 가능성은 인간 실존의 가장 근본적 가능성, 즉 서로 사랑하는 가운데 실현되며 각 개인에게서 총체적 응답을 요청하는 신앙공동체의 가능성이다. 신앙공동체는 온전한 인간이 될 것을 요구하는 공동체다. 신앙은 개인적이며 각자 자기 신앙을 가지지만, 동시에 모든 개인을 동료 신앙인으로 만드는 잠재적 신앙의 관점에서 이웃을 바라본다. 이런 점에서 신앙은 인간 존재의 가장 근본적이고 최후의 가능성이기도 하면서 모든 인간에게 해당하는 공통성을 동시에 갖는다.

그런데 같은 신을 믿는다는 공통의 사실에 기초한다고 해도 각자 자기 믿음을 가진 개인들이 모든 비신자까지 형제로 받아들이는 신앙공동체를 어떻게 형성하는지는 설명되지 않는다. 이는 앞서 다룬 신앙의 내적 변증법을 해명하는 것으로는 밝혀지지 않는다. 지금까지 논의에서 핵심이었던 '갈망'과 '되-참조'는 오직 신의 은총에 의해서만 가능한 행동 방식이자 선택이다. 하지만 이웃 사랑과 연관되는 신앙은 역사적인 것과 결부된다. 이웃 사랑의 계명은 그리스도의 대속적 죽음에 의무감을 갖게 된 신자들이 자기 신앙을 현실 가운데 이루려는 데서 실현된다. 그러므로 신앙에 대한 이중적 이해가 요구된다. 신앙은 한편으로 자기 존재에 관한 질문에 대한 개인의 접근이며, 다른 한편으로 역사의 사실성과 과거 자체와 결부된다.

그리스도의 대속적 죽음은 한 개인이 아니라 인간 세계(mundus) 전체를 위한 것이다. 그래서 신앙이 개인을 고립시키는 방향으로 나아가더라도 결국 주어진 공동체로 돌아오지 않을 수 없다. 더불어 사는 공동체인 지상의 도시(civitas terrena)에서 인간은 그저 함께 있는 것만이 아니다. 도시는 사회적 유기체(a social organism)다. 지상의 도시는 자의적으로 세워지거나 해체되는 것이 아니다. 신의 구원 계획은 역사적 사실이 되어 그리스도를 역사적이고 결실 있는 현실로 만들 수 있었다.

역사를 이루는 인간의 세계에는 아담에게서 공통으로 물려받은 유산이 내재한다. 그 유산에서 아무도 도망칠 수 없다. 그 유산은 세계의 틀을 영구적으로 형성한다. 인간을 결속시키는 것은 인간이 서로 닮았다는 사실이 아니라, 아담에게서 공통으로 물려받아 역사적으로 확정되고 필연적으로 형성된 친족성이다. 이 친족성은 '상황'의 평등을 창조한다. 모두는 같은 운명을 공유한다. 개인은 이 세계에 홀로 있지 않으며 전 생애에 걸쳐 운명의 동반자(consortes)를 가진다. 필멸하는 모든 인간의 친족성은 그들의 사회(societas)에서 형성되는 동료애를 공유한다.

이런 평등성은 지상 도시에만 있지만 세속적 공동체에서 사회적 삶을 본질적으로 정의하는 상호의존성을 이해하게 해준다. 이 상호 의존성은 사람들이 더불어 살며 서로 주고받는 가운데 나타난다. 서로에 대한 개인의 태도는 지식과는 다른 신뢰에 의존한다. 신뢰 없이는 사회적 삶이 불가능해진다.

2. 기독교와 평등

평등은 이 세상에서 이루어지는 상호의존의 전제조건이다. 지상 에 사회를 수립할 수 있게 하는 평등은 어디에서 나오는가? 죽음이 단지 하나의 자연적 사실로 이해되는 한 모든 인간에게 다가오는 평등한 죽음이 사회 안에서의 평등으로까지는 나아가지 않는다. 이 웃 사랑의 주제인 신 앞에서 만인의 평등은 구체적 시간 안에서 나 와 타인이 적으로 만나거나 친구로 만나는 것은 관심 밖이다. 타인 에 대한 내 질문은 온통 신 앞에 있느냐일 뿐이다. 신 앞에 있을 때 모든 사람은 평등한데, 이는 모두 동일하게 죄인이기 때문이다.

인류는 원죄(original sin)를 공유하며, 원죄는 인류가 공통으로 물 려받은 유산이다. 탄생과 함께 부여된 이 죄성(sinfulness)은 필연적 으로 모든 사람과 연관되며, 여기에 탈출구는 없다. 모두가 유죄라 는 이 평등성은 모든 차이를 쓸어 없애는 지배적 사실이다. 그러므 로 세상에 아무리 다양한 국가와 공동체가 존재하더라도 사실 항상 두 도시만 존재할 뿐이다. 그리스도에 바탕을 두는 선한 도시와 아 담에 바탕을 두는 악한 도시 말이다. 이와 유사하게, 오직 두 종류의 사랑, 즉 신에 대한 사랑과 자기에 대한 사랑(또는 세계 사랑)만이 존재할 뿐이다.

모든 개인이 아담이나 인간종족 또는 지상의 도시에 속하는 것은 자연스러운 일이다. 그것은 선택 문제가 아니었다. 인간이 신을 모방하고 신의 은총을 자유에 따라 선택할 가능성은 그리스도가 지상에 역사적으로 머물며 그 은총을 모든 사람에게 드러내면서 실현되었다. 그런데 인간이 자유로운 선택으로 세계에서 벗어나 세계와의 본질적인 사회적 유대를 끊는다고 해도, 일단 정립된 모든 사람의 평등성은 제거되지 않는다. 이 과정에서 평등은 이웃 사랑이라는 새로운 의미를 부여받는다. 그리고 공동체 안에서 인간 공존의 양식은 필연적이고 자명한 성격의 공존에서 의무로 충만한 공존으로 변화한다. 이 변화는 모든 개인이 공통으로 죄성을 지녔기에 가능한 것이다.

인간이 스스로 만든 공동체인 세계는 아담으로 거슬러 올라간다. 이 공동체는 신의 도시보다 앞서 있다. 그것은 개인이 출생하면서 들어가는, 이미 존재하는 공동체이기 때문이다. 따라서 개인은 세대를 걸쳐 죄인이다. 인간은 자유로운 선택을 하기에 앞서 이미 유죄다. 인간의 평등은 그저 어쩌다 보니 함께 살아가게 된 사람들 사이의 평등이 아니며, 자기 존재가 역사적으로 수립된 가장 이른 과거, 즉 최초 인간인 아담에게서 도출되는 것이다. 이 역사적 세계(saeculum)는 모두 당연하게 함께 살아가는 세계다.

아담 위에 세워진 사회에서 인간은 자신을 창조주에게서 독립한 자로 만들었다. 그는 신이 아니라 다른 사람들에게 의존한다. 인류(the human race), 즉 종족으로서 인간 자체는 창조주가 아닌 아담에게서 비롯한다. 인류는 세대를 통해 존속해왔고, 세대를 거쳐오며 자기 기원과 관계를 맺는다. 친족성에 기초한 인류공동체는 죽은 자에게서 나와 죽은 자와 공존하는 사회다. 세계의 죄성은 신으로부터 독립한 이 기원에서 도출되며, 역사성을 갖는다. 이 기원은 그 자체의 정통성을 지닌다. 그런데도 이 기원은 인간의 존재성을 가능하게 하는 근거인 신적 존재에서 직접 나온 것이 아니다. 이는 세대를 거쳐 개인에게 간접적으로 전달된 전체 인류의 기원이다. 인류의 근원인 최초의 인간은 이러한 간접성을 역사적으로 이루어진 세계를 통해 모든 사람을 경유하며 전승한다.

이런 간접성에 의해 모든 인간은 평등해진다. 아담에게서 간접적으로 전해받은 유산은 운명적인 친화성을 바탕으로 사회의 기초인 인류 전체의 상호의존을 형성한다. 따라서 사회란 자연적 사실이며 동시에 역사의 산물이다. 인간의 기원이라는 독특한 관점에서 본다면, 인간이 본래 사회적 존재라는 사실은 인간과 세계의 친숙함(familiarity)을 의미한다. 이 친숙성은 천상의 도시에서 극복된다.

피조물인 인간의 존재에 관한 아우구스티누스의 질문은 개인의 존재와 관련되며, 개인의 완전한 고립을 중심으로 설명되었다. 그러나 인간은 개인으로서 자신이 세계 밖에 존재했다고 느끼더라도, 인간사회의 일원으로서는 세속적이었음을 느낀다. 세계는 개인이 창조되어 등장했던 전적으로 낯선 장소가 아니라 세대를 거쳐 맺어진 친족성으로 언제나 친숙한 곳이다.

개인이 피조물과 창조주의 관계로 자신의 근원과 관계 맺기를 실제로 할 수 있는 것은 역사적 사실, 즉 그리스도 안에서 이루어진 신의 계시를 통해서다. 신 앞에 있음(coram Deo)을 의미하는 신앙이 세계와 뒤얽힌 개인을 소환하듯, 그리스도를 통한 구원의 메시

지도 인간이 세운 이 세계 안의 모든 사람에게 왔다. 그리스도가 죄인을 위해 지불한 몸값은 세계 안의 모든 개인을 위한 것이므로, 모두 평등한 지위를 갖는다. 이 평등은 원죄에 속하기에 가능한 것이다. 세계는 이 공통의 유산에 근거를 둔 원죄로부터 구원되었다. 이 구원은 개인이 이룩한 공적과 무관하게 일어난다. 모든 개인은 함께 구원되며, 모두는 같은 상황에 있음을 발견한다. 이런 평등 상황은 구원과 동시에 사람들에게 명료해진다. 이 평등은 과거가 죄 가운데 있다는 인식과 일치한다. 신 앞의 평등은 죄의 실재성에 상응하며 동일한 죄악에 물든 과거에 바탕을 두는데, 이는 그리스도 안에서 새롭게 수립된 삶도 마찬가지다.

죄악에 물든 과거로 인해 지상 도시가 수립되었고 세계는 상호의 존성의 고향이 되었다. 인간이 세계 안에서 편안함을 누리는 것은 당연하다. 세계 안에서 이방인이 되는 것은 기독교인에게 열린 하나의 가능성일 뿐인데, 모두가 세계 안에서 편안함을 느끼는 것은 당연하기 때문이다. 그런데 과거는 구원된 자의 새로운 상황에서 새롭게 경험되고 재해석된다. 오직 이 재해석으로만 기존의 과거가 새롭게 시작되는 존재 옆에서 지속된다.

이웃은 끊임없이 자기 죄를 상기시키는 자다. 이 죄는 나에 대한 신의 은총으로 내 과거 일이 되었다 해도 죄가 아닌 것은 아니다. 이웃은 여전히 죄에 얽혀 있고, 기독교인의 과거 모습이자 신의 은총 없이는 여전히 그런 상태에 있을 수밖에 없는 모습으로 나타나며, 우리 자신의 파멸 신호이기도 하다. 그러므로 평등은 구원의 메시지로 결코 무효가 되는 것이 아니라 오히려 명시적으로 된다. 평등의 명시성은 이웃을 사랑하라는 계명에 담겨 있다. 사람이 자기 이웃을 사랑해야 하는 이유는 이웃이 근본적으로 그와 평등하며, 모두가 동일한 죄악 된 과거를 공유하기 때문이다. 이것이 개인들의 믿음의 동일성이 공동체의 신앙(communis fides)으로 전환되는 데 과거가 필요하다고 말하는 이유다.

인간은 평등의 근원인 죄 때문이 아니라 이웃 안에서도 드러나는 신의 은총 때문에 이웃을 사랑해야 한다. 평등은 은총의 평등이다. 하지만 이 평등은 앞서 말한 것과 다른 의미의 평등이기도 하다. 모든 사람이 똑같이 죄악 된 과거를 공유한다는 사실을 명백하게 드러내는 신의 계시된 은총으로 이루어진 평등이기 때문이다. 그런데도 평등성 자체는 과거에 근거한 것이다. 그러므로 우리가 신의 현존 속에 있을 때조차 만인의 평등성을 이해할 수 있는 것은 과거 사실에 근거할 때 뿐이다.

3. 이웃 사랑의 의미

그리스도인이라도 항상 과거와 연결되어 있고, 똑같이 원죄와 죽음을 공유하게 되는 근원적 친족성에 연결되어 있기에 세계는 여전히 그리스도인과 연계되어 존재한다. 이제 죽음은 결코 하나의 자연적 사실로가 아니라 죄에 대한 처벌로 아담에게서 비롯한 운명적 사건으로 이해된다. 죽음은 과거가 구원으로도 근절되지 않았음을 보여준다. 필멸성은 공통의 운명으로 남아 있다. 그러나 죽음은 신앙인에게 새로운 의미가 있다.

새로운 삶은 죽음에 이를 때까지 옛것과 지속적으로 투쟁함으로써만 얻을 수 있다. 개인은 세계 안에서 사는 한 세계와 관련된 욕구에 굴복하든지 그와 전투를 벌이게 되는데, 그 어떤 경우든 세계와 결부되어 있다. 그리스도에 대한 신앙은 과거의 죄에서 구원을 이루게 해주는데, 오직 공통의 과거만이 신앙을 공동신앙으로 만들 수 있다. 이 과거만이 모두에게 공통적이다. 오직 기독교인만이 과거를 죄로 경험한다.

이웃이 자기 자신의 존재와 맞서게 하는 것, 즉 그를 신에게로 데려오는 것은 과거 죄로부터 구원받은 기독교인이 받아들이는 이웃에 대한 의무다. 기독교인이 단지 고독으로 도피하는 데 머무르면 타인에게서 변화 기회를 박탈하는 것이 되는데, 이것은 죄다. 그래서 신의 은총은 세계에서 소외된 가운데 새로운 공존, 즉 낡은 사회에서의 삶과 병행하면서도 그에 맞서며 함께하고 서로를 위하는 삶을 가능하게 한다. 이 새로운 사회적 삶은 상호의존을 대체하는 상호사랑(diligere invicem)이다. 신앙은 세계를 결속하는 유대관계를 해체하며, 따라서 인간의 상호의존을 해체한다. 개인 간 상호의존은 더는 자명한 것이 아니며, 사랑의 계명에 의해 특정한 간접성을 갖는 것으로 이해된다.

내가 신앙을 가지면 나 자신의 존재가 명료해지고, 타인은 나와 동등한 존재로 명료히 부각된다. 이렇게 타인은 내 형제가 된다. 형제됨의 결속에서 카리타스가 필연적으로 자라난다. 카리타스의 필연성은 신앙에도 불구하고 우리가 기존의 세계에서 벗어날 수 없다는 사실에 근거한다. 이제 그리스도 공동체는 모든 개별 구성원을 포함하는 몸으로 이해된다. 각 구성원은 다른 사람들과 함께 고통받는다. 이런 공동체에 비해 개인은 완전히 잊힌다. 개인은 공동체의 구성원일 뿐이며, 그리스도 안에서 다른 모든 구성원과 연결된다.

카리타스의 필요는 자신의 존재성을 명료하게 이해하는 피조물로서 인간 존재, 즉 전체 인류와 연결된다. 그 유일한 결정요인은 모두에게 공통적인 무엇인가다. 사랑은 공통의 위험에 관한 공동지식에 의존한다. 공통위험에 뿌리를 둔 이 새로운 숙명적 동료애는 죽음에 의해 다시금 일어난다. 기독교 안에서만 죽음은 자연적 사건이라기보다는 죄의 대가이며 멸망을 의미한다. 그러나 지상의 삶에 종지부를 찍는 것은 육신의 죽음이 아니라 영원한 죽음이다. 이 영원한 죽음은 죄에 대한 처벌이며, 아우구스티누스가 두 번째 죽음이라고 한 것이다. 첫 번째 죽음, 즉 생명의 종말은 죄로 물든 과거 때문에 발생한다. 이 죽음은 그리스도의 구원으로 극복될 수 있다. 이 죽음은 영원과 연결되는 가교다. 그런데 이 죽음이 영원한 죽음으로 바뀔 수 있다. 동일한 죽음이 선한 자에게는 선이 되고 악한 자에게는 악이 된다. 이제 죽음은 선한 자를 위한 구원을 의미할 수 있다.

사람들이 서로에게 속한다는 사실은 이제 세대에 의해 결정되는 것이 아니라 신의 모방으로 결정된다. 모든 사람이 모방을 통해 자기 이웃을 구하려는 동기를 일으킬 수 있기 때문이다. 상호사랑에는 선택의 요소가 없다. 사랑받는 자를 우리가 선택하지 않기 때문이다. 이웃은 어떠한 선택 이전에 이미 거기에 존재한다. 상호의존이 지상 도시의 모든 사람에게 똑같이 확장되는 것처럼, 사랑은 신의 도시의 모든 사람에게 확장된다. 상호사랑은 다른 개인을 절대적 고립 속으로 밀어 넣는다. 이 사랑은 인류를 향하는 것이 아니라 개인을 향한다. 새로운 사회공동체에서 인류는 수많은 개인으로 분해된다. 위험에 처한 것은 인류 자체가 아니라 개인이다.

신앙인은 인류에서 분리된 개인과 사랑의 관계를 맺는다. 나는 이웃 사랑을 그 이웃을 위해 하는 것이 아니라 오직 신의 은총을 위해 한다. 따라서 이웃 사랑은 그 고유한 간접성 속에 있다. 이 간접성에 의해 나와 이웃의 관계는 신과의 직접적 관계를 위한 단순한 통로로 전환된다. 타인 자체가 나를 구원할 수는 없다. 그가 나를 구원할 수 있는 것은 신의 은총이 그 안에서 작동하기 때문이다. 우리는 이웃을 사랑하라고, 상호사랑을 실천하라고 명령받는데, 이는 그렇게 함으로써 우리가 그리스도를 사랑하기 때문이다. 이웃 사랑의 간접성은 사회관계를 잠정적 관계로 바꾸는데 이는 결과적으로 사회관계를 파괴한다.

지상 도시에서 작동하는 상호의존도 역시 잠정적인데, 그 이유는 죽음이 그것을 끝내기 때문이다. 그러나 이 잠정적 성격은 그저 잠정일 뿐인데, 영원성이 여기에는 없기 때문이다. 도시에서 신의 관계는 영원성에 의해 철저히 상대화된다. 그리고 카리타스는 이 세계 내에서 필연적이다. 신자들 간 상호관계의 간접성은 각 개인에게 신의 현존 안에서 자신의 존재를 온전히 파악하도록 하는 것이다. 이와 대조적으로 그 어떤 세계 공동체도 인간을 인류의 존재로 상정하지 개인의 존재로 상정하지 않는다. 개인은 오직 신앙인이 신 앞에 서 있는 고립성 안에서만 파악될 뿐이다.

4. 이웃을 통해 본 인간 존재의 두 근원

아우구스티누스는 개인으로서 인간의 존재를 탐구한다. 이 탐구에서 신이 각각의 모든 개인의 근원이라는 답이 주어진다. 개인은 이 지점에서 발견된다. 아우구스티누스가 인류의 기원에 대해 질문할 때, 그 대답은 그 기원이 우리 모두의 공통된 조상에게 있다는 것이다. 이런 이중적 기원론의 모순은 명백하다. 인간은 자신을 고립된 개인으로 이해하거나, 인류의 조건에 속하는 일원으로 이해하거나 간에 여전히 타자로 남아 있다. 그런데도 이 둘이 서로 연관이 있다는 점은 그 양자의 특정한 결합에 관한 통찰로 분명히 드러난다. 그 통찰은 이웃 사랑이라는 교리에서 나온다. 우리가 타인을 만날 수 있는 것은 모두 인류에 속하기 때문이지만, 타인이 우리 이웃이 되는 것은 오직 신의 현존 속에서 개인이 고립 가운데 있을 때만 가능하다. 이 신의 현존 속에서의 고립 덕분에 우리는 사람들이 더불어 살아가야 한다는 자명한 의존관계에서 벗어나 친족으로서 명시적 의무의 지배를 받게 된다. 그리고 그 고립은 하나의 사실로서 인류의 역사 안으로 들어가면서 역사적인 것이 된다.

우리가 이웃을 이웃으로 이해할 수 있는 것은 오직 이 이중적 기원에서 유래한 이러한 연결을 통해서다. 타인은 인류의 일원으로서 우리 이웃이며, 그런 한에서 한 개인이 이룩한 고립에서 타인의 입지 또한 뚜렷해진다. 자기 동일적 존재인 신에 기초한 신자들의 공동 실존은 공동신앙과 신자 공동체의 모습으로 나타난다. 이와 더불어, 인간 존재는 이중적 근원에서 도출된 것으로 이해된다.

미주

제1장 정치란 무엇인가

1) 한나 아렌트, 김선욱 옮김,『정치의 약속』, 푸른숲, 2007, pp.132~135.

2) 미로슬라브 볼프, 백지윤 옮김,『알라: 기독교와 이슬람의 신은 같은가』, IVP, 2016 참조.

3) Hannah Arent, *The Human Condition*, p.53; 한나 아렌트, 이진우 옮김,『인간의 조건』, 한길사, 2019, p.126

4) 한나 아렌트,『인간의 조건』, 24절.

5) 한나 아렌트,『정치의 약속』, pp.68~69.

6) 한나 아렌트,『인간의 조건』, 24절.

7) 아리스토텔레스, 천병희 옮김,『정치학』, 제1권, 숲, 2009.

8) 한나 아렌트,『인간의 조건』, 제2장.

9) 같은 책, 9절.

10) Hannah Arendt, "Arendt on Arendt", trans. by Melvyn A. Hill, *Hannah Arendt: The Recovery of the Public World*, ed. by Melvyn A. Hill, New York: St. Martin's Press, 1979, p.318 참조.

11) 한나 아렌트,「소크라테스」,『정치의 약속』참조.

12) 한나 아렌트,「정치철학의 전통」,『정치의 약속』참조.

제2장 정치와 정치 공간

1)『인간의 조건』, 5절.

2) 같은 책, 5절. 아렌트는 공공선이라는 표현을 사용하지는 않았으나, 여기서 보 듯 공동선은 정치가 추구하는 것과는 거리가 멀다고 이해했다. 오늘날에는 공 공선과 공동선 개념이 널리 쓰이는데 이 둘은 동일한 것이 아니다. 아렌트의 정치 개념에 따라 추구되는 것은 공공선이라고 규정할 수 있다.

3) 같은 책, 6절.

4) 아렌트의 권력 개념은 『공화국의 위기』에 수록된 「폭력론」과 「시민불복종」, 『혁명론』을 관통하는 중심 개념이다.

5) 토머스 홉스, 진석용 옮김, 『리바이어던 1』, 나남, 2013; 발터 벤야민, 최성만 옮김, 「폭력 비판을 위하여」, 『발터 벤야민 선집 5』, 도서출판 길, 2008 참조.

6) Margaret Canovan, *Hannah Arendt: A Reinterpretation of her Political Thought*, Glasgow: Cambridge University Press, 1992, p.60 참조.

7) Hannah Arendt, *The Origins of Totalitarianism*, pp.465~466, 312(이하 *OT*로 줄여 표기함); 한나 아렌트, 박미애·이진우 옮김, 『전체주의의 기원 2』, 한길 사, 2006, pp.262~263, 27(이하 『전기 2』로 줄여 표기함).

8) *OT*, pp.465~466; 같은 책, pp.262~263.

9) *OT*, p.459; 같은 책, p.253.

10) 한나 아렌트, 『정치의 약속』, p.112.

11) Hannah Arendt, "Prologue", *The Human Condition*, p.5; 한나 아렌트, 「프롤 로그」, 『인간의 조건』, pp.71~72.

12) *Ibid.*, p.3; 같은 책, p.69.

13) *Ibid.*, p.4; 같은 책, p.70.

14) *Ibid.*, p.4; 같은 책, p.70.

15) *Ibid.*, p.4; 같은 책, p.70.

16) *Ibid.*, p.3; 같은 책, p.70.

17) 한나 아렌트, 『인간의 조건』, 24장.

18) 한나 아렌트, 서유경 옮김, 『책임과 판단』, 필로소픽, 2019, p.319 참조.

19) 한나 아렌트, 『정치의 약속』, p.34.

20) 같은 책, p.37.

21) 같은 책, p.40.

제3장 자유와 권력

1) 헤로도토스, 천병희 옮김, 『역사』, 숲, 2009, p.325.

2) Hannah Arendt, *On Revolution*, p.23(이하 *OR*로 줄여 표기함); 한나 아렌트, 홍원표 옮김, 『혁명론』, 한길사, 2004, p.97.

3) *OR*, pp.22~23; 같은 책, pp.97~98.

4) *OR*, p.23; 같은 책, p.98.

5) *OR*, p.24; 같은 책, p.99.

6) 한나 아렌트, 「정치사상의 전통」, 『정치의 약속』, p.77.

7) 같은 책, p.78.

8) 같은 책, p.81.

9) 같은 책, pp.79~82.

10) *OR*, pp.24~25; 한나 아렌트, 『혁명론』, pp.100~101.

11) *OR*, p.12; 같은 책, p.74.

12) *OR*, p.28; 같은 책, p.104.

13) *OR*, pp.42~47; 같은 책, pp.113~119.

14) *OR*, p.22; 같은 책, p.87.

15) *OR*, p.25; 같은 책, p.90.

16) *OR*, p.144; 같은 책, p.246 참조.

17) *OR*, p.142; 같은 책, p.244. 여기서 '통치 혹은 정부의 업무'라고 표현한 것은 government를 옮긴 말이다. 이런 번역에 대하여는 이 책의 9장 4절 2 참조.

18) *OR*, p.144; 같은 책, p.246.

19) *OR*, p.145; 같은 책, p.247.

20) *OR*, p.145; 같은 책, p.248.

21) *OR*, p.148; 같은 책, p.251.

22) *OR*, p.150; 같은 책, p.254.

23) *OR*, p.153; 같은 책, p.258.

24) *OR*, p.151; 같은 책, p.257.

25) *OR*, p.152; 같은 책, p.258.

26) *OR*, p.155; 같은 책, p.261.

27) *OR*, p.71; 같은 책, p.156 참조.

28) *OR*, p.162; 같은 책, p.269.

29) *OR*, p.162; 같은 책, p.270.

30) *OR*, p.163; 같은 책, p.220.

31) *OR*, p.162; 같은 책, p.262.

32) *OR*, p.162; 같은 책, p.272.

33) *OR*, p.165; 같은 책, p.273.

34) *OR*, p.165; 같은 책, p.274.

35) *OR*, p.166; 같은 책, p.274.

36) *OR*, p.162; 같은 책, p.275.

37) *OR*, p.166; 같은 책, p.275.

38) *OR*, p.167; 같은 책, p.276.

39) *OR*, p.175; 같은 책, p.287.

40) *OR*, p.175; 같은 책, p.287.

41) *OR*, p.181; 같은 책, p.296.

42) *OR*, pp.181~182; 같은 책, p.296.

43) *OR*, p.170; 같은 책, p.281.

44) *OR*, pp.192~194; 같은 책, pp.310~312.

45) *OR*, p.200; 같은 책, p.319.

46) *OR*, pp.187~188; 같은 책, p.304.

47) *OR*, p.187; 같은 책, p.303.

48) *OR*, p.203; 같은 책, p.322.

49) *OR*, p.200; 같은 책, pp.320~322.

50) 이러한 해석을 가능하게 하는 한 가지 근거가 미국인들에게서 보이는 '헌법을 숭배'하는 태도다. *OR*, p.198; 한나 아렌트, 『혁명론』, p.317. 그런데 숭배

는 종교적 태도다. 따라서 미국인이 비록 헌법이라는 비초월적 존재, 현세적 존재를 대상으로 하지만 여전히 종교적 태도를 보인다는 점에서, 필자는 미국에서의 권위 작용에 여전히 절대자에 대한 수직적 태도가 작용한다고 생각한다. 권위의 수직적 성격은 이 경우에도 여전히 존재한다.

51) 한나 아렌트, 김선욱 외 옮김, 「시민불복종」, 『공화국의 위기』, 한길사, 2011, p.100.

52) 같은 책, pp.118, 143.

53) 같은 책, pp.122~123.

54) 같은 책, p.116.

55) 이 주장은 「폭력론」 전반에 걸쳐 있다. 한나 아렌트, 「폭력론」, 『공화국의 위기』, pp.197~203 참조.

56) 한나 아렌트, 「시민불복종」, 『공화국의 위기』, p.119.

57) 한나 아렌트, 『정치의 약속』, pp.124~129.

58) 한나 아렌트, 「폭력론」, 『공화국의 위기』, pp.160~161.

59) 한나 아렌트, 『정치의 약속』, p.159.

60) 이런 아렌트의 권력 개념은 『공화국의 위기』에 수록된 논문 「폭력론」과 「시민불복종에 관하여」, 『혁명론』을 관통하는 중심 개념이다.

61) 20세기에 들어와 발생한 폭력적 행위의 분출에 대한 즉각적 반응은 비폭력이었다. 그리고 비폭력운동이 시민사회 운동에서 성공적으로 자리 잡기도 했다. 하지만 비폭력이 폭력의 반대가 될 수는 없다. 비폭력은 방어적인 특성만 가질 뿐 그 자체가 권력을 형성하지는 못하며, 따라서 폭력을 대체할 권력을 만들어내지 못하기 때문이다. 한나 아렌트, 「폭력론」, 『공화국의 위기』, p.207.

62) 같은 책, p.202.

63) 같은 책, pp.202~203.

64) 같은 책, p.156.

65) 같은 책, pp.192~196.

제4장 정치와 시민의 행복

1) 한나 아렌트, 『인간의 조건』, 13절.

2) Aristotle, *Physica*, IV, 223b~224a; J.G.A. 포칵, 『마키아벨리언 모멘트』, 곽차섭 옮김, 나남, 2011, 45~46 참조.

3) 한나 아렌트, 『인간의 조건』, 14절.

4) 같은 책, 11절.

5) 같은 책, 16절.

6) 같은 책, 12절.

7) 같은 책, 26절.

8) *OR*, p.123; 한나 아렌트, 『혁명론』, p.216.

9) 한나 아렌트, 「정치와 혁명에 대한 소고: 하나의 주석」, 『공화국의 위기』, p.272.

10) 한나 아렌트, 「폭력론」, 『공화국의 위기』, pp.197~203 참조.

11) 김윤철, 「2016-2017년 촛불집회의 역사적 맥락과 '마지노선 민주주의'」, 『21세기정치학회보』, 21세기정치학회, 2018, p.7 참조.

12) 김예슬, 『촛불혁명』, 느린걸음, 2017, p.204.

13) 같은 책, pp.28~29 참조.

14) 이지호, 「'박근혜 촛불', 누가 왜 참여했나: 참여행동 모형과 참여태도 모형의 비교」, 『한국정치연구』, 서울대학교 한국정치연구소, 2017, p.85.

15) *OR*, p.29; 한나 아렌트, 『혁명론』, p.96.

16) Albrecht Wellmer, "Hannah Arendt on Revolution", p.39.

17) 한나 아렌트, 「정치와 혁명에 대한 소고: 하나의 주석」, 『공화국의 위기』, pp.306~307.

18) 한나 아렌트, 「시민불복종」, 『공화국의 위기』, p.126.

19) 같은 책, p.124.

20) 한나 아렌트, 「정치에서의 거짓말」, 『공화국의 위기』, p.38.

21) 같은 책, pp.39~40.

22) 같은 책, pp.41~44.

23) 같은 책, p.53.

24) 같은 책, pp.37~38.

25) 예컨대 캐롤 페이트먼은 "사적인 것과 공적인 것의 이분법은 거의 두 세기에 걸친 여성주의적 글쓰기와 정치투쟁에서 중심적이다"라고 증언했다. 캐롤 페이트먼, 이평화 외 옮김, 『여자들의 무질서』, 도서출판b, 2018, p.189.

26) 권용혁, 「공적 영역과 사적 영역: 한국 근대 가족을 중심으로」, 『사회와 철학』, 26집, 사회와철학연구회, 2013, pp.165~166.

27) *An Intermediate Greek-English Lexicon* 참조.

28) 한나 아렌트, 『인간의 조건』, 5장.

29) 자유 원리와 필연 원리라는 말은 아렌트의 통찰을 간명하게 드러내는 표현으로 페어가 사용하는 말이다. Ferenc Feher, "The Pariah and the Citizen(On Arendt's Political Theory)", *Thesis Eleven*, no.15, 1986, p.17 참조.

30) 한나 아렌트, 『인간의 조건』, 4장.

31) 같은 책, 4장.

32) 같은 책, 3장, 19장.

33) 같은 책, 8장.

34) 같은 책, 8장. Coulange 부분은 각주 56 참조.

35) 같은 책, 5장, 8장 참조.

36) 같은 책, 5장.

37) 같은 책, 6장.

38) 같은 책, 9장.

39) 같은 책, 6장.

40) 같은 책, 6장. 이 시대에 생존 이데올로기가 중심 자리를 차지한다.

41) 같은 책, 7장.

42) 같은 책, 9장.

43) 이진우, 『프라이버시의 철학: 자유의 토대로서의 개인주의』, 돌베개, 2009, pp.190~194.

44) 여기에 대한 상세한 내용은 제9장 7절 참조.

45) 한나 아렌트, 『인간의 조건』, 24장.

46) 같은 책, 33장.

47) 같은 책, 33장.

48) 같은 책, 33장.

49) 같은 책, 33장.

50) 한나 아렌트, 『정치의 약속』, p.90.

51) 같은 책, pp.90~91.

52) *OT*, p.459; 『전기 2』, pp.251~252. 번역과 강조는 필자가 함.

53) 한나 아렌트, 『인간의 조건』, 33장.

54) 리처드 J. 번스타인, 김선욱 옮김, 『한나 아렌트와 유대인 문제』, p.225.

55) *OT*, pp.478~479; 『전기 2』, p.284.

56) 한나 아렌트, 『인간의 조건』, 33장.

57) 같은 책, 5장.

58) 같은 책, 7장.

59) 키이스(John Kiess)의 지적처럼, 아렌트의 이런 시도 때문에 기독교 신학에 입각하여 아렌트를 읽는 독자들은 멈칫하게 된다. J. Kiess, *Hannah Arendt and Theology*, Bloomsbury, 2016, p.163.

60) 한나 아렌트, 『인간의 조건』, 33장.

61) 같은 책, 10장.

62) 한나 아렌트, 김선욱 옮김, 『칸트 정치철학 강의』, 푸른숲, 2002, p.67.

63) 세상의 빛과 소금이 되라는 예수의 명령은 드러나지 않아야 하는 선행의 조건과는 다른 조건을 갖는다. 빛은 드러나야 하는 선행에 해당한다. 빛이 되라는 명령은 인간의 착한 행실이 모두에게 드러나게 하여 신에게 영광을 돌리라는 말이며, 이는 모두에게 드러나게 됨으로써 그 본래적 특성을 완수하게 된다. 따라서 이는 도덕적 명령이라기보다는 정치적 명령에 가까운 것이다. 김선욱, 「기독교 신앙과 통일의 정치」, p.51 참조. 기독교의 선 개념은 이처럼 다의성이 있으므로 조심스럽게 구분해 다룰 필요가 있다. 아렌트의 논의에서 절대적 개념으로서 선에 대한 논의는 도덕에 해당하는 부분이다.

64) 한나 아렌트, 『인간의 조건』, 10장.

65) *OR*, pp.83~84; 한나 아렌트, 『혁명론』, pp.165~166. 아렌트의 '빌리 버드'에 대한 자세한 논의는 김선욱, 『한나 아렌트의 생각』, 한길사, 2017, 10장 참조.

66) 한나 아렌트, 『인간의 조건』, 33장.

67) 자크 데리다(Jacques Derrida, 1930~2004)는 용서, 복수, 처벌의 관계에 대해 좀더 엄격하고 철저한 구분이 필요하다고 지적한다. "한나 아렌트는 용서와 처벌의 관계에 반드시 사법 영역이 있다는 결론을 내리지 않으면서도 용서와 처벌에는 여전히 상관관계가 있다고 말할 것 같습니다"라는 그의 말은 아렌트 자신의 사적·공적 구분과 도덕 및 공적 영역의 구분을 염두에 둔다면 좀더 쉽게 받아들일 수 있을 것 같다. 자크 데리다, 배지선 옮김, 『용서하다』, 이숲, 2019, p.42.

한편, 『전체주의의 기원』에서 아렌트는 용서를 용서할 수 없는 정치적 사안과 연결하여 언급했다. 어떤 범죄는 용서할 수 없으며, 절대적 악은 용서받을 수 없다는 것이다. 그런데 데리다는 진정한 용서는 용서할 수 없는 것을 용서하는 것이라고 말한다. '용서할 수 없는 범죄'라는 아렌트의 선언을 데리다는 정면으로 비판한다. 데리다가 말하는 용서는 선물과 같은 것이어야 하는데, 이는 강남순의 지적처럼 "아무런 보상이나 대가를 전제로 해서는 안" 되며, 용서를 "선물로 주는 '내'가 주었다는 사실조차 잊을 수 있어야" 하는 것이다. 강남순에 따르면 데리다가 말하는 "무조건적 용서는 구체적 현실에서 일어나는 조건적 용서를 더욱 진정성 있는 용서로 만들어가기 위해 언제나 기억해야 할 '용서의 영원한 참고 사항'과 같"은 것이다. 강남순, 『용서에 대하여: 용서의 가능성과 불가능성』, 동녘, 2017, pp.230~231, 234. 우리의 관점에서 보면 데리다가 말하는 '용서할 수 없는 것에 대한 용서'는 이상화된 것이며 도덕적 차원에서 다루어진 용서 개념으로 간주할 수 있다. 이는 아렌트가 거부하는 것이며, 또한 정치적 사안과 연결되어 현실적으로 다룰 수 있는 용서의 범주를 넘어서는 것이다.

68) 강남순, 『용서에 대하여: 용서의 가능성과 불가능성』, p.138.

69) 같은 책, p.137.

70) 한나 아렌트, 『인간의 조건』, 33장. 이 로마 격언 parcere subiectis는 서양 정치지도자들 사이에서 존속되어온 것이라고 한다.

71) 한나 아렌트, 김선욱 옮김, 『예루살렘의 아이히만』, 한길사, 2006, p.382.

72) 정치적 용서②는 정치적 용서①과 결을 달리한다. 일리스(Marc Ellis)는 아렌트의 정치적 용서 개념이 '안정적인 공적 영역을 창조하고 보존하는 능력이라는 맥락'에서 논의되어야 한다고 주장한다. 아렌트의 개념들은 새로운 시작을 열어내는 인간 행위의 능력을 지칭하므로, 이를 단지 인간 행위의 구조적 요소로만이 아니라 '그 행위가 일어나는 공적 영역의 구조적 요소'로 보아야 한다는 것이다(M.H. Ellis, *Revolutionary Forgiveness: Essays on Judaism, Christianity, and the Future of Religious Life*, Baylor University Press, 2000, pp.279~280. 일리스는 유대인이면서도 가톨릭 사제로서 종교 간의 화해를 위해 애쓰고, 팔레스타인 사람들에 대한 이스라엘 정부의 잘못된 행태를 끊임없이 비판해온 철학자다). 이런 주장은 '용서가 인간사의 영역에서 구조적 요소'라고 한 아렌트의 말에 방점을 찍는 것이다.

73) 데즈먼드 투투, 홍종락 옮김, 『용서없이 미래없다』, 홍성사, 2009, p.306. 여기서 투투 주교는 "나는 르완다 역사에서 피로 물든 보복과 재보복의 악순환을 끊어야 하고, 그 길은 응보의 정의를 넘어 회복의 정의로, 용서의 자리로 가는 것이라고 말했다. 용서 없이는 미래도 없기 때문이다"라고 말한다.

74) 북아일랜드의 지난한 통합 과정에 대한 상세한 논의는 김정노, 『아일랜드 평화 프로세스』, 늘품플러스, 2015 참조. 이 책에는 정치적 용서에 대한 논의는 나오지 않고 다만 대타협이 이루어진 현실의 정치적 과정을 상세하게 설명한다.

75) 전우택 외, 『평화에 대한 기독교적 성찰』, 홍성사, 2016, pp.7~8.

76) 미국 듀크대학 신학부에서는 북아일랜드인이 대타협 이후 겪는 심리적 고통을 상담하는 등의 일을 진행하고 있다. 실제로 이런 노력을 기울이는 많은 단체가 북아일랜드 지역에서 활동한다. 강순원, 「북아일랜드 분단극복을 위한 학교평화교육: 통합이냐 공유냐?」, 제43회 KPI평화포럼 자료집, 2014; 전우택, 「북아일랜드를 통하여 보는 사회치유의 본질과 방법」, 제44회 KPI평화

포럼 자료집, 2015 참조.

제5장 정치적 판단력

1) Ronald Beiner, *Political Judgment*, Chicago: The University of Chicago Press, 1983, p.6

2) Ronald Beiner, *Political Judgment*, p.13; Immanuel Kant, *Kritik der Urteilskraft*, hrsg. von Karl Vorlander, Hamburg: Felix Meiner, 1959, §76 참조.

3) 한나 아렌트, 『칸트 정치철학 강의』, pp.45, 47 참조.

4) 같은 책, p.129.

5) 같은 책, p.133.

6) 같은 책, p.135.

7) 한나 아렌트, 『공화국의 위기』, p.157.

8) 한나 아렌트, 『칸트 정치철학 강의』, p.136.

9) 같은 책, p.91; Klaus Held, "Europa und die interkulturelle Verständigung: Ein Entwurf im Anschluß und Heideggers Phänomenologie der Grudnstimmungen" in *Europa und die Philosophie*, hrs. von Hans-Helmuth Gander, Frankfurt am Main: Vittorio Klostermann, 1993, S.97f.

10) Klaus Held, "Wonder, Time and Idealization: On the Greek Beginning of Philosophy" 참조.

11) 한나 아렌트, 『칸트 정치철학 강의』, pp.94, 142.

12) 같은 책, p.67

13) 같은 책, pp.95 이하, 118.

14) 같은 책, pp.68, 113, 119 이하.

15) 같은 책, p.47.

16) 같은 책, pp.38, 47.

17) Hannah Arendt, *The Human Condition*, p.291; 한나 아렌트, 『인간의 조건』, p.396.

18) *Ibid.*, p.3; 같은 책, p.70.

19) 한나 아렌트, 『칸트 정치철학 강의』, pp.68, 113, 119 이하.

20) Hannah Arendt, *The Human Condition*, p.178; 한나 아렌트, 『인간의 조건』, p.267.

21) *Ibid.*, p.291 이하; 같은 책, p.396; Hannah Arendt, *The Life of the Mind: Thinking*, p.6 이하; 한나 아렌트, 홍원표 옮김, 『정신의 삶』, 푸른숲, p.51 이하; 한나 아렌트, 『칸트 정치철학 강의』, p.119 이하.

22) *Ibid.*, p.7 이하; 같은 책, p.52 이하.

23) 한나 아렌트, 『칸트 정치철학 강의』, p.137.

24) 같은 책, pp.45, 47, 129.

25) 같은 책, p.45.

26) 같은 책, p.140.

27) Hannah Arendt, 'What is Freedom?', *Between Past and Future*, p.152; *On Revolution*, pp.84, 152; 한나 아렌트, 『혁명론』, p.166, 256.

28) 한나 아렌트, 『칸트 정치철학 강의』, pp.95 이하, 113, 119 이하, 143.

29) Maurizio Passerin D'Entrèves, *The Political Philosophy of Hannah Arendt*, p.132 에서도 이와 비슷한 논리가 전개된다.

30) James Lawler, "Ethics, Politics and the Judgment of Taste: Arendt conta Kant", unpublished manuscript.

31) 한나 아렌트, 『칸트 정치철학 강의』, p.67.

32) Hannah Arendt, *The Life of the Mind: Willing*, p.271; 한나 아렌트, 『정신의 삶』, pp.648~649; J. Bernstein, "Judging-the Actor and the Spectator", *Philosophical Profile: Essay in a Pragmatic Mode*, p.237.

33) Hannah Arendt, "On Humanity in Dark Times: Thoughts about Lessing", *Men in Dark Times*, 1968; 한나 아렌트, 홍원표 옮김, 『어두운 시대의 사람들』, 한길사, 2019, 제1장.

34) Hannah Arendt, "What is Freedom?", *Between Past and Future*, p.152; 한나 아렌트, 서유경 옮김, 「자유란 무엇인가」, 『과거와 미래사이』, 푸른숲, 2005, p.207.

35) 마틴 제이(Martin Jay)가 비판한 내용이다. Maurizio Passerin D'Entreves, 1992, p.85 참조.

제6장 유대인과 유대인 문제

1) Elisabeth Young-Bruehl, *Hannah Arendt: For Love of the World*, pp.xviii~9; 엘리자베스 영-브륄, 홍원표 옮김, 『한나 아렌트 전기』, 인간사랑, 2007, pp.37~59.

2) 김덕영, 『사상의 고향을 찾아서: 독일 지성 기행』, 도서출판 길, 2015, pp.137~138.

3) Young-Bruehl, *Hannah Arendt*, p.17; 영-브륄, 『한나 아렌트 전기』, p.72.

4) *Ibid.*, p.20; 같은 책, pp.73~76.

5) *Ibid.*, pp.7~10; 같은 책, pp.57~60.

6) *Ibid.*, pp.33~34; 같은 책, pp.95~96.

7) *Ibid.*, p.36; 같은 책, p.99.

8) H. Arendt, *Rahel Varnhagen: The Life of a Jewess*, trans., L. Weissberg, ed. R./C. Winston Baltimore and London: The Johns Hopkins University Press, 1997; 한나 아렌트, 『라헬 파른하겐: 어느 유대인 여성의 삶』, 김희정 옮김, 텍스트, 2013 참조; 이용일, 「동화와 해방 사이의 독일-유대인 디아스포라: 라헬 파른하겐과 베를린 살롱」, 『서양사론』, 제115호 참조.

9) Jerome Kohn, "Preface", Hannah Arendt, *The Jewish Writings* ed. by J. Kohn and Ron H. Feldman, New York: Schocken Books, 2007, p.xv. 필자는 2006년 미국 베일러대학교에서 열린 한나 아렌트 탄생 100주년 기념 학술대회에서 론 펠트먼을 만났다. 이때 필자는 리처드 J. 번스타인의 『한나 아렌트와 유대인 문제』를 번역 중이었으므로 그에 관해 대화하게 되었다. 유대인인 펠트먼은 유대인이 아닌 필자가 왜 유대인 문제에 관심을 두는지를 아주 궁금해했다. 아렌트의 정치사상에서 유대인 문제에 대한 관점과 평가가 중요한 이유를 설명하면서 답했는데, 유대인과 관련된 아렌트의 논의에 유대인 사회 외부에서 관심을 둔다는 점을 의아해하는 그의 관점이 필자에게는 오히려 더 의아했다.

10) Jerome Kohn, *The Jewish Writings*, 2007, p.xvii.

11) 이 상담 이야기는 1935년에 쓴 "어떤 젊은이는 고향을 간다"(Some Young People Are Going Home)에 나온다.

12) 리처드 J. 번스타인, 『한나 아렌트와 유대인 문제』, p.169.

13) Jerome Kohn, "Preface", pp.xxi~xxiv; 리처드 J. 번스타인, 『한나 아렌트와 유대인 문제』, p.171.

14) K. Jones, *Diving for Pearles: A Thinking Journey with Hannah Arendt*, San Diego: Thinking Women Books, 2013, p.373 참조. 이 책의 저자 캐더린은 혈통으로는 유대인이 아니지만 유대교로 개종한 뒤 유대인이 되었다고 한다. 그리고 그의 친구 베티나(Bettina)는 자신이 종교적이지는 않으나 혈통적으로 유대인 부모에게서 태어났으니 자신은 유대인일 것 같다고 말한다.

15) 리처드 J. 번스타인, 『한나 아렌트와 유대인 문제』, p.58.

16) 박정수, 「초기기독교의 '반유대주의' 담론과 평화의 문제」, 『평화와 반평화』, 김선욱 외, 프리칭아카데미, 2013.

17) *OT*, pp.11~12; 한나 아렌트, 박미애 · 이진우 옮김, 『전체주의의 기원 1』, 한길사, 2006, pp.37~38(이하 『전기 1』로 줄여 표기함) 참조.

18) *OT*, p.8; 『전기 1』, p.91 참조.

19) *OT*, p.7; 같은 책, p.90 참조.

20) Hannah. Arendt, "Antisemitism", JW, no.2, p.111 참조.

21) *OT*, p.xi; 『전기 1』, p.37 참조.

22) 아렌트는 반셈주의를 묘사하는 이 표현을 『전체주의의 기원』 제1부 제1장의 제목으로 활용한다.

23) *OT*, p.4; 『전기 1』, p.84 참조.

24) *OT*, pp.87~88; 같은 책, p.214 참조.

25) *OT*, p.4; 같은 책, p.85 참조.

26) *OT*, p.5; 같은 책, p.86 참조.

27) *OT*, p.7; 같은 책, p.89 참조.

28) *OT*, pp.5~6; 같은 책, p.87.

29) *OT*, p.7; 같은 책, p.90 참조.

30) *OT*, p.7; 같은 책, p.90 참조.

31) Hannah Arendt, "The Jewish Question", JW, p.42.

32) R. Feldman, "Introduction", JW, p.lii.

33) *OT*, p.120; 『전기 1』, p.263 참조.

34) R. Feldman, "Introduction", p.lii.

35) Hannah Arendt, "The Jewish State: Fifty Years After, Where Have Herzl's Politics Led?", JW, p.377.

36) R. Feldman, "Introduction", p.liii.

37) Lazare, *L'antisémitisme: son histoire et ses causes*, Paris, 1894. cf. H. Arendt, "Herzl and Lazare", p.338.

38) Hannah Arendt, "Herzl and Lazare", p.340.

39) 한나 아렌트, 『라헬 파른하겐』, 제12장 참조. 여기서 아렌트는 파브뉴와 파리아 개념을 통해 유대인의 삶을 당시 신분 상승에만 몰두하는 길로 나아갈지, 삶을 전체로 보고 자유의 삶을 살아갈지로 구분한다. 후자의 길은 파리아로 자신의 신분을 자각하고 거기에 머무른 사람들 앞에 놓인 것으로 설명된다. 같은 책, pp.264~265 참조.

40) *OT*, p.64; 『전기 1』, p.176.

41) *OT*, pp.66~68; 같은 책, pp.180~182.

42) 리처드 J. 번스타인, 『한나 아렌트와 유대인 문제』, p.80.

43) 여기에 대한 자세한 내용은 김선욱, 『아모르 문디에서 레스 푸블리카로』, 제4장, 아포리아, 2015 참조.

44) R. Feldman, "Introduction", p.lix.

45) 아렌트에 대해 이런 주장을 하는 사람들은 히브리대학 총장이었던 유다 마그네트와 마르틴 부버 등이다. 이런 주장을 하는 사람들은 이후드(Ihud)라는 조직을 만들었는데, 마그네트는 죽으면서 아렌트를 후계로 지명했지만, 회원들 반대로 아렌트는 회장직을 수행하지 않고 조직을 떠나게 된다.

46) Hannah Arendt, "To Save the Jewish Homeland" 참조.

47) R. Feldman, "Introduction", p.lvii.

48) Hannah Arendt, *The Origins of Totalitarianism*, p.290; 『전기 1』, p.523.

49) 리처드 J. 번스타인, 『한나 아렌트와 유대인 문제』, pp.177~179

50) 같은 책, p.181.

51) Hannah Arendt, "To Save the Jewish Homeland", *The Jewish Writings*, p.400. 아렌트가 평의회 체제에 대해 말했을 때는 헝가리 혁명 등이 일어나기 전이 었고, 『혁명론』에서 보듯 평의회를 통해 혁명의 영향력이 지속되게 할 가능 성을 발견한 것보다 앞선 일이었다.

52) Elizabeth Young-Bruehl, *Hannah Arendt: For the Love of the World*, p.233; 엘 리자베스 영-브륄, 『한나 아렌트 전기』, p.395.

53) 리처드 J. 번스타인, 『한나 아렌트와 유대인 문제』, p.172.

54) 같은 책, pp.11, 58~59; M. Cannovan, *Hannah Arendt: A Reinterpretation of her Political Thought*, 3 참조.

제7장 유대인과 의식적 파리아

1) Hannah Arendt, "We Refugees", *The Jewish Writings*, p.274.

2) Hannah Arendt, "The Jew as Pariah: A Hidden Tradition." 이 글은 원래 *Jewish Social Studies*, 6/2, Apr. 1944, pp.99~122에 처음 게재되었고, 지금은 *The Jewish Writings*, pp.275~297에 수록되어 있다.

3) Hannah Arendt, *The Jewish Writings*, p.276.

4) *OT*, pp.56~57; 『전기 1』, p.165.

5) Hannah Arendt, "On Hannah Arendt", p.306.

6) 아렌트는 자신의 정치사상을 세련되게 발전시키는 1950년대 중반 이후로는 파리아에 대한 언급조차 하지 않는다. 그런데 우리나라에서 아렌트 연구가 활 발해지면서 파리아 개념에 주목하는 이들이 종종 나타나는 것은 흥미로운 일 이다. 양창아의 『한나 아렌트, 쫓겨난 자들의 정치』는 파리아 개념을 이용하여 쫓겨난 자들이 정치적 주체가 될 것을 주장한다. 정창조의 『한나 아렌트: 사유 의 전선들』은 의식적 파리아의 정치를 촉구한다. 이 두 저자는 모두 현장을 중

요시하며 정치적 행위를 실천하는 이들이기도 하다. 아렌트의 파리아 개념에 주목한다는 것은 한국의 현실에는 국외자들의 관점에서 바라봐야 할 새로운 세계가 그만큼 중요하고 절실하다는 것을 의미한다.

7) 『전기 1』, 4장 「드레퓌스 사건」 참조.

8) *OT*, p.92; 『전기 1』, p.220 참조.

9) *OT*, p.93; 같은 책, p.221 참조.

10) *OT*, pp.106~108; 같은 책, pp.242~244.

제8장 인종주의와 전체주의

1) 제1절 전체의 내용은 『전체주의의 기원 1』, 제6장 「인종주의 이전의 인종사상」을 중심으로 한다. 직접 인용 외의 부분은 인용표기를 따로 하지 않는다.

2) *OT*, p.159; 『전기 1』, p.320.

3) *OT*, p.159; 같은 책, p.321.

4) 제2절 전체 내용은 『전체주의의 기원 1』, 제8장 「대륙의 제국주의: 범민족 운동」을 중심으로 한다. 직접 인용 외의 부분은 인용표기를 따로 하지 않는다.

5) *OT*, p.231; 『전기 1』, p.433.

6) 제3절 전체 내용은 『전체주의의 기원 1』, 제9장 「국민국가의 몰락과 인권의 종말」을 중심으로 한다. 직접 인용 외의 부분은 인용표기를 따로 하지 않는다.

7) *OT*, p.275; 『전기 1』, p.501.

8) *OT*, pp.293~294; 같은 책, p.528.

9) *OT*, pp.296~297; 같은 책, pp.531~532.

10) *OT*, p.299; 같은 책, p.537.

제9장 전체주의의 이해

1) Hannah Arendt, "Understanding and Politics", *Partisan Review*, 20, 1953, p.381.

2) *OT*, p.viii; 『전기 1』, p.33 참조.

3) *OT*, p.xv; 같은 책, p.43 참조.

4) Jerome Kohn, "Arendt's Concept and Description of Totalitarianism" in *Social*

Research, Vol. 69-2, Summer 2002, p.626.

5) 제2절 전체 내용은 『전체주의의 기원 1』, 제10장 「계급 없는 사회」를 중심으로 한다. 직접 인용 외의 부분은 인용표기를 따로 하지 않는다.

6) *OT*, p.316; 『전기 2』, p.32.

7) *OT*, p.317; 같은 책, pp.33~34.

8) *OT*, p.312; 같은 책, p.26.

9) *OT*, p.313; 같은 책, p.27.

10) 제3절 전체 내용은 『전체주의의 기원 2』, 제11장 「전체주의 운동」을 중심으로 한다. 직접 인용 외의 부분은 인용표기를 따로 하지 않는다.

11) *OT*, p.353; 『전기 2』, p.90.

12) 한나 아렌트, 「정치에서의 거짓말」, 『공화국의 위기』, pp.37~38.

13) 같은 책, p.38.

14) 같은 책, p.38.

15) Luise Weber, *Holocaust Chronicle*, Publications International, Ltd., 2009, p.46.

16) 제4절 전체 내용은 『전체주의의 기원 2』, 제12장 「권력을 장악한 전체주의」를 중심으로 한다. 직접 인용 외의 부분은 인용표기를 따로 하지 않는다.

17) *OT*, p.403; 『전기 2』, p.167.

18) 한나 아렌트, 홍원표 외 옮김, 「조직화된 범죄와 보편적 책임」, 『이해의 에세이 1930~1953』, 텍스트, 2012, p.227.

19) *OT*, pp.434~435; 『전기 2』, p.214.

20) 제5장 전체 내용은 『전체주의의 기원 2』, 제12장 「권력을 장악한 전체주의」를 중심으로 한다. 직접 인용 외의 부분은 인용표기를 따로 하지 않는다.

21) *OT*, p.442; 『전기 2』, p.225.

22) *OT*, p.444; 같은 책, p.227.

23) *OT*, p.459; 같은 책, p.253.

24) 제6절 전체 내용은 『전체주의의 기원 2』, 제13장 「이데올로기와 테러: 새로운 국가 형태」를 중심으로 한다. 직접 인용 외의 부분은 인용표기를 따로 하지 않는다.

25) Hannah Arendt, Prologue", *The Human Condition*, p.5; 한나 아렌트, 「프롤로 그」, 『인간의 조건』, p.71.

26) *OT*, p.465; 『전기 2』, p.262.

27) *OT*, p.466; 같은 책, p.264.

28) *OT*, p.466; 같은 책, p.264.

29) *OT*, p.473; 같은 책, p.275.

30) *OT*, p.473; 같은 책, p.275.

31) 제7절 전체 내용은 『전체주의의 기원 2』, 제13장 「이데올로기와 테러: 새로 운 국가 형태」를 중심으로 한다. 직접 인용 외의 부분은 인용표기를 따로 하 지 않는다.

32) *OT*, pp.476~477; 『전기 2』, pp.280~281. 외로움과 고독의 차이와 중요성 은 『전체주의의 기원』 이후에도 『인간의 조건』과 『정신의 삶』에서 이와 같 은 맥락에서 반복적으로 강조된다. Arendt, *The Life of the Mind: Thinking and Willing*, New York: Harcourt Brace Jovanowich, 1978, p.74 참조.

33) *OT*, p.479; 『전기 2』, p.284.

34) Irving Louis Horowitz, "Totalitarian Visions of the Good Society: Arendt", p.263.

35) *OT*, p.145; 『전기 1』, p.298.

제10장 아이히만 재판

1) 영-브륄, 『한나 아렌트 전기』, 제8장 참조.

2) 한나 아렌트, 『예루살렘의 아이히만』, p.45, 제2장~제3장 참조.

3) 같은 책, 제3장, 제15장 참조.

4) 같은 책, p.342. 판결 내용과 관련해서는 제15장 참조.

5) 같은 책, 제15장 참조.

6) 같은 책, p.400.

7) 같은 책, p.369, 인용문에 나오는 '인간의 지위에 대한'이라는 표현은 뉘른베 르크 재판에 참여했던 프랑스인 검사 프랑수아 드 멘톤이 한 말이다. 같은 책,

p.356 참조.

8) 같은 책, p.369.

9) 같은 책, p.370.

10) 같은 책, p.362.

11) 같은 책, p.374.

12) 같은 책, p.382.

13) 한나 아렌트, 「폭력론」, 『공화국의 위기』, p.256.

14) 한나 아렌트, 「악몽과 도피」, 『이해의 에세이 1930~1953』, pp.240~244 참조.

15) 리처드 J. 번스타인, 『한나 아렌트와 유대인 문제』, p.220.

16) Hannah Arendt, "The Concentration Camps", *Partisan Review*, 15/7, July 1948, p.748; 리처드 J. 번스타인, 같은 책, pp.223~224에서 재인용.

17) 리처드 J. 번스타인, 같은 책, p.224.

18) *OT*, p.459; 『전기 2』, pp.251~252.

19) 한나 아렌트, 『예루살렘의 아이히만』, p.349.

20) 같은 책, pp.390~391.

21) Hannah Arendt, *The Life of the MInd: Thinking*, p.4; 한나 아렌트, 『정신의 삶』, p.47.

22) 한나 아렌트, 『예루살렘의 아이히만』, p.392.

23) 같은 책, p.106.

24) Hannah Arendt and Karl Jaspers, *Correspondence 1926-1969*, p.166.

25) 한나 아렌트, 『예루살렘의 아이히만』, p.391.

26) 같은 책, pp.78~79.

27) 같은 책, p.103.

28) 같은 책, pp.182~183.

29) 같은 책, pp.183~184.

30) 한나 아렌트, 『책임과 판단』, pp.329~335.

31) 한나 아렌트, 『예루살렘의 아이히만』, 제3장에 아이히만의 언어 사용의 특징

이 설명되어 있다.

32) 같은 책, p.349.

33) 같은 책, p.204.

34) 같은 책, p.150.

35) 같은 책, p.150.

36) Hannah Arendt, "Jewish History, Revised", *The Jewish Writings*, ed. by J. Kohn and Ron H. Feldman, New York: Schocken Books, 2007, pp.303~311.

37) Gershom Scholem, "Eichmann in Jerusalem: An Exchange of Letters between Gershom Scholem and Hannah Arendt", *Encounter*, 22/1, 1964, pp.51~52.

38) Hannah Arendt, "The Eichmann Controversy: A Letter to Gershom Scholem", *The Jewish Writings*, ed. by J. Kohn and Ron H. Feldman, New York: Schocken Books, 2007, p.470.

39) Hannah Arendt, *The Jewish Writings*, p.466.

40) Hannah Arendt, "The Eichmann Controversy: A Letter to Gershom Scholem", p.467. 아렌트의 응답 편지에는 골다 메이어의 이름이 언급되었지만, 이 편지가 출간되는 과정에서 숄렘의 요청에 따라 메이어 이름이 삭제되고 단지 '한 저명한 정치가'라고만 했으며, 이 사람을 지칭하는 대명사도 여성 대명사가 아니라 남성 대명사를 사용했다. *The Jewish Writings* 각주 참조.

41) Hannah Arendt, *The Human Condition*, Chicage: The University of Chicago Press, 1958, pp.53, 242; 한나 아렌트, 『인간의 조건』, pp.126, 339.

42) Hannah Arendt, "The Eichmann Controversy: A Letter to Gershom Scholem", p.467.

43) *Ibid.*, pp.469~470.

44) *Ibid.*, p.469.

45) *Ibid.*, p.470.

46) 한나 아렌트, 『예루살렘의 아이히만』, p.389.

47) 같은 책, p.358.

48) 같은 책, p.352.

부록

1) Jonnah V. Scott et. al. "Rediscovering Hannah Arendt" in *Love and Saint Augustine*, p.127; 조안나 V. 스코트 외, 서유경 옮김, 「한나 아렌트의 재발견」, 『한나 아렌트 사랑 개념과 성 아우구스티누스』, 텍스트, 2013, p.213(이하『사랑 개념』으로 줄여 표기함).

2) *Ibid.*, p.127; 같은 책, p.213.

3) *Ibid.*, p.130; 같은 책, p.219.

4) Hannah Arendt, *Love and Saint Augustine*, p.17(이하 *LSA*로 줄여 표기함); 같은 책, p.60.

5) *LSA*, p.17; 같은 책, p.60.

6) 번역을 포기하고 외국어를 그대로 음차해서 쓰는 것은 가장 나쁜 형태의 번역이거나 번역의 포기일 뿐이다. 독자의 양해를 바란다.

7) 로마서 5:5, 『신약성서』 개역 개정 4판.

8) 요한일서 2:16, 『신약성서』 개역 개정 4판.

9) *LSA*, p.24; 『사랑 개념』, p.70.

10) *LSA*, p.48; 같은 책, p.104.

11) *LSA*, p.52; 같은 책, p.110.

12) *LSA*, p.52; 같은 책, p.111.

13) *LSA*, p.79; 같은 책, p.147. 이는 아렌트가 아우구스티누스에게서 인용한 문장으로 아렌트가 표현을 일부 수정했다.

찾아보기

김선욱 金善郁, 1960-

숭실대학교 철학과 교수이자 학사부총장, 가치와윤리연구소 소장 및
한국아렌트학회 회장을 맡고 있다.
뉴스쿨에서 풀브라이트 주니어 연구교수를, UCI에서
풀브라이트 시니어 연구교수를 지냈다.
숭실대학교에서 학사 및 석사학위를, 뉴욕주립대학교 버팔로대학에서
철학박사 학위를 취득했다.
한국철학회 및 세계철학회 한국조직위원회 사무총장과 숭실대학교
베어드학부대학 학장과 인문대학 학장을 역임했다.
주요 관심사는 정치철학, 윤리학, 정치와 종교의 관계 등이다.
지은 책으로는『정치와 진리』『한나 아렌트 정치판단 이론』『행복의 철학』
『아모르 문디에서 레스 푸블리카로』『행복과 인간적 삶의 조건』
『한나 아렌트의 생각』등이 있으며 그 외 여러 권의 공저가 있다.
옮긴 책으로는『칸트 정치철학강의』『예루살렘의 아이히만』『정치의 약속』
『공화국의 위기』『우리는 왜 한나 아렌트를 읽는가』등이 있으며 그 외 여러 권을
공역했다. 또한 마이클 샌델 저서 번역본 대부분을 감수하거나 공역했다.

한나 아렌트와 차 한잔

그의 사상과 만나다

지은이 김선욱
펴낸이 김언호

펴낸곳 (주)도서출판 한길사
등록 1976년 12월 24일 제74호
주소 10881 경기도 파주시 광인사길 37
홈페이지 www.hangilsa.co.kr
전자우편 hangilsa@hangilsa.co.kr
전화 031-955-2000~3 **팩스** 031-955-2005

부사장 박관순 **총괄이사** 김서영 **관리이사** 곽명호
영업이사 이경호 **경영이사** 김관영 **편집주간** 백은숙
편집 노유연 김지연 김지수 최현경 김영길
관리 이주환 문주상 이희문 원선아 이진아 **마케팅** 정아린
디자인 창포 031-955-2097
인쇄 예림 **제본** 예림바인딩

제1판 제1쇄 2021년 10월 29일

값 28,000원
ISBN 978-89-356-7362-9 93160

• 잘못 만들어진 책은 구입하신 서점에서 바꿔드립니다.
• 이 저서는 2016년 정부(교육부)의 재원으로 한국연구재단의 지원을 받아 수행된
연구임(NRF-2016S1A6A4A01019718).